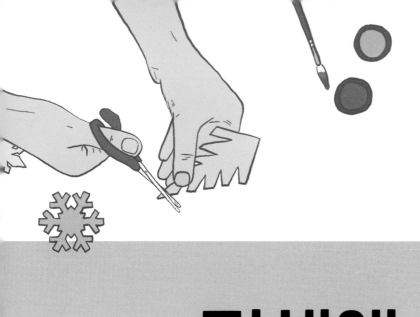

전생애 놀이치료

Play Therapy Across the Life Span

한유진 · 서주현 · 전숙영 · 배희분 · 노남숙 · 김세영
임나영 · 천연미 · 김리진 · 오종은 · 양선영 · 최지경 공저

학지사

머리말

놀이하는 인간에 대한 개념이 학술적으로 구체화된 지 80여 년, 놀이하는 인간인 호모 루덴스(homo ludens)는 어디로 갔을까? 인간에게 '놀이'는 기본적 본능이자 타고난 경향성을 지닌 자연스러운 활동이다. 본래부터 타고난 성질이라는 의미의 '본성'은 시간의 흐름에 따라 사라지거나 변형되는 것이 아니다. 본성이 휘발되거나 소멸하는 것이 아닌 것과 같이, 놀이에 대한 인간의 본성 또한 인간 발달의 역사 안에서 깊이 새겨져 온 사라지지 않는 고유한 특성이다.

놀이는 인간 전생애에 걸쳐 지속성을 가지며 발달해 온 본성적 활동임에도 불구하고, 때로는 어린아이들의 전유물로만 여겨지기도 한다. 신경과학이 발전함에 따라 놀이의 중요성은 객관적인 방식으로도 검증되고 있는 한편, 현실에서의 놀이는 성인에게뿐 아니라 아동에게서도 사라지고 있는 실정에 있다.

고도로 문명화되고 산업화되기 이전의 인간은 지금보다 더 여유 있는 삶과 유희를 즐기며 살아 왔다. 게으름을 피워도 사는 데 아무 지장이 없던 농경사회 이전의 과거와 달리 현대사회로의 이행은 인간의 놀이성을 점차 경시하며 부지런히 움직이거나 효율적인 생산성을 발휘하는 것만 가치 있는 것으로 여기는 시대관을 형성해 나갔다. 특히 단기간에 고속 성장을 이루어 낸 우리나라의 시대적 · 상황적 배경은 사람들의 심리적 여유와 놀이에 대한 향유를 잃게 하는 데 더욱 기여한 것으로 보인다. 빠르고 효율적인 생산을 강조하던 때의 시대적 관점에서는 인간의 휴식과 놀이를 게으른 것으로 치부하였다. 그러나 최근에는 창조성의 발휘를 보다 중요한 가치로 여기고 있기 때문에 여전히 인간의 놀이를 경시하는 가치관을 고수하는 것은 시대적으로도 결코 적합하지 않다.

놀이치료는 아동을 대상으로 한 심리치료 접근에서 출발하여 치료 대상과 접근 방식을 확장하는 방식으로 발달하여 온 역사적 배경을 가진다. 놀이가 지닌 인간 전생애적 영향력을 고려하였을 때, 놀이치료는 연령에 따른 구분 없이 효과적일 것으로 생각되어 왔으며 그 효과성은 임상적 연구들을 통해 실제로 밝혀지고 있다. 이 책은 인간 전생애적 발달에서 요구되는 놀이의 중요성을 바탕에 두고, 연령에 따른 구분 없이 효과적으로 활용될 수 있는 놀이치료 접근의 적용 가능성을 널리 알리고자 하는 목적에서 저술하게 되었다.

이 책의 공동 저자들은 인간의 전생애적 관점에서 놀이치료를 적용하면서 그 활용 가능성을 높이기 위해 한국생애놀이치료학회에서 활동하고 있으며, 전생애적 접근의 놀이치료를 다루는 교재가 필요함을 절감하였다. 놀이치료에 대해 다루는 기본서와 개괄서는 많지만, 인간 발달에 따른 대상별 적용 가능성과 그 효과에 대해 다루고 있는 적절한 교재는 마땅치 않았다. 그러나 교재 개발의 필요성을 절감하고 있음에도 불구하고, 아직 준비가 부족하다며 회피하고 싶은 마음과 전생애적 접근의 놀이치료 교재를 처음으로 개괄한다는 부담감으로 인해 속절없이 시간만 흘려보냈다. 준비가 부족하다는 생각은 아직까지도 변함이 없지만, 전생애적 접근에서의 놀이치료를 더욱 발전시켜 나가기 위한 첫 삽을 뜬다는 마음으로 이 책을 저술하게 되었다. 세상에 내놓기에 부끄러운 졸고임에도 불구하고 이 책을 세상에 내놓는 이유는 전생애적 놀이치료의 적용과 확장 가능성에 대해 독자들과 함께 공부하며 이에 대한 논의를 더욱 활발히 이룰 수 있게 되기를 바라는 까닭이다.

책의 구성은 다음과 같다. '제1부 놀이치료의 기초'는 놀이치료에 대해 개관하고자 하는 목적을 바탕으로 구성하였다. 이를 위해 놀이와 놀이치료의 주요 개념 및 특성에 대해 다루었으며, 놀이치료의 역사 및 유형, 대표적인 몇 가지 놀이치료 이론, 놀이치료에서 발생하는 윤리적 주제를 설명하였다.

'제2부 놀이치료의 이해'는 놀이치료의 과정을 이해할 수 있도록 전반적인 치료과정을 포괄하는 내용으로 구성하였다. 먼저, 놀이치료의 안전한 치료적 환경 구성에서 기초가 되는 치료실 환경에 대해 다루었으며, 놀이치료에서 가장 중요한 인적환경에 해당하는 놀이치료사 및 치료사에게 요구되는 적절한 치료적 반응에 대해 설명하였다. 더불어, 놀이치료에서 이루어지는 사정의 과정, 미성년자 대상의 놀이치료 과정에서 중요하게 여겨지는 한 축인 부모 및 보호자 상담, 놀이치료의 첫 회기부터 종결까지의 전체 과정을 설명하였다.

'제3부 생애주기별 놀이치료 실제'는 영아, 유아, 아동, 청소년, 성인, 노인이라는 인간의 발달적 흐름에 따라 놀이치료 접근에서 고려되어야 할 이슈와 발달과업에 따른 고려사항을 설명하였으며 대상별 놀이치료의 실제에 대해 함께 다루었다.

이 책이 나오기까지 도움을 준 분들에게 감사의 인사를 전하고 싶다. 마음처럼 따라와 주지 않는 더딘 작업 속도에도 불구하고 이 책이 나올 수 있도록 기다려 주신 학지사 김진환 사장님, 꼼꼼하게 교정 과정에 애써 준 편집부 박선규 사원, 바쁜 일정 가운데서도 집필과정에 선뜻 뜻을 모아 준 공동 저자들, 독자의 입장에서 초고를 읽고 의견을 나누어 준 정솜이 박사에게 고마움을 전한다.

미흡하나마 이 책이 인간 생애에 미치는 놀이의 영향력을 다시 한번 강조하며, 놀이치료의 전생애적 접근에 대한 적용 가능성을 확장하는 데 기여할 수 있기를 기대한다. 부족한 점이나 논의점에 대한 독자들의 피드백에 대해 언제나 환영하며, 독자들과의 소통을 통해 더 발전된 교재를 후속적으로 발간할 수 있기를 바라 마지 않겠다.

저자 대표
한유진

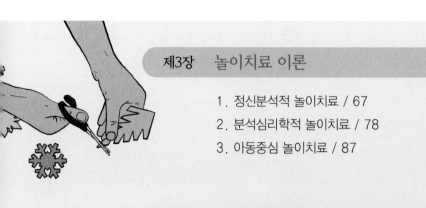

제2부 놀이치료의 이해

제3부 생애주기별 놀이치료 실제

제1부

놀이치료의 기초

제1장

놀이와 놀이치료

놀이하는 인간이라는 의미의 '호모 루덴스(homo ludens)', 우리는 놀이하는 본성을 지니고 있다. 놀이하는 본성은 특정 시기에만 발현되는 제한적인 것이 아니다. 놀이하는 본성은 전생애에 걸쳐 나타나는 인간의 타고난 성질이며 고유한 특성이다. 역사적으로도 인간은 나이, 성별, 시대에 무관하게 놀이해 왔으며, 놀이를 통해 삶의 추진력을 얻고 창조력을 발휘해 왔다. 놀이는 우리가 지닌 잠재 가능성을 발휘하도록 도우며 회복 탄력성을 높이는 인간의 자가 치유제이다. 놀이를 단순히 인간의 유희에 그치는 것으로 이해한다면, 우리 내면의 치유력은 제대로 작동할 수 없게 된다. 성인뿐 아니라 아동조차 놀이하는 법을 잊어 가고 있는 이 시대에 필요한 것은, 자기 치유력과 성장에 대한 잠재력을 틔울 수 있도록 돕는 놀이의 힘이다.

이 장에서는 인간의 생애발달 주기에 따른 놀이의 특성, 놀이에 담긴 치료적 의미와 가치, 우리에게 보편적으로 내재되어 있는 놀이성의 개념 및 특성에 대해 구체적으로 살펴보고자 한다.

1. 놀이와 생애발달

경험에 대한 숙달감 및 기능에서의 즐거움을 강조하는 놀이이론들을 살펴보면, 놀이를 아동기와 같은 특정 범주에서 일어나는 것으로 제한하지 않으며 인생 전반에 걸쳐 일어나는 것으로 이해하고 있음을 알 수 있다(Adatto, 1991). 종종 놀이는 어린아이의 생활에서만 나타나는, 마치 아동기의 전유물과 같은 것으로 여겨지기도 한다. 그러나 놀이는 유아기 · 아동기, 청소년기, 성인기, 노년기를 포함하여 인간 생애 어느 시점에서나 일어나는 전생애적 활동이다. 일생에 걸쳐 지속되는 인간의 본성적인 활동인 놀이가 무엇이며, 그 형태는 우리의 발달단계에 따라 어떠한 모습으로 나타나는가에 대해 살펴보고자 한다.

1) 놀이의 정의와 특성

놀이란 무엇인가? '놀이'라는 어휘는 너무 평범하고 일상적인 개념으로 사용되고 있으며, 마치 '사랑'이나 '행복'과 같은 심리적 구인처럼 언어로 정의하지 않아도 아주 쉽게 인식할 수 있는 개념이다(Schaefer, 1993).

놀이를 인간의 중요한 특징으로 꼽고 이에 대한 개념을 처음 소개한 대표적인 인물은 네덜란드의 역사학자 요한 하위징아(J. Huizinga, 1938)이다. 하위징아는 놀이를 인간의 본성으로 보고, '놀이하는 인간'이라는 뜻을 가진 라틴어 '호모 루덴스(Homo Ludens)'의 개념을 소개하였다. 인간의 본성이 놀이라는 것은, 놀이가 어린 시기에만 국한된 것이 아니며 성인이 여가시간에 하는 단순한 소일거리가 아니라는 것이다. 놀이에 참여할 때, 우리는 언제라도 그만둘 수 있는 가벼운 마음과 즐거움을 가지고 임하지만, 동시에 그 순간 어느 때보다도 집중하고 긴장하는 상태에 있다. 즉, 인간은 놀이할 때 총체적으로 몰입(immersion)하는 존재가 되어 비로소 완전한 인간이 되는 것이다. 하위징아(1938)는 그의 저서 『놀이하는 인간(Homo Ludens)』에서 놀이에 대해 다음과 같이 정의한다.

> 놀이는 어느 정도 고정된 시간과 공간의 한계 안에서 수행되는 일종의 '자발적인 활동' 또는 '작업'으로서 놀이 안에는 참여자가 자유롭게 받아들였지만, 절대적으로

따라야 하는 '규칙'이 있고 놀이 그 자체로서의 '내재적 목적'이 있으며 모종의 '긴장 감과 즐거움' 그리고 '일상적인 삶과는 다른 활동'이라는 참여자의 지각이 수반된다.

　미국의 사회학자 윌리엄 토마스(William I. Thomas)는 우리의 삶을 추진하는 네 가지 근본적인 소망을 모험심, 안정감, 인정, 응답으로 구분하였다. 놀이는 이 모든 소망을 충족한다. 첫째, 모험에 대한 소망은 컴퓨터 게임을 하든 공기놀이를 하든 간에 스릴과 자극을 통해 충족될 수 있다. 둘째, 안정감에 대한 소망은 놀이의 엄격한 규칙과 분명한 경계에 의해 충족될 수 있다. 셋째, 인정받고 싶은 소망은 놀이에서의 경쟁과 승부를 통해 충족될 수 있다. 넷째, 응답에 대한 소망은 우리가 놀이한 뒤 얻는 직접적 피드백을 통해 충족될 수 있다. 놀이는 그 자체가 스스로 보상을 주는 행위이다(Bolz, 2014/2017).

　그렇다면 과연 놀이는 무엇일까? 사전적 의미에 따르면, 놀이는 '신체적·정신적 활동 중에서 식사, 수면, 호흡, 배설 등 직접 생존에 관계되는 활동을 제외하고 일과 대립되는 활동'으로 규정된다. 또한 성인에게는 일상생활에서 생기는 스트레스를 해소하고 기분을 전환하는 도구가 되며, 아동에게는 사회의 습관을 익히고 심신을 발달시키는 역할을 하는 것으로 정의된다.

　놀이에 관한 정의와 개념화는 고대 철학과 담론에서부터 이어져 왔으며 여러 학자의 이론적 관점에 따라 발달해 왔으나, 이를 포괄할 수 있는 공통적인 정의는 다음과 같이 요약될 수 있다. 놀이는 인간의 본성이며, 자신의 자유 선택이 바탕이 되는 행위이고, 행위 자체가 목적이며, 즐거움이 수반되는 전생애에 걸친 활동이다. 이러한 놀이의 개념은 놀이의 특성을 살펴봄으로써 보다 명확히 이해할 수 있을 것이다.

　많은 사람이 놀이에 대해 이해하고 있다고 생각하지만, 놀이의 정의와 마찬가지로 '놀이특성'에 대한 합의를 이루기는 쉽지 않아 보인다. 놀이에 대한 전문가들의 의견을 모아 보면 놀이는 크게 6가지 특성으로 구분될 수 있다. 현실을 유보하는 '비현실성', 자율성을 바탕으로 하는 '선택의 자유', 놀이의 중요한 정서인 '즐거움', 대가를 바라지 않는 '과정 지향', 타인과 관계 맺도록 돕는 '관계 형성' 그리고 몰아의 상태에 들어가는 '몰입'의 특성이 이에 해당한다.

　놀이의 특성에 대해 조금 더 자세히 살펴보자면 다음과 같다. 첫째, 놀이는 비현실성을 가진다. 놀이는 현실로부터 벗어나 있다는 데 큰 특징과 매력이 있다. 실생활에서는 가능하지 않은 주제나 활동이 놀이에서는 가능하기 때문에 놀이는 공간과 시간을 초월한다. 현실 속 인물들의 역할이 뒤바뀌기도 하고, 현실에서는 불가능한 공격 행동과 관계 형성이 가능하며, 귀신이나 로봇 등의 초현실적인 세계가 등장하기도 한다. 사물의 쓰임새 또한 현실과 매우 다를 수 있다. 예를 들어, 베개를 업고 아기라고 이야기할 수 있다. 이러한 비현실성은 놀이를 통해 현실이라는 제한에서 벗어나 새로운 가능성을 시험할 수 있게 한다(장미경 외, 2009).

예를 들어, 가장놀이는 실제 생활이 아닌 속성을 가지고 있어 자신이 실제 상황에서 표현하지 못하는 감정, 욕구, 생각 등을 표현할 수 있게 한다(O'Connor et al., 2015/2018). 의사와 환자의 역할을 나누어 가장놀이를 하는 유아들은 진지하게 역할에 몰두하지만, 자신들의 행위가 가상이라는 것을 알고 있다. 블록으로 집과 비행기 등의 구조물을 만드는 것도 마찬가지이다. 이러한 비현실성 때문에 놀이 안에서는 다소 실패하여도 크게 두려워하지 않고 현실 상황의 여러 가지를 연습해 볼 수 있다(권혜진 외, 2016).

둘째, 놀이는 선택의 자유가 있다. 선택의 자유는 놀이와 일을 구별 짓는 큰 특징이기도 하다. 일은 외부의 압력이 작용하지만, 놀이는 내적 동기에 의해서 이루어진다. 놀이에서의 자유는 자신이 원하는 활동을 자발적으로 택하며 언제든지 그만둘 수 있는 선택권이 있음을 의미한다(전가일, 2013). 놀이는 어떤 것을 선택하는지보다 자유롭게 선택했는가에 의해 결정될 수 있다.

영국 케임브리지대학교 부설 놀이발달연구소장인 데이비드 화이트브레드(David Whitebread)는 놀이의 자유성에 대해 다음과 같이 말한다. "아동이 원하는 대로 놀게 하고 자신의 흥미를 그대로 따라가도록 스스로 결정하게 두면, 아동은 스스로 의미 있는 일을 하게 되고 하고자 하는 일이나 흥미 있는 일에 집중하는 법 등을 연습한다. 놀이는 타인에 의한 조절 상태를 넘어서 자기 자신에 의한 조절 상태가 되도록 하는 과정이다."(EBS, 2019)

셋째, 놀이는 즐거움이 따른다. 놀이 중에는 즐거운 것, 즐겁지 않은 것, 놀라운 것, 고통을 수반하는 것 등을 포함한 다양한 정서가 공존한다. 이 중에서 놀이의 주된 정서는 단연 즐거움이다. 놀이가 시작되기 전부터 놀이가 시작되는 순간까지, 놀이를 기대하는 마음이 일어나며 즐거움을 바탕으로 하는 마음의 준비가 이루어진다(Eberle, 2009). 이후, 놀이가 시작되었을 때는 긍정적인 정서를 띠며 놀이하는 참여자가 놀이의 방향을 좌우하는 경향이 높은 것으로 밝혀진다. 긍정적인 정서를 띠는 참여자는 결정을 내릴 수 있는 힘을 가지고 있으며 놀이상황을 통제한다. 놀이하면서 느끼는 즐거움은 놀이 참여자의 웃음과 미소, 비명을 통해 드러난다(Sluss, 2015). 피아제(Piaget, 1962)도 놀이에는 즐거움이 있다고 하였다. 즐거움이 수반되지 않는다면 놀이가 아니다.

넷째, 놀이는 과정 지향적이다. 놀이는 어떤 무엇을 위한 것으로서의 목적 지향적인 행위가 아니라 과정 그 자체를 즐기는 과정 지향적인 행위이다. 사람들은 흔히 놀면서 어떤 것을 생산하고자 하는 목적을 염두에 두지 않는다. 조직적인 놀이가 아닌 그저 몸을 움직이고 돌아다니고 있는 행위일지라도 스스로 내적 동기와 흥미에 의해 즐겁게 하는 것이라면 놀이이다. 무엇을 만들기 위해서나 어떤 것을 해결하기 위해서 노는 것이 아니라 놀이 자체를 즐기는 것이다. 그러나 어떤 것을 완성하고 생산하고자 하는 목적을 가지는 경우라도 그 목적이 자의에 의해 스스로 발현된 것이라면 놀이를 방해하지 않는다. 내적 동기에 의해 무언가를 완성하고자 하는 목적을 가지고 즐겁게 몰두하는 과정 자체를 즐긴다면 그 또한 놀이가 되는 것이다(권혜진 외, 2016).

다섯째, 놀이는 관계 형성을 촉진한다. 놀이는 긍정적인 측면의 경험을 제공하는 동시에, 어려움과 상처를 수반하는 부정적인 측면의 경험이 담긴 사회적 활동이다. 놀이 속에서 타인과 관계를 맺는 것은 삶의 모순을 체험하는 경험이다. 놀이는 기쁨을 맛보는 행복한 경험이 되지만, 긴장하고, 가슴앓이하고, 외로움도 감수하게 한다(전가일, 2013). 이러한 놀이경험은 타인에 대해 공감하게 하며 대상과 가까워지는 느낌을 경험하도록 이끈다. 놀이를 통해 다양한 사회적 상호작용을 자연스럽게 경험함으로써, 놀이 참여자는 사회적 상황 및 타인과의 관계 안에서 자신을 통제하는 조절능력을 발달시키게 되고 적절한 사회적 일원으로 성장할 수 있게 된다(EBS, 2019). 놀이는 아동들이 원하는 대로 놀게 하고 애정적 결속을 촉진하는 역할을 하기도 한다. 낯설고 서먹하던 사이에서도 함께 놀고 나면 이전보다 훨씬 가까워진 관계가 되는 경험을 누구나 가지고 있다. 놀이는 자연스럽게 관계를 맺을 수 있도록 도우며, 또래나 형제자매, 부모와의 놀이는 아동이 관계와 애착을 강화하는 데 도움을 준다(Vanfleet, 2013).

여섯째, 놀이는 몰입을 수반한다. 놀이를 하는 사람은 놀이의 재미에 취해서 아무 생각이 들지 않는 일종의 몰아 상태에 들어가게 되기도 한다. 몰입이 가능한 기본 조건은 즐거움에 있다(전가일, 2013). 놀이는 심리적인 각성을 일으켜서 지루함을 없애 주고, 시간에 얽매이지 않게 한다. 놀이에 완전히 빠져 있을 때 사람들은 시간이 어떻게 가는지 모르게 되는 경험을 한다. 놀이에 몰입하면 다른 사람들에게 어떻게 보이는지를 신경 쓰지 않게 되며, 해당 상태를 계속해서 지속하고 싶은 욕구를 갖게 된다(Brown, 2009).

듀이(Dewey, 1972)는 최대의 놀이활동이 이루어지려면 그 활동에 몰입해야 한다고 말하며, 주변의 사람들을 의식하고 있을 때는 최대의 놀이활동이 이루어지지 않는다고 하였다. 그는 "자신이 단지 놀고 있다는 것을 의식하고 있을 때 놀이를 중단하게 된다. 왜냐하면 그의 흥미가 사라지기 때문이다."라고 하였다.

2) 발달단계별 놀이

놀이는 인간의 전생애에 걸쳐 이루어지지만, 주요한 놀이의 형태는 인간의 발달과정에 따라 달라지는 모습을 보인다. 발달단계별로 달라지는 주요한 놀이형태에 대해 이해해 보기 위해 영아기, 유아기, 아동기·청소년기, 성인기 및 노인기로 발달 시기를 구분하여 각각의 놀이 특징을 살펴보고자 한다.

(1) 영아기 놀이

영아는 신체 조절의 미숙함에 따라 움직임과 활동에 제약이 있지만, 자신의 발달수준에 맞추어 놀이를 발달시켜 나간다. 생후 초기 영아의 관심사는 자신의 신체에 맞추어져 있으나 그 관심사는 점차 주변 사물과 타인에게로 확장되어 간다. 자신을 적극적으로 탐색하고 신체의 움직임을 즐기는 영아는 주변의 새로운 사물과 환경에 대해서도 호기심을 보이게 되며, 세상을 알아 가는 즐거운 접촉을 경험하게 된다.

① 감각운동놀이

생후 1년 동안 영아의 놀이는 대부분 피아제(1962)가 말하는 감각운동놀이인데, 감각운동놀이는 주로 영아가 우연히 한 행동에서 만족감을 느껴 그 행동을 반복하는 것을 말한다. 피아제는 인지 발달에 따라 반복놀이, 상징놀이, 규칙이 있는 게임 등 3단계로 놀이가 발달한다고 보았다. 그중, 반복놀이는 감각운동기의 주요한 특성으로 사물이나 그들의 몸을 가지고 반복적인 행동을 통해 도식을 연습하는 것이다(Van Hoorn, Nourot, Scales, & Alward, 2007).

반복놀이는 영아의 놀이형태로 기능놀이와 유사하다. 기능놀이(funtional play)는 감각운동기의 영아가 즐거움을 얻기 위해 반복적으로 되풀이하는 단순한 놀이 행동으로서, 특별한 기술이나 상징이 포함되지 않는다. 12~18개월이 되는 영아는 점차 대근육이 발달하고 활동 반경이 넓어짐에 따라 다양한 반복놀이를 시도한다. 새로운 상황에서 아는 행동을 시도해 보며 즐거워하고, 흥미롭다고 느낀 경험을 능동적으로 반복한다.

② 대물놀이

영아의 관심이 자신의 신체활동에서 주변 세계로 이동한 후에는 사물을 이용한 대물놀이 단계가 나타난다. 사물을 다루기 위한 운동 기술은 생후 6개월경에 나타난다. 영아에게 주어지는 사물은 생활용품이 될 수도 있지만, 주로 장난감이다. 따라서 영아의 대물놀이에 대한 발달을 논의할 때는 영아가 선호하는 장난감과 영아에게 가장 적절한 놀잇감에 대한 정보에 초점을 맞추는 것이 중요하다(Hughes, 1994). 이 시기에 적절한 놀잇감은 안전해야 하고, 가장자리가 뾰족하지 않아야 하며, 견고하고, 한 손에 쥘 수 있도록 작으면서 삼킬 수 없는 크기여야 한다. 또한 가능하면 영아의 많은 감각을 자극할 수 있는 것이 좋다.

성장함에 따라 영아는 사물 자체에서 벗어나 사물의 속성에 관심을 보이며 친숙하지 않은 장난감에 흥미를 보인다. 영아는 사물을 다룰 때 세부적인 모습에 주의를 기울이고, 모든 사물을 다 똑같은 방식으로 다루지 않는다. 또한 가능한 한 그 사물에 대해 많이 알 수 있는 적합한 방식으로 다뤄 보며 두드리고 조작하는 것에 관심을 보인다.

③ 상징놀이

영아기에 초보적인 상징놀이가 나타나고 점진적으로 발달해 가는 과정은 3가지 인지능력의 발달로 설명할 수 있다(Hughes, 2010/2012). 첫째, 탈중심화(decentering)로, 이는 아동이 상징놀이에서 자기 자신에게 얼마나 초점을 두는가와 관련이 있다. 탈중심화의 정상 발달 과정은 자기중심에서 다른 것 중심으로 진행된다. 약 12개월경의 영아에게서 나타나는 초기의 상징놀이는 자기 자신을 향하는 가장 행동이며(Piaget, 1962), 몇 개월이 지나면 점차 탈중심화의 징후를 보이기 시작한다. 2세 말경에 탈중심화는 성숙 수준에 접어들며, 의인화된 사물을 가장놀이에

끌어들여 사물 중심의 가장 행동을 주도한다. 둘째, 탈맥락화(decontextualization)로, 이는 한 가지 사물을 다른 것으로 대체하여 사용하는 것을 말한다(Fenson, 1985). 초기의 탈맥락화는 생후 12개월경에 비교적 덜 정교한 형태로 나타난다. 이 때 아동은 사물을 실제로 사용하는 방식과는 다른 방식으로 사용한다. 셋째, 통합(integration)은 상징놀이의 세 번째 인지능력으로, 놀이가 특정 형태로 조직되어 가는 것을 말한다(Fenson, 1985).

④ 사회적 놀이

영아의 상징놀이는 놀이 자체로 사회적 기능을 가지나, 부모, 교사와 같은 성인과 함께 하는 상징놀이는 영아에게 연습의 기회를 제공한다. 영아는 사회적으로 적절한 말과 행동을 관찰하고 학습하고 다시 반복한다. 어머니가 이끄는 영아 상징놀이의 1/3은 사회화를 목적으로 하는 도구적 기능을 지닌다(Haight, Parke, Black, & Trousdale, 1993). 예를 들어, 소꿉놀이를 통해 식사지도를 하려는 의도를 가지는 것이다. 이처럼 부모의 상징놀이는 아동에게 즐거움이 되고 아동의 발달을 관찰할 기회이기도 하지만, 중요한 사회화 기능을 제공한다(Haight, Parke, Black, & Trousdale, 1993).

영아기는 유아기에 비해 또래에 대한 관심이 낮은 시기이지만 놀잇감을 통해 또래와 충분히 의미 있는 상호작용이 일어나기도 한다. 폰테인(Fontaine, 1996)은 2세 영아 간에 나타나는 상호작용의 90%가 놀잇감을 통해 발생한다고 보며, 이는 서로에게 관심을 가지는 계기가 된다고 보았다. 성인이 상호작용을 구조화하는 경우, 12개월경의 아동은 또래와 협동적으로 놀이할 수도 있다. 그러나 협동놀이를 하려면 다른 사람의 의도와 목적을 이해해야 하기 때문에 영아 간의 협동놀이는 이루어지기 어렵다.

(2) 유아기 놀이

유아기의 신체적·환경적 변화는 유아의 놀이 변화에 상당한 영향을 끼친다. 신체적인 변화에 따라 유아는 걷기 시작하면서 돌아다니고 뛰어다니며 탐색 반경이 늘어나게 된다. 2세가 되면 유아는 언어 구사를 시작하고 좀 더 상호작용을 하며 협동적인 놀이를 늘려 간다. 더불어 어린이집, 유치원 등 가정을 벗어난 새로운 환경 속에서 또래와의 상호작용이 증가한다.

① 상징놀이

상징놀이는 전조작기의 주요한 특성으로, 유아는 간단한 가상 시나리오 속에서 자신과 타인 및 주변 사물들을 이용하여 여러 활동을 연기한다(Bornstein, 2007). 상징놀이란 눈에 보이지 않는 대상을 표상하거나 사물이나 상황을 실제와 다르게 변형시켜 표상하는 놀이이다. 상징놀이의 초기에는 자신의 신체 및 일상생활과 관련된 요소들을 가작화[~인 척 놀이(as if)]하지만, 점차 그 범위는 확대되고 계획성이 생긴다.

피아제에 따르면, 유아는 인지적으로 불균형 상태에 놓여 있고 개념 발달이 미성숙하여 현실과 자신의 욕구를 동화시키게 되는데, 이러한 동화의 예가 상징놀이이다. 초기에 일어나는 미성숙한 상징놀이의 형태는 혼자 하는 상징놀이로, 파튼(Parten, 1932)이 말하는 혼자놀이 유형과 비슷하다. 3~6세는 다른 연령에 비해 환상의 세계에 빠지는 시기로 상징놀이의 황금기라고 할 수 있다.

② 사회적 놀이

파튼(1932)은 상호작용이 없는 혼자놀이에서 상호적 협동놀이로 변화하는 과정을 설명하였다. 혼자놀이는 2세 아동에게 전형적으로 나타나는 가장 낮은 단계의 사회적 놀이이다. 이 단계에서는 다른 아동을 구경하거나 질문 및 요청을 받아도 적극적인 참여를 하지 않는다. 다음 단계는 병행놀이로, 이는 아동이 같은 시간과 같은 장소에서 동일한 활동을 하면서 각자 따로 노는 것을 말한다. 사회적으로 미성숙한 수준의 혼자놀이와 순수한 협동놀이 사이에 병행놀이가 위치한다.

유아는 점차 또래에게 관심을 보이며 다른 또래들과 사회화되기 시작하며 연합놀이 단계로 들어간다. 연합놀이는 특히 3~4세의 일반적인 놀이 특징으로 각 아동은 아직 역할을 정하고 조직화된 교류를 하지는 않지만 서로의 활동에 대한 이야기를 주고받거나 놀잇감을 공유하는 등의 상호작용을 한다. 연합놀이보다 높은 단계의 사회적 성숙을 나타내는 놀이는 협동놀이이다. 4세 이상의 아동은 두 명 이상이 공동의 목표가 있는 놀이활동 속에서 각자 역할을 정하고 목표가 달성될 수 있는 놀이를 할 수 있다. 이를 통해 유아는 사회적 규칙과 협동을 배우게 되며 도덕적 추론능력을 습득하게 된다.

유아의 놀이에 있어 부모는 방관자가 되어서도 안 되고 지나치게 개입해도 안 된다. 성인은 파트너나 놀이친구로서의 역할을 담당해야 한다. 이 시기의 부모는 유아를 위한 충분한 놀이 환경을 제공해 주고 유아의 놀이를 지지하며 격려해 주는 것이 중요하다(Piaget, 1962). 유아의 놀이는 어머니와 상호작용하면서 더 정교하고 복잡하며 다양해진다(Bornstein, 2007). 어머니는 언어적이며 인지적인 측면에서 극놀이에 참여하는 경향이 있다. 유아의 놀이에서 아버지의 역할 또한 강조되는데(Bridges, Connell, & Belsky, 1998), 아버지는 신체적이고 활동적인 예측불허의 놀이를 많이 하는 경향이 있다(Parke, 1981). 따라서 유아의 균형 잡힌 발달을 위해서는 부모 모두가 유아의 놀이에 참여하는 것이 좋다.

유아의 또래 상호작용은 놀이에 대한 흥미, 놀이에 대한 참여도, 놀이의 질적 수준 등에 직접적으로 영향을 미친다. 유아는 친하지 않은 또래보다 친한 또래와 있을 때 극놀이 참여율이 높고, 더 성숙한 방법으로 놀이한다(Howes, 1988). 그리고 친한 또래와 있을 때 극놀이에 더 많이 참여하며, 더 많은 사회적 조직과 협동이 일어나고, 더 높은 열의와 집중력을 발휘한다(De Lorimier, Doyle, & Tessier, 1995). 동일 연령 친구들과의 상호작용은 혼합 연령 친구들과의 상호작용에 비해 더 적극적이고 언어적 상호작용의 범위가 넓으며 협동적인 극놀이를 촉진한다(Lederberg, Chapin, Rosenblatt, & Vandell, 1986; Roopnarine & Johnson, 1984).

(3) 아동기·청소년기 놀이

학령기에 접어서면서 아동의 사고는 좀 더 질서 있고 체계화되며 논리적이 되어간다. 때문에 아동의 놀이는 학령 전기 아동보다 더 실제적이고 규칙에 기초하며 질서에 대한 욕구가 수반된다. 또한 이전에 비해 같은 연령층의 아동과 좀 더 사회적으로 어울리게 되고, 그동안 가족 내에서만 받았던 지원을 또래 집단으로부터도 받게 된다. 또래에 의한 수용은 아동에게 가장 중요한 것이며, 아동의 놀이는 소속에 대한 욕구를 반영한다.

청소년기로 접어드는 약 12세경에 가장 인기 있는 여가활동에는 자기 인식, 이성 관계의 사회화, 친밀한 의사소통에 대한 욕구가 포함되어 있다. 또한 청소년은 자신의 놀이에서 규칙 있는 게임을 하는 빈도와 선택의 폭이 전반적으로 감소한다(Damon, 1983). 이들은 컴퓨터, 스마트폰, 게임기 등 전자 기기를 매체로 놀이하거나, 소셜 네트워크 서비스(SNS)를 활용하여 친밀한 또래와 소통하는 경우가 많다.

자신의 특정한 강점과 약점을 인식하는 대부분의 십대는 모든 놀이를 다 시도하는 것보다는 놀이로서 자신에게 맞는 한두 가지 스포츠를 선택한다. 스포츠는 즐거움, 연습, 사회화의 기회를 제공하고 생활의 스트레스를 조절하는 기능을 제공하며, 청소년의 삶에 있어서 지속적으로 중요한 역할을 한다.

① 놀이와 기술습득

아동 · 청소년은 운동 기술과 지적 기술이 발달하고 숙련되면서 큰 자부심을 갖게 된다. 이러한 발달은 한편으로는 이들의 근면성을 증진시키고, 다른 한편으로는 또래 집단에서의 수용을 촉진한다. 모든 아동 · 청소년은 또래와 성인 앞에서 자신을 과시하고 집단 앞에서 자신의 위치를 확고하게 해 주는 여러 가지 운동 활동(작업능력들)을 개발한다.

② 수집가로서의 아동

아동 · 청소년은 만화책을 읽거나 인형을 가지고 놀 때처럼 수집된 물건을 놀이에서 사용하지만, 종종 수집하는 것 자체가 놀이이며 그 물건들을 전혀 사용하지 않지만 단지 보기 위해 가끔씩 꺼내기도 한다. 사회적 측면에서 수집이 가치를 갖는 것은, 수집한 것이 또래 아동들이 관심을 갖고 있는 물건일 경우 인기도에 반영될 수 있기 때문이다. 수집의 또 다른 사회적 가치는 아동이 소장하고 있는 것을 서로 공유하고 교환할 수 있다는 것이다. 빌려주고 빌리는 과정은 타인의 재산을 소중히 해야 함과 책임감을 기를 수 있게 돕는다. 또한 교환의 과정을 통해 동등함과 공평함의 개념과 협상의 기술을 습득할 수 있다.

수집의 지적 가치는 수집하는 물건에 대해 많이 배울 수 있다는 것과 셈 기술이 증가한다는 것이다. 아동은 자신이 모은 물건들이 다양한 차원에서 집단과 하위 집단으로 분류될 수 있다는 것을 인식하며 보다 성숙한 논리적 분류 개념을 획득할 수 있다. 물건을 수집하는 경험은 물건들 간의 아주 미미한 차이에 대해 주의를 기울이게 만든다. 수집의 경험은 아동기에 매우 중요한 근면성을 배울 수 있는 기회를 제공함으로써 자아존중감을 향상시킬 수 있다.

③ 규칙이 있는 게임

문명화된 인간의 주요 놀이활동은 규칙이 있는 게임 놀이에서 찾아볼 수 있다(Piaget, 1962). 규칙이 있는 게임은 술래잡기, 숨바꼭질 같은 감각운동적인 놀이일 수 있고, 바둑이나 모노폴리 등의 보드게임 같이 지적인 놀이일 수도 있다. 구분되는 형태와 무관하게 공통적인 점은 모두 두 명 이상의 참가자와 경쟁심을 가지고 임하게 되며, 게임이 사전에 정해 놓은 규칙에 의해 지배된다는 점이다.

학령기 이전의 아동 및 청소년은 놀이에서 역할을 정하고 가장 행동의 계획을 유지할 수 있는 규칙을 사용한다. 그러나 가장놀이의 역할이나 주제는 계속해서 바뀔 수 있기 때문에 상징놀이에서의 규칙은 학령기 아동의 주된 놀이가 되는 게임에 비해 규칙의 엄격함을 지니지 않는다(Rubin, Fein, & Vandemberg, 1983).

규칙 있는 게임이 발달한 형태의 하나는 조직화된 스포츠 활동이며, 스포츠 참여를 즐기는 정도는 아동이 가진 성취 지향의 유형에 영향을 받는다.

(4) 성인기 및 노인기 놀이

신체적 성장기가 끝나고 청소년기에서 성인기로 넘어가면서, 놀이, 사랑, 일은 완전히 개별화된다. 놀이는 이제 주로 일의 시계에서 잠시 벗어나기 위한 오락 수단이 된다. 성인은 아동이 놀이하는 것만이 '놀이'라고 여기는 경향이 있다. 그러나 전 연령대의 사람들이 언제나 놀이를 즐겼다는 것은 역사적으로 명백한 사실이다.

놀이는 우스꽝스럽고 즐거울 뿐만 아니라 웰빙과 고요한 상태에도 접근할 수 있게 한다. 성인은 놀이로 여행, 취미활동, 휴식 등 스트레스를 줄일 수 있는 환경을 가장 먼저 떠올린다. 일상과는 전혀 다른 공간에 가거나, 규칙적인 운동을 즐기거나, 방 안에서 혼자 좋아하는 영화를 보기도 한다. 놀이를 통한 이완이 이루어지면 공감과 친밀감의 능력이 증진된다. 또한 놀이는 성인에게 창의성, 역할 연습, 심신의 통합을 포함한 수많은 적응적 행동을 촉진하는 중요한 매개물이라고 할 수 있다(Schaefer, 2011).

여가활동의 목적은 연령의 구분 없이 개인의 즐거움을 추구하거나 휴식하기 위한 목적이 가장 크지만, 60대 이상 성인의 주요 여가활동 목적은 건강을 위한 비중이 높아진다(문화체육관광부, 2020). 노인에게 놀이는 신체적 · 인지적 · 정서적 · 사회적 기능의 저하로 인해 찾아오는 우울감과 낮아진 자아존중감을 회복시킬 수 있는 기능적인 측면이 강조된다. 그러므로 쉽고 재미있게 접근할 수 있어야 하며, 놀이를 지속할 수 있도록 즐거움, 만족감, 행복감을 얻을 수 있는 과제가 도움이 된다. 흔히 볼 수 있는 노인의 놀이는 뜨개질을 해서 주변에 선물하거나, 동네 비슷한 연령의 노인들이 모여서 화투를 치고, 노래를 부르며 몸을 움직이는 활동 등이 있다. 놀이를 통해 소근육과 대근육의 운동이 이루어지며 민첩성을 기르고 순환기 활성화를 증진할 수 있다. 또한 기억력과 문제해결력 등 노인기 지적 능력 감퇴의 문제를 예방하거나 늦출 수도 있다(송민선, 박희현, 2011).

　놀이가 새로운 역할을 맡게 되면서 아동기에 수행했던 창조적인 기능 중 일부를 잃게 되기도 한다. 그러나 성인들 가운데에도 창조적 충동을 일과 취미, 부업 등에 활용하는 사람들이 적지 않다. 창조적인 요리를 하거나 레이스 뜨기, 목공예, 정원 가꾸기, 도자기 만들기를 하는 것 등이 좋은 예이다. 이처럼 성인에게 있어서도 놀이는 지속적이고 자연스러운 활동이다.

2. 놀이의 치료적 힘과 놀이치료 정의

　놀이는 그 자체로 치료적 힘을 가지고 있으며, 놀이치료는 이러한 놀이의 치료적 힘을 활용하는 심리치료 접근이다. 훈련된 놀이치료사는 내담자와 치료 관계를 형성하면서 내담자가 상징적인 놀이도구를 통해 자신의 사회적 · 심리적 · 물리적 환경에 관한 이야기를 하게 하며 내적 세계를 탐색할 수 있게 돕는다. 놀이를 통해 내적 세계를 탐색하는 과정은 자신의 행동적 · 정서적 · 인지적 발달에서의 강점과 힘을 찾아내게 한다. 또한 자신이 직면한 문제와 갈등 수준에 대해 스스로 이야기하고 타협하여 문제해결의 방안을 구조화하게 하며, 이전보다 성숙하고 건강한 방식으로 문제를 대처할 수 있게 돕는다(Timberlake & Cutler, 2000). 이러한 과정 중에 바로 놀이의 치료적 효과가 나타난다. 내담자의 변화를 이끄는 놀이의 치료적 힘은 크게 자기표현, 무의식에 대한 접근성, 정서적 정화, 치료 관계 형성, 자아 성장이라는 5가지 측면으로 구분하여 살펴볼 수 있다.

　첫째, 놀이는 내담자의 자기표현을 이끈다. 놀이치료는, 놀이가 자기를 표현하는 자연스러운 매체가 될 수 있다는 사실에 바탕을 두고 있다(Axline, 1947). 액슬린(Axline, 1969)은 성인은 언어로 자신을 표현할 수 있지만, 아동은 언어가 제한적이기 때문에 이를 보완할 수 있는 치료적 매체를 활용하는 것이 효과적이라고 하였다. 아동의 환상놀이를 통해 자기를 표현하는 경향이 있는데(Singer & Singer, 1976), 특히 놀이에서 표현되는 자신의 감정을 이해해 주며 강력한 감정이라도 수용해 주는 치료사와의 관계 안에서는 자기표현이 더욱 촉진될 수 있다. 자신의 감정을 솔직하게 표현하고 수용받는 경험은 감정의 강렬함을 사라지게 하고, 자신의 감정을 적절하게 조절할 수 있도록 돕는다(Landreth, 2012/2015).

또한 놀이는 성인에게 자기표현의 기회를 제공한다. 놀이는 자기의 재능을 개발할 수 있는 기회와 장소를 제공해 주기 때문에 자기표현, 자기 발전, 재능 개발의 기회가 된다(신혜원, 2009a). 예를 들어, 다른 사람 앞에서 자기표현이 두려웠던 노인들에게 역할극을 통한 반복적인 대사 연습과 무대 경험의 기회를 제공하는 것은 자기표현에 대한 자신감을 높이고 두려움을 극복하게 한다. 또한 자신감을 상실한 노인들에게 놀이를 통한 자기표현의 기회를 제공하는 것은 정서적으로 이완되는 가운데 두려움을 극복할 수 있게끔 도와준다. 반복적 놀이경험으로 두려움을 감소시켜 바람직한 행동을 하도록 도와주는 것이다(신혜원, 2009b).

둘째, 놀이는 내담자의 무의식에 대한 접근 가능성을 높인다. 프로이트(Freud, 1946)는 아동의 무의식적인 갈등을 노출시키는 데 있어서 놀이의 가치를 알게 된 첫 번째 치료사였다. 그의 고전적 임상 연구인 'Little Hans'에서 프로이트는 한스의 아버지에게 아들의 놀이와 꿈, 언어를 관찰하도록 요청하였고, 아동의 놀이에서 관찰된 표현들의 의미를 아버지에게 해석해 주었다. 한스의 사례와 같이, 특히 아동의 경우에는 놀이를 통해 바로 무의식으로의 접근이 가능하다.

정신분석놀이치료는 놀이치료과정에서 반복되어 나타나는 아동들의 어려움을 놀이 주제로 분류하고 놀이 주제를 통해 아동을 이해하는 치료방법을 사용하였다. 이는 아동의 놀이를 성인의 자유연상법과 같은 맥락으로 평가하는 방식이다. 클라인(Klein, 1932/1975)은 아동이 지속적으로 보여 주는 놀이는 아동 자신의 무의식적 세계와 세상을 연결하는 통로가 된다고 하였다. 또한 치료사가 아동의 놀이를 관찰하는 것이 바로 아동의 내적 세계에 들어갈 수 있는 길이라고 하면서 이때 치료사의 몰입이 중요하다고 하였다.

분석심리학적 놀이치료인 모래놀이치료의 경우 비언어적이며 접촉을 요하는 모래를 이용하여 안정감 있게 무의식을 표현하도록 돕는다(오소정, 2016). 모래놀이치료는 적극적이고 구체적인 상상(imagination)을 통하여 의식과 무의식이 만나는 것으로 중년기에 중요한 치유와 성장의 과정을 이룬다(Bradway & McCoard, 1997). 자신에 대한 진정한 통찰은 무의식으로의 접근을 통해 이룰 수 있다. 모래놀이치료는 자기의 전체 정신을 실현하기 위한 내향화 작업이 요구되는 중년의 시기에 자신의 내면세계인 무의식을 직면하고 이를 의식화할 수 있도록 돕기 때문에 유용한 심리치료 기법이라 할 수 있다(장현숙, 2009).

셋째, 놀이는 내담자의 정서적 정화를 돕는다. 에릭슨(Erikson, 1940)은 아동이 자신의 가슴 아픈 경험을 놀이로 표현하는 것은 가장 자연스러운 자기치유법이라고 말하였다. 놀이는 자신의 감정과 경험을 표현하는 좋은 도구이며 장으로서의 역할을 한다고 볼 수 있다. 펀치백이나 보보인형을 치거나 베개를 던지는 등의 무생물에 대한 놀이 행동을 통해, 긴장을 해소시키고 내적으로 시원함을 경험하게 하는 것 등에서도 놀이를 통한 표현으로 이룰 수 있는 정화작용을 이해할 수 있다.

정화는 분노 또는 슬픔과 같은 억압된 부정적 정서의 해제를 수반한다. 이는 축적되어 있는 감정을 깊게 발산할 뿐만 아니라 의식적 자각과 감정의 통제를 증가시킴으로써 치료적 변화를 생성한다(O'Connor et al., 2015/2018). 아동은 놀이치료를 통해 자신의 감정을 조절하는 책임감을 배우게 됨으로써 더 이상 감정의 지배를 받지 않게 된다(Landreth, 2012/2015).

성인 및 노인의 경우에도 소외나 가족 간의 갈등으로 현실 세계에서 생긴 여러 가지 분노나 슬픔을 놀이를 통해 방출하며 이완시킬 수 있다. 놀이를 통해 감정을 적절하게 해소함으로써 기억 속에 남아 있는 억압된 경험을 재현하고 그 경험과 관련하여 깊이 내재되어 있던 정서를 표현하며 외상에 대한 경험을 정신적으로 해소할 수 있다. 놀이라는 안전장치를 활용하여 이러한 재생 경험을 반복함으로써 이전에는 다루기 힘들었던 상황을 극복하고 종국에는 사건에 대한 통제력을 획득하게 된다(신혜원, 2009b).

넷째, 놀이는 치료사-내담자의 관계 형성을 돕는다. 대다수의 치료사는 치료의 성공에서 가장 중요한 요소가 치료 관계라고 생각한다(Kazdin, Siegel, & Bass, 1990). 치료사와 내담자가 함께 진실한 경험을 하고 관계를 맺는 것은 지식을 갈고 닦아 배우는 것이 아니다. 내담자를 인격적으로 존중하고 그의 세계를 소중히 여기는 것은, 치료사의 무조건적인 수용을 진심으로 인정하는 내담자가 느끼고 감지하는 것이다. 놀이치료실에서 가지는 이러한 내담자와의 관계는 각자가 개체로 간주되면서 서로 수용과 인정의 관계를 나누는 것이다(Landreth, 2012/2015).

마셀로스(Masselos, 2003)는 놀이치료사와 함께 있는 것이 재미있으면 아동은 치료사를 더 많이 신뢰하고, 보살피고, 접근할 수 있는 대상으로 본다는 것을 발견했다. 아동이 성인과 함께 웃을 때 그들은 성인과 놀이장면에 함께 있다고 느끼며, 위계적 관계가 아닌 평등관계가 된다(O'Connor et al., 2015/2018). 로저스(Rogers, 1959)에 따르면, 치료 관계는 치료사와의 안전한 관계 속에서 긴장을 푸는 과정이며, 이전의 부정적 경험을 지각하고 변화시키며 자기의 통합이 이루어지는 과정이다. 즉, 치료사와의 안전한 관계는 감정의 해소를 일어나게 하며, 치료 관계 안에서 내부 깊숙이 자리 잡고 있는 자신의 무한한 힘을 인식하게 되는 내담자는 자신의 중요성에 대해 생각해 보고 자신의 문제를 해결하는 힘을 발휘하게 된다.

다섯째, 놀이는 내담자의 자아 성장을 돕는다. 놀이는 회복력을 촉진하며, 일상생활의 스트레스에 의해 유발되는 부정적인 감정에 대처할 수 있는 좋은 감정의 내적 샘물(inner well)을 구축하게 한다. 긍정적 정서는 이후의 부정적 경험을 완화하는 효과가 있음을 보여 주는 연구들이 많다(Carlson & Masters, 1986).

버넷(Barnett, 2007)은 젊은 성인의 놀이성을 분석하여, 놀이성이 높은 사람들은 자신의 환경을 더 자극적이고, 즐겁고, 유쾌하게 만들 수 있다고 주장하였다. 스스로 생성하는 긍정적 정서에 특히 능숙한 사람은 스트레스와 역경에 대처하는 반응이 탄력적일 가능성이 크다(Cohn & Fredrickson, 2010; Tugade & Fredrickson, 2004). 랜드레스(Landreth, 2002/2006)는 자기효능감을 키워 줄 수 있는 가장 강력한 도구가 바로 놀이라고 설명하였다. 놀이 속에서는 자기가 설정한 목표를 자신이 원하는 방법으로 성취할 수 있다. 그리고 이러한 성취 경험을 통해 자신의 손상된 자아를 스스로 치유하고 자기존중감을 고양시키게 된다.

이와 같은 놀이에 대한 치료적 힘을 효과적으로 활용하는 심리치료 접근이 놀이치료이다. '놀이'에 대한 개념이 하나로 정의되지 않듯이 '놀이치료'의 개념 또한 그러하다. 그러나 전문가들 사이에서 놀이치료가 무엇인지에 대해 꽤 합의된 정의는 존재한다. 밴플리트(VanFleet, 2004)는 놀이치료를 "의사소통, 관계 형성, 아동을 위한 문제해결을 촉진하는 정서적으로 안전한 치료적 환경을 만드는 수단으로서, 놀이에 대한 아동의 자연적 경향성을 이용하는 광범위한 영역의 접근"(p. 5)이라고 정의한다. 랜드레스(1991)는 놀이치료에 대하여 "훈련된 치료사가 놀이라는 아동의 자연적인 의사소통 매체를 통해 아동이 자신의 감정, 사고, 경험, 행동 등을 탐색하고 충분히 표현하도록 하며, 안전한 관계의 발달을 촉진하는 놀이도구를 선택적으로 제공하는 치료사와 아동 간의 역동적인 대인관계"라고 정의한다.

놀이치료협회(Association for Play Therapy: APT)는 다양한 이론적 지향점을 포함하면서 놀이의 치료적 힘을 강조하는 정의를 지지한다. 즉, 놀이치료는 "훈련된 놀이치료사가 내담자의 심리적·사회적 어려움을 예방 또는 해결하고 최적의 성장과 발달을 달성하도록 돕기 위해 놀이의 치료적 힘을 사용하는 데에서 이론식 모델을 체계적으로 사용하여 대인관계 과정을 구축하는 과정"(APT, 2014)이라고 정의하였다.

정리하면, 놀이치료란 놀이의 치료적 힘을 활용할 수 있는 훈련된 놀이치료사에 의해 실시되는 심리치료 접근임을 이해할 수 있다. '놀이의 치료적 힘을 제대로 이해하며 활용할 수 있는가?' 그리고 '치료적으로 안전한 환경을 구축할 수 있는 훈련된 놀이치료사인가?'라는 두 가지 질문에 대한 대답은 놀이치료를 적절히 설명하는 데 필수적인 요건이라 할 수 있다.

3. 놀이성과 놀이치료

인간은 놀이를 즐길 수 있는 자연스러운 내적인 성향과 태도를 지니고 있다. 유연하고 개방적인 자세로 놀이를 즐길 수 있는 놀이성이 풍부한 사람은, 삶에서 마주하는 갈등을 해결하거나 고통 속에서 벗어나는 과정에서도 유연함을 보인다. 놀이치료에서 가장 중요한 요소 중 하나는 놀이치료사로, 놀이치료 전문가들은 인간의 고유한 특성인 놀이성을 놀이치료사가 지녀야 하는 주요한 심리 내적 특성으로서 강조한다(Axline, 1955; Landreth, 1991; Schaefer, 1997). 놀이치료사의 놀이성은, 놀이치료사가 치료 회기 동안 내담자와 전적으로 함께할 수 있게 하며, 삶에 대한 내담자의 경직된 태도를 이완할 수 있게 하는 데 도움을 제공한다. 충분히 놀이할 수 있는 놀이치료사야말로 내담자에게 놀이를 통한 치료적 이점을 제공할 수 있게 된다.

1) 놀이성의 개념과 특성

놀이성은 내적인 성격특성을 일컫는 심리학적 구인으로서, 놀이 행동을 일으키는 성향 내지는 태도를 뜻한다(Barnett, 1990). 글린과 웹스터(Glynn & Webster, 1992)는 "놀이성이란 즐거움을 더하기 위해서 자기의 활동을 재미있는 활동으로 생각하거나, 또는 그런 활동에 참여하는 성향"(p. 83)이라고 정의하며 성인의 성격 구조로 공식화하였다. '놀이'가 표면적으로 드러나는 활동을 가리키는 것이라면, '놀이성'은 놀이 행동을 일으키는 내적인 성향인 것으로 표현할 수 있다(Barnett, 1991; Lieberman, 1965; Rogers, 1988; Singer, Singer, & Sherrod, 1980).

놀이성은 놀이를 넘어 개인의 삶에 전반적인 영향을 미친다. 놀이성은 삶에 접근하는 태도를 결정하는 데에 영향을 주는데, 개인이 놀이적 태도를 지니면 어려운 과제나 환경에 처했을 때 그것에 쉽게 접근하게 된다(Erikson, 1972). 놀이성을 지닌 사람은 긍정적인 시각과 열린 마음으로 상황을 바라보며, 유연하고 변화에 쉽게 적응할 수 있다. 특히 이들은 어려운 상황에 직면하였을 때 이를 성장을 위한 도전으

〈표 1-1〉 성인 놀이성 척도

번호	문항	전혀 그렇지 않다	그렇지 않다	보통 이다	약간 그렇다	매우 그렇다
1	나는 유머 감각이 부족하고 진지한 사람이라고 생각한다.	1	2	3	4	5
2	나는 내 침실에 농구골대가 있으면 좋을 것 같다.	1	2	3	4	5
3	나는 때때로 우스운 표정을 하거나 유치하게 행동하는 것을 즐긴다.	1	2	3	4	5
4	가끔씩 나는 샤워를 하면서 노래를 부르거나 집에서 가볍게 춤을 춘다.	1	2	3	4	5
5	나는 일 속에서 즐거움을 찾는다.	1	2	3	4	5
6	나는 스스로 잘 웃지 않는다는 것을 안다.	1	2	3	4	5
7	나는 인생이 비관적이라기보다는 낙관적이라고 생각한다.	1	2	3	4	5
8	나는 우울할 때, 기분을 좋게 하기 위해 웃으려고 한다.	1	2	3	4	5
9	나는 심각한 상황에서라도 즐거운 면을 찾으려고 한다.	1	2	3	4	5
10	나는 되도록 많이 웃거나 미소 짓는 것을 좋아한다.	1	2	3	4	5
11	나는 농담을 하거나 장난치는 것을 즐기지 않는다.	1	2	3	4	5
12	나는 친구들과 함께 있을 때, 주로 내가 먼저 재미있는 말이나 행동을 한다.	1	2	3	4	5
13	나는 직업을 선택할 때, 보수가 많은 것보다 내가 즐길 수 있는 직업을 택하겠다.	1	2	3	4	5
14	나는 눈덩이를 던지거나 눈사람 만들기, 모래성을 쌓는 것을 좋아한다.	1	2	3	4	5
15	나는 충동성과 감정을 잘 억제한다.	1	2	3	4	5
16	나는 어린 아이들과 함께 노는 것을 좋아한다.	1	2	3	4	5
17	사람들은 나를 재미있는 사람이라고 생각한다.	1	2	3	4	5
18	나는 몸을 움직이는 놀이를 좋아한다.	1	2	3	4	5

출처: Schaefer & Greenberg(1997)의 성인 놀이성 척도(Playfulness Scale for Adults)를 오혜주(2008)가 번안 · 수정함.

로 받아들이며, 기술을 익히고 배울 수 있는 긍정적인 기회로 여긴다. 더 나아가 실수를 실패가 아닌 성장과 학습의 기회로 받아들이며, 문제를 해결하기 위해 사회적인 관습이나 법칙 등을 배제하여 근본적이고 참신한 해결책을 발견하려고 한다(Guitard, Ferland, & Dutil, 2005). 또한 재미 추구 동기가 강하여 상황에서 재미있는 일을 적극적으로 이끌어 놀이를 시작하거나 재미있는 일에 반응하는 경향이 있으며, 계획된 상황이 아니더라도 즉흥적으로 놀이를 하며, 제약이 될 수 있는 상황에 얽매이지 않고 자유롭게 놀이를 즐기는 경향이 있다(이순행 외, 2018).

　　성인 놀이성의 특징은 재미-탐닉(fun-loving), 유머감각, 익살스러움(enjoy silliness), 비형식(informal), 별난(whimsical) 등으로 설명할 수 있다(Schaefer & Greenberg, 1997). 에릭슨(1977)은 놀이성이 인생 전반에 걸쳐 나타난다고 하였는데, 영아-어머니의 초기 상호작용에서 이미 시작되며 아동기에서는 놀이, 청소년기에서는 농담과 장난, 성인기에서는 게임과 취미활동에서 찾아볼 수 있다고 하였다. 성인의 경우는 아동보다 분화된 존재이기에 놀이성이 나타나는 방식도 분화되어 나타나는 것이라 할 수 있다. 〈표 1-1〉의 성인 놀이성 척도를 이용하여 자신의 놀이성을 파악해 볼 수 있다.

2) 놀이성과 놀이치료사

　　놀이라는 매체를 통해 치료적 동맹을 맺으며 상담하는 놀이치료사의 놀이성은 일반 성인의 놀이성보다 더 중요한 변인으로 작용하게 된다. 놀이성이 풍부한 치료사는 놀이치료실에서 놀이를 활성화하는 자극제가 되며, 그러한 즐거운 활동은 라포 형성을 용이하게 할 뿐 아니라 불안이나 우울과 같은 부정적인 감정의 해독제를 제공할 수 있도록 긍정적인 감정을 이끌어 내는 경향이 있다(Lewinsohn, 1974). 놀이성의 특성은 놀이치료를 진행하는 과정에 있어서 내담자와 치료사와의 치료적 동맹을 증진시킬 수 있는 중요한 측면이며, 내담자와 긍정적인 관계를 형성할 수 있게 한다(Schaefer & Greenberg, 1997).

　　놀이치료에 대한 지식과 기술, 수많은 경험을 쌓아야 전문적인 놀이치료사로 성장할 수 있는 것은 당연하지만, 치료적 인간으로서의 자질을 갖추기 위해서는 놀이를 즐길 수 있는 마음 자세와 유머 감각이 필요하다(유미숙, 1997; Axline, 1955; Landreth, 1991). 놀이치료사는 유머 감각을 갖고 있어야 하고, 그래야 내담자와 함께 즐길 수 있고 어려운 문제도 여유롭게 풀어 갈 수 있다. 코리(Corey, 2013)는 유능한 상담자의 인간적 특성 중 치료적 인간으로서의 상담자는 유머를 쓸 줄 알고 생활의 일을 관조할 줄 알며 자신의 약점과 모순에 대해서조차 웃을 줄 안다고 하였다.

놀이성이 놀이치료사에게 미치는 영향을 다양하다. 긍정적인 관계를 형성할 수 있도록 촉진제의 역할을 하는 놀이성은 놀이치료사와 내담자의 치료적 동맹을 증진시켜 주며, 비성공적인 놀이치료사가 성공적으로 변화할 수 있게 돕는다. 놀이성을 지닌 놀이치료사는 치료과정에서 내담자가 즐겁게 놀이할 수 있도록 환경을 제공해 줄 수 있으며, 치료과정에서 난제에 부딪혔을 때 유연하게 대처하게 하는 등 치료사 역할을 수월하게 수행하도록 한다. 또한 놀이성은 친밀한 대인관계를 형성하도록 도움을 주기 때문에 대인관계의 만족도를 높여 준다(Baxter, 1992; Krystyna & Norman, 2002). 타인과 함께하는 것을 전적으로 즐길 수 있는 유머 감각을 지닌 놀이치료사는 어려운 문제에 직면할지라도 여유를 갖고 문제를 풀어 나갈 수 있으며, 그렇기 때문에 놀이성은 놀이치료사에게 필수적으로 요구되는 자질 중 하나라고 할 수 있다(유미숙, 1997).

정리해 봅시다

이 장에서는 놀이의 특성, 발달에 따른 놀이특성의 변화, 놀이의 치료적 힘, 놀이성 및 이와 관련한 놀이치료 개념을 다루었다. 요약해 보면, 놀이는 현실을 초월해 볼 수 있는 활동이며, 선택의 자유가 있고, 즐거움의 정서가 수반되며, 결과보다는 과정 지향적이고, 함께하는 놀이 대상과의 관계 형성을 도우며, 몰입을 수반하는 활동이다. 놀이는 인간이 발달함에 따라 사라지거나 축소되어야 하는 것이 아니라 그 형태를 달리하며 지속되는 전생애적 활동이다. 놀이는 자기표현을 위한 안전한 매개가 되고, 인간 무의식에 대한 접근성을 높이며, 축적된 부정적 정서를 발산하게 하고, 심리치료에서 치료사-내담자의 관계를 촉진하며, 자아를 성장시킨다는 치료적 힘을 지닌다. 놀이에 대한 인간의 타고난 본성과 놀이가 지닌 치료적 힘을 바탕으로 놀이치료는 치료적 방법으로서 효과적으로 활용되고 있으며, 놀이치료는 전생애적 관점에서 다양한 연령층의 내담자에게 모두 효과적인 치료적 접근이 된다. 인간의 보편적 특성인 놀이성을 풍부하게 지닌 놀이치료사는 내담자와의 만남에서 전적으로 함께 할 수 있으며, 내담자의 놀이성과 지기 치유력을 회복할 수 있도록 도움을 제공할 수 있다.

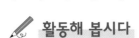

활동해 봅시다

1. 아동기의 놀이와 성인기의 놀이에는 어떤 것이 있을까요? 다음에 적어 보고, 아동기와 성인기 놀이의 차이점과 그 의미에 대해 생각해 봅시다.

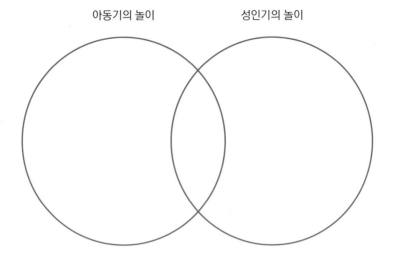

아동기의 놀이   성인기의 놀이

아동기 놀이	성인기 놀이

2. 다음의 예시를 활용하여 5X5 빙고게임 놀이를 해 봅시다.

예시) 빙고 주제: 도구를 사용하지 않는 신체놀이

유의사항: 놀이를 만들어 낼 수 없으며 상대방이 동의하는 놀이만 인정

엄지씨름	팔씨름	제로게임	눈(eye)싸움	머리카락 씨름
닭싸움	묵찌빠	쎄쎄쎄	빼빼로게임	전기게임
술래잡기	숨바꼭질	얼음땡	무궁화 꽃이 피었습니다	돼지씨름
아파트 아파트	하나빼기	가위바위보	공공칠빵	마피아게임
삼육구	뱀발바닥 곰발바닥	쿵쿵따	끝말잇기	참참참

참고문헌

권혜진, 김경은, 우현경, 전가일, 전숙영, 정윤주, 한유진(2016). 아이와 교사가 즐거운 놀이지도. 경기: 양서원.

문화체육관광부(2020). 국민여가활동조사. 2021. 4. 7. 인출. from http://ebook.culturestat.mcst.go.kr/src/viewer/main.php?host=main&category=0&page=0&pagenum=0&site=20210310_191921

송민선, 박회현(2011). 도시와 농촌 노인의 놀이 특성 비교. 놀이치료연구, 14(1), 93-106.

신혜원(2009a). 노인놀이치료. 경기: 공동체.

신혜원(2009b). 노인놀이치료의 통합적 콘텐츠 개발에 관한 연구. 고려대학교 대학원 박사학위논문.

오소정(2016). 중년기 위기부부를 위한 이마고 커플모래놀이치료 프로그램의 개발 및 효과. 명지대학교 대학원 박사학위논문.

유미숙(1997). 놀이치료의 이론과 실제. 서울: 상조사.

이순행, 이희연, 정미라(2018). 한국판 성인놀이성 척도(K-APTS) 타당화 연구 대학생 집단을 중심으로. 한국심리학회지: 건강, 23(2), 397-425.

장미경, 김연진, 윤혜경(2009). 놀이치료. 서울: 창지사.

장현숙(2009). 불안하고 자신감이 부족한 중년 여성의 모성경험에 관한 질적 연구. 한국가족관계학회, 5(1), 1-22.

전가일(2013). 자유놀이에서 유아의 관계맺기에 대한 현상학적 연구. 서울대학교 대학원 박사학위논문.

최영신(2014). 아동중심 놀이치료에서의 놀이과정 관찰지표 개발. 충북대학교 대학원 박사학위논문.

Adatto (1991). On play and the psychopathology of golf. *Journal of the American Psychoanalytic Association, 12*, 826-841.

Association for Play Therapy (2021). Definition of Play Therapy. Retrieved April 1, 2021, from https://www.a4pt.org/page/AboutAPT

Axline, V. (1955). Play therapy procedures and results. *American Journal of Othopsychiarty, 25*, 618-626.

Axline, V. M. (1947). Nondirective therapy for poor readers. *Journal of Consulting Psychology, 11*(2), 61.

Axline, V. M. (1969). *Play therapy.* NY: Ballantine Books.

Barnett, L. A. (1990). Developmental benefits of play for children. *Journal of Leisure Research, 22*(2), 138-153.

Barnett, L. A. (1991). Characterizing playfulness: Correlates with individual attributes and personality traits. *Play and Culture*, *4*(4), 371–393.

Barnett, L. A. (2007). The nature of playfulness in young adults. *Personality and Individual Differences*, *43*(4), 949–958.

Baxter, L. A. (1992). Forms and functions of intimate play in personal relationships. *Human Communication Research*, *18*(3), 336–363.

Bornstein, D. (2007). *How to change the world: Social entrepreneurs and the power of new ideas*. NY: Oxford University Press.

Bradway, K., & Barbara M. C. (1997). *Sandplay: Silent Workshop of the Psyche*. Psychology Press.

Bridges, L. J., Connell, J. P., & Belsky, J. (1998). Similarities and differences in infant-mother and infant-father interaction in the strang situation: A component process analysis. *Developmental Psychology*, *24*(1), 92–100.

Brown, S. (2009) *Play: How it Shapes the Brain, Opens the Imagination and Invigorates the Soul*. NY: Avery Publishers New York.

Carlson, C. R., & Masters, J. C. (1986). Inoculation by emotion: Effects of positive emotional states on children's reactions to social comparison. *Developmental Psychology*, *22*(6), 760.

Corey, G. (2013). 심리상담과 치료의 이론과 실제 (9th ed.). (조현춘, 조현재, 문지혜, 이근배, 홍영근 역). 서울: 센게이지러닝.

Cohn, M. A., & Fredrickson, B. L. (2010). In search of durable positive psychology interventions: Predictors and consequences of long-term positive behavior change. *The Journal of Positive Psychology*, *5*(5), 355–366.

Damon, W. (1983). *Social and personality development infancy through adolescence*. NY: W. W. Norton.

De Lorimier, S., Doyle, A., & Tessier, O. (1995). Social coordination during pretend play comparisons with nonpretend play and effects on expressive content. *Merrill-palmer Quarterly*, *41*, 497–516.

Dewey, J. (1997). *Experience and Education*. NY: Simon and Schuster.

Eberle, S. G. (2009). Exploring the Uncanny Valley to Find the Edge of Play. *American Journal of Play*, *2*(2), 167–194.

EBS (2019). 놀이의 기쁨 1부: 스스로 놀아야 큰다. 2021. 4. 1. 인출. from https://youtu.be/RHO9Wbq403w

Else, P. (2009). *The value of play*. NY: Bloomsbury Publishing.

Erikson, E. H. (1940). Studies in the interpretation of play: clinical observation of play disruption in young children. *Genetic Psychology Monographs*, *22*, 557–671.

Erikson, E. H. (1972). *Play and civilization.* In J. S. Bruner, A. Jolly, & K. Sylva(Eds.). *Play: It's role in development and evolution* (pp. 690–103). NY: Basic book.

Erikson, E. H. (1977). *Toys and reasons.* NY: Norton.

Fenson, L., & Schell, R. E. (1985). The origins of exploratory play. *Children's Play, 19*, 3–24.

Fontaine, A. M. (1996). *L'enfant et son image.* Paris: Nathan.

Freud, A. (1946). *The psycho-analytical treatment of children.* London: Imago Publishing.

Glynn, M. A., & Webster, J. (1992). The adult playfulness scale: An initial assessment. *Psychological Reports, 71*(1), 83–103.

Guitard, P., Ferland, F., & Dutil, E. (2005). Toward a better understanding of playfulness in adults. *OTJR: Occupation, Participation and Health, 25*(1), 9–22.

Haight, W., Parke, R., Black, J. E., & Trousdale, T. (1993). Mothers' and fathers' beliefs about pretend play. Unpublished manuscript, University of Utah, Salt Lake City.

Howes, C. (1988). Relations between early child care and schooling. *Developmental Psychology, 24*(1), 53.

Hughes, F. P. (1994). *Children, play, and development* (2nd ed.). NY: Allyn & Bacon.

Hughes, F. P. (2012). 놀이와 아동발달 (유미숙, 박영혜, 유가효 역). 서울: 시그마프레스. (원전은 2010에 출간)

Huizinga, J. (1938). *Homo ludens: proeve fleener bepaling van het spel-element der culture.* Haarlem: Tjeenk Willink.

Kazdin, A. E., Siegel, T. C., & Bass, D. (1990). Drawing on clinical practice to inform research on child and adolescent psychotherapy: Survey of practitioners. *Professional Psychology: Research and Practice, 21*(3), 189.

Klein, M. (1975). *The psycho-analysis of children.* NY: Delacorte. (1932)

Krystyna, S. A., & Norman, C. H. W. (2002). Antecedents and consequence of adult play in romantic relationships. *Personal Relationships, 9*, 279–286.

Landreth, G. L. (2006). 놀이치료: 아동중심적접근 (유미숙 역). 서울: 상조사. (원전은 2002에 출간)

Landreth, G. L. (1991). *Play therapy-The art of relationship.* Texas: Accelerated Development.

Landreth, Garry L. (2015). 놀이치료: 치료관계의 기술 (유미숙 역). 서울: 학지사. (원전은 2012에 출간)

Lederberg, A. R., Chapin, S. L., Rosenblatt, V., & Vandell, D. L. (1986). Ethnic, gender, and age preferences among deaf and hearing preschool peers. *Child development*, 375–386.

Lewinsohn, P. M. (1974). A behavioral approach to depression. *Essential papers on depression*, 150-172.

Lieberman, J. N. (1965). Playfulness and divergent thinking: An investigation of their relationship at the kindergarten level. *The Journal of Genetic Psychology, 107*(2), 219-224.

Masselos, G. (2003). "When I Play Funny It Makes Me Laugh": Implications for Early Childhood Educators in Developing Humor through Play. *PLAY AND CULTURE STUDIES, 5*, 213-226.

Bolz, N. (2017). 놀이하는 인간 (윤종석, 나유신, 이진 역). 서울: 문예출판사. (원전은 2014에 출간).

O'Connor, K. J., Schaefer, C. E, & Braverman, L. D. (2018). 놀이치료 핸드북 (송영혜, 김귀남, 강민정 역). 서울: 시그마프레스. (원전은 2015에 출간)

Parke, R. D. (1981). *Fathers*. Cambredge: Harard University Press.

Parten, M. B. (1932). Social participation among pre-school children. *The Journal of Abnormal and Social Psychology, 27*(3), 243.

Piaget, J. (1962). The relation of affectivity to intelligence in the mental development of the child. *Bulletin of the Menninger clinic, 26*(3), 129.

Rogers, C. R. (1959). A theory of therapy, personality, and interpersonal relationships, as developed in the client-centered framework. *Psychology: A Study of a Science, 3*, 184-256.

Rogers, C. S. (1988). Measuring playfulness: Development of the child behaviors inventory of playfulness. Paper presented the biennial meeting of the Southwestern Society of Research in Human Development, New Orleans. LA.

Roopnarine, J. L., & Johnson, J. E. (1984). Socialization in a mixed-age experimental program. *Developmental Psychology, 20*(5), 828.

Rubin, K., Fein, G., & Vandenberg, B. (1983). Play. In E. Mavis Hetherington (Ed.). *Handbook of child psychology, Vol. 4: Socialization, Personality and Social Development* (pp. 693–774), NY: Wiley.

Schaefer, C., & Greenberg, R. (1997). Measurement of playfulness: A neglected therapist variable. *International Journal of Play Therapy, 2*(6), 21-31.

Schaefer, C. E. (1993). What is play and why is therapeutic? In C. E. Schaefer (Ed.). *The therapeutic power of play* (pp. 1-16). NJ: Jason Aronson.

Schaefer, C. E. (2011). *Foundations of play therapy*. NJ: John Wiley & Sons.

Singer, D. G., & Singer, J. L. (1976). Family television viewing habits and the spontaneous play of preschool children. *American Journal of Orthopsychiatry, 46*(3), 496-502.

Singer, J. L., Singer, D. G., & Sherrod, L. R. (1980). A factory analytic study of preschoolers' play behavior. *Academic Psychology Bulletin, 2*(2), 143–156.

Sluss, D. J. (2015). *Supporting Play in Early Childhood: Environment, Curriculum, Assessment.* Boston: Cengage Learning.

Timberlake, E. M., & Cutler, M. M. (2000). *Developmental play therapy in clinical social work.* Boston: Allyn and Bacon.

Tugade, M. M., Fredrickson, B. L., & Feldman Barrett, L. (2004). Psychological resilience and positive emotional granularity: Examining the benefits of positive emotions on coping and health. *Journal of Personality, 72*(6), 1161–1190.

Van Hoorn, J., Nourot, P. M., Scales, B., & Alward, K. R. (2007). *Play at the center of the curriculum* (4th ed.). London: Pearson.

VanFleet, R. (2004). *It's only natural: Exploring the play in play therapy workshop manual.* Boiling Sprins, PA: Play Therapy Press.

제2장

놀이치료의 역사 및 유형

이 장에서는 놀이치료가 생겨나고 발달하여 세계적으로 인정받는 심리치료의 기제로 자리잡아 온 역사와 발달의 경향을 살펴봄으로써 놀이치료에 대한 전반적인 이해를 높인다. 놀이치료가 발달하면서 놀이치료는 그 영역이 확장되며 다양한 유형의 놀이치료로 발달하게 되었다. 이 장의 후반부에서는 다양한 매체를 활용하는 놀이치료의 유형들과 다양한 연령층의 내담자를 대상으로 하는 놀이치료의 유형들을 개략적으로 살펴봄으로써, 현대사회에서의 놀이치료의 위상을 살펴보고자 한다.

1. 놀이치료의 역사

놀이는 인류 역사 속에서 지속되어 온 인간 행동의 한 유형으로서 인간의 본성으로 여겨지기도 한다. 이렇게 오랜 역사 속에서 전 인류에게 공통적으로 놀이가 지속되어 온 것은 놀이의 의의가 크기 때문이라고 볼 수 있다. 이러한 놀이가 가지고 있는 많은 효용 가치 중 하나는 심리적 치료 효과이다. 놀이치료는 이러한 놀이의 치료적 효과에 주목하여 이를 보다 효율적으로 인간의 삶 속에 적용하여 인간의 삶의 질을 향상시키는 데에 기여하기 위한 노력에 기반하여 생겨났고, 발전되어 왔다.

1) 놀이치료의 태동기

놀이를 심리치료에 활용하기 시작한 놀이치료의 태동기는 정신분석학에 기반한 놀이치료가 주를 이루었다. 놀이치료의 태동기를 이끌었던 주요 학자로는 프로이트, 허그 헬무트, 멜라니 클라인, 안나 프로이트를 들 수 있다. 다음에서 주요 학자들의 놀이 치료기법 및 놀이치료에의 공헌에 대해 알아보고자 한다.

(1) 지그문트 프로이트의 놀이 분석

놀이를 심리치료에 활용하여 그 사례를 정리한 최초의 시도는 정신과의사였던 지그문트 프로이트(Sigmund Freud)에 의해 1909년에 이루어졌다. 당시 프로이트는 공포증이 있는 5세 아동 한스를 치료하는 과정에서 한스의 아버지에게 한스의 놀이를 관찰하여 알려 주도록 요청하였고 그 놀이 내용에 나타난 한스의 심리를 분석하여 아버지에게 알려 줌으로써 한스를 치료하였다. 이후 프로이트는 한스의 사례를 공식적으로 발표하였고, 이것이 아동심리치료의 시작이라고 볼 수 있다.

(2) 최초의 놀이치료사, 헤르민 허그-헬무트

오스트리아의 심리학자인 헤르민 허그 헬무트(Hermine, Hug-Hellmuth)는 아동의 언어적 제약 등으로 인해 자유연상기법을 활용한 심리치료에 제한점이 있음을 인식하고 아동에게 놀잇감을 제공하여 놀이상황을 직접 관찰하고 분석하는 심리치료기법을 개발하고 이를 논문으로 출판하였다. 그녀는 1921년에 출판된 아동 놀이분석의 기법에 관한 논문을 통해 놀이가 심리적 증상의 이해와 대상 아동과의 관계 맺기, 그리고 비언어적 의사소통에 어떻게 도움이 되는지를 기술하였다. 아동에게 심리치료를 위해 놀잇감을 제공하고 함께 놀이를 했다는 점에서 멜라니 클라인(Melanie Klein)과 함께 최초의 놀이치료사 중 한 명으로 일컬어지기도 한다.

(3) 멜라니 클라인의 정신분석적 놀이기법

멜라니 클라인(Melanie Klein)은 프로이트에게서 영감을 받아 아동이 놀이를 통해 놀잇감에게 투사하는 심리를 분석하였다. 이를 멜라니 클라인의 정신분석적 놀이기법이라고 하는데, 아동이 놀이를 통해, 그리고 놀잇감에게 자신의 심리적 의미를 투사해 낸다고 보고 이러한 투사된 감정을 주 5회, 회당 50분의 놀이를 지속적으로 시행하면서 여러 회기의 놀이를 통해 분석하였다. 멜라니 클라인은 놀이가 억압된 아동의 정서를 표출하는 데에 매우 유용한 수단이라고 보았고, 놀이를 통해 아동이 자신의 분노, 공격성 등을 표출하는 것을 수용했다. 멜라니 클라인은 이처럼 놀이를 통해 나타나는 아동의 무의식의 상징을 해석하고 치료사에게 이러한 감정이 전이되는 것을 통한 분석에 초점을 맞추었다. 놀이의 회기가 거듭될수록 아동은 자신의 심리를 더 많이 투사하게 되고 치료사와의 놀이과정에서 전이와 역전이의 과정을 경험하고, 이러한 놀이과정을 통해 아동의 심리적 문제들이 개선되었다. 멜라니 클라인은 이러한 과정을 통해 아동이 자신의 정서를 인식하고 수용해 내는 과정이 필요하다고 생각했다. 이러한 정서의 투사과정을 촉진하기 위해 놀잇감은 주로 단순하고 작은 놀잇감을 사용하였으며, 미니어처를 사용하기 시작함으로써 이후 마거릿 로웬펠드(Margaret Lowenfeld)의 세계 기법이 탄생하는 기반이 되기도 했다.

멜라니 클라인의 이러한 아동 놀이 분석은 이후 『아동 정신분석(The Psychoanalysis of Children)』이라는 제목의 책으로 출판되었고, 지지자들을 위주로 클라인 학파가 결성되었다.

(4) 안나 프로이트의 놀이치료기법

멜라니 클라인과 비슷한 시기인 1926년에 안나 프로이트(Anna Freud)도 아동 심리치료에 놀이를 활용하였다. 안나 프로이트는 아동의 심리치료과정에서 초기의 자연스러운 라포(rapport) 형성을 위해 놀이를 매개로 활용하였다. 멜라니 클라인과는 달리 안나 프로이트는 놀이에 대한 분석을 심리치료의 주된 기법으로 활용하지 않고 놀이를 통해 내담 아동과의 관계가 형성되면 분석의 방향을 언어를 통한 자유연상 및 꿈의 해석으로 바꾸어 진행하였다. 아동의 놀이를 통해 아동의 투사된 심리를 분석하였던 멜라니 클라인과 달리, 안나 프로이트는 놀이에서 나타나는 현상에 대한 상징적인 해석을 최소화하였다.

2) 놀이치료의 성장기

초기 정신분석학적 관점에서 아동심리치료를 위한 정신분석의 매체로 놀이가 도입된 약 20년 후인 1930년대 중반부터 이후 약 20여 년 간 놀이치료의 다양한 이론과 기법들이 탄생하며 그 기반을 탄탄히 다지게 되었다.

이때 놀이치료의 성장은 두 가지 방향으로 나누어진다. 초기 정신분석학에 기반한 놀이치료는 내담 아동의 놀이에 치료사의 개입을 최소화하는 비구조화된 놀이치료로 발전하였고, 정신분석적 기법을 배제하고 보다 능동적으로 개입하는 치료형식으로서는 내담 아동의 치료의 목표를 정하고 이에 맞게 치료과정을 구조화하는 구조화된 놀이치료 기법들이 발달하기 시작하였다.

(1) 비구조화된 놀이치료

① 로웬펠드의 세계기법

멜라니 클라인이 처음 도입했던 놀이에서의 미니어처 활용은 로웬펠드(Margaret Lowenfeld)에 의해 활성화되었다. 로웬펠드는 거실 바닥에 미니어처 등 작은 놀잇감들을 놓고 다양한 장면을 꾸미는 플로어 게임에 착안하여 미니어처 놀잇감들을 제공하여 놀이를 하는 형식을 발달시켰다. 초창기에 이러한 놀잇감들을 상자에 넣어 보관했는데, 이를 'Wonder Box'라고 불렀다(Turner, 2004). 그리고 이를 확장하여 이후 2개의 나무상자에 하나는 물을 채우고 하나는 모래를 채워 준비하고 캐비닛에 미니어처를 보관하였다. 놀이가 시작되면 아동은 캐비닛에서 원하는 미니어

[그림 2-1] 모래놀이상자-세계기법

처를 꺼내다가 모래가 담긴 상자 위에 미니어처를 놓아 장면을 꾸몄는데, 이를 '세계'라고 명명하였다. 이 기법이 현재까지도 많이 활용되는 '세계 기법'이다. 그리고 이러한 기법은 모래놀이치료기법으로 발전하게 된다. 아동이 모래상자 위에 자신이 원하는 '세계'를 꾸밀 때, 아동이 사용하는 미니어처를 선택하는 과정은 아동의 자유에 맡기며, 치료사는 개입하지 않고 아동의 놀이를 관찰하는 형태로 진행된다. 즉, 아동은 통제감을 느끼지 않고 자신이 원하는 세계를 표현할 수 있다. 그리고 이렇게 표현된 세계의 모습은 아동의 무의식을 반영한 것으로 해석되었다.

도라 칼프(Dora Kalff)는 모래놀이치료를 발전시킨 대표적 학자이다. 도라 칼프는 칼 융(Carl Jung)의 제자로서 모래놀이치료에 융의 분석심리학을 적용하였다. 로웬펠드는 모래놀이치료에 있어서 치료사와 내담 아동의 관계를 그리 중시하지 않았으나, 칼프는 융이 강조한 대로 치료사와 내담 아동 간 관계를 중시하였다. 그리고 아동 자신이 치유의 능력을 가지고 있음을 믿고 존중하였다.

② 관계중심 놀이치료

로웬펠드는 아동의 놀이에서 나타나는 상징을 정신분석학적 틀에 맞추어 해석하는 것을 비판하고, 해석보다 중요한 것은 아동이 선택할 수 있는 다양한 미니어처 등의 재료를 제공하여 아동이 자신이 표현하고자 하는 바를 마음껏 표현해 내는 것이라고 보았다. 관계중심 놀이치료는 이렇듯 과거의 경험이나 무의식의 발현보다 지금-여기의 정신적 역동을 강조한 오토 랭크(Otto Rank)로부터 발달하였다.

관계놀이치료는 칼프가 가정했던 것처럼 치료사와 내담 아동의 관계를 중시하여 이러한 정서적 관계가 제대로 정립되었을 때 아동이 가지고 있는 내재된 치료 역량이 발휘된다고 보았다. 따라서 관계중심 놀이치료에서 치료사는 아동이 자신이 원하는 대로 놀이할 수 있는 수용적인 분위기를 조성해 준다. 그리고 아동을 이끌어 가거나 치료기법을 사용하지 않고 아동을 존중한다. 이렇게 수용적인 분위기에서 자신을 표현하는 아동은 자신의 감정을 표현하고 스스로도 수용할 수 있기 때문에 자신을 이해하고 이로 인해 자신을 올바른 방향으로 이끌어 갈 수 있다.

랭크의 관계중심 치료기법을 발전시킨 사람이 제시 태프트(Jessie Taft)와 프레드릭 엘런(Frederick Ellen)이다. 태프트는 관계중심 놀이치료에서 치료사의 역할에 대한 지침을 세웠고 지금-여기의 상호작용에 집중해야 할 것을 주장했다. 엘런은 자신을 비롯한 치료사에게 치료의 능력이 없다는 것을 받아들여야 한다고 했다. 치료사는 아동을 있는 그대로 수용하며, 자신이 치료의 능력이 있지 않음을 인정하여야 한다. 그래야만 아동이 치료사와의 관계에서 자기 자신을 변화시킬 힘의 책임이 자신에게 있음을 인식하고, 이를 실행할 수 있다.

엘런은 치료 사례를 통해 치료에 나타나는 변화의 단계가 있음을 발견하였다. 첫 번째 단계는 치료 시작 단계로서, 내담 아동이 치료사가 자신을 변화시키려고 하지 않는다는 것을 인식하여 치료사와 자신의 관계가 이전의 관계들과는 다른 관계가 될 것이라고 생각하는 것이다. 이를 바탕으로 아동은 다음 단계에서 놀이를 통해 스스로의 변화를 시도하고, 이때 자신의 변화에 걸림돌이 되는 존재들이 놀이에 나타나게 된다. 그리고 놀이를 통해 이러한 변화를 수용하게 된 후, 마지막 단계로 아동은 치료사와의 관계에서 분리되어 스스로 자신의 삶에 대한 책임을 받아들이게 된다(유미경, 2003).

(2) 구조화된 놀이치료

앞에서 살펴보았던 비구조화된 놀이치료와 상반되게 데이비드 레비(David Levy), 조셉 솔로몬(Joseph Solomon), 고브 햄브리지(Gove Hambridge) 등은 특정한 치료 목표를 가지고 이에 적합하다고 생각되는 장난감을 제시하고 놀이활동을 이끌어 가는 능동적이고 구조화된 놀이치료를 발전시켰다.

레비는 이완치료(release therapy)를 창시했다. 이완치료의 시초는 레비가 자신이 맡은 프로젝트의 일환으로 형제 간 갈등을 해소하기 위한 치료를 계획한 것이었다. 레비는 이를 위해 내담 아동에게 가족 피겨를 제공하고 이를 사용하여 놀이를 하도록 하였다. 가족과의 상황을 재구성하는 놀이를 통해 아동은 유사한 가족 상황에서 느끼는 부정적 감정을 해소할 수 있었다.

레비는 이를 확장시켜 외상적 사건을 경험한 아동들이 그로 인해 발생한 증상들을 이완시키고 해소할 수 있는 치료기법으로 제시하였다. 이완치료에서 치료사는 우선 아동과 친숙한 관계를 형성한다. 아동이 치료실과 치료사, 치료 상황에 대해 정서적으로 안정된 관계를 구축한 이후, 치료사는 내담 아동의 외상적 사건을 재연할 수 있는 놀잇감을 제공하고 해당 사건을 재연하도록 한다. 이를 위해서는 내담 아동이 경험한 외상적 사건을 재연할 수 있도록 구조화된 놀이 환경을 갖추어야 한다. 이렇게 재연된 사건을 놀이상황에서 재경험하면서 아동은 외상적 사건에서 경험했던 부정적 감정을 점차 해소할 수 있고, 이 상황을 재구성하고 자신의 정서적 경험도 재구조화할 수 있다. 이러한 과정을 통해 해당 사건에 대한 정서가 해소되고 외상 경험이 재구조화되면 그로 인해 발생했던 부정적 경험이나 이상행동도 사라지게 된다는 것이 이완치료의 원리이다. 따라서 이완치료의 놀이상황은 나타난 상징을 해석하여 아동을 이해하고 치료하기 위한 것이 아니라 놀이 그 자체로 치료 효과가 있다.

햄브리지는 레비의 이완치료를 확장하여 '구조화된 놀이치료 처치 방법'을 정립하였다. 이는 기본적으로 레비의 이완치료의 방식을 그대로 따르되 내담 아동의 외상 사건을 보다 직접적으로, 구체적으로 재구성한다는 차이가 있다. 레비의 이완치료보다 더 구체적인 외상 사건 상황을 제시하기 때문에 아동이 이를 감당할 수 있는 힘이 있다고 평가되는 경우에만 도입하였다(김광웅 외, 2004).

솔로몬은 레비나 햄브리지의 구조화된 놀이치료와는 다소 차이가 있는 치료기법을 발달시켰다. 레비가 외상적 사건을 재연한 반면, 솔로몬은 일상생활 속에서 경험하는 문제상황을 인식하고, 이에 대해 사회적으로 용납 가능한 긍정적인 행동을 보여 줄 수 있는 긍정적인 환경을 경험하게 하는 놀이치료를 제안하였다. 솔로몬은 이를 '능동적 놀이치료'라고 명명하였는데, 놀이상황을 통하여 내담 아동의 문제를 보여 주고 이에 대한 긍정적인 해결책을 놀이상황을 통해 경험하도록 하는 치료기법이다. 내담 아동이 현실에서 경험하는 문제 상황을 보여 주어야 하기 때문에 치료사가 아동이 실제 경험하는 상황과 유사하게 상황을 제시할 수 있도록 놀잇감 및 놀이상황을 구조화하는 적극적이고 능동적인 놀이치료를 실행해야 한다. 놀이상황뿐만 아니라 치료사는 내담 아동과의 상호작용을 통해 질문하고 대답하는 과정에서 아동이 자신의 문제를 인식할 수 있도록 돕고 상황에 대한 새로운 인식을 유도하며, 사회적으로 용납되는 바람직한 행동을 제시하는 역할을 수행한다. 이 기법은 충동적인 아동에게 적용하기에 적합하였다.

(3) 아동중심 놀이치료

1940년대에는 칼 로저스(Carl Rogers)의 인본주의에 입각한 비지시적 상담이론이 발전하였다. 로저스와 함께 연구하였던 버지니아 액슬린(Virginia Axline)은 비지시적 상담이론을 아동놀이치료에 적용하였다. 이러한 액슬린의 비지시적 치료 모델을 아동중심 놀이치료라고 한다.

아동중심 놀이치료에서는 치료사가 아동을 통제하거나 아동을 이끌어 가려 하지 않고 아동의 선택을 그대로 인정하고 수용한다. 아동은 치료실 안에서 치료 시간 내에서는 자신이 원하는 대로 놀이를 실행할 수 있다. 아동이 자신이 원하는 놀이를 할 수 있게 하기 위해서 치료실의 설비 및 제공되는 놀잇감의 다양성 등이 확보되어야 한다.

치료사는 아동이 이끌어 가는 놀이활동을 관찰하며 아동의 놀이를 그대로 인정하고 수용하며 반영하는 상호작용을 한다. 아동이나 치료사의 안전에 위배되는 상황에는 아동의 자율에 제한이 필요하지만 아동중심 놀이치료에서는 이 제한을 최소한으로 하여 아동이 놀이치료를 통해 자신을 온전히 표현하고 인식하며 자신의 치료 역량을 발휘할 수 있도록 돕는다. 적절한 제한 설정은 아동이 제한 안에서 마음 놓고 자신이 원하는 것을 실현시킬 수 있는 역할을 함으로써 오히려 아동의 놀이를 더욱 풍성하게 할 수 있다.

하임 기노트(Haim Ginott)는 아동중심 놀이치료라는 명칭을 사용한 사람으로서, 액슬린의 놀이치료 방식을 집단에 적용하였다. 집단놀이치료이지만 집단의 목표를 설정하지 않고, 개별 아동을 대상으로 놀이치료가 진행된다. 다만 집단으로 놀이치료를 함으로써 집단에서의 상호작용을 통해 사회적 기능을 기를 수 있다는 장점이 있다.

액슬린의 학생이었던 클라크 무스타카스(Clark Moustakas)는 초기에는 액슬린의 비지시적 접근방식을 따랐으나 이후 태프트의 치료기법을 도입하여 자신의 치료기법을 개발하였다. 이는 액슬린과 마찬가지로 아동을 수용하고 아동의 치유 역량을 믿지만, 아동과 치료사의 상호작용이 이 과정에서 중요한 영향을 미친다고 보았으며, 이러한 기법은 이후에 관계놀이치료(relationship play therapy)로 자리 잡게 된다.

3) 놀이치료의 확장기

1950년대 이후 놀이치료는 이론적 측면과 치료기법의 측면 모두에서 지속적으로 발달하여 1980년대에 이르러 다양하고 전문화된 놀이치료가 자리 잡게 되었다.

(1) 부모놀이치료
1959년에 무스타카스는 부모가 가정에서 실행하는 놀이치료를 제안하였다. 그리고 1964년에 버나드 구어니(Bernard Guerney)와 루이스 구어니(Louise Guerney) 부부가 부모놀이치료를 개발했다. 액슬린의 아동중심 놀이치료를 변형하여 부모가 자녀에게 아동중심 놀이치료를 제공해 줄 수 있도록 하기 위해 부모놀이치료는 부모를 대상으로 그들을 훈련할 수 있는 구체적인 기법들을 개발하였다(Guerney, 2003). 부모놀이치료(filial play therapy)를 통해 부모는 아동의 놀이를 수용하면서 적절한 반응을 할 수 있는 기술을 배울 수 있었고 이를 통해 부모놀이치료의 궁극적 목표인 부모와 자녀의 관계 증진에 도움을 줄 수 있는 프로그램으로 발전하였다.

(2) 발달놀이치료

비올라 브로디(Viola Brody, 1978)는 발달놀이치료를 개발하였다. 발달놀이치료는 대상관계이론과 애착이론에 근거한다. 두 이론 모두 양육자와의 상호작용을 아동의 긍정적 발달에 있어 매우 기본적이며 중요한 요인으로 간주한다. 브로디는 아동의 발달을 위해 양육자와의 유대감이 확립되어야 하며 이를 위해서는 접촉이 필요하다는 기본 가정을 바탕으로 아동이 부모와의 충분한 접촉과 돌봄의 경험을 받을 수 있도록 하기 위해 노력했다. 이를 위해 브로디는 부모와의 별도의 회기를 통해 부모들이 충분한(good-enough) 접촉과 적절한 제한 설정을 실행할 수 있도록 하였다.

또한 발달놀이치료는 애착관계에 기반한 다양한 놀이치료 프로그램으로서 애착장애아동을 위한 놀이치료 프로그램이나 치료놀이 등의 프로그램이 개발되는 기반이 되었다.

발달놀이치료는 주로 발달장애아동을 대상으로 하는 심리치료기법이다. 발달장애아동에게는 주로 행동에 초점을 두는 행동수정기법을 통한 교육이 주를 이루었고 장기적으로 심리치료를 하는 접근은 상대적으로 많이 활용되지 않았으나 1970년대에 들어서 구조적인 놀이치료가 발달장애 치료에 도움이 될 수 있다는 인식이 생겨났다. 이에 브로디는 애착이론과 대상관계이론을 기반으로 하여 양육자와 아동 간의 신체적 접촉과 상호작용을 통한 발달지향적인 놀이치료를 개발하였고, 이를 발달놀이치료로 발전시켰다.

발달놀이치료의 목표는 아동이 물리적 접촉을 통해 자신의 신체에 대한 자각을 높임으로써 궁극적으로는 자신을 통제할 수 있는 내적 자아를 인식하고 강화해 나가는 것이다. 이를 위해 발달놀이치료에서는 아동에게 신체적 접촉 경험을 제공한다. 긍정적인 접촉 경험을 제공하기 위해 부드러운 카펫이나 찰흙, 로션 등의 도구들이 사용된다. 치료사는 아동의 상호작용 방식을 존중하며 아동이 받아들일 수 있는 접촉을 점진적으로 시도하여 생애 초기 영아기의 양육자와의 상호작용부터 재경험할 수 있도록 한다. 이를 위해서는 치료사와 아동의 긍정적인 관계 형성이 중요하다.

발달놀이치료는 부적응적인 행동 자체에만 초점을 맞추거나 바람직한 행동 형성에 초점을 맞추어 진행되었던 발달장애아동을 대상으로 하는 개입 방식에 내담 아동의 정서적 측면을 고려하고 자아를 강화시킬 수 있는 방향을 제시하였다는 의의를 가진다.

(3) 인지행동 놀이치료

1950년대 학습이론과 행동주의 이론이 인정받게 되며 인지치료 및 강화, 체계적 둔감화 등의 행동수정 기법을 놀이치료에 도입한 인지행동 놀이치료가 개발되었다. 인지행동치료는 기본적으로 인지가 정서 및 행동에 영향을 미친다는 것을 가정하여 인지를 수정함으로써 정서와 행동을 수정할 수 있다고 가정한다. 잘 알려진 앨버트 엘리스(Albert Ellis)의 ABC 이론은 '실재하는 선행사건(Activating event)'이 '사고와 신념 체계(Belief system)'에 영향을 미쳐서 결과적으로 '정서적 · 행동적 결과(consequence)'를 바꾸게 된다는 이론이다. 인지행동 놀이치료는 이에 기반하여 ABC 중 B에 해당하는 사고체계의 변화를 가져오면 그에 따른 결과로 나타나는 행동도 변화시킬 수 있다고 본다. 그러므로 사고와 신념 체계를 바꾸는 것이 인지행동 놀이치료의 목표가 된다.

놀이치료에서 인지행동치료기법은 인형, 미니어처 등 상징물을 사용하는 놀이를 통해 자신의 부적응적인 사고와 신념 체계를 인지하여 이를 긍정적인 신념 체계로 바꾸어 가는 놀이를 하면서 심리치료를 할 수 있다. 수잔 넬(Susan Knell)은 아동이 흥미를 느끼고 몰입할 수 있는 봉제인형 및 손가락인형 등을 사용하여 역할놀이 및

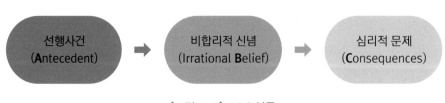

[그림 2-2] ABC 이론

모델링 등을 실행함으로써 선택적 함묵증, 공포증, 유분증, 분리불안을 포함해서 다양한 정서적 · 행동적 문제가 있는 아동들을 치료하였다(Knell, 2003).

특히 최근 놀이치료의 대상이 아동뿐만 아니라 인지적으로 성숙한 청소년 및 성인까지 확대되고, 다양한 놀이치료의 기법 중 가장 적합한 기법들로 프로그램을 구성하여 진행하는 처방적 접근이 고려되면서 인지행동 놀이치료를 포함하는 사례가 증가하고 있다.

(4) 놀이치료협회 설립

유럽에서 시작되어 발달되어 온 놀이치료가 미국에 도입되어 액슬린, 무스타카스 등의 학자들을 통해 이론적인 발달과 함께 새로운 치료기법이 자리를 잡게 된 이후 1970년대까지 미국에서는 놀이치료사를 위한 교육이 이루어졌다. 주로 대학기관을 통해 수업과 인턴십 등의 교육과정이 제공되었고, 이는 1970년대에 들어 다소 감소하기는 했으나 지속적으로 시행되어 왔다. 찰스 셰퍼(Charles Schaefer)는 이 시기에 다양한 놀이치료를 집대성하여 책을 출판하고 놀이치료사가 어느 하나의 놀이치료기법을 고집하기보다 다양한 놀이치료기법을 숙지하여 내담 아동에게 어떠한 기법이 적합한지를 판단하고 그에 맞는 기법을 활용하여 치료에 임할 수 있어야 한다고 주장했다.

이후 1982년에 셰퍼와 케빈 오코너(Kevin O'Connor)는 놀이치료의 체계적 발전과 홍보를 위해 놀이치료학회(Association for Play Therapy: APT)를 창립하였다. 이 학회를 기반으로 이후 학회지가 발행되었으며, 놀이치료사 자격관리 등이 실행되었다. 놀이치료의 다양한 이론과 기법을 인정하고 공유하는 이러한 노력에 힘입어 1980년대 이후 놀이치료는 다양한 이론을 근거로 다양한 치료기법이 개발되었다. 그리고 다양한 치료기법의 효과를 검증하는 연구가 활성화되었으며, 놀이치료의 전문화가 이루어졌다(Kaduson, Cangelosi, & Schaefer, 1997). 1982년 설립 당시 약 50명 정도의 회원을 보유한 작은 집단이었던 놀이치료학회(APT)는 30여 년 후, 2014년에는 회원이 미국 전역에 6천 명이 넘는 집단으로 발달하였다(유미경, 2003). 그리고 지속적인 워크숍과 대학원 프로그램 등을 통해 놀이치료 교육, 놀이치료사 지원, 연구 등을 수행하고 있다.

(5) 놀이치료의 확장

놀이치료가 이론적인 기반을 확고히 함에 따라 이를 기반으로 하는 다양한 놀이치료이론이 확장되었다. 생태학적 놀이치료, 게슈탈트 놀이치료, 해결중심 놀이치료 등 다양한 놀이치료가 발달하였다.

① 생태학적 놀이치료

생태학적 놀이치료는 생태학적 체계이론에 기반하여 놀이치료의 대상을 개인, 집단에서 더 나아가 개인이 속한 전체 체계로 고려하는 새로운 놀이치료이다. 생태학적 놀이치료는 개인의 정신병리를 파악하고 그 기원을 이해하여 치료하는 것과 더불어 놀이를 통해 개인이 속한 세계에 대한 새로운 관점을 구조화할 수 있게 한다. 개인이 속한 체계와의 상호작용을 통해 정신병리가 발생하는 경우, 체계에 대한 바른 인식을 통해 체계를 변화시키거나 혹은 체계를 변화시킬 수 없는 경우, 이에 대해 가능한 수준 안에서 개인이 가장 잘 적응할 수 있는 방안을 찾는다.

② 게슈탈트 놀이치료

게슈탈트 놀이치료는 현상학, 실존주의, 게슈탈트 심리학, 인본주의 이론에 근거하여 발달하였다. 게슈탈트 놀이치료는 아동부터 성인까지 폭넓게 실행되는 치료기법이다. 투사기법을 많이 활용하면서 자기를 정의하고, 선택과 숙달의 경험을 하면서 자신에 대한 힘과 통제를 경험하며 자기를 받아들이고 자기가치감을 가지게 된다. 게슈탈트 놀이치료에서는 다양한 매체를 활용하는 창의적이고 투사적인 놀이 기법을 활용하며 광범위한 연령대에 적용되고 있다.

③ 해결중심 놀이치료

해결중심 놀이치료는 언어의 힘을 중요시하여 내담자와 치료사와의 대화를 통해 치료가 이루어진다고 본다. 내담자가 소유하고 있는 문제에 대한 해결사고와 해결대화를 통해 치료가 이루어진다. 해결중심 놀이치료는 그 명칭에서 알 수 있듯이 해결에 초점을 맞추어 치료를 진행하기 때문에 내담자로 하여금 가능한 목표를 수립하고 명료화하여 치료를 진행하며, 목표의 명료화 과정을 매우 중요시한다. 해결중심 놀이치료는 가족 단위로도 많이 활용되며, 너무 어린 아동의 경우에는 이 모델의 개념을 이해하기에는 발달이 미숙한 경향이 있기 때문에 언어발달 수준을 고려하여 적용한다.

4) 우리나라의 놀이치료 역사

우리나라에 놀이치료가 처음 도입된 것은 1970년대로서 서구 사회에 비해 50년 정도 늦게 시작되었다. 도입 이후 놀이치료는 소수의 대학교와 전문가에 의해 명맥을 유지해 왔다. 1990년대 들어 원광 아동상담센터, 서울 시립 동부 아동상담소 등에서 아동·청소년을 위한 심리치료 기법으로 사용되면서 놀이치료의 적용 대상 및 기법이 확대되었다.

놀이치료는 1997년 한국놀이치료학회, 한국아동심리재활학회가 창립되면서 학문으로의 위상을 갖추고 그 지평을 넓혀 나갔다. 놀이치료에 대한 연구를 주축으로 결성되었던 다양한 연구회 모임은 이후 2004년 한국모래놀이치료학회, 2008년 한국영유아·아동정신건강학회, 2009년 한국임상모래놀이치료학회. 2016년 한국생애놀이치료학회가 창립되는 기반이 되었다. 이렇게 다양한 학회가 설립되며 놀이치료는 독립적인 학문으로서 자리를 공고히 하게 되었으며, 다양한 기법과 다양한 매체를 활용하며 발전해 나갔다.

놀이치료는 모래놀이치료, 아동중심 놀이치료 등 다양한 놀이치료기법이 소개되고 각각의 전문 영역에 맞추어 발달하여 다양한 매체를 활용하는 놀이치료로 확장되었다. 이제 우리나라의 놀이치료는 미술, 음악, 신체활동, 문해활동 등 다양한 매체를 활용하면서 다양하고 전문화된 영역으로 자리잡고 있다.

이와 함께 놀이치료의 대상도 다양한 대상으로 확대되었다. 놀이에 대한 인식이 영유아들이 하는 유희 활동에 국한되었던 것에서 나아가 '전생애에 걸쳐 이루어지는 인간이 재미를 추구하기 위해 몰입해서 할 수 있는 활동'으로 개념이 확장되며, 놀이치료의 대상 역시 전생애로 빠르게 확장되었다. 이에 따라 기존의 영유아 및 아동을 대상으로 하는 놀이치료뿐만 아니라 청소년, 성인 및 노인에 이르기까지 다양한 연령을 대상으로 하는 놀이치료가 활발히 개발·실행되고 있으며 각각의 전문성을 갖춘 놀이치료로서 자리잡고 있다. 또한 최근에는 개인뿐만 아니라 집단을 대상으로 하는 놀이치료로서 가족 단위를 대상으로 하는 가족놀이치료도 입지를 굳히고 있다.

2. 놀이치료의 유형

이 절에서는 오랜 기간에 걸쳐 발달해 온 놀이치료의 다양한 유형들에 대해 살펴보고자 한다. 가장 오랜 역사를 가지고 있는 정신분석학적 놀이치료부터 관계적 놀이치료, 아동중심 놀이치료 및 다양한 매체를 활용한 놀이치료와 다양한 연령을 대상으로 이루어지는 놀이치료 등을 개략적으로 살펴볼 것이다.

심리치료에 처음으로 놀이가 활용된 이후 약 90년의 시간 동안 놀이치료 분야는 여러 이론을 기반으로 하는 다양한 놀이치료 유형이 이론적 · 실제적으로 자리 잡게 되었다. 또한 놀이치료 대상의 연령층이 다양해져서 전생애에 놀이치료를 실행하게 되면서 놀이치료는 다양한 매체를 활용한 기법들이 개발되어 실행되고 있다.

1) 사용 매체에 따른 놀이치료의 유형

놀이치료의 발전과 함께 다양한 기법이 놀이치료에 활용되면서 모래놀이치료나 미술치료 외에 음악치료, 독서치료, 운동치료, 게임치료, 감각통합치료 등 다양한 매체를 활용한 치료기법들이 개발 · 활용되고 있다. 각각의 매체들을 활용하는 놀이치료의 특성을 개략적으로 살펴보면 다음과 같다.

(1) 모래놀이치료

모래놀이치료는 분석학적 심리학에 기반한 오랜 역사를 지닌 치료기법이다. 1929년에 로웬펠드가 '세계 기법'을 개발하고 이후 칼프가 이를 더욱 발전시켰다. 칼프는 모래상자의 모래를 매개로 할 때 큰 부담감 없이 자신의 무의식을 표현할 수 있다고 믿었다.

분석심리학에서 치료를 통해 추구하는 것은 무의식을 의식화하는 것이다. 내담자는 모래상자에 표현된 자신의 무의식을 보면서 자신의 무의식을 의식화한다. 모래놀이치료에서 치료사는 내담자가 자유롭게 자신의 무의식을 표현할 수 있도록 일정한 거리를 유지하며 도구 및 환경을 제공하고, 내담자가 표현한 세계를 수용하며, 심도 있게 상징을 해석하여 내담자와 상징의 의미를 공유하는 역할을 한다.

(2) 미술놀이치료

모래놀이치료와 함께 분석학적 심리학에 기반한 대표적인 심리치료기법이 미술놀이치료이다. 미술놀이치료는 언어적 의사소통의 장벽을 없애고 무의식을 표현하기 위한 매체로서 미술적 표현기법을 활용한다. 미술치료는 마가렛 나움버그(Margaret Naumberg)에 의해 전문 분야로 자리잡게 되었다. 당시 나움버그는 프로이트의 정신분석학에 기반하여 주로 내담자가 표현해 내는 상징을 해석하는 형식을 취하였다.

이후 이디스 크레이머(Edith Kramer)가 미술놀이치료에 분석학적 기반을 취하면서 내담자가 표현해 내는 미술 작품은 해석의 대상에서 벗어나 그 자체로 치료의 효과가 있음을 인정하기 시작하였다. 크레이머는 내담자가 미술 활동을 통해 자신의 내면을 표현해 내는 과정에서 그러한 정서가 조정될 수 있다고 보았다. 이에 따라 분석학적 미술놀이치료에서는 치료사가 내담자의 상징을 해석하기보다 내담자가 미술 활동을 통해 자신이 표현하고 싶은 것을 표현함과 더불어 이에 대한 토론을 함으로써 내담자가 스스로 자신의 정서를 표현하는 방식으로 진행한다.

특히 미술놀이치료는 미술 활동에 포함되는 영역이 매우 방대하여 평면적인 그림뿐만 아니라 조형 활동까지 포함되며, 각각의 활동에 사용될 수 있는 도구나 재료가 무궁무진하기 때문에 미술놀이치료로 활용될 수 있는 영역도 매우 방대하다. 따라서 이를 활용할 수 있는 연령대나 치료 분야 역시 매우 광범위하게 적용되고 있다.

[그림 2-3] 미술놀이치료기법 – 만다라

(3) 이야기놀이치료

이야기놀이치료는 사회적 구성주의에 기반하여 발달한 놀이치료이다. 사회적 구성주의에 기반할 때 자신에 대한 이해는 사회적 관계에 의해 구성되는데, 이야기는 이러한 자신과 자신이 맺고 있는 관계를 표현하는 방법이 된다. 이야기놀이치료에서는 놀이과정에서 이루어지는 다양한 이야기의 전개를 통해 치료를 진행한다. 이야기놀이치료는 아동이 생활 속에서 경험한 일화들에 대한 이야기와 그 일화가 어떻게 아동에게 영향을 미치는지를 이해하기 위해 이야기와 놀이를 함께 활용하는 놀이치료이다.

이야기놀이치료에는 연극치료의 대가인 수 제닝스(Sue Jennings)의 EPR [Embodiment(체현), Projection(투사), Role(역할연기)] 모델을 적용할 수 있다. 이는 놀이의 발달단계와도 일치한다. 체현은 감각운동기에 실행되는 감각 경험을 통한 직접적인 경험으로 이루어지는 오감놀이와 같은 형태를 들 수 있다. 투사는 도구를 활용하여 자신의 감정이나 사고, 바라는 것을 장난감이나 물건, 인형 등에 투사하는 조형놀이, 역할놀이 등을 들 수 있다. 역할연기는 가상놀이, 역할놀이, 극놀이와 같은 형태로 실행될 수 있다. 이러한 놀이의 형태를 빌어 내담자가 자신의 세계를 재구조화하고 문제를 해결할 수 있도록 돕는다.

이야기놀이치료는 놀이치료과정에서 내담자가 자유롭게 자신을 둘러싼 세계를 재구조화할 수 있도록 개방적 · 허용적 환경을 제공함으로써 치료효과를 높일 수 있다.

(4) 음악놀이치료

음악놀이치료는 음악이라는 매체의 치료적 기능을 활용하는 놀이치료이다. 음악놀이치료에서도 기저의 이론에 따라 음악의 어떠한 치료적 기능을 어떠한 방식으로 활용하는가 하는 데에는 차이가 있다. 예를 들어, 행동주의에 기반한 음악놀이치료에서는 음악이 특정 행동을 증가 · 감소시킬 수 있는 자극으로서 기능하도록 활용하고, 정신역동적 음악치료에서는 내담자의 내면적 갈등이나 대인관계에서 발생하는 감정적인 문제를 해결하는 방식으로 활용한다.

음악의 기능뿐만 아니라 음악의 구성요소인 박자나 리듬, 빠르기, 음의 높낮이와 같은 부분도 각각의 구성요소가 내담자의 감정에 미치는 영향력이 다르기 때문에 노래 부르기나 악기 연구, 노래 만들기 등의 활동을 통해 다양한 구성요소의 음악들을 접하면서 각기 다른 음악이 가져오는 정서적 해소, 분출, 이완 등의 치료 효과를 기대할 수 있다.

(5) 게임놀이치료

게임은 규칙이 있으며 결과가 중요시되는 형태의 놀이로서 주로 여러 명이 함께 참여하는 형태로 진행된다. 게임에 대한 관점은 이론에 따라 다양하다. 정신분석학적 관점에서는 게임이 규칙을 지켜야 하는 정형화된 활동이라는 점에서 게임놀이치료의 효과를 의문시해 왔다. 그러나 최근에는 투사적 기법을 활용하는 게임을 활용하여 그 과정에서 투사되는 내담자의 감정을 읽는 데 게임을 활용하는 정신분석학적 게임놀이치료가 실행되고 있다. 게슈탈트 이론에서도 투사적 게임을 활용하여 내담자의 정서 인식을 돕는 게임놀이치료를 긍정적으로 평가하고 있다. 이 외에도 게임은 인지적 책략을 필요로 하는 경우가 많이 있기 때문에 인지행동적 관점이나 사회학습이론적 관점에서도 게임을 통해 자신이 속한 환경을 재인식하고 인지적 책략을 사용하여 문제를 해결하는 연습을 하는 형식으로 놀이치료에 활용된다.

이렇게 놀이치료에 활용되는 투사적 게임들은 내담자의 심리, 사고, 소망 등을 분석하는 데에도 유용하다. 또한 게임 과정을 통해 내담자의 사회적 상호작용이 증가하기 때문에 이를 통해 사회화를 촉진하는 매체로 활용되기도 한다.

이처럼 게임놀이치료는 내담자의 문제해결, 자아 강화, 사회화 등에 치료적 효과가 있는 것으로 입증되었다(송영혜, 1998). 또한 ADHD나 틱, 자폐 등의 장애가 있는 아동에게서 게임 놀이가 아동의 자기통제력, 주의 집중, 사회성 등에 효과적인 개입방법이라는 것이 다수의 선행연구(강삼순, 2004; 길경숙, 2009)를 통해 밝혀지면서 이러한 장애를 가지고 있는 아동들을 대상으로 더욱 활발히 진행되고 있다.

[그림 2-4] 게임놀이치료에 사용되는 다양한 게임

2) 대상에 따른 놀이치료의 유형

놀이의 개념이 전생애에 걸쳐 이루어지는 활동으로 변화함에 따라 놀이치료 역시 적용 대상이 전생애에 걸친 모든 연령대의 대상으로 확대되었다. 여기서는 아동뿐만 아니라 청소년, 성인 및 노인에 이르기까지 전생애에 적용되는 놀이치료의 개념과 특성을 알아본다. 이에 더해 성인을 대상으로 하는 놀이치료로서 특별히 자녀와의 관계와 관련되어 부모, 가족을 대상으로 하는 놀이치료에 대해 개괄적인 내용을 알아본다.

(1) 아동놀이치료

놀이치료는 역사적으로 아동을 대상으로 하여 가장 많이 실행되어 왔다. 이는 아동의 발달특성상 놀이가 곧 학습, 놀이가 곧 생활이라고 해도 과언이 아니며, 아동기는 본능적으로 놀이를 즐기는 특성이 매우 강한 시기이기 때문에 놀이가 갖는 치료의 효과가 극대화될 수 있기 때문이다.

특히 놀이치료과정에서 아동의 놀이에 대한 선택과 놀이의 주도권을 온전히 인정하는 아동중심 놀이치료는 이러한 아동의 놀이성이 갖는 치료 효과를 전적으로 믿는 놀이치료의 한 분야라고 할 수 있다.

아동중심 놀이치료는 칼 로저스의 내담자 중심 치료에 기반하여 액슬린이 정립하였다. 로저스의 인본주의 심리학에서는 자아와 환경의 요구가 어긋나서 환경의 요구에 자신을 맞춰 갈 때, 그 차이가 클수록 정신병리가 심해진다고 본다. 그리고 이러한 정신병리에 대한 치료능력은 개인 내에 잠재되어 있다고 생각한다. 이에 따라 치료사는 내담자가 스스로 자기에게 내재되어 있는 치료능력을 극대화하여 자신의 자아를 실현할 수 있도록 곁에서 지지하고 돕는 역할을 수행해야 한다. 아동중심 놀이치료에서도 동일한 맥락에서 아동의 정신병리는 환경의 요구가 자신의 자아와 맞지 않을 때 발생하며, 아동이 온전히 수용되는 환경에서 자신의 자아를 표현하고 수용할 수 있을 때 정신병리가 치유될 수 있다고 보며, 놀이치료를 통해 아동이 타인은 물론 자기 자신에게까지 수용될 수 있는 환경을 제공한다.

아동중심 놀이치료의 치료목표는 개별 아동에 맞는 치료목표를 세우기보다 전반적으로 정의된 아동중심 놀이치료의 목표를 강조하여 아동의 전반적인 자기실현을 이룰 수 있도록 돕는다. 그리고 아동이 스스로 목표를 설정할 수 있다고 믿는다.

아동중심 놀이치료에서 놀이는 표현매체로서 아동의 표현을 돕고 구체적 경험과 추상적 사고를 연결한다(Landreth, 2002). 추상적 사고가 아직 발달하지 못한 어린 아동은 놀이라는 매체를 통해 자신의 세계를 구체적으로 표현할 수 있다. 그리고 놀이를 통해 자신의 세계를 치료사와 구체적으로 공유할 수 있다. 따라서 놀이는 아동의 표현 수단이자 치료사와의 소통 수단이 되고, 치료 수단이 된다.

(2) 청소년놀이치료

청소년을 대상으로 하는 놀이치료는 아동을 대상으로 하는 놀이치료와 매우 유사하다. 청소년놀이치료는 주로 사회적으로 문제를 야기한 비행청소년을 대상으로 실행되어 왔고, 모래놀이치료를 주로 활용하여 이에 대한 연구도 축적되어 왔다. 그러나 최근에는 학교 내의 상담실을 활용하여 비행청소년뿐만 아니라 또래관계에서의 문제나 학교 적응과 관련된 문제를 다루는 예가 증가하고 있고, 사용되는 놀이 매체 역시 미술놀이, 게임놀이, 모험놀이 등 보다 다양한 매체가 활용되는 경향을 보이고 있다.

또한 청소년의 부모와 함께하는 부모-자녀 놀이치료나 가족관계 안에서 치료를 진행하는 가족놀이치료 등도 청소년기 자녀를 대상으로 하여 청소년기의 심리적 문제의 해결, 가족 및 학교, 또래관계에의 적응을 돕는 놀이치료의 효과를 높일 수 있는 방안으로 추천된다.

(3) 부모놀이치료

부모놀이치료는 자녀와의 상호작용을 통해 자녀의 정서적 욕구를 충족시켜 주어야 할 부모들이 제대로 기능하지 못하는 것에 주목하여 부모가 자녀를 수용하고 자녀에게 긍정적인 상호작용을 할 수 있도록 부모를 도와줌으로써 결과적으로 부모-자녀 관계를 향상시키고 부모가 자녀에게 긍정적인 환경으로서 기능할 수 있도록 하는 심리치료이다.

무스타카스는 가정에서 이루어지는 놀이치료를 통해 부모와 자녀의 관계를 강화할 수 있다는 특별한 효용성을 주장했고, 가정에서의 놀이치료는 아동이 자신의 정서를 더 편안하게 드러낼 수 있는 방법이라고 하였다. 배리 긴즈버그(Barry Ginsberg, 1993)도 부모는 아동이 전적으로 의지하는 대상이기 때문에 부모가 자녀의 놀이치료사로서 기능할 때 아동의 정화와 감정의 표현이 더욱 용이하고, 더 안정감을 느낄 수 있다고 하였다. 이 외에도 가정에서의 놀이치료, 혹은 부모가 치료사의 역할을 대신하는 간접 치료 등이 이루어졌으나 이러한 시도는 체계적이지 않았고, 1960년대에 들어와 구어니 부부에 의해 부모놀이치료가 체계적으로 개발되었다.

부모놀이치료는 자녀에 대한 이해도가 높은 부모가 놀이에 직접 참여함으로써 자녀가 놀이에서 나타내는 모습들에 대해 더 잘 이해할 수 있고, 자녀의 변화를 일상생활에서 지속적으로 지원할 수 있기 때문에 더욱 효과적이라고 평가된다. 반면, 부모가 중요한 요인이 되기 때문에 부모의 특성이 감안되어야 하는데, 부모놀이치료는 부모가 자녀의 문제를 인식하고 있고, 자녀를 받아들이고자 하는 태도를 갖추고 있으며, 자기를 돌아보고 변화하고자 하는 의지가 있는 부모인 경우에 적합하다. 부모 자신이 정서적 문제를 가지고 있다면 부모놀이치료를 실행할 수 없다.

부모놀이치료의 목표는 아동의 변화와 부모의 수용, 그리고 이러한 과정에서 야기되는 부모-자녀 관계의 긍정적인 상호작용 양상이 지속되는 것이다. 그리고 이러한 부모-자녀 관계의 변화를 통해 가족 전체의 변화까지 기대할 수 있다.

(4) 가족놀이치료

가족놀이치료는 가족 전체를 대상으로 하는 가족치료와 놀이치료가 접목된 형태이다. 가족놀이치료에서는 가족 구성원 전체가 내담자가 되어 가족을 치료 단위로 본다. 놀이치료에서는 아동의 놀이치료에 부모 등 가족을 포함시키고자 하였고, 가족치료에서는 가족의 일원인 아동을 포함시키기 위해 가족치료에 놀이를 통합하고자 하였다. 가족치료에서 놀이를 활용하는 것은 아동인 가족 구성원을 포함시키는 의미 외에도 성인놀이치료에서 보이는 것처럼 가족 구성원 간에 드러내거나 직면하기 어려웠던 정서를 놀이를 통해 상징적으로 표현할 수 있다는 장점이 있다. 또한 가족 전체가 참여하는 놀이를 통해 가족 구성원 간의 역동이 드러나기 때문에 놀이과정을 통해 가족구성원들은 서로에 대한 이해를 높이고 가족 체계를 인식할 수 있다. 이와 함께 치료사도 내담 가족의 체계와 역동을 구체적으로 파악할 수 있기 때문에 보다 구체적으로 가족 체계의 긍정적인 변화를 도울 수 있다.

가족놀이치료는 개발 단계부터 비교적 단기로 개발되어 단기 프로그램으로 주로 시행되고 있다. 전체 가족 구성원이 함께 참여하는 가족놀이치료의 특징상 가족놀이치료에서는 가족 체계의 부정적인 측면이 발현되는 시간도 짧아서 단기에 가족의 문제를 파악하고 이를 해결해 나감으로써 가족 전체의 긍정적 변화를 도모하는 데에 적합하다.

(5) 노인놀이치료

노인놀이치료는 놀이의 치료적 요인을 활용하여 노인의 신체적·정신적·감정적 불균형 상태를 긍정적인 방향으로 개선함으로써 노인의 사회적 기능의 성숙을 돕기 위한 일체의 활동을 의미한다.

평균수명이 길어지고, 고령화 사회가 되면서 은퇴 이후 여가 선용 및 정신건강을 추구하는 노인층이 두터워졌고, 노인층에 대한 상담 및 심리치료의 개입에 대한 사회적 요구와 필요성도 커지면서 노인은 놀이치료의 대상으로 자리 잡았다.

노인놀이치료는 주로 집단 프로그램으로 실행되는 경우가 많은데, 산발적으로 이루어지는 단편적인 프로그램보다는 노인 스스로가 주체적으로 참여하며 그 과정에서 심리적·정서적 회복을 도모할 수 있는 치료적 프로그램으로 구성되어야 한다. 미술놀이, 음악놀이, 운동놀이, 전통놀이 등을 활용하는 치료 프로그램이 노인의 자아통합감 등 다양한 심리적 건강성 회복에 도움이 된다는 것이 입증되어 왔다.

노인놀이치료의 통합적 콘텐츠 개발에 대한 연구(신혜원, 정순둘, 2015)에서 제안된 주제중심 노인놀이치료 프로그램은 신체적·인지적 기능 정도가 유사한 노인들을 대상으로 음악, 미술, 동작놀이 등 다양한 매체와 정서적 자극, 신체적 자극 등 다양한 분야의 자극을 통합적으로 운영하는 놀이치료로서 여러 연구에서 그 효과성이 입증되었다.

정리해 봅시다

놀이치료는 놀이를 활용하는 심리치료로서 프로이트가 한 소년의 문제를 진단하는 과정에서 놀이과정에 대한 관찰을 활용한 것에서 출발하여 이후 멜라니 클라인, 안나 프로이트 등의 학자가 아동의 이해를 위한 놀이과정 분석과 치료과정에의 놀이의 활용을 통해 발달하였다. 이와 함께 놀이치료에 관한 이론이 발전하면서 분석학적 놀이치료, 아동중심 놀이치료, 인지행동 놀이치료, 게슈탈트 놀이치료 등의 다양한 이론을 배경으로 하는 놀이치료가 탄생하였다.

우리나라에는 1970년대 중반 이후 놀이치료가 도입되어 서서히 발전한 결과, 현재는 여러 관련 학회가 결성되고 활발히 운영되고 있다. 또한 이러한 학회의 활동을 통해 놀이치료를 수행하는 치료사들이 지속적으로 놀이치료기법을 익히고, 서로의 놀이치료 사례를 공유함으로써 전문성을 향상시키는 장으로서 기능하고 있다.

이러한 역사적 배경 속에서 발달을 거듭해 온 놀이치료는 이제 그 지경을 넓혀 보다 다양한 매체를 활용하는 미술놀이치료, 음악놀이치료, 게임 놀이치료 등의 다양한 놀이치료와 보다 다양한 연령층의 사람들을 대상으로 하는 놀이치료로서 아동뿐만 아니라 청소년, 성인 및 노인을 대상으로 하는 놀이치료 프로그램들이 활발히 개발 · 실행되고 있다.

활동해 봅시다

1. 어느 하나의 이론만 적용하지 않고 다양한 이론을 통합적으로 적용하는 절충적 놀이치료를 통합적 놀이치료라고 합니다. 이 장에서 살펴본 이론들이 다양한 조합으로 활용되는 통합놀이치료의 구체적인 치료과정을 알아보고, 어떠한 이론들이 활용되고 있는지 알아봅시다.

---

2. 유아의 실제 놀이 장면을 관찰해 봅시다. 그리고 관찰된 장면에서 표출되는 영유아의 정서, 사고, 바람이 무엇인지 생각해 봅시다.

---

3. 영유아, 학령기 아동, 청소년, 부모-자녀, 가족, 노인으로 대상을 나누어 각각의 연령에 적용할 수 있는 보드게임에는 어떠한 것들이 있는지 찾아보고, 연령별 활용 방안을 생각해 봅시다.

참고문헌

강삼순(2004). 집단게임놀이를 통한 초등학교 틱장애 아동의 상담효과. 광주교육대학교 교
    육대학원 석사학위논문.
길경숙(2009). 집단게임놀이 프로그램이 ADHD성향 아동의 실행기능에 미치는 효과. 대한가
    정학회지, 47(4), 25-35.
김광웅, 유미숙, 유재령(2004). 놀이치료학. 서울: 학지사.
신혜원, 정순둘(2015). 초기치매의심노인을 위한 통합적 노인놀이치료 프로그램 개발 및 효
    과성 평가. 놀이치료연구, 19(3), 95-109.
송영혜(1998). 놀이치료적용. 대구: 대구대학교 출판부.
유가효, 위영희, 문현주, 이희정, 김태은(2014). 놀이치료의 이해. 경기: 양서원.
유미숙(2003). 놀이치료 핸드북. 서울: 양지.

Ginsberg, B. G.(1993). Catharsis. In C. E. Schaefer (Ed.), *The therapeutic powers of play*
    (pp. 107-141). Northvale, NJ: Aronson.
Guerney, L. (2003). Filial play therapy. In C. E. Schaefer (Ed.), *Foundations of play*
    therapy (pp. 99-142). Hoboken, NJ: Wiley.
Kaduson, H., Cangelosi, D., & Schaefer, C.(1997). *The playing cure: Individualized play*
    therapy for specific childhood problems. Northvale, NJ: Aronson.
Knell, S. M. (2003). Cognitive-behavioral play therapy. In C. E. Schaefer (Ed.),
    Foundations of play therapy (pp 175-191). Hoboken, NJ: Wiley.
Landreth, G. L. (2002). *Play therapy: The art of the relationship* (2nd ed.). New York,
    NY: Brunner-Routledge.
Schaefer, C. E. (2015). 놀이치료의 기초 (김은정 역). 서울: 시그마프레스. (원전은 1997에 출
    간).
Turner, B. A. (Ed.). (2004). *H. G. Wells' Floor Games: A father's account of play and its*
    legacy of healing. Cloverdale, CA: Temenos Press.

제3장

놀이치료 이론

놀이치료가 발전한 이래 다양한 놀이치료 이론이 정립되어 있다. 이 장에서는 놀이치료의 시작인 정신분석적 놀이치료부터 분석심리학적 놀이치료, 그리고 가장 널리 받아들여지는 아동중심 놀이치료의 이론에 대해 살펴보도록 한다.

1. 정신분석적 놀이치료

정신분석적 놀이치료는 성인의 정신분석적 치료로부터 발전하였으며, 기본 가정은 내담자의 현재 문제를 다루기 위해서는 무의식의 갈등을 표출하고 이에 대한 치료사의 해석을 통해 내담자의 통찰로 갈등을 해결한다는 것이다. 아동에게 적용된 정신분석적 놀이치료 역시 내담 아동이 놀이에 자신의 무의식의 갈등을 표현하게 되면 치료사가 이에 대한 해석을 통해 치료를 이끌어 나가는 원리이다. 여기에서는 정신분석적 놀이치료의 발전과정과 놀이에 대한 정신분석적 관점, 놀이치료사의 역할과 놀이치료 기법을 살펴본다.

1) 발전과정

1909년 프로이트는 아동에게 최초로 정신치료를 하였다. 한스라는 소년의 공포증을 치료하기 위해 그의 아버지를 통한 간접적인 정신분석적 치료를 한 것이지만 아동의 '놀이'를 치료적으로 활용한 첫 사례라는 점에서 매우 중요하다. 프로이트는 이 치료를 통해 "놀이는 아동이 가장 좋아하며 집중하는 작업이고, 아동은 상상력 있는 작가와 같다."(Freud, 1909)고 하였다. 즉, 아동의 심리치료에 놀이가 매우 중요함을 말하고 있는 것이다.

그 이후 허그-헬무스(Hellmuth, 1921)가 아동분석에 '놀이'가 필수적이라고 보고 아동에게 놀잇감을 제공하고 아동의 놀이행동을 관찰하면서, 아동분석에 놀이가 필수적인 부분이 되었다. 안나 프로이트와 클라인은 아동의 치료에 놀이를 도입하였으며, 이들이 공통적으로 강조한 것은 과거의 중요성, 자아의 강화, 아동이 자신을 가장 자유롭게 표현할 수 있는 놀이였다. 그럼에도 불구하고 클라인과 안나 프로이트는 놀이를 치료적으로 활용하는 데 매우 다른 견해를 보인다.

클라인은 아동의 놀이를 언어적 대치물로 생각하였다. 클라인은 "놀이란 아동의 가장 중요한 매체이다."(Klein, 1932)라고 하면서 아동은 놀이를 통해 자신의 무의식에 이를 수 있다고 보았다. 즉, 아동의 자유놀이를 성인의 자유연상으로 보고 놀이에 표현된 무의식의 상징적 표현을 해석하였다. 아동에게 직접적인 해석을 한 이유는 유아기부터 이미 형성된 초자아가 자라나는 자아를 압도하고 지배하기 때문에 초자아로부터 자아를 보호하는 것이 분석의 목적이기 때문이다. 초자아는 아동의 무의식의 갈등을 억압하고 부모는 이러한 초자아의 근원이 되므로 부모를 치료 장면에서 배제하였다(곽영숙, 2000). 따라서 부모가 보고하는 아동에 대한 정보는 무시되었다.

반면, 안나 프로이트는 아동의 자유연상이 성인의 것과 다르다는 것에는 동의하였지만, 놀이를 무의식의 표현으로만 보는 것에 주의하였다. 오히려 아동의 부모로부터 얻은 정보와 아동의 놀이를 관찰하여 아동에 대한 이해를 하기 전까지는 놀이의 실제 의미에 직접적인 해석을 하지 않았다. 단지 아동의 놀이를 치료사와의 의사소통을 향상시키기 위해 긍정적 관계를 맺기 위한 수단으로만 사용하였다. 즉, 아동의 내면세계에 접근하는 수단으로 치료사와의 긍정적 애착이 필요하고 이를 촉진하는 수단으로 놀이를 활용한 것이다. 놀이는 치료적 동맹을 위해 활용하고 이후 언어적 상호작용을 통해 아동의 무의식을 해석하였다. 아동에게 자신의 백일몽이나 환상을 표현하도록 하고 이를 언어적으로 어려워할 때는 그림을 그리도록 하는 등 자유연상의 인지적 측면을 감정적으로 경험할 수 있도록 수정하였다. 아동은 이러한 과정을 통해 자신의 내면의 생각을 언어화하는 방법을 배우게 되고 이에 대한 치료사의 해석을 통해 자신의 무의식에 대한 통찰을 얻게 된다. 해석의 방법에서도 클라인과는 다른 차이를 보이는데, 아동의 무의식을 자극하는 직접적인 해석은 아동의 불안을 유발하므로 오히려 칭찬과 격려가 필요하다는 교육적 측면을 강조하였다.

정신분석적 놀이치료는 성인의 정신분석과 마찬가지로 본질적으로 자아의 기능을 강화하여 원초아, 자아 및 초자아의 기능을 조화롭게 하는 성격의 재구조화가 치료목표이다.

〈표 3-1〉 안나 프로이트와 멜라니 클라인의 비교

	안나 프로이트	멜라니 클라인
이론	자아심리학으로 발전	대상관계이론으로 발전
초자아	5세경 발달	생후 초기부터 형성
욕구	리비도와 공격성 모두 강조	공격적 욕구를 더 강조
치료기법	아동의 정신적 갈등에 조심스럽게 접근, 교육적 태도로 치료	전이를 통해 나타나는 무의식적 갈등을 적극적으로 해석

2) 기본 개념과 특징

정신분석적 놀이치료를 이해하기 위해서는 기본적인 정신분석 이론을 이해할 필요가 있다. 여기에서는 정신분석에서 바라보는 인간관, 인간의 성격 구조 그리고 정신병리에 대해 살펴보도록 한다.

(1) 인간관

정신분석에서는 기본적으로 인간을 본능과 무의식의 추동에 의해 지배되는 수동적인 존재로 본다. 인간은 이성적이고 합리적으로 자신의 사고와 행동을 결정짓는 것이 아니라 무의식에 의해 동기 유발되고 현재의 사고와 행동은 과거 경험에 의해

결정되는 존재로 보았다. 또한 인간의 성격발달은 타고난 심리성적 에너지인 리비
도를 충족시켜 가는 과정이라고 설명한다.

(2) 성격이론

① 성격의 구조

정신분석 이론은 성격이 원초아(id), 자아(ego) 및 초자아(superego)의 구조를 갖
고 있으며, 이러한 구조가 형성되어 가는 것이 성격의 발달이라고 본다. 이 중 원초
아는 출생 시부터 나타나며, 원초아의 욕구충족이 현실의 제약에 부딪히게 되면서
자아가 발달하게 된다. 이후 자아는 3~4세 무렵에 부모 및 타인과의 동일시를 통
해 사회적 가치와 규범을 내면화하면서 발달하게 된다. 초자아는 본능을 제한하고
옳고 그른 지각에 순응하도록 강요하는 역할을 하므로 원초아와 갈등 상태에 놓이
게 된다. 결국 자아가 원초아와 초자아 사이를 중재하면서 즉, 초자아의 비난을 받
지 않으면서 원초아의 욕구들을 현실적인 요구들과 타협하면서 성격을 발달시켜
가는 것이다.

〈표 3-2〉 성격의 구조와 기능

성격의 구조	발달시기	기능
원초아	출생 시	• 기본적 추동의 충족 추구 • 비이성적 · 이기적 · 무의식적 본능 • 성적 에너지(리비도) 포함 • 쾌락 원리(즉각적 만족 추구)
자아	원초아와 현실과의 갈등이 생기면서	• 원초아의 충동을 유보 또는 억압 • 이성적 · 현실적 • 현실 원리 • 원초아와 초자아 사이의 갈등을 중재
초자아	3~4세 경	• 학습에 의해 획득 • 부모 및 타인과의 동일시를 통해 사회적 가치와 규범을 알게 되면서 내면화한 표상 • 원초아와 갈등 관계 • 본능을 제한하고 옳고 그른 지각에 순응하도록 강요

② 정신병리

정신분석에서 정신병리란 성격구조의 발달 실패나 성격구조들 간의 불균형, 즉 자아의 기능에 문제가 생긴 경우에 기인한다고 본다. 3가지 성격구조가 발달되지 못하면 정신분열과 같은 심각한 정신병리의 원인이 되며, 성격구조들 간의 불균형은 불안 관련 장애를 유발하게 된다. 방어기제의 지나친 사용은 자아 기능의 실패에서 비롯되는 것으로 현실적인 갈등 해결이 어려울 때 자동적으로 또는 지나치게 많이 사용하면서 점차 현실과 유리되어 신경증을 발달시킨다(O'Connor, 2001).

의식되지 않지만 마음속 깊이 내재해 있는 갈등이 해소되지 않으면, 심리적 긴장 상태가 지속되고 그로 인해 여러 가지 어려움이 나타나는데, 이는 무의식적 기능인 원초아의 힘이 강해지고 의식적 기능인 자아의 힘이 약해지게 되어 성격구조들 간의 불균형인 정신병리 상태에 이르게 되는 것이다. 따라서 정신분석에서의 치료란 성격구조들 간의 균형을 위해 자아의 기능을 회복시키는 것을 말한다.

3) 정신분석과 놀이

(1) 놀이의 의미

정신분석이론에서는 놀이는 아동분석의 중요한 도구이다. 아동은 놀이를 통해 발달단계의 특별한 과업에 몰입하고 숙달하기(Solnit, 1987) 때문에 놀이를 통해 잠시 벗어난 정상 발달의 경로로 되돌아올 수 있다고 본다. 놀이를 하면서 좌절을 극복하고 즐거운 경험을 통해 심리내적인 갈등에 대한 위안을 받는다(Ostow, 1987).

아동의 놀이는 앞으로 나아가려는 진행적 성질이 있다(곽영숙, 2000). 아동은 치유의 목적을 위해 놀이를 통해 상처를 재연하며 퇴행하나 이는 결국 전진을 위한 일보후퇴의 특성이며, 궁극적으로 아동은 놀이를 통해서 세상을 발견하고 전진하게 된다.

프로이트와 다른 학자들의 견해를 종합해서 살펴보면(진성태, 1979), 놀이는 다음과 같은 특성을 갖는다.

첫째, 놀이는 쾌락 원칙에 의한 표현이다. 아동은 욕망 충족에 대한 쾌감과 기능적 쾌감을 위해 놀이하는데, 예를 들어 소꿉놀이를 통해 엄마의 역할을 해 보면서 엄마가 되고픈 욕망을 충족하면서 욕망 충족의 쾌감을, 치과에 다니는 아동이 치과 의사 역할을 하면서 그 활동 자체에서 오는 기능적 쾌감을 표현한다.

둘째, 놀이는 반복 강박(repetition compulsion) 특성을 갖는다. 반복 강박 기제란 주어진 시간 내에 외부의 자극을 한 번에 흡수하거나 소화할 능력이 없을 때 작용하는 기제이다. 즉, 과도한 외부의 자극을 소량으로 나누어 반추함으로써 점차 경험을 받아들이게 되는데, 아동의 놀이 역시 이러한 반복 강박 기제의 과정과 같다. 아동의 경험은 이 과정을 통해 소량으로 나뉘며 놀이에 의해 더 동화된다.

셋째, 아동의 수동적 경험을 능동적인 경험으로 전환하기 위한 방법이다. 아동은 불쾌한 경험조차도 반복하는데, 수동적으로 받아들였던 것에 대해 숙달하여 능동적으로 경험하기 위함이다.

넷째, 놀이는 동화과정이다. 즉, 감당하지 못할 환경에 동화되지 않았기 때문에 반복 경험을 통해 그 경험을 정복하려 하는 과정이다.

다섯째, 놀이는 환상과 백일몽의 특징을 갖는다. 즉, 놀이는 현실적 대상에 대한 짜여진 환상인 것이다.

이상과 같은 놀이의 특징을 요약해 보면, 아동은 놀이를 통해 현실에서 충족되지 못한 욕구를 충족하고, 환경에 대한 수동적인 경험을 놀이의 반복을 통해 능동적으로 처리한다. 즉, 놀이는 현실이 반영되지만 동시에 아동이 능동적으로 창조하는 세계이며, 외적 현실도 내적 실제도 아닌 '제3의 중간 영역'이다(Winnicott, 1971). 이 영역에서 아동은 자신의 세계를 창조하며 만족스러운 모든 경험을 한다. 정신분석적 놀이치료에서 놀이는 오락과 교육의 목적으로 사용되는 것이 아니라 다음의 세 가지 목적으로 사용된다(Lewis, 1974).

첫째, 치료사와 아동의 관계 형성을 돕는 목적으로 사용되며, 허용적이지만 직접적이지 않는 방식이다. 정신분석적 놀이치료의 목표는 갈등을 말로 표현하게 하고 치료사의 해석을 이용하게 하는 것이기 때문이다.

둘째, 놀이는 아동을 관찰할 수 있는 매개체이자 아동의 내적 세계 및 심리적 기능에 관한 정보의 자원이다. 즉, 놀이는 아동을 관찰할 수 있는 목적으로 사용된다.

셋째, 아동과 분석가 사이의 의사소통의 도구이다. 치료사의 놀이에 대한 해석은 놀이에 표현된 역할이나 사물에 적용되어 은유를 통해 아동에게 전달된다. 즉, 놀이는 해석의 매개체로서의 목적으로 사용된다.

(2) 놀이치료실과 놀잇감

놀이치료실은 아동이 자신의 생각, 감정, 소망 등 내면의 세계를 안전하게 표현하도록 하는 심리적 공간이다. 따라서 아동이 내면의 것을 표현할 수 있는 환경이 제공되어야 하며, 치료사 역시 편안하게 느낄 수 있는 공간을 선택하여야 한다. 놀잇감은 아동의 감정과 인지발달 수준에 맞추어야 하며, 복잡한 놀잇감은 놀이의 참여를 방해할 뿐이므로 단순하고 견고한 것으로 선택한다.

정신분석적 놀이치료에서 중요하게 사용되던 놀잇감들은 가족을 표현할 수 있는 가족인형, 동물인형(가족단위), 군인, 집, 전화기, 자동차 등과 야구, 농구의 공, 인기 있는 만화 영화 주인공의 캐릭터 인형 등을 포함한다(Elmhirst, 1988). 종이, 연필, 색연필, 크레파스, 풀, 가위, 테이프, 찰흙 등 그리기 및 만들기 도구들, 그리고 유아에게는 실수에 따른 결과를 경험하지 않도록 하기 위하여 비구조적 특성을 갖는 모래상자가 제공되기도 한다. 구조화가 높은 게임들은 선호되지 않지만, 게임을 하면서 감정을 숨기려고 하는 잠복기 아동에게는 유용할 수 있다.

4) 치료사 역할과 치료목표

(1) 치료사 역할

정신분석에서 치료사의 역할은 한마디로 해석이다. 아동이 놀이에 표현하는 것에 대해 이해하고 그 의미를 다시 아동에게 전달해 주어 아동이 통찰에 이르도록 하는 것이다. 그러므로 치료사는 아동의 가상놀이에 참여하고 환상적이고 극화된 아동의 놀이를 지지한다. 즉, 치료사는 아동의 놀이에 참여적 관찰자이며(Esman, 1983), 놀이를 통해 아동과 치료적 동맹을 맺고, 해석을 하는 사람이다. 궁극적으로는 아동의 언어화를 촉진하는 것이며, 놀이는 이를 위한 수단으로 아동이 자신의 감정과 갈등에 대해 통찰을 얻게 하는 것이다.

정신분석적 놀이치료에서 치료사가 아동의 놀이를 해석하는 이유는 내담자와 소통하기 위해서이다. 따라서 치료사가 내담 아동의 놀이를 어떻게 받아들이고 이에 대한 해석을 아동에게 어떻게 전달하는지가 매우 중요하다. 더구나 아동의 경우는 인지적·언어적으로 한계가 있기 때문에 현실 상황을 직접 해석하지 않고 은유적 해석을 하여야 한다(Ekstein & Caruth, 1996). 현실 상황에 대한 직접 해석은 아동의 놀이를 방해하게 되고 결국 놀이로부터의 이해를 제한하기 때문이다.

이러한 역할을 해 내기 위해서 치료사는 전문적 기술 외에도 심리적 균형을 갖춘 성숙된 인격체여야 한다(Esman, 1975).

첫째, 치료사는 지나친 동일시 없이 아동을 공감할 수 있어야 한다.

둘째, 관찰과 해석 능력을 잃지 않으면서 조절 가능한 퇴행을 스스로 허용할 수 있어야 한다.

셋째, 강렬한 감정적 압박을 견딜 수 있어야 한다. 즉, 자극되지 않은 채 자극 시키는 것을 다룰 수 있어야 하고, 유혹되지 않은 채 유혹적인 것을 다룰 수 있어야 한다. 이는 치료사가 자신의 아동기 갈등에 대한 충분한 통찰과 해결책을 갖고 있을 때 가능한 것이다.

넷째, 아동에 대한 진정한 관심, 아동의 어려움의 원인을 알고자 하는 민감성, 임상 관찰에 대한 판단력을 가지고 있어야 한다.

이상과 같이 볼 때, 놀이치료사는 놀이관찰자로서 중립적 태도를 유지하면서, 놀이로 치료적 동맹을 맺고, 놀이에 대한 해석을 통해 의사소통하여 내담자가 문제에 대한 통찰에 이르도록 하는 역할을 한다고 볼 수 있다.

(2) 치료목표

정신분석 치료는 기본적으로 내담자가 자신의 무의식적 갈등의 본질과 그 기원을 인식하여 자기에 대해 이해하고 문제해결 능력을 증대시켜 더 높은 수준의 정신적 구조를 갖도록 하는 것이다(Ritvo, 1978). 정신분석적 놀이치료 역시 내담 아동의 병리적 문제를 일으키는 고착, 퇴행, 충동, 방어기제 등을 탐색하여 내담 아동이 자신의 무의식적 갈등의 본질과 기원을 인식하도록 도와 정상 발달로 되돌아올 수 있도록 하는 것이 목표이다. 즉, 발달을 방해하는 억압되어 있던 무의식적 갈등과 불안이 놀이를 통해 의식화되면, 에너지가 자아의 힘을 강화시켜 적응적이고 문제해결적인 기능을 할 수 있도록 자아의 기능이 회복되는 것이다.

아동은 발달 중에 있으므로 고착된 발달의 시기에서의 문제뿐 아니라 현재의 발달에서의 과업 역시 함께 다루어 정상 속도로 성장이 이루어질 수 있도록 발달의 보조를 맞추는 것이 중요하다.

5) 치료기법

정신분석적 놀이치료는 해석을 치료의 가장 중요한 기법으로 보며, 직접적인 방법이 아닌 '은유적 해석'이 안전하다고 본다. 다음의 5가지 차원에서 아동의 놀이는 해석될 수 있다(Esman, 1983; Lewis, 1974; O'Connor, 2001).

(1) 주의 진술

주의 진술(attention statements, 반영)은 아동이 놀이에서 보이는 행동과 말의 기본적인 사실적 맥락을 아동이 인식하도록 하는 데 목적이 있다. 예를 들어, 블록 쌓는 놀이를 계속 하고 있는 아동에게 "너는 블록을 계속 쌓는구나."라고 진술해 주는 것이다. 아동은 치료사의 이러한 진술로 자신의 행동과 놀이에 대해 인식하게 된다.

(2) 환언적 진술

환언적 진술(reductive statements, 패턴 제시)은 다르게 보이는 사건의 공통점을 끌어내어 의식하지 못했던 행동의 유형을 알도록 해석해 주는 것이다. 즉, 아동의 놀이에서 보이는 행동과 말의 공통된 패턴을 아동에게 확인시켜 주어 아동이 자신의 행동과 말이 우연히 일어나는 것이 아니라 시간에 걸쳐 일관성이 있다는 것을 깨닫도록 해 주는 것이다. 예를 들어, 아동이 "이것은 세상에서 가장 센 로봇이에요." "이 보석은 세상에서 가장 비싼 거예요." "이 집은 세상에서 가장 넓은 집이에요." 등의 말을 놀이 속에서 반복한다면, 치료사는 "너는 무엇이든 세상에서 가장 최고여야 하는구나."라고 진술하여 준다.

(3) 상황적 진술

상황적 진술(situational statements)은 아동의 감정과 행동이 발생되는 상황을 알도록 하는 진술이다. 예를 들어, 아동이 놀이를 하면서 원하는 대로 되지 않을 때마다 만들고 있던 것을 부수면서 화를 낸다면, 치료사는 "너는 네가 원하는 대로 되지 않을 때 화가 나는구나."라고 진술해 주는 것이다. 아동은 이러한 치료사의 해석을 통해 자신의 감정과 행동이 발생되는 상황을 인식할 수 있다.

(4) 전이 해석

전이 해석(transference interpretation)은 아동의 갈등이 치료사와의 관계에서 어떻게 반영되는지를 아동에게 보여 주는 방법이다. 치료사와 아동과의 관계는 실제의 관계가 아닌 가상의 관계로서 치료사는 아동 삶에서의 중요한 개인들을 대리하는 인물로 전이된 사람이다. 즉, 아동이 보이는 치료사와의 관계에서의 갈등이 아동 삶의 중요한 인물이 어떻게 전이가 되어 나타나는지를 보여 주는 것이다. 예를 들어, 놀이치료실에서 치료사의 눈치를 많이 보는 아동의 경우 이러한 행동이 만약 학교에서 교사와의 관계가 좋지 않아 늘 교사의 눈치를 보는 행동의 전이 반응이라면, "선생님처럼 너를 혼낼까 봐 걱정되는구나."라고 반응하는 것이다.

(5) 원인 진술

원인 진술(etiological statements)은 아동의 현재의 행동과 초기 발달사건의 연관성을 알도록 도와주는 기법이다. 아동이 과거에 겪었던 경험들이 현재의 행동과 말에 어떻게 영향을 주는지에 대해 과거 아동의 경험을 알아내어 언급해 준다. 예를 들어, 어머니의 우울증으로 방임되었던 아동이 놀이 속에서 부모가 출근하고 아기들만 있는 인형놀이를 한다면, 치료사는 "이 아기들도 예전의 너처럼 엄마가 필요할 때 엄마가 없구나."라고 반응을 해 준다.

이와 같은 치료사의 해석은 아동이 자신의 감정과 행동의 무의식적 갈등과 불안의 기원을 인식하도록 도와 억눌려 있던 자아의 기능을 회복시켜 정상 발달로 복귀하도록 돕는다.

단, 아동의 놀이에 대한 구체적이고 직접적인 해석은 주의를 기울여야하는데, 이는 아동의 놀이행동을 제한할 수 있기 때문이다. 아동은 병리적 문제, 발달적 문제로 자아가 연약한 상태이므로 놀이의 맥락에서 '만약에' 또는 '관계의 맥락'에서의 해석이 바람직하다.

6) 치료과정

(1) 사정과 평가

내담아동에 대한 사정과 평가의 궁극적 목적은 현재 증상의 원인을 근원적으로 밝히는 것이다. 아동이 발달시켜 온 각 성격구조의 기능과 수준 그리고 구조의 상호작용을 파악하여 아동의 현재 수준을 충분히 알아야 한다. 이를 위한 정보의 수집은 부모와 아동의 초기면담, 투사검사, 진단적 놀이회기를 통해 얻을 수 있다. 이러한 정보들을 토대로 치료사는 아동의 현재 문제에 대한 발생적·역동적 가설을 세우며, 이를 통해 진단과 치료방향을 잡는다. 특히 사정과 평가를 통해 앞으로 치료과정에 나타날 수 있는 아동의 저항과 전이를 예측할 수 있다. 즉, 충동을 의식화하지 않도록 억누르던 자아 반응들이 치료사와의 관계에서 드러날 것이며, 내담 아동이 과거에 문제가 되었던 대상과의 관계를 치료사와의 관계에서 재연할 것이다.
〈표 3-3〉은 사정평가의 틀을 요약한 것이다.

〈표 3-3〉 정신분석적 사정을 위한 평가 내용

성격구조	평가 내용
추동(욕망)	- 심리성적 발달단계와 현재의 수준 - 공격성 등 파악
자아	- 방어기제(아동이 선호하는 방어기제와 그 적합성·효율성) - 대상관계의 질 - 현실 적응능력 - 사고과정의 성질(추상적 사고 vs. 구체적 사고, 환상의 활용) - 욕동 조절과 통제(충동성, 좌절 인내능력, 주의집중 정도) - 주요 동일시 - 자율적 기능(지능, 기억능력, 지각 상태, 언어, 운동기능) - 종합적 기능(경험을 통합하고 지각하는 능력)
초자아	- 외부 권위에 대한 죄의식 및 두려움의 성질과 정도

(2) 치료과정

정신분석적 놀이치료는 주 1~3회, 1회에 35~40분 정도의 놀이회기를 갖는다. 치료의 초기 단계에서는 아동과 치료사 간의 치료 관계를 형성하는 것이 가장 중요하므로, 치료사는 아동이 놀이에 재미를 느끼고 잘 진행될 수 있도록 '즐거운 놀이 파트너'가 되어야 한다. 놀잇감은 아동이 선택하게 해야 하며, 아동의 놀이에 대한 간섭이나 치료사의 방향으로 이끄는 등의 제한을 해서는 안 된다. 또한 무리한 해석으로 아동의 놀이를 방해해서는 안 되며, 놀이 자체에 대한 언급만으로도 놀이를 촉진할 수 있어야 한다.

초기 단계를 지나면 부정적 반응들이 놀이장면에서 표출되기 시작하는데, 이는 아동이 내면화한 주요 대상과의 부정적인 관계의 특성이 나타나는 것이다. 예를 들어, 어머니와의 부정적 관계를 내면화한 아동이 놀이치료실에서 치료사와의 관계에 이를 전이하여 놀이를 거부하거나 놀이로 깊게 들어가는 것을 주저하는 행동을 보이는 것이다. 이때 치료사가 아동의 부정적 반응을 이해하지 못한다면 역전이를 일으키거나, 치료 관계가 위협받게 된다.

내담 아동이 내면화한 부정적 감정들을 구체적으로 표현할 수 있을 만큼 편안함과 안전감을 느낀다면 부정적 반응은 사라진다. 이후 치료사는 아동의 놀이에 대한 해석을 정교화하고 확장하는 방식으로 반복하는 훈습의 과정을 거친다. 즉, 충분한 훈습을 통해 아동은 자아 기능을 회복하고 다음 발달 수준으로 이행하게 된다.

종결은 아동의 자아 기능이 회복되어 자신의 발달 수준에 도달하게 되고 이러한 변화가 충분히 지속되었을 때 결정한다. 종결은 시간을 두고 4주 이상의 시간을 두고 이루어져야 한다.

2. 분석심리학적 놀이치료

분석심리학적 놀이치료는 융의 분석심리학으로부터 발달한 접근법이다. 비록 융이 아동을 직접 치료하지는 않았지만, 분석심리학이 갖는 기본적 특성이 체험을 바탕으로 하는 특징을 갖고 있기 때문에 아동에게 매우 적합한 치료방법이다. 분석심리학의 기본가정은 내담자의 문제에 초점을 두지 않고 인간 전체에 초점을 둔다. 정신분석과 달리 인간 무의식의 창조적 기능을 강조하며, 치료사와 내담자의 치료적 동맹을 통해 자기 치유의 원형이 활성화되어 무의식의 치료적 기능을 촉진하는 것을 강조하는 것이다. 여기에서는 분석심리학적 놀이치료의 발전과정과 놀이에 대한 분석심리학적 관점, 놀이치료사의 역할과 놀이치료 기법을 살펴본다.

1) 발전과정

분석심리학적 놀이치료는 융의 분석심리학을 기초로 발달되었다. 융은 1905년 스위스 취리히 의과대학의 교수 시절 그 당시 시작된 프로이트의 정신분석 운동의 초기에 프로이트의 『꿈의 해석』을 읽고 자신의 견해와 상당 부분 일맥상통한다고 생각하여 프로이트의 추종자가 된다. 이미 정신과 의사로서 입지를 굳혔던 융의 지지는 프로이트에게 매우 든든한 일이었다. 1906년부터 1913년까지 융은 프로이트와 활발히 서신을 교환했으며, 프로이트는 융의 지지로 점차 입지를 다져 갔고 융을 2인자로 인정했지만, 프로이트의 성적 에너지에 대한 의견 차이로 결국 결별하게 된다. 그러나 융은 프로이트의 정신분석에 큰 영향을 받았으며, 그의 이론을 더욱 정교화하고 발달시키게 된다.

정신분석과 분석심리학의 공통점은 인간의 무의식을 의식화하는 과정이 인간의 발달과 성숙에 중요하다고 본다는 점이다. 단, 그 무의식에 대한 개념에 차이를 보이는데, 프로이트와 달리 융은 무의식을 창조적인 기능을 가지고 있다고 보았다. 즉, 무의식은 병리적이며 충동적인 것이 아니라 상처를 치유하는 능력을 갖고 있다고 본다. 분석심리학의 핵심은 '무의식의 자기실현'이며, 분석심리학적 치료는 곧 무의식의 자기실현이다. 그렇기 때문에 내담자의 병리 자체에 문제를 두기보다는 인간 전체를 살펴보는 것을 더 중시한다.

융은 대부분 중년기 성인의 치료에 초점을 두었지만, 그의 추종자들은 분석심리학적 접근을 아동에게 시도했다. 특히 꿈을 기록하고, 환상을 재연하며, 놀이와 만들기 등 창조적인 예술의 역할을 강조했다는 점이 아동에게 매우 적절한 치료적 접근이 되었다. 아동은 이러한 과정을 통해 부정적으로 내면화된 것들을 표현하여 새롭고 긍정적인 것들은 새로이 경험한다. 이렇듯 이미지의 형상화를 통해 무의식의 치유를 중시하는 융의 이론은 미술치료와 모래놀이치료의 발전에 영향을 주었다.

칼프(Kalff, 1986, 1966)는 융의 이론과 놀이치료이론을 접목하여 모래놀이치료기법을 개발하였다. 모래놀이치료에서는 치료사와 내담자의 관계를 '모자 일체성'으로 설명하는데, 이러한 치료 관계가 성립되면 내담자는 자유롭고 보호받는 느낌을 받게 되고 이는 내담자가 자기 치유능력을 발휘하는 환경으로 작용하게 된다. 이러한 치료적 환경에서 내담자는 마음껏 '전체성의 상징'을 표현하기 시작하고 이러한 상징 체험 자체가 치유적이라고 설명하였다. 즉, 치료사의 해석은 필요하지 않으며, 오로지 내담자의 이러한 경험을 위한 자유롭고 보호된 환경을 제공하는 것이 치료사의 역할이라고 주장한다.

최근에는 모자 행동을 관찰하는 것에 관심이 증가하였고, 학교나 상담소의 아동을 위해 분석학적 이론과 아동중심적 놀이치료의 원리를 결합하는 움직임도 있다(Allan, 1988: Allan & Bertoia, 1992).

2) 기본 개념과 특징

(1) 인간관

분석심리학에서는 성격의 여러 체계들이 완전히 분화되고 발달되었을 때 개성화가 이루어질 수 있다고 보기 때문에 "통합된 성격을 형성하기 위해서는 모든 정신체계가 최대의 분화와 최대의 발달을 표현할 수 있도록 허용되어야 한다."(Jung, 1959)고 본다. 또한 인간은 자신의 전체성을 유지하면서 스스로 치유해 나가고자 하는 동기를 가지고 있다고 본다. 그렇기 때문에 정신병리 자체보다는 인간 전체를 볼 것을 중요시한다. 이러한 개성화 과정은 인간 내부에서 우러나오는 필연적인 것으로서 인간은 누구나 개성화에 대한 요구가 있다고 본다. 이러한 면에서 분석심리학에서는 인간을 자기 치유능력을 갖는 능동적 존재로 보았다.

(2) 성격이론

① 성격의 구조

융은 인간의 성격구조 또는 정신을 의식, 개인 의식, 집단 무의식이라는 세 가지 층으로 구분하여 프로이트의 무의식의 개념을 더욱 확장하여 새롭게 개념화하였다.

개인 무의식은 개인 생활의 체험 내용 중 잊어버리거나 억압된 내용들로 개인의 특수한 생활체험과 관련된 모든 심리적 경향, 생각, 괴로운 감정 등 개인의 성격특성을 이루는 것들이다. 반면, 집단 무의식은 누구에게나 보편적으로 존재하는 특성으로 지각, 정서, 행동에 대한 타고날 때부터 갖고 있는 원형이라 일컫는 정신적 소인을 말한다. 이러한 원형 중에 페르소나, 아니무스, 아니마, 자기 등은 성격발달에 중요한 역할을 한다(이부영, 1999; Allan, 1988). 또한 무의식은 신화, 민속, 예술을 통해 간접적으로 표현된다.

자아(ego)는 의식의 중심에 있으며 논리적이고 추론적인 사고의 기능을 한다. 자아는 출생 초기에는 아직 존재하지 않으며, 생후 일 년 이후 형성되기 시작하여 학령기에 접어들어 강화된다(Neumann, 2002). 정신의 의식된 부분에 불과하므로 자아가 나의 전체를 통괄하고 지각하기 위해서 무의식적인 것을 의식화하는 과정이 필요하다. 그림자는 자아의식의 무의식적인 부분으로 자아가 제일 먼저 의식화해야 하는 것이다. 이후 아니마와 아니무스의 개성화를 이루어 나가는 것이 자기실현,

즉 개성화 과정이라고 한다.

한편, 자기(self)는 하나의 전체성으로 존재하는 것으로 집단 무의식에 존재하며, 일차적 작동은 직관 기능이다. 자아와 자기 간의 연계가 매우 중요한데, 이러한 연계를 통해 의식과 무의식 성격들 간의 의사소통이 이루어질 수 있다. 즉, 자아가 현실의 스트레스를 극복하고 생존하기 위해서는 정신의 본능적 뿌리인 자기와 연결을 유지해야 한다.

② 정신병리

분석심리학에서는 인간은 성장하면서 건강한 자아를 발달시켜야 하고, 정신의 뿌리인 자기와의 연결과 유지를 통해 현실에 적응하고 스트레스를 극복해 나가는 것이 정신적으로 성숙하다고 본다. 자아와 자기의 연계, 즉 무의식으로의 퇴행과 의식으로의 진행을 통해 현실세계에 적응적인 기능을 하는 자아를 형성하고 강화하게 된다(Neumann, 2002).

인간은 출생 직후 신체-자기(body-self) 단계에서 생후 일 년 이후부터 관계성-자기(relation-self) 단계로 발전하게 되는데, 생후 일 년 동안 영아의 자기는 모체와 분리되면서 신체적 경계를 통해 전체성을 형성하는 신체-자기 단계에 머문다. 일 년 이후부터 자아가 형성되기 시작하며 관계성-자기로 변화한다. 어머니가 세상 그 자체이다가 점차 어머니 및 주위 사람들과 상호 영향을 주고받으며 자아를 발달시켜 나간다. 자아가 안정적으로 발달하기 위해서는 초기 어머니와의 애착 형성이 중요한데, 어머니와의 안정된 애착 경험은 현실에 적응적 기능을 하는 자아의 형성을 돕지만, 그렇지 못할 경우 무의식으로 퇴행하여 자아의 현실적 기능을 어렵게 하게 된다(Neumann, 2002).

건강한 자아의 발달은 자기의 출현에 의해 가능하다(Kalff, 1981). 약한 자아나 신경증적인 자아는 상징을 통한 자기의 출현을 방해하며, 따라서 심리치료를 통해 상징을 통한 자기 출현을 도와 건강한 자아의 발달을 도와야 한다.

3) 분석심리와 놀이

(1) 놀이의 의미

분석심리학적 놀이치료에서 놀이는 아동과의 상호작용을 위한 상징적 언어이다. 상징적 표현의 중요성을 강조하는 분석심리학적 놀이치료에서는 놀잇감뿐 아니라 모래, 그림, 춤, 연극 등 다양한 매체를 활용한다. 이러한 매체가 내담자의 성격에 중요한 영향을 미치는 상징들의 표현 통로가 되는 것이다(Sullwold, 1982).

내담자는 다양한 상상과 활동을 놀이를 통해 표현함으로써 자신의 문제와 상처를 표현하고 거기에서 정서를 느끼는 과정을 통해 자기 조절이 가능해지며, 유연성을 갖게 되어 회복하게 된다(Allan, 1988).

(2) 놀이치료실과 놀잇감

놀이치료실은 내담자의 상징적 세계에 들어가는 것과 같은 의미이다. 내담자는 자신의 상징적 세계 안에서 안전하게 무엇이든 자유롭게 표현하게 되고 이를 통해 성장하게 된다. 그러기에 놀이치료실을 '담아 주는 공간(the container)'이라고 한다. 이 치료적 공간 안에서는 아동은 안전하게 퇴행하고 고통스러운 정서와 경험들을 표현하고 변형함으로써 무의식을 만난다.

내담자의 자유로운 표현을 위해 분석심리학적 놀이치료실에는 다양한 놀잇감들이 구비되어 있어야 한다. 다양한 인형과 인형의 집, 공룡, 맹수, 가축 등 다양한 동

〈표 3-4〉 모래놀이치료실의 놀잇감

구분	놀잇감
인간과 인간생활	가족, 종교적 인물, 종교적 상징물, 직업을 상징하는 인물, 신화적 인물 만화 · 영화 주인공, 역사적 인물, 원시인, 문화가 다른 사람들
동물과 동물사회	야생동물, 멸종동물, 신화 속 동물, 서식지에 따른 동물, 집단으로 지내는 동물들, 혼자 지내는 동물들, 암수 쌍, 어미와 새끼 등(가족단위로 제시)
식물의 세계	바다, 땅, 사막, 툰드라, 열대 지방 등 모든 지역의 식물 나무(산 것, 죽은 것, 성장 주기를 나타내는 것, 열매가 달린 것, 꽃이 핀 나무 등), 꽃, 덤불, 울타리, 채소와 과일, 마른 잎 등
광석	다양한 크기, 색깔, 형태의 광석
인간과 환경의 조화	인디언, 천막, 토템폴, 마법사와 마술방패, 마술지팡이 침대, 유모차, 화장실, 집 운동장, 학교, 병원, 감옥, 상점, 주유소, 교회, 해저, 산, 마을 등
교통수단	바닷속, 바다 위, 산길, 공중으로 움직이는 것, 응급과 구조를 위한 것, 아동과 성인의 것, 전쟁 시와 평화 시의 교통수단, 교통표지판, 신호등
잡동사니	각종 미술 재료, 물놀이 도구, 모래도구, 건설 장비, 불, 행성 상징물, 지형학적 상징물, 보물, 죽음과 관련된 물건, 천

물, 젖은 모래상자와 마른 모래상자, 축소된 모형들(등대, 집, 다리, 우물, 나무 등), 아기인형들과 퍼펫, 블록 등이 필요하다. 장난감뿐 아니라 미술 작업을 위한 미술재료와 탁자도 필요하다. 〈표 3-4〉는 모래놀이치료에서 사용하는 놀잇감을 제시하고 있다(김광웅, 유미숙 유재령, 2004).

4) 치료사 역할과 치료목표

(1) 치료사 역할

분석심리학적 놀이치료에서 치료사의 역할은 내담자의 개성화 과정을 활성화하도록 안전한 분위기를 만들어 주며, 그들의 개성화 과정을 함께해 주는 사람이다. 아동이 이러한 과정에서 보여 주는 놀이를 함께해 주고 촉진해야 한다. 즉, 아동에 대한 촉진자 및 상호작용자로서 적극적 역할을 하지만, 지도자로서의 역할은 하지 않는다.

분석심리학적 치료사 역시 정신분석 치료사와 마찬가지로 내담자가 표현한 상징적 의미에 대한 해석이 필요하다고 보지만, 내담자에게 언어적으로 반영해야 하는 것이 항상 필요한 것은 아니다(Kalff, 1980). 치료사는 상징적 의미의 해석을 통해 내담자에 대한 이해를 발전시켜야 한다.

치료사는 내담자와 신뢰 있는 치료적 동맹을 발전시키고 유지해야 하며, 이 안에서 내담자가 자아의 성숙을 촉진하는 자기의 상징적 표현을 격려하기 위해 상징적 의사소통을 할 수 있다.

대표적인 분석심리학적 치료인 모래놀이치료에서는 내담자에게 직접적인 해석이나 직면 없이 무조건적인 수용을 강조한다. 모래상자는 은유적으로 모성적 공간이며 재탄생을 위한 심리적 자궁이다(김보애, 2005). 놀이치료실은 내담자의 상징적 표현을 가능하게 하는 심리적 공간이다. 물리적 공간이 치유적인 심리적 공간이 되기 위해서는 내담자의 표현을 함께 보아 주고 들어 주며 공감적으로 같이 있어 주는 치료사의 역할이 매우 중요하다. 즉, 치료사가 내담자를 완전히 수용하는 치료적 상황에서 내담자의 개성화 과정이 가능해진다.

(2) 치료목표

분석심리학적 치료의 목표는 내재되어 있는 개성화 과정을 활성화하는 것이다.

개성화란 자기의 전체 인격을 실현하는 것을 의미하는데, 성격의 여러 체계가 완전히 분화되고 충분히 발달되기 위해서는 의식과 무의식이 상호 내적 교류를 원활히 해야 가능하다. 또한 의식과 무의식의 교류는 자아(ego)와 자기(self)의 연계가 견고하고 잘 유지되어야 하며, 자기의 상징적 표현을 통해 자아-자기의 의사소통을 원활히 하는 것이다. 자기가 성장하고 자아가 성숙하기 위해서는 상징적 표현이 가능해야 하며, 놀이치료가 이를 가능하게 해 줄 수 있다(MaCalla, 1994).

따라서 분석심리학적 놀이치료의 목표는 현실에서의 적응을 도울 수 있는 건강한 자아를 발달시키는 것이 목표이고, 이를 위해서 무의식의 자기와 만날 수 있는 자아와 자기의 연계를 돕고 유지되도록 하는 것이다.

5) 치료기법

여기에서는 분석심리학적 놀이치료의 대표적 접근인 모래놀이치료를 살펴본다. 모래놀이치료의 기법은 내담자에 대한 깊은 신뢰를 품는 것 자체로, 인본주의적 상담에서 내담자에 대한 신뢰를 갖는 것과 유사하다. 기법이 따로 있는 것은 아니지만, 편의상 치료적 분위기 형성하기, 상징적 표현의 의미 이해하기, 내담자와 온전히 함께 있기로 나누어 살펴본다.

(1) 치료적 분위기 형성하기

모래놀이치료의 시작은 치료사가 "모래상자놀이를 해 볼까요?"라고 내담자에게 건네는 말로부터 시작된다. 이때 치료사는 내담자가 치료사를 온전히 믿고 자신을 품어 줄 수 있는 따뜻하고 안전한 분위기를 경험할 수 있도록 해야 한다. 이러한 분위기에서 내담자는 자기 자신을 온전히 모래상자에 맡기고 자신의 무의식의 세계를 탐색하고 직면할 수 있게 된다. 따라서 모래놀이치료에서는 치료사의 태도 자체가 기법이라고 볼 수 있다. 따라서 모래놀이치료의 시작부터 작품이 만들어지는 과정에 치료사와 내담자는 함께하여야 한다.

먼저, 치료사는 모래놀이치료실에서 내담자가 편안하게 모래상자와 소품을 사용할 수 있도록 "모래와 소품들을 이용해서 무엇이든지 마음 내키는 대로 만들어 보세요."라고 말한다. 간혹 내담자가 치료사에게 함께 만들기를 권유하거나, 모래를 만지작거리며 이야기만 하려는 경우도 많다. 하지만 이러한 경우에도 작품을 만들기를 강요하거나 그러한 분위기를 만들어서는 안 된다. 모래상자를 만드는 것 자체가 목적이 아니라 내담자가 치유가 되는 것이 목적이기 때문에 내담자는 자유롭고 보호받는 분위기를 느껴야 하며, 치료사는 이러한 치료적 분위기를 형성하는 것을 무엇보다도 중요하게 생각해야 한다.

(2) 상징적 표현의 의미 이해하기

내담자가 준비가 되어 작품을 만들기 시작하여 상징적 표현이 나타나기 시작하면, 치료사는 전체의 흐름 속에서 표현의 의미를 생각해야 한다. 치료사가 내담자의 상징적 표현의 의미를 언어적으로 표현한다면 치료의 흐름을 방해할 수 있기 때문에 그저 내담자의 작품에서 오는 감동을 음미하는 것이다.

내담자의 상징적 표현에 대한 이해는 전문적 지식만으로 해결되지 않는다. 융이 "상징이라는 것은 언어로 완전히 표현하기 어려운 것"이라고 말했듯이, 치료사의 경험과 체험이 바탕이 되어야 하기 때문에 치료사는 자기분석 등 삶에 대한 이해가 바탕이 될 필요가 있다.

(3) 내담자와 온전히 함께 있기

치료사가 내담자와 함께 있다는 것은 물리적 공간을 의미하는 것이 아니다. 언어적으로 해석하지 않고 물리적인 공간에 함께 있다는 것만으로 치유의 흐름이 생기는 것은 아니다. 치료사는 연금술의 '용기'와 같은 존재가 되어야 하는데, 이는 물리적 공간에 자신의 일부를 녹여 넣어 심리적 공간, 즉 치유의 공간으로 재탄생시키는 것을 말한다.

6) 치료과정

분석심리학적 치료의 대표적인 접근인 모래놀이치료의 치료과정은 내담자에 따라 치료의 발달단계가 다르지만 다음의 단계를 거친다(Turner, 2005).

(1) 초기: 식물단계

치료 초기의 1, 2, 3단계에 해당하며 혼돈단계라고도 부른다. 이 시기는 초기 단계이므로 깊은 무의식적 차원을 표현하기보다는 의식 차원의 현실적인 문제들이 나타나게 된다. 의식의 세계를 탐색하고 여행하면서 세상을 재경험하고 이러한 과정을 통해 의식이 싹터서 원시세계로 들어갈 수 있게 된다. 특정 주제가 있는 상자가 만들어지기보다는 동물, 식물, 땅, 숲, 정글 등의 장면과, 한편으로는 많은 것이 가득 들어 있는 정신의 모든 면이 드러나는 듯한 혼란스러운 장면이 표현되기도 한다. 이는 내담자의 현재 생활의 측면이 표현되는 것이며, 지금 인생의 어느 시점에 있는지, 할 수 있는 것은 무엇인지를 보여 주는 것이다. 그러므로 치료사는 내담자가 표현하는 데 있어 안전함과 편안함을 느낄 수 있는 환경을 제공해 주어야 하며, 이를 통해 내담자는 힘을 얻어 이후 단계로 발전해서 나아가게 된다.

(2) 중기: 투쟁단계

초기 단계를 넘어서게 되면, 내담자는 파괴와 투쟁의 이미지를 모래상자에 표현한다. 이는 내담자의 자아가 무의식의 모성 에너지로부터 분리되어 남성적인 의식적 에너지와 동일시되어 남성성과 여성성, 빛과 어둠의 대극의 양극화가 확립되기 때문이다. 모래상자의 표현에서는 짐승들끼리 싸우고 로봇이 군인들을 소탕하는 등 전쟁과 투쟁의 장면들이 표현되며, 상자의 왼편과 오른편, 또는 사선을 그어 대립하는 투쟁의 장면들이 연출된다. 초반에는 양쪽 모두 전멸하는 등 파괴된 장면이 많이 연출되지만, 점차 전쟁이 격렬해지며 조직적이고 체계적으로 표현되는 등 균형을 이루어 나가는 모습으로 발전한다.

투쟁의 모습은 외적으로 발산하는 형태와 반대로 내재화하는 형태 모두 나타날 수 있다. 예를 들어, 내담자가 투쟁을 외적으로 발산할 때는 홍수, 불, 치열한 전쟁 장면 등 총소리, 폭발소리가 나며, 파괴적 놀이가 진행된다. 시간이 지나면서 건설적인 장면, 움직임이 많은 장면으로 전환되어 힘을 파괴가 아닌 건설적으로 발산하는 방식으로 발전한다.

한편, 내담자가 파괴적인 장면보다는 투쟁을 내재화하는 경우는 소품들을 통해 자신의 내부에 가두어 두었던 본능적 정체감을 자유롭게 표현하는데, 예를 들어 자기와 동일시되는 인형을 가두거나 악마들이 사는 장소나 낯선 여행자들이 등장하는 장면을 표현한다.

(3) 종결기: 집단적응단계

마지막 단계로, 이전의 충분한 투쟁을 거치면서 적응단계로 통합해 가는 해결의 단계이다. 내담자가 자신의 내면세계에 몰입을 한 경험으로 통합과정에 이르게 된 것이며, 이 단계에서 자아성취감을 느낄 수 있게 된다. 모래상자에 표현되었던 투쟁이 끝나고 표현되었던 원형적인 심상들이 사라지며, 집단의 적응을 위한 표현들, 즉 마을과 동네의 형상들이 나타나기도 한다. 생물체들은 적절한 거처를 찾게 되고, 농작물은 열매를 맺는 등 자연과 사람 간의 균형과 질서가 생기며 건설적인 모습들이 많이 나타난다. 이를 통해 여러 관계 속에서 이루어지는 삶과 지역사회와 자연의 연계성들이 이해되는 등 완전한 장면들이 구현되기 시작한다.

　한편, 자신의 성과 관련된 상징물들이 나타나기도 하는데, 여아들은 여성성의 상징인 자궁이나 젖가슴의 형태를 표현하고, 남아들은 남성적 상징물과 여성적 상징물이 함께 등장한다.

3. 아동중심 놀이치료

　아동중심 놀이치료는 칼 로저스의 인본주의에서 시작하여 발전한 접근법으로 임상현장에 가장 널리 적용되고 있는 접근법이다. 또한 심리치료뿐만 아니라 교육 현장에서도 학생을 지도하는 교사에게 매우 필요한 교육적 가치관으로 자리 잡고 있다. 인간의 잠재력과 자기실현의 경향성을 강하게 믿는 인본주의는 치료사와 내담자의 인간적인 진실한 만남이 치료의 열쇠라고 주장한다. 여기서는 아동중심 놀이치료의 발전과정과 놀이에 대한 인본주의적 관점, 놀이치료사의 역할과 놀이치료 기법을 소개한다.

1) 발전과정

　아동상담에서 가장 널리 활용되고 있는 아동중심 놀이치료는 인본주의로부터 발전하였다. 인본주의가 등장하던 시기는 정신분석과 행동주의가 주류를 이루던 시기였기 때문에 인본주의의 등장은 많은 비판을 받았지만 오히려 사회사업가, 전문상담가, 교육자들에게 환영받으면서 그 입지를 굳혀 나가게 되었다. 특히 로저스의 딸인 나탈리 로저스는 인본주의적 표현예술치료로 확장하였다(Carlson & Kjos, 2000).

처음에 로저스는 행동주의 학자인 존 왓슨 밑에서 임상심리학을 공부하게 되었고, 이후 실험실보다는 임상현장에서 직접 내담자를 만나기 위해 당대 주류였던 정신분석을 훈련받기도 했다. 그의 이러한 경험은 내담자를 분석하는 것보다 내담자의 흐름을 따라가는 것이 치료에 더 효과적이라는 생각을 갖게 한 계기가 되었다. 이후 로저스는 '지금-여기'를 강조하는 오토 랭크의 영향을 받아 내담자의 창조적인 힘을 강조하며, 치료사는 단지 내담자가 자신의 자기-창조의 힘에 접근할 수 있도록 돕는 것이라는 사상을 자신의 이론에 반영하였다(Sommers-Flanagan & Sommers-Flanagan, 2004).

인간중심 이론은 액슬린(Axline, 1947)에 의해 아동상담에 접목되어 비지시적 놀이치료로 탄생하게 되고, 랜드레스(Landreth)에 의해 더욱 발전하고 확장되었다. 아동중심 놀이치료는 로저스의 인본주의적 입장과 같이 오로지 아동의 관점에서 아동이 선천적으로 부여받은 내적 치유능력을 믿으며 아동이 자신을 치료적으로 이끄는 그 힘을 믿으며 따라가는 것이다. 치료사는 아동을 신뢰하며 자신을 찾아 가는 힘든 여정을 함께해 주는 동료일 뿐이다. 아동을 내담자 그 이상, 즉 '인간 그 자체'로 보며, 이러한 태도가 놀이치료의 전 과정에 영향을 준다. 현재 아동중심 놀이치료는 아동상담에서 가장 널리 적용되는 접근법이 되었다.

2) 기본 개념과 특징

(1) 인간관

인본주의적 접근인 아동중심 놀이치료가 바라보는 인간관은 결정론적인 정신분석적 인간관과는 달리 긍정적이며 휴머니즘적이다. 즉, 인간은 과거에 얽매이거나 강화를 통해 행동이 수정되는 수동적인 존재가 아닌 자신의 삶을 스스로 건설적으로 만들어 나가는 긍정적인 존재인 것이다.

인간은 누구나 자기 성장을 위한 자기실현 경향성(self-actualization tendency)을 선천적으로 갖고 태어나며, 자기 자신을 유지하고 발전 방향으로 변화하려는 욕구를 갖고 있다고 본다. 그렇기 때문에 인간에 대한 깊은 신뢰가 느껴지는 인본주의적 접근인 아동중심 놀이치료는 아동을 평가하고 이끄는 전문가로서의 태도보다는 아동에 대한 깊은 신뢰를 바탕으로 아동의 힘을 믿으며 따라가는 조력자로서의 치료사 역할을 강조한다.

(2) 주요 개념과 정신병리

인본주의적 접근인 아동중심 놀이치료에서는 최적의 성격발달을 자기실현 경향성이 발휘될 때라고 보았다. 자기실현 경향성이란 더 크고 성숙하려는 내적인 잠재력으로서, 로저스는 인간을 스스로 성장하려는 자기 경향성을 가진 존재라고 보았다(Rogers, 1980). 즉, 선천적으로 타고난 자기실현 경향성이 외적인 조건들에 의해 방해받지 않고 자신이 경험하는 것을 있는 그대로 받아들여 자신의 진정한 가치와 일치할 때 최적의 성격발달이 가능하다고 본다.

① 주요 개념
㉠ 자기

자기(self)는 유기체의 '나'라는 부분으로 인본주의적 접근인 아동중심 놀이치료의 가장 핵심적인 이론이다(Bankart, 1997). 자기는 의식적이고 무의식적인 부분을 모두 포함하며, 유기체가 타인과 상호작용하는 경험을 바탕으로 형성된다.

유기체가 경험하는 것과 일치하여 자기를 지각하게 되는 것이 가장 바람직한 상태로 자기실현 경향성의 방향으로 나아가게 되어 완전히 기능하는 사람이 된다. 반대로, 외적 압력으로 유기체가 경험하는 것을 있는 그대로 받아들이지 못하고 왜곡하여 자기를 지각하게 되면, 이는 불안을 일으켜 부적응을 초래하게 되어 자기실현 경향성의 방향으로 나아가지 못하게 된다.

자기개념은 또한 행동의 목표나 기준을 제시해 주는 역할을 하는 이상적 자기와 현실적 자기로 나뉘며, 자신이 되고자 하는 이상적 자기가 현실적 자기와 같은 방향에 있으며 그 차이가 적당할 때 자기실현 경향성이 발휘되어 성장할 수 있다.

인간은 성장하면서 주변의 평가를 받게 된다. 부모로부터의 평가로 시작해서 점차 교사, 친구 등 타인의 평가를 받게 되고, 이는 결국 한 인간이 경험하는 현상학적 장이 되어 자아의 형성에 영향을 주게 된다. 예를 들어, 동생에게 장난감을 뺏긴 아동을 보고 부모가 동생에게 양보했다고 칭찬을 하게 되면 아동은 장난감을 뺏긴 부정적 경험이 타인에게 바람직한 행동으로 보여지며 결국 자신의 경험을 왜곡하게 된다. 즉, 욕구를 포기하는 것을 '바람직한 행동'으로 인식하게 되는 것이다. 이러한 경험들은 결국 아동이 자신의 유기체의 경험에 대한 신뢰보다는 타인의 평가를 신뢰할 가능성을 더 높게 되고, 자기 자신에 대한 왜곡된 지각이 결국 불안을 일으키는 원인으로 작용하게 될 가능성을 가져온다.

ⓛ 현상학적 장과 주관적 경험

인본주의적 접근인 아동중심 놀이치료에서 가장 중요한 것은 외부의 객관적 세계가 아니라 아동이 경험하는 아동 내부의 주관적 세계이다. 즉, 아동이 지각하는 것은 모두 현실이며, 아동을 이해하기 위해서는 아동의 관점에서 아동을 이해해야 한다. 아동의 행동을 외적으로 평가·분석하는 것이 아니라 현상학적 관점으로 아동의 내적 준거 틀에 의해 이해해야 한다.

아동을 개인적이고 유기체적 경험에 좀 더 개방적이 되도록 돕는 것이 아동중심 놀이치료이며, 그렇기에 상담을 성공적으로 이끌기 위해서는 아동의 현상학적 장과 주관적 경험을 존중하고 이해야 한다.

ⓒ 자기실현 경향성

자연은 완전함을 향해 진화하고 성장하는 잠재력을 갖는다. 인본주의에서는 인간 역시 자연처럼 더 크고 성숙하려는 힘을 갖는다고 본다(Rogers, 1980). 이러한 개념은 어린 시절을 농장과 자연에서 보낸 로저스의 경험으로부터 나온 것이다 (Sommers-Flanagan & Sommers-Flanagan, 2004).

자기실현 경향성은 인간의 기본적인 행동 동기며, 개인이 현상학적인 주관적 경험을 왜곡 없이 있는 그대로 자기 개념에 받아들일 때 나타난다.

② 정신병리

인본주의적 접근인 아동중심 놀이치료에서 바라보는 정신병리, 즉 부적응 문제는 아동의 스스로 성장하고자 하는 자기실현 경향성이 외적인 환경에 의해 방해받을 때 나타난다고 본다. 즉, 외적인 환경들로부터 오는 압력들에 의해 아동이 자신의 유기체의 경험을 있는 그대로 받아들이지 못하게 되면 불안을 느끼게 되고, 이는 자기실현 경향성을 방해하게 되어 부적응 문제가 나타나는 것이다. 따라서 외적 환경의 조절을 통해 아동의 부적응 문제를 해결할 수 있다.

3) 인본주의와 놀이

(1) 놀이의 의미

아동중심 놀이치료이론에서 보는 놀이는 아동의 표현매체로 아동의 표현을 돕고 구체적 경험과 추상적 사고를 연결하는 기능을 하는 아동의 언어이다(Landreth, 1991). 아동은 놀이를 통해 즐거움, 재미, 희망이라는 긍정적 정서를 경험하며, 불안, 두려움, 공격성 등의 부정적 감정을 발산한다. 이러한 놀이 자체의 치유적 기능을 통해 아동은 자신의 경험과 정서를 표현하고 놀이치료사와 자신의 세계를 공유하게 된다.

즉, 놀이는 아동의 의사소통 수단임과 동시에 치료사와의 치료적 관계를 맺는 매개체일 뿐 아니라 그 자체로서 아동의 성장을 돕는 중요한 수단이 된다.

(2) 놀이치료실과 놀잇감

놀이치료실은 내담 아동에게 '나만을 위한 공간'이라는 메시지를 전달해 주는 심리적 공간이다. 치료사에 의해 온전히 수용되며 존중되는 안전하고 편안한 공간으로 아동 자신의 감정, 사고, 경험을 충분히 표현하고 검증해 보며 발전시킬 수 있는 장소여야 한다. 이를 위해 놀이치료실의 물리적 환경이 잘 구비되어야 한다.

놀잇감은 아동의 내면세계와 외부세계를 연결하고 소통을 촉진하는 도구로서, 아동의 놀이가 언어라면 놀잇감은 아동의 단어라고 볼 수 있다.

놀이치료실과 놀잇감의 구체적인 내용은 제4장에서 다루고 있다.

4) 치료사 역할과 치료목표

(1) 치료사 역할

인본주의적 접근인 아동중심 놀이치료에서는 아동에 대한 무한한 신뢰와 존중이 그 무엇보다도 우선되어야 한다. 이러한 점이 치료사의 전문적 역할보다는 아동과 함께하면서 아동의 자기 발전의 여정을 따라가는 조력자로서의 상담가 역할을 강조한다.

아동중심이라는 것은 '놀이치료실에 들어갈 때 입고, 나올 때 벗는 겉옷이 아니라 삶에 대한 태도와 행동에 대한 기본 철학'이어야 함을 강조한다(Landreth & Sweeny, 1997). 치료사가 내담 아동을 만날 때 아동이 가져오는 문제에 대해 자유롭기는 무척 힘들다. 그러나 치료사가 이러한 판단적 태도를 버리고 오롯이 아동을 인간 대 인간으로의 참 관계를 맺어야만 치료 관계를 맺을 수 있으며, 이때 아동은 치유의 방향으로 스스로 나아갈 수 있다고 본다. 즉, 치료의 성공과 실패는 치료사의 전문적 판단이나 평가, 기술이 아니라 아동과의 치료 관계를 잘 발달시키고 유지하냐에 달려 있다고 본다.

(2) 치료목표

인본주의적 접근인 아동중심 놀이치료에서는 구체적인 목표를 내담자가 스스로 결정한다. 내담자 자신만이 자신의 내적 치유체계를 바탕으로 스스로 문제를 해결하고 변화하는 책임이 있는 존재이기 때문이다. 사실 구체적이고 평가적인 의미를 내포하는 목표라는 개념은 아동중심 철학과 맞지 않는다. 이러한 이유로 아동중심 놀이치료의 목표는 아동이 스스로 자기실현을 향해 나가는 자기-지식 노력과 일치하므로 긍정적인 자기 개념을 개발하고, 자기 책임을 갖고 주도적으로 되며, 자기를 수용하고 신뢰하게 되는 것 등을 치료목표로 본다(Landreth, 2002).

5) 치료기법

'기법'이라는 용어 자체는 인본주의적 접근인 아동중심 놀이치료적 철학과 어울리지 않는다. 치료사가 인본주의에 대한 철학과 태도를 갖고 있다면 기법은 필요 없기 때문이다. 다시 말해, 인본주의적 태도 그 자체가 기법이므로 다음의 기법들은 훈련되어야 하는 것이 아니라 삶에 대한 가치관으로서 태도로 몸에 배어야 하는 것이다. 치료사가 가져야 하는 가장 기본적이며 중요한 태도는 진실성으로 치료사가 존재하는 방식이다. 치료사가 아동과 관계를 맺어 나가는 과정에서 거짓 없이 치료사 자신이 느끼고 표현하는 것이 그대로 아동과의 관계에서 일치해야 함을 의미한다. 또한 아동은 치료실에서 따뜻한 보살핌을 경험하고 자신의 경험이 온전히 수용되어야 하며 민감하게 이해받아야 한다. 이러한 경험 속에서 아동은 자신을 가치 있게 여기게 되며, 자신의 부정적 감정이나 사고 등을 안전하게 표현하고 진정한 자기를 만날 수 있게 된다.

아동중심 놀이치료의 기법은 내담 아동과의 치료 관계를 형성하기 위한 치료사의 태도와 내담 아동에 대한 치료사의 치료적 반응이다. 치료적 반응에 대해서는 제7장에서 구체적으로 다루고 있다.

6) 치료과정

(1) 사정과 평가

아동중심 놀이치료에서 아동의 문제를 파악하기 위해 여러 정보를 얻고 심리평가를 하는 등의 사정과 평가는 오히려 치료사의 아동중심적 태도를 유지하기 힘들게 하는 원인이 될 수 있다. 즉, 치료사가 아동을 만날 때 사정과 평가를 통해 얻어진 정보에 의존하여 아동을 판단하기 쉽기 때문이다. 따라서 치료사는 이러한 정보에서 자유로워야 하며, 아동에 대한 인본주의적 태도를 유지하도록 해야 한다. 아동에 대한 정보들은 아동의 성장에 대한 평가 또는 부모면담에서 사용될 수 있다 (Landreth, 2002).

아동중심 놀이치료에서 아동에 대한 사정과 평가는 아동의 발달력, 가족사 등에 대한 과거에 대한 정보와 함께 아동의 현재 발달수준, 현재 상호작용을 맺는 대상과 관계에 대한 정보를 수집한다. 또한 심리평가도 실시하여 아동을 보다 객관적으로 평가하고 아동에 대한 정확한 이해를 바탕으로 치료계획을 세운다.

정신분석과 다른 점은 아동의 '과거'보다는 '현재'에 관심을 둔다는 점이다. 아동의 과거에 대한 정보들로 인해 아동에 대한 개방적 태도가 영향받지 않으며, 아동의 현재를 파악하여 아동에게 최적의 놀이치료 환경을 만드는 것이 더 중요하다고 본다.

(2) 치료과정

아동중심 놀이치료의 과정은 초기 단계, 중기 단계 및 종결 단계로 나뉜다.

초기 단계에서 가장 중요한 것은 내담 아동과의 치료적 관계를 형성하는 것이며, 치료적 관계의 성공 여부는 '치료사가 얼마나 민감하게 아동과의 관계에 참여하는지'에 달려 있다(Landreth, 1994). 특히 첫 회기에는 낯선 경험에 대한 아동의 불안을 다루어 주기 위해 다소 구조화가 필요하다. 즉, 치료사, 놀이실, 놀이치료 시간 등에 대한 소개를 하되 아동의 발달수준과 감정 상태에 따라 적절하게 하는 것이 중요하다. 아동의 불안과 위축을 다루어 주며, 치료사의 수용적 태도를 통해 아동에게 수용받고 이해받는다는 느낌을 전달하여 아동이 놀이실에서 편안하게 자신을 표현할 수 있도록 해야 한다. 초기 단계에서 아동은 치료사에게 잘 보이고 싶어 하는 행동을 하는데, 이를 '허니문 시기'라고 한다. 이때 치료사가 이를 깨닫지 못하면 치료사 중심의 치료가 되기 쉬우므로 유의해야 한다. 어떤 아동은 지나친 방어로 놀이에 다가서지 못하고 탐색만 하거나, 게임 등으로 자신의 문제를 방어적으로 표현하기도 한다. 그러나 초기 단계 동안 치료사의 일관적이고 따뜻하며 수용적인 태도는 아동의 자발성을 촉진하여 점차 자신의 문제를 놀이를 통해 풀어 나갈 수 있도록 해 준다.

다음으로, 중기 단계는 놀이치료에서 가장 긴 기간이다. 아동은 초기의 안정적인 치료적 관계를 바탕으로 자신의 어려움을 놀이를 통해 풀어 나간다. 놀이를 통해 과거의 부적절한 경험을 재경험하는데, 이를 '교정적 경험(corrective experience)'이라고 한다(O'Connor, 1991). 이를 통해 아동은 과거의 문제를 현실에 맞게 새로운 경험으로 재창조한다. 이 시기 동안 한 가지 놀이 또는 주제가 반복되기도 하고, 문제가 해결되기도 하다가 다시 갈등으로 표출되기도 하는 등 아동의 놀이는 갈등과 해결의 반복을 보인다. 이러한 아동의 변화들을 치료사는 잘 반응하며 버텨 주어야 한다. 또한 더딘 변화로 불안해하는 부모를 잘 지지하고 놀이치료에 협조적이도록 이끌어야 한다.

종결 단계에서 아동은 안정을 찾고 보다 통합되고 확장된 현실적이고 기능적인 놀이를 한다. 일상에서의 변화도 증가하므로 놀이치료의 종결을 염두에 두어야 한다. 주호소 문제가 해결되었다 하더라도 아동이 종결을 받아들일 수 있도록 시간을 두고 종결을 맞아야 한다.

정리해 봅시다

이 장에서는 놀이치료의 가장 대표적인 이론적 접근에 대해 살펴보았다. 놀이치료의 시작이라고 볼 수 있는 정신분석적 접근, 심리예술치료로 확대된 분석심리적 접근, 마지막으로 임상현장에서 가장 널리 적용되고 있는 인본주의적 접근인 아동중심 놀이치료에 대해 알아보았다.

정신분석 놀이치료는 내담자의 문제는 과거 경험으로부터 축척된 무의식의 갈등이 그 원인이며, 놀이에서 이러한 갈등을 표출하고 의식화하는 과정을 중요하게 본다. 치료사는 내담자의 갈등을 정신분석적으로 해석하여야 하며, 이를 통해 내담자가 자기 통찰을 하게 되어 갈등이 해결된다는 원리이다.

한편, 분석심리학적 놀이치료는 내담자의 문제에 초점을 두지 않고 인간 전체에 초점을 두기 때문에 오히려 창조적 기능을 가진 무의식의 역할을 중요하게 본다. 따라서 치료사는 내담자가 갖고 있는 자기 치유의 원형을 활성화시키도록 치료사와 내담자의 치료적 동맹을 활성화해야 함을 강조한다. 그러기 위해서 치료사는 원숙하고 성숙한 인격을 갖고 있어야 하며, 이러한 치료사의 특성이 치료 상황에 녹아들어 안전하고 편안한 치료적 환경을 재탄생시킬 수 있다. 이러한 치료적 환경에서 내담자의 자기 치유로의 에너지가 흘러나오고 치유의 방향으로 흘러갈 수 있는 것이다.

마지막으로, 임상현장에서 가장 널리 적용되고 있는 아동중심 놀이치료는 내담자가 갖고 있는 잠재력과 자기실현 경향성에 대한 신뢰를 매우 중요하게 본다. 따라서 치료사는 그 어떤 기법이나 전문적 지식보다는 내담자와의 진정한 만남을 통한 치료적 관계의 중요성을 명심해야 한다. 치료사의 내담자에 대한 무조건적 존중과 신뢰가 내담자에게 전달될 때 내담자는 자기실현 경향성으로 나아갈 수 있다.

놀이치료에 대한 다양한 이론적 접근법이 존재하지만, 결국 치료사와 내담자를 바라보는 시각은 공통적이다. 즉, 치료사는 자기 분야에 대한 전문적 지식과 풍부한 임상경험을 기본적으로 갖추어야 하며, 무엇보다도 내담자에 대한 인간적 존중의 자세와 치료사 자신에 대한 자기이해가 중요하다.

✏️ 활동해 봅시다

1. 자신이 주로 사용하는 방어기제는 무엇일까요?
   다음의 사이트에 방문하여 정리해 봅시다.
   한국 가이던스 무료심리검사 방어기제 유형검사
   (http://www.guidance.co.kr/Intgr/freetest/free-screen.html?FCode=05)
2. 나만의 만다라를 색칠해 봅시다. 평화로운 음악 또는 조용한 상태로 잠시 눈을 감고, 만다라를 완성하는 동안에는 대화를 삼가고 온전히 만다라의 작업에 몰두해 봅시다.

만다라는 고대 인도의 언어인 산스크리트어로 만다(曼茶, manda)와 라(羅, la)로 나누어 설명될 수 있는데, '만다'는 중심 또는 본질을 의미하며, '라'는 소유와 성취를 의미한다. 즉, 만다라는 중심과 본질을 얻는 것으로 마음 속에 참됨을 갖고 있으며 본질을 원만히 하는 것으로 설명될 수 있다(김용환, 1998; 홍윤식, 1996).

조화롭고 균형 잡힌 만다라의 에너지로 인해, 만다라를 그리는 동안 자신도 모르게 마음이 원만해지며, 감정과 정신 상태가 균형을 이루고 내적 충만감을 체험할 수 있게 된다.

3. 평가와 판단 없이 내담자를 있는 그대로 보는 것은 매우 어려운 일이다. 내담자의 자기 치유능력을 신뢰할 수 있는지 생각해 봅시다. 또한 스스로 자신을 신뢰할 수 있는지, 타인의 평가와 시선으로부터 자유로울 수 있는지 이야기 나누어 봅시다.

참고문헌

곽영숙(2000). 놀이정신치료. 소아 · 정신의학, 11(2), 131-178.

김광웅, 유미숙, 유재령(2004). 놀이치료학. 서울: 학지사.

김보애(2005). 모래놀이치료의 이론과 실제. 서울: 학지사.

김용환(1998). 만다라. 서울: 열화당.

이부영(1998). 분석심리학-C. G. Jung의 인간심성론. 서울: 일조각.

유가효, 위영희, 문현주, 이희정, 김태은(2010). 놀이치료의 이해. 경기: 양서원.

진성태(1979). 놀이의 정신분석이론 소고. 정신의학보, 3(2), 291-293, 311-313.

홍윤식(1996). 만다라. 서울: 대원사.

Allan, J. (1988). *Inscapes of the child's world: Jungian counseling in schools and clinics.* Dallas, TX: Spring Publishing.

Allan, J., & Bertoia, J. (1992). *Written paths to healing: Education and Jungian child counseling.* Dallas, TX: Spring Publishing.

Axline, V. (1947). Nondirective play therapy for poor readers. *Journal of Consulting Psychology, 11,* 61-69.

Bankart, C. P. (1997). *Talking cures: A history of western and fastern psychotherapies.* Pacific Grove, CA: Brooks/Cole.

Carlson, J., & Kjos, D. (2000). Person centered therapy with Dr: [Videotaped]. Boston: Allyn & Bacon.

Elmhirst, S. I. (1988). The Kleinian setting for child analysis. *Psychoanalysis, 15,* 5-12.

Esman, A. H. (1975). The latencyperiod. In G. Wiedeman (Ed.), *Personality development and deviation* (pp. 123-234). New York: International Universities Press.

Esman, A. H. (1983). Psychoanalytic play therapy. In C. E. Schaefer, & K. J. O'Connor. (Eds.), *Handbook of play therapy.* NY: John Wiley and Sons.

Ekstein, R., & Caruth, E. (1996). Interpretation within the metaphor: further considerations In Ekstein R. (Ed.), *Children of time and space, of action and impulse* (pp. 158-166). NY: Appleton-Country-Crofts.

Freud, S. (1909). *The case of "Little Hans" and the "Rat Man."* London: Hogarth Press.

Hugh-Hellmuth, H. (1921). On the technique of Child-analysis. *International Journal of Psychoanalysis, 2,* 287-305.

Jung, C. G. (1959). *A study in the process of individuation.* In Collected Works. Vol 9, Part I. Princeton: Princeton University Press. (First German ed., 1950).

Kalff, D. M. (1966). *Sandspiel.* Rascher Verlag.

Kalff, D. M. (1980). *Sandplay*. Santa Monica, CA: Sigo.

Kalff, D. M. (1981). *Sandplay: A Psychotherapeutic approach to the psyche*. Boston, Massachusetts: Sigo Press.

Kalff, D. M. (1986). *Sandplay*, Boston, Massachusetts: Sigo Press.

Klein, M. (1932). *The psychoanalysis of children*. London: Hogarth Press.

Landreth, G. L. (1991). *Play therapy: The art of relationship*. Muncie, IN: Accelerated Development.

Landreth, G. L. (1994). *Play therapy: The art of relationship*. Bristol, PA: Accelerated Development.

Landreth, G. L. (2002). Play therapy: The art of relationship. New York: Routledge.

Landreth, G. L., & Sweeny, D. S. (1997). Child centered play therapy. In K. O'Connor & L. M. Braverman (Eds.), *Play therapy theory and practice: A comparative presentation* (pp. 17-45). New York: Wiley.

Lewis, M. (1974). Interpretation on child analysis: developmental considerations. *Journal of American Academic Child Psychiatry, 13*, 32-53.

MaCalla, C. (1994). A Comparison three play therapy theories: Psycho-analytical, Jungian, and Client-centered. *International Journal of Play Therapy, 3*(1), 1-10.

O'Connor, K. J. (1991). *The paly therapy primer: An integration of theories and techniques*. New York: Wiley an Sons.

O'Connor, K. J. (2001). *The paly therapy primer* (2nd ed.).New York: Wiley.

Ostow, M. (1987). Play and reality. *Psychoanalytic Study of Child, 42*, 193-203.

Ritvo, S. (1978). The psychoanalytic process. *Psychoanalytic Study of the Child, 22*, 295-305.

Rogers, C. (1980). *A way of being*. Boston: Houghton Mifflin.

Solnit, A. J. (1987). A psychoanalytic view of play. *Psychoanalytic Study of Child, 42*, 205-219.

Sommers-Flanagan, J., & Sommers-Flanagan, R. (2004). *Counseling and psychotherapy theories in context and practice: Skills, strategies, and techniqyes*. Hoboken, NJ: Wiley & Sons.

Sullwold, E. (1982). Treatment of children in analytic psychology. In M. Stein (Ed.), *Jungian analysis* (pp. 235-255). La Salle, IL: Open Count.

Turner, B. A. (2005). *The Handbook of Sandplay Therapy*. c/o Temenos Press.

Winnicott, D. W. (1971). *Playing and reality*. New York: Basic Books.

제4장

놀이치료 윤리

인간의 자연스러운 행위로서 놀이는 정서적 균형을 이루고 중요한 다른 사람들과의 관계를 잘 유지하기 위해 비단 아동기뿐 아니라 전생애주기를 통틀어 그 중요성이 강조되고 있다. 따라서 놀이치료사는 영유아와 아동·청소년, 성인과 노인을 대상으로 놀이의 치료적 힘을 적용하는 전생애 놀이치료의 새롭고 다양한 방법을 모색하고 있다. 이에 놀이치료사가 숙지하고 따라야 할 윤리적 원칙과 전문가 강령도 모든 연령대의 내담자를 아우르는 폭넓은 영역과 내용을 다룰 수 있도록 정비되어야 할 것이다. 그러나 아직은 전생애 놀이치료의 이론적 기반과 임상적 실무가 학문적 차원에서 체계적으로 갖추어지지 않은 상태이므로, 이 장에서는 상담과 심리치료 등 정신건강 일반을 다루는 전문가들의 윤리강령을 기초로 하되 주로 아동과 청소년을 대상으로 하는 놀이치료에서 특별히 더 유념하고 철저하게 훈련받아야 할 내용들을 중심으로 놀이치료 윤리에 대해 살펴보고자 한다.

1. 놀이치료에서의 윤리적 원칙

초기에 자신의 생각과 느낌을 말로는 제대로 잘 표현하지 못하는 어린 아동의 정신건강을 돌보기 위해 시작된 놀이치료는 이제 그 대상을 점점 넓혀 나가고 있으며, 많은 전문가가 가까운 미래에 놀이치료가 더이상 아동에게 국한되는 치료방식이 아니라 모든 연령의 내담자를 포함하게 될 것이라고 지적한다. 1982년에 만들어진 놀이치료협회(Association for Play Therapy: APT)에서는 놀이치료를 "내담자의 심리사회적 어려움을 방지하거나 해결하고, 그들의 최적의 성장과 발달을 달성하도록 돕기 위해 훈련된 놀이치료사가 놀이의 치료적 힘을 사용하는 데 있어서 이론적 모델을 체계적으로 활용하여 대인관계 과정을 확립하는 것"(Association for Play Therapy, 1997)이라고 정의하였다. 여기서 '최적의 성장과 발달' 또는 '치료적 힘을 사용'과 같은 말은 놀이치료라는 영역이 윤리적으로 매우 민감한 영역일 수밖에 없음을 보여 준다고 하겠다. 즉, 놀이치료가 제공되는 장면에서는 무엇이 최적의 성장과 발달인지, 그러한 목표를 달성하기 위해 어떠한 노력을 기울여야 하는지에 대한 철저한 성찰과 검증이 요구된다는 뜻이며, 어느 한쪽이 다른 한쪽을 대상으로 힘을 사용하는 관계에서는 항상 윤리적 이슈가 발생하기 마련이기 때문이다. 따라서 일찍이 미국에서는 전문가 조직들을 중심으로 1970년대부터 윤리강령을 연구하고 만드는 데 노력을 기울여 왔고, 놀이치료협회(APT)의 경우 2001년에, 그리고 우리나라에서는 한국놀이치료학회가 2006년에 놀이치료사를 위한 윤리강령을 제정하기에 이르렀다.

상담 및 심리치료에서 지켜져야 할 윤리적 이슈를 연구한 웰펠(Welfel, 2002)은 윤리적으로 행동한다는 것은 세상에 공언된 만큼 전문적 능력을 갖추고, 내담자의 복지를 최우선으로 고려하며, 치료사의 힘을 책임감 있게 사용하고, 스스로 전문직의 명예를 높이기 위해 행동하는 것이라고 하였다. 그러나 많은 연구자와 임상가가 윤리적 딜레마 상황에 처하게 될 때 이러한 윤리적 실천이 현장에서 결코 쉽지 않음을 알고 있다. 딜레마란 명확히 옳거나 틀린 답이 없이 원칙들이 서로 충돌하는 상황을 말하는데, 윤리적 결정을 내려야 할 때 사람은 자신의 개인적인 가치와 선입견에 따라 쉽게 영향을 받고, 종종 직관이나 정서적 요인에 의존하기도 한다(Welfel, 2012). 내담자들, 가족들, 심지어 전문성을 갖춘 놀이치료사들과 그들이 일하고 있는 기관이나 센터의 관리자들도 각자 자신의 견해에 따라 서로 다른 결정에 이를 수 있다. 모든 장면에서 발생하는 모든 윤리적 딜레마에 답을 줄 수 있는 안내서는 어디에도 존재하지 않는다. 따라서 발생 가능한 모든 상황을 일일이 명시한 고도로 구조화된 지침서보다는 객관적이고 간결한 몇 가지의 윤리적 원칙을 제시하는 편이 오히려 도움이 될 수도 있다.

키치너(Kitchener, 1984)는 상담자를 위한 윤리적 의사결정 모델을 최초로 제안한 연구자로 잘 알려져 있다(서영석, 최영희, 이소연, 2009). 그는 사적인 가치 판단과 직관만으로는 윤리적인 선택을 보증하는 데 충분하지 않으며, 사람마다 가치 판단이 다르다는 점을 강조하였다. 그러므로 그의 윤리적 의사결정 모델은 자율성, 무해성, 선의, 공정성, 충실성이라는 5가지의 원칙을 근간으로 하는데, 상담자는 이 5가지 원칙에 어긋나지 않도록 해야 하며, 한 가지 이상의 윤리적 원칙이 갈등을 일으킬 때는 믿을 수 있는 윤리적 결정에 도달하기 위해 철저하고 신중하게 대립되는 원칙을 따져 보고, 균형을 맞추고, 면밀히 조사하고, 골라내야 한다(Kitchener, 1984). 5가지 원칙이 말하는 윤리 개념은 다음과 같이 설명할 수 있다.

첫째, 자율성(autonomy)은 내담자가 스스로 선택하고, 자신의 이익을 위해 행동할 자유가 있는 개인적인 책임성을 가진 존재임을 나타내는 개념이다. 그런데 이와 똑같은 선택과 자유를 타인에게도 허용하는 것이 자율성의 또 다른 측면이라고 할 수 있다. 그러므로 아무리 내담자의 자율성에 기반하여 결정한 행위라 할지라도 타인에게 해가 되거나 법을 어기는 것이라면 자율성 원칙이 온전히 지켜진 것으로 보기 어려울 것이다.

둘째, 무해성(nonmaleficence)은 의도적이든 아니든 간에 내담자에게 '해를 끼치지 않음'에 관한 원칙이다. 의도적으로 끼치는 피해의 예로는 아동의 신체적 · 성적 학대 사실을 알아차리고도 보고하지 않는 것을 들 수 있다. 보다 모호한 유형의 피해 사례로는 치료사가 이론적으로나 실제적으로 숙달되지 않은 개입방법을 사용하고 그에 따라 아동의 정서적 안녕에 피해를 초래하는 것을 들 수 있다.

셋째, 선의(beneficence)는 누군가에게 해를 입히는 것을 피하는 것만이 아니라, 더 적극적으로 내담자의 건강과 안녕을 촉진하는 것을 의미한다. 놀이치료사가 놀이치료 연수과정이나 워크숍에 참석하고, 이론 서적을 읽거나 자신의 작업에 대한 지도감독을 지속적으로 받는 것은 선의의 원칙을 지키기 위한 것이라 하겠다. 또한 자살과 같이 비밀보장의 한계에 해당하는 이슈가 치료시간 중에 나왔다 하더라도 이를 무조건 부모나 관서에 알리는 것이 아니라 무엇이 이 내담자에게 가장 이익이 될지를 신중히 판단하여 가장 좋은 것을 선택할 수 있어야 한다.

넷째, 공정성(justice)은 넓은 의미로는 모든 사람을 공평하게 대하는 것, 내담자를 똑같이 편견 없이 대하는 것을 의미한다. 특정 내담자에게 상담비를 덜 받는다거나 치료시간을 연장하는 것과 같은 행위는 공정성에 위배되는 것으로 볼 수 있다.

다섯째, 충실성(fidelity)은 놀이치료사로서 우리가 무엇을 어떻게 할 것이라고 말한 것을 하고, 우리가 어떠한 치료사가 되겠다고 주장한 사람이 되고, 정직하고 믿을 수 있게 되는 것에 최선을 다해 충실해지는 것을 말한다. 충실성이 부족한 놀이치료사의 예로는 전형적으로 상담시간에 늦거나 혹은 자신이 다루기 버겁다고 느끼는 내담자를 더 적합한 상담자에게로 의뢰하지 않은 채 돌려보내는 경우를 들 수 있다. 또한 아동·청소년 내담자가 대부분인 놀이치료의 경우 일차 내담자(primary client)가 누구인지를 파악하는 것도 충실성의 원칙과 관련된다. 즉, 부모가 의뢰하여 비자발적으로 치료실에 온 경우라고 할지라도 아동·청소년 내담자가 일차 내담자이며 그들에게 신의를 지키는 것이 필요하다.

그러나 키치너의 원칙은 실제 상황에서는 칼로 무 베듯이 명확하게 적용되기 어려우며, 종종 두 개 이상의 원칙들 간에 갈등이 생기기도 한다. 임신한 여자 중학생 내담자가 임신 사실을 아무에게도 알리지 말아 달라고 부탁하면, 치료사는 보호자에게 이 사실을 숨겨야 하는가? 설상가상으로 임신한 아기를 지우고 싶으니 병원비와 병원 동행을 도와달라고 한다면 치료사는 거기에 응해야 할 것인가? 여기에는 내담자가 원하는 것을 지지해 주어야 할 자율성 원칙, 부모가 알게 되었을 때 내담자가 지게 될 부담과 어려움에 관련된 무해성 원칙, 무엇이 내담자의 문제해결에 가장 도움이 되는 좋은 방법일지를 전문가로서 고민해야 하는 선의의 원칙, 병원비 부담 등 경제적 지원에 대한 공정성 문제, 그리고 부담스러운 사례를 전문 기관에 넘기고 싶은 동기와 관련된 충실성의 이슈 등 수많은 선택지와 그에 따른 결과의 함수가 얽히게 된다. 사람은 복잡하고, 가치는 믿을 수 없거나 편향되어 있고, 결정이 항상 쉬운 것은 아니다.

그러므로 초보 놀이치료사가 윤리적 의사결정 모델이 어떻게 시행되는지 이해하고, 자신의 지도감독자에게 자문을 구할 필요가 있다는 것을 이해하는 것은 전문성 발달에서 중요한 부분이다. 정신건강 전문가들은 자신의 윤리적 준비성 및 적합성 수준을 평가하는 방법으로 〈표 4-1〉의 10가지 항목들을 제시하였다(Reynolds &

Sadler-Gerhardt, 2015). 체크리스트를 읽고 놀이치료사 각자의 현재 윤리적 준비도 상황을 점검할 수 있을 것이다.

〈표 4-1〉 놀이치료사 윤리적 준비도 체크리스트

번호	항목	점검
1	나는 윤리강령과 지침의 필요성을 이해한다.	
2	나는 내 직업에 관한 윤리강령과 지침을 읽었다.	
3	나는 급히 참고할 필요가 있는 경우에 쉽게 이용할 수 있는, 나의 직업의 임상 지침 그리고 윤리강령 및 강령의 최신 복사본을 가지고 있다.	
4	나는 윤리 문제에 관해 필요할 때 자문을 할 수 있는, 믿을 수 있는 동료가 있다.	
5	나는 직업(일)에서 하루에 최소한 한 가지 윤리적 쟁점을 인식할 수 있다.	
6	나의 임상 영역은 한계가 있고, 나는 내 일에 관한 지침을 따르고 있다.	
7	나의 전문가 조직에 속해 있고 이들의 연락체계 안에 포함되어 있으며, 적절한 연수교육을 통해 현재까지 자격을 유지하고 있다.	
8	나는 애매모호함에 대한 인내 수준이 높고 윤리적 딜레마의 복잡성을 인정한다.	
9	나는 자기 관리를 하고 나의 직업적 적합성을 평가해서 양질의 윤리적 결정을 하거나 결함이 있다면 도움을 구할 수 있다.	
10	나는 적어도 한 가지 윤리적 의사결정 모델을 사용하고 적용하는 방법을 알고 있다	

출처: Reynolds & Sadler-Gerhardt (2015). Ethical and legal considerations in counseling (pp. 193-220)의 내용을 표로 수정함.

2. 놀이치료 윤리의 특징

전생애 놀이치료에 대한 관심이 고조되고 그 효과성 또한 여러 임상 연구를 통해 축적되고 있으나, 여전히 놀이치료 내담자의 대부분은 영유아와 아동이다. 그렇기 때문에 놀이치료사의 윤리적 실천이 더욱 중요하다 할 수 있으며, 이는 다음과 같은 이유 때문이다. 첫째, 내담자가 아동 또는 미성년자이기 때문에 성인 내담자에 비해 비자발적인 상태에서 내방하게 된다. 둘째, 놀이치료의 전 과정에 내담자 외에 내담자의 부모나 법적 보호자가 긴밀히 관여한다. 셋째, 발달특성상 성인보다 의사결정의 능력이나 언어적 표현력이 부족하다(유재령, 2007). 이런 특징들로 인해 놀이치료사들은 내담 아동이 치료와 관련된 의사결정에서 소외되지 않으면서 그들의 부모가 적절히 참여할 수 있게 도와야 하고, 치료의 적합성과 효과성에 대해서도 책임감 있는 실천을 해야 하며, 특수한 훈련을 통해 놀이치료사로서의 능력을 갖추어야 한다. 이를 위해 성인상담자들과는 다른 특수한 교육훈련 배경이 필요하고, 교육훈련체계의 한 일부로서 윤리강령의 역할도 중요하다.

아동·청소년을 만나는 상담자는 기존의 성인 중심 강령을 그대로 적용하기보다는 이들의 발달적 특성을 고려하여 독립적인 윤리강령을 제정해야 한다(Jackson, 1998). 아동상담자를 위한 윤리강령은 내담 아동의 연령, 문제의 심각성, 상담의 동기와 자발성, 가족과의 관계 등을 고려하여 아동이 상담을 통해 이익을 얻고, 그들의 권리를 존중받고 보호받을 수 있는 방안을 제시해 줄 수 있어야 하기 때문이다. 이 과정에서 반드시 함께 고려되어야 하는 것이 있는데, 그것은 내담 아동의 부모나 가족이 치료과정에서 소외되지 않고 적합한 도움을 얻을 수 있는 방안들까지도 함께 안내해야 한다는 점이다. 내담자가 아동일 때, 치료적 관계 구조화를 어떤 방식으로 해야 하는지, 치료의 효과성은 어떤 경로로 입증해야 하는지, 아동을 만나는 상담자는 어떤 특수한 훈련이 더 필요한지, 그리고 비밀보장에서 내담 아동과 가족을 위해 어떤 범위의 사생활 보호가 필요한지 등과 관련된 기본적 방향과 표준적 행위들을 윤리강령을 통해 알 수 있다(유재령, 2007).

어린 아동과 청소년을 만나는 상담자의 윤리적 갈등 문제와 관련된 초기 연구에서 하아스 등(Haas, Malouf, & Mayerson, 1986)과 포프 등(Pope, Tabachnick, & Keith-Spiegel, 1987)은 성인이 아닌 미성년 내담자에 대한 상담 및 심리치료에서 상담자들은 윤리적 딜레마를 매우 흔하게 겪는 것으로 나타났으며, 그중에서도 내담자의 권리와 관련된 윤리적 영역에서 많은 어려움을 경험한다고 밝혔다. 마찬가지로 윤리강령 역시 아동·청소년을 대상으로 하는 상담 및 심리치료에서는 달라져야 한다고 주장한 만하임 등(Mannheim et al., 2002)은 성인 상담에 대해 고안된 윤리적 기준을 미성년자 상담에 그대로 적용하는 것은 발달적 관점에서 적합하지 않다고 지적하였다. 지그몬드와 부어헴(Zygmond & Boorhem, 1989)도 아동을 대상으로 하는 상담과 놀이치료의 경우 내담자인 아동뿐 아니라 보호자를 비롯한 그 가족 구성원과의 관계도 중요하기 때문에 내담자 1인을 중심으로 만들어진 표준적인 윤리강령만으로는 부족하다고 역설하였다. 잭슨(Jackson, 1998)은 상담 분야에서 가장 권위 있다고 평가받는 미국심리학회(American Psychological Association: APA)의 윤리강령을 놀이치료 및 아동상담에 적용해 보는 연구를 통해 아동의 법적 지위가 미성년자이고 치료에 동의할 능력이 낮기 때문에 아동상담자는 윤리적 신념과 윤리적 실천 간의 일관성을 더욱 잘 고수해야 한다고 결론내렸다. 요컨대, 아동·청소년을 주요 대상으로 하는 놀이치료에서는 기존의 성인 내담자 중심, 언어적 상담 방식 중심의 윤리적 기준을 그대로 사용하기보다는 놀이치료 내담자의 발달적 특징과 놀이치료라는 특수한 방식의 치료 양식에 따라 윤리적 표준을 조정하는 것이 필요하다.

3. 놀이치료 윤리의 주요 영역

놀이치료사를 위한 윤리적 원칙과 윤리강령은 기존의 성인 중심, 언어적 상담 중심 심리치료의 윤리강령을 기초로 하되 아동의 발달특성상 발생할 수 있는 독특한 윤리적 영역들을 충분히 숙고해서 제정되어야 한다. 아동 대상 상담과 놀이치료의 윤리적 문제를 깊이 있게 연구해 온 유재령(2006, 2007)은 선행연구 고찰을 통해 외국의 경우 치료적 관계 구조화, 구체적 정보에 근거한 자발적 동의, 치료의 적합성과 효과성, 상담자의 능력, 비밀보장 및 사생활 보호를 비롯해 내담자와의 이중관계 및 성적 관계, 부당 보험청구 행위 및 내담자와의 재정적 문제, 그리고 부적절한 매체 광고 등이 중요한 윤리적 영역으로 다루어져 왔다고 하였다. 그에 비해 국내 선행연구(유재령, 김광웅, 2006a, 2006b; 유재령, 2006)에서 다루었던 놀이치료사의 윤리적 영역들은 치료적 관계 구조화 및 구체적 정보에 근거한 자발적 동의, 치료의 적합성과 효과성, 상담자의 능력, 그리고 비밀보장 및 사생활 보호 등 4가지로 함축되었다.

이 절에서는 국내 선행연구(유재령, 2007)에서 놀이치료사의 주요 윤리적 영역이라고 밝혀진 '치료적 관계 구조화 및 구체적 정보에 근거한 자발적 동의' '비밀보장' '치료의 적합성과 효과성' 그리고 '상담자의 능력' 등 4가지 윤리적 영역 중 '상담자의 능력'은 결국 치료의 효과를 증진하기 위해 상담자가 노력해야 하는 것과 관련되므로 '치료의 적합성과 효과성' 영역에 포함시켜 모두 3가지 영역을 다루고자 한다. 그 외에 외국 선행연구에서 중요하게 다루어져 온 윤리적 영역 중에서 자발성과 자기결정 능력이 다소 부족한 미성년자를 대상으로 할 때 더욱 민감하게 대처해

야 할 영역으로서 '이중관계' 및 '성적/비성적 친밀감' 등 2가지 영역을 포함하고자
한다. 마지막으로 최근 들어 상담자 윤리에서 그 중요성이 점점 부각되고 있는 개
인정보보호 이슈와 관련한 '치료 기록' 그리고 자칫 윤리적 고려에서 놓치기 쉬운
'놀이치료사의 소진 관리' 영역 등 2가지를 포함하여 총 7가지 영역을 선정하였으
며, 국내에서 놀이치료 관련 학회 중 치료사 윤리강령을 최초로 제정 공표한 한국
놀이치료학회의 윤리강령을 중심으로 살펴보고자 한다.

1) 치료관계의 구조화 및 자발적 동의

한국놀이치료학회 윤리강령에서는 상담자가 내담자에게 치료에 관한 충분한 정
보를 이해가 가능하고 타당성 있는 방식으로 설명한 후 내담자의 자발적 동의를 구
해야 한다고 밝히고 있다. 먼저, '치료관계의 구조화' 영역에는 아동이 이해할 수 있
는 방식으로 놀이치료에 대한 정보를 제공하고, 아동에게 도움을 줄 수 있는 적합
한 치료계획을 수립하여 아동과 부모에게 설명하며 아동의 보호자와 중요한 성인
들이 치료과정에 참여하고 협조하도록 하는 데 의의를 둔다. 이와 관련하여 놀이치
료협회(APT)의 실무지침(2001)에는 '치료적 관계' 부분(Section A)에서 "치료사는 내
담자가 아동인 점을 인식하고 존중한다. 그래서 아동과 중요한 성인들에게 아동이
이해할 수 있는 연령에 적합한 언어를 사용하여 수행될 치료의 목적, 목표, 기법,
절차, 잠재적 위험요인과 장점들을 알려줘야 한다."고 명시하고 있다.

구체적 정보에 근거한 '자발적 동의'는 내담 아동 및 부모의 자발적 동의를 구하
는 내용들이다. 특히 동의를 구하는 과정에서 내담자가 자발적 동의를 할 수 없는
경우라 하더라도 치료사는 내담자의 최상의 이익을 위해 행동해야 한다는 점이 중
요하다. 잭슨 등(Jackson, Puddy, & Lazicki-Puddy, 2001)은 미국심리학회(APA)의 윤
리강령 중에서 "① 제안된 치료개입에 관해 자발적 동의를 할 수 있는 법적 능력이
부족한 내담자들에게는 그들의 심리적 능력에 상응하는 방식으로 정보를 제공해
준다. ② 그런 치료개입에 대한 그들의 동의를 구한다. ③ 내담자의 선호도와 최상
의 이익을 고려한다."(APA, 1992)라고 명시된 부분에 주목하였다. 이 영역은 치료적
관계를 형성함에 있어 내담 아동과 부모의 의사결정권을 존중하는 것이 핵심이다.
즉, 내담자가 치료개입 방식의 특징, 치료계획 등에 대한 매우 구체적인 정보를 얻
은 후 치료를 시작해도 될 것인지에 대한 의사결정을 할 권리를 가지고 있음을 보

여 주는 것이다. 이 영역과 관련하여 한국놀이치료학회 윤리강령에 나타난 내용을
간추려 보면 다음과 같다.

01-I-2-(1) 상담에 대한 정보제공

놀이치료사는 자신의 신념체계, 가치, 제한점 등이 상담에 미칠 영향력을 자각하고, 내담
자에게 상담의 목표, 기법, 상담의 이점, 한계점, 위험성, 상담자의 강점과 제한점, 심리평가
와 보고서의 목적과 용도, 상담비용 및 지불방법 등을 명확히 알려야 한다.

02-I-1-(3) 치료 계획

놀이치료사는 발달적으로 적합한 치료계획을 아동과 부모/법적 보호자에게 이해할 수
있는 방식으로 설명한다. 치료목표들의 범위 내에서 아동의 성장능력, 효과 및 아동에 대한
지속적 지지와 성인의 참여를 확인하기 위해 치료계획을 정기적으로 검토해야 한다.

02-I-3-(1) 공개할 내용들

놀이치료사는 내담자가 아동인 점을 인식하고 존중한다. 아동 및 연관된 중요한 성인 각
각에게 이해 가능한 언어로 치료 서비스의 목적, 목표, 기법, 절차의 한계점, 잠재적 위험요
인과 장점들을 알려 줘야 한다. 놀이치료사는 아동 및 중요한 성인들이 진단의 의미, 심리
검사와 보고서의 목적, 비용과 납부 방식을 이해하도록 돕는다. 내담 아동은 비밀보장의 권
리 및 한계(꼭 필요한 성인들, 수퍼바이저, 치료팀에게 치료 내용을 공개하는 것을 포함하
는)에 대한 설명을 들을 권리, 사례기록에 대한 분명한 정보를 얻을 권리 및 발달 수준에 적
합한 치료계획 진행에 참여할 권리를 갖는다.

02-I-3-(2) 선택의 자유

미성년자인 아동은 치료를 받을 것인지, 누구에게 받을지 선택할 자유를 항상 가질 수는
없다. 그러므로 놀이치료사는 놀이치료를 설명하고 치료를 시작할지, 어떤 전문가가 아동
에게 최상의 도움을 제공할 수 있을지 판단할 수 있도록 법적 보호자에게 조언한다. 내담아
동의 선택에 수반된 제한점들을 충분히 설명해야 한다.

02-I-3-(3) 동의할 수 있는 능력 부족

놀이치료사는 구체적인 정보에 근거한 자발적인 동의를 할 수 없는 미성년 아동이나 다
른 내담자들과 작업하는 데 있어서 내담자의 최상의 이익을 위해 행동해야 한다.

자발적 동의는 너무 어려서 스스로 동의할 능력이 부족한 내담자를 위해 더욱 민 감한 영역이다. 더불어 놀이치료에서의 동의라고 함은 내담 아동은 물론 그 부모가 모두 동의해야 하는 점 때문에 더 복잡해질 수 있다. 하지만 가장 중요한 것은 아동 의 의사결정권을 존중하면서 부모가 놀이치료과정에 협력하도록 돕는 것이다.

아동상담자들을 대상으로 윤리적 딜레마 경험을 연구한 유재령과 김광웅(2005)은 이 범주에서 두드러지게 높은 빈도를 보인 딜레마 상황을 다음의 2가지로 요약하였 다. 첫째, 아동은 치료에 동의했는데 모가 거부하거나 모의 상담 동기가 낮은 경우, 둘째, 아동이 치료를 거부하고 모만 동의한 경우이다. 이 연구에서 나타난 아동상담 자의 대처 방식을 살펴보면, 우선 부모가 동의하지 않는 경우에 상담자들은 상담에 대한 충분한 정보를 제공하여 부모가 상담 동기를 갖도록 하는 데 주력하였고, 아동 이 거부하는 상황에서는 아동의 거부 이유를 충분히 들어주고 일정 기간 상담을 한 두 번이라도 경험해 본 후 다시 결정할 기회를 주는 방식으로 대처하고 있었다.

치료적 관계를 구조화하고 내담 아동 및 부모의 자발적 동의를 구하는 과정에서 가장 중요한 것은 부모에게 전달되는 것과 동일한 정보가 아동에게도 전달되어야 한다는 점이다(Jackson, 1998). 즉, 내담자가 어리다고 해서 정보를 누락하거나 축 소하지 않은 채 아동의 발달수준에서 이해할 수 있는 방식으로 정보를 전달해 주어 야 하며, 이는 아동과의 라포 형성과 치료의 진전 및 그 속도에 긍정적인 영향을 미 칠 수 있다. 웰펠(2002)은 여기서 한 가지 주의할 점을 지적하였는데, 내담자가 자 유로운 선택을 하도록 했을 때 내담자들은 종종 최상의 선택이 아닌 선택을 하기 도 한다는 것이다. 아동은 놀이치료에 대한 설명을 듣고도 그저 낯설다는 이유로 놀이치료를 거부할 수도 있고, 부모의 욕구에 순응하여 묵묵히 따를 수도 있다. 이 때 상담자는 해당 내용에 대해 내담자와 의논하고 그런 선택으로 인해 생길 수 있 는 부정적 영향들을 내담자가 알 수 있게 도와야 한다. 이와 더불어 코리 등(Corey, Corey, & Callanan, 2007)은 치료사가 내담자에게 치료나 상담 프로그램에 협조하도 록 은근히 강요하지 않아야 한다고 강조한다.

놀이치료에 대한 구조화와 이에 대한 자발적 동의 과정이 마무리되었다면 이에 대해서는 서면으로 작성할 것을 권한다. 서면동의에는 치료사와 내담자의 성명, 동 의한 날짜, 치료 종결에 대한 내담자의 권리와 관련된 내용, 치료 내용, 비밀보장 이슈와 한계, 내담자가 해당 내용을 이해하고 있다는 문구, 그리고 내담자의 서명 등이 포함되어야 한다. 내담자에게 추가로 제공되어야 하는 정보들은 치료사의 이론적 배경, 상담 기록, 비용 등이 포함될 수 있다. 동의서는 치료 시작 시기에 내담자의 서명을 받아야 하며, 치료과정 동안 내담자와 치료사 모두를 보호하게 된다.

2) 비밀보장

놀이치료에서 가장 신성하고 유익한 도구 중의 하나가 비밀보장이다. 비밀보장은 치료관계에 있어서 라포를 형성하고 신뢰를 구축하는 데 사용되는 가장 기초적인 윤리지침이다. 그럼에도 불구하고 비밀보장의 위반은 자격위원회에 고발되거나 징계 처분을 받게 되는 가장 빈번한 문제 유형이기도 하다. 아동상담자들을 대상으로 한 유재령과 김광웅(2006)의 연구, 그리고 청소년상담자들을 대상으로 한 박한샘과 공윤정(2011)의 연구에서 상담자들이 가장 많이 경험하는 윤리적 갈등 영역이 바로 비밀보장이었다. 아동상담자들의 경우 아동이 모에게 말하지 말라고 부탁한 내용을 상담자가 모에게 말하게 되는 상황, 아동이 성적 문제, 위험행동 등에 연루되거나 보호가 필요한 상황, 상담과 관련 없는 직원이 갑자기 관찰하러 들어오거나 아동의 치료기록을 보거나 상담실 사례회의에 다양한 부서 직원이 참여하는 상황, 아동의 모가 관찰 또는 녹화 테이프 등을 빌려서 보겠다고 하거나 회기의 내용을 지나치게 자세히 알고 싶어 하는 상황 등이 가장 높은 빈도를 나타냈다(유재령, 김광웅, 2006). 한편, 청소년상담자들은 보호자가 자녀의 상담 내용에 대한 정보를 요청할 때 그리고 이와 더불어 의뢰기관의 상담 정보 공유 요청이 있을 때 어느 수준만큼 정보를 공개할 것인지, 공개하는 것이 내담자의 권익에 유익한 일인지에 대한 고민을 가장 많이 하는 것으로 밝혀졌다(박한샘, 공윤정, 2011). 미국상담자협회(American Counselling Association: ACA, 1995)에서는 "상담자는 내담자의 사생활권을 존중하고 비밀정보가 불법적이고 부당하게 노출되는 것을 피해야 한다."고 규정하고 있다. 한국놀이치료학회 놀이치료사 윤리강령에서도 사생활에 대한 권리 부분을 비중 있게 다루고 있다. 내용을 간추려 보면 다음과 같다.

03-I-1-(1)
놀이치료사는 사생활에 대한 아동의 권리를 존중한다. 놀이치료사의 관심은 오로지 내담아동의 최상의 이익에 두고 내담아동의 치료에 불리하게 영향을 미칠 수 있는 비밀보장 정보의 불법적이고 부당한 공개는 삼간다.

03-I-1-(2)

놀이치료사는 고용인, 수퍼바이저, 사무 보조원, 그리고 자원봉사자들을 포함한 직원들에게도 내담 아동과 부모의 사생활과 비밀이 보호되도록 주지시켜야 한다.

03-I-1-(3)

놀이치료사는 공개적인 사례발표 등을 통해 알게 된 다른 상담사의 상담 정보에 대해서도 비밀을 보장할 의무가 있다.

03-I-2-(1)

서면보고, 구두보고, 자문 등 비밀보장 정보의 공개가 필요한 상황이 발생했을 때, 의사소통 목적과 관련된 필요한 정보만을 공개한다.

03-I-3 비밀보장의 예외

놀이치료사는 아동의 안전에 의심이 가는 경우, 또는 법원이 비밀을 보장해야 할 정보를 공개하라고 요구할 때, 아동의 법적 보호자로부터의 허락 없이 정보를 제공할 수 있다.

비밀보장은 치료에서 매우 개인적이고 깊은 관계가 비밀로 지켜질 것이라는 기대에 기초한다. 비밀보장에 대한 기대는 내담자로 하여금 충분한 자기 노출과 치료적 작업을 가능하게 하는 신뢰를 키우는 데 반드시 필요하다. 그러나 때때로 부모와 보호자는 아동놀이치료과정과 관련된 구체적인 정보와 피드백을 제공해 줄 것을 놀이치료사에게 요구한다. 그러므로 치료 시작 시점에 부모뿐만 아니라 아동·청소년 내담자가 함께 정보 노출과 관련된 논의를 해야 한다. 이때 치료사는 비밀이 부모에게 잠재적으로 노출될 수 있다는 점을 아동에게 알리고 그럴 경우 가급적 내담자의 자발적인 동의를 구해야 한다. 이와 관련하여 하트셀(Hartsell, 1997)은 아동이 치료사와 나눈 비밀 이야기가 안전하게 보호될 거라고 여기면 치료가 더 성공적으로 끝날 수 있을 것이라는 점을 부모에게 이해시켜야 한다고 지적했다.

청소년과 관련하여서는 비밀보장에 대한 지침이 아동의 경우에 비해 다소 애매모호하고 불일치한 상태이다. 치료사에 따라서, 그리고 법적으로 문제가 되었을 때 판사에 따라서 청소년의 사생활권을 성인 수준으로 인정하는 경우가 있기 때문이다. 청소년은 아동에 비해 비밀보장에 대해 더 깊이 이해하고 중요시하며, 비밀을 지키기 위해 더 많은 노력을 한다. 또한 남자친구, 여자친구, 성문제 등에 관해 부모가 알게 될까 봐 걱정도 많이 한다. 그들은 비밀보장이 충실히 지켜질 것이라는 믿음과 치료사에 대한 신뢰가 없다면 치료에 저항하고 비협조적일 수 있다. 청소년상담사 윤리강령에는 내담자의 생명이나 사회의 안전을 위협하는 경우 비밀을 공개할 수 있도록 명시되어 있으나, 성폭력이나 학교폭력, 학대 또는 임신 사실과 같이 내담자의 안전을 위협하는 사안이 발생한 경우라 해도 대부분의 청소년상담자는 상담내용이 공개되었을 때 내담자에게 미칠 부정적인 영향력을 판단하여 내담자 요구대로 비밀을 유지시켜 주는 경우도 많은 것으로 조사되었다(박한샘, 공윤정, 2011).

아주 어린 아동이라 할지라도 놀이치료가 안전하고 비밀이 보장되는 시간임을 알려야 한다. 놀이치료 시간은 특별하고 비밀스러운 시간이며, 부모에게 알려지지 않음으로써 아동이 불안이나 죄책감을 느끼지 않아도 된다는 확신이 들도록 비밀보장에 대해 잘 전달해 주어야 한다. 특히 정서적 착취를 당했거나 성적으로 학대받았던 경험이 있는 아동에게는 더욱 민감한 부분이다. 랜드레스(Landreth, 2012)는 아동에게 비밀보장에 대해 알려 주고자 할 때, "이 시간은 특별한 시간이야. 네가 하는 말이나 행동은 다 우리 둘만의 비밀이란다. 부모님이나 선생님 또는 그 누구에게도 말하지 않아도 돼. 그러나 네가 여기서 있었던 것을 그 사람들에게 알려주고 싶으면 그렇게 해도 돼. 네가 결정할 수 있어."라고 말할 것을 권했다(유미숙, 2015). 같은 맥락에서 아동이 치료시간에 그린 그림이나 작품들도 놀이치료실에 남들이 보도록 전시해서는 안 된다. 그것은 아동의 내밀한 사생활을 남들에게 드러내는 것이나 다름없기 때문이다. 물론 아동이 그것을 다른 사람에게 보여 주고 싶어 하고 그렇게 하기로 결정한다면 보여 줄 수 있다. 한 아동이 만든 작품을 치료실 어딘가에 전시하는 것은 그 치료실을 사용하는 다른 아동에게 영향을 줄 수 있다. 즉, 벽에 붙여진 그림을 보고 자신도 그렇게 해야 할 것이라고 추측하게 만들거나 혹은 경쟁심을 느끼는 아동도 있다(유미숙, 2015).

그러나 여기서 한 가지 주의할 지점이 있다면, 부모가 자녀의 치료실 상황에 대해 궁금해하고 알고 싶어 하는 마음을 놀이치료사가 온전히 이해하고 공감하는 것이 필요하다는 점이다. 치료실에서 자녀에게 무슨 일이 있었는지 묻는 부모에게 입을 꾹 다물어 버림으로써 부모가 불쾌한 감정을 느끼거나 화를 내게 되는 일은 바람직하지 않다. 왜냐하면 결국 법적으로 자녀를 책임지는 것은 치료사가 아닌 부모이며, 부모에게는 자녀가 치료실에서 어떤 도움을 받고 있는지 알고자 하는 순수하고 진정성 있는 동기가 있기 때문이다. 따라서 부모의 알 권리와 자녀의 사생활 보장의 권리가 부딪히는 상황에 놓이게 될 때 치료사는 부모가 이 정보를 어떻게 받아들이고 어떻게 이용할지 신중히 판단할 수 있어야 한다. 그와 더불어 부모에게 정보가 공개된 것에 대해 자녀가 받게 될 상처나 정보 공개로 인해 직접적으로 발생할지도 모를 물리적 안전에 대해서도 꼼꼼히 따져 보아야 한다.

3) 이중관계

이중관계는 치료사가 내담자와 2개 이상의 서로 다른 관계에 개입될 때 일어나게 된다. 특히 어느 한쪽이 다른 한쪽에 비해 동등하지 못한 지위를 갖게 되면 치료관계가 왜곡되고 훼손되며 치료사가 일관성, 중립성, 객관성 및 신뢰성을 유지하는 능력에 해를 끼친다. 놀이치료의 대상이 청소년인 경우 아동 내담자에 비해 위기상담이 많고 이로 인하여 치료사는 응급 시 연락할 개인적 연락처를 노출하거나 치료시간 외에도 청소년 내담자를 만날 수 있는 상황에 처하기도 한다. 이런 경우 치료사 역할 외에 양육적인 역할도 수행함으로써 상담자-내담자 관계의 경계를 설정하는 데 갈등을 경험할 수도 있다. 이 영역과 관련하여 한국놀이치료학회 윤리강령에서는 다음과 같은 내용을 명시하고 있다.

> **02-I-6-(1) 고려할 점**
> 놀이치료사는 개인적 · 사회적 · 조직적 · 정치적 · 종교적 관계를 통해 전문적 판단을 손상시킬 수 있고, 내담자에게 해를 끼칠 수 있는 내담 아동 및 그와 연관된 중요한 성인들과의 이중적 관계에 대해 경계한다. 놀이치료사는 피할 수 없는 이중관계에 처했을 때는 구체적 정보에 근거한 동의(기록), 자문, 수퍼비전 및 정확한 기록 보관을 통해서 전문적 예방책을 마련한다.
>
> **02-I-6-(2) 상위/하위의 관계**
> 놀이치료사는 경영상의 관계, 수퍼비전 관계, 평가하는 관계에 있는 선배 또는 후배, 상사 또는 부하 직원의 자녀들의 경우 가능하면 내담 아동으로 받아들이지 않는다.

치료사는 치료사와 내담자 간 관계의 특성상 힘의 차이가 존재한다는 것을 항상 인식하고 있어야 한다. 왜냐하면 보통 내담자는 완전히 무력해진 상태에서 치료사를 찾기 때문이다. 놀이치료실을 찾는 아동과 보호자들은 문제를 해결하기 위해 가능한 모든 시도를 해 보았고 해당 놀이치료실을 방문했을 때는 그 치료사를 마지막 희망으로 여길 수 있다. 이러한 이유로 내담자는 동등하지 못하고 매우 취약한 위치에 놓이게 되는 것이다.

놀이치료사는 자신의 내담자와 관련된 비밀과 사적인 정보를 가지고 있다는 점 또한 잘 인식하고 있어야 한다. 치료사-내담자 관계가 아닌 다른 일반적인 관계에서는 두 사람 간에 뭔가 잘못됐다고 여겨지면 갈등을 해결하는 방법으로 법적인 대응을 하게 되는데, 이와는 달리 내담자가 치료사와의 어려운 관계를 해결해 보려고 시도할 때에는 치료사에게 털어놓은 수많은 정보가 노출될 위험을 감수해야만 한다. 내담자들은 종종 이러한 폭로 가능성 때문에 무기력해진다.

미국상담자협회(ACA, 1995) 윤리강령 및 활동지침에는 "치료사는 내담자와 어떤 종류의 성적인 친밀감을 가져서도 안 되며, 성적인 관계를 맺었던 사람과 상담을 해서는 안 된다."고 명시하고 있다. 그러나 성적 관계 외의 비성적인 이중관계에 대해서는 용어나 기술 방식에 있어 구체성이 부족하고 직접적이지 않음을 발견할 수 있다. ACA(1995) 규정에 따르면, 상담자는 내담자를 존중하는 자세를 가지고, 내담자에게 자신이 매우 영향력이 있는 위치에 있다는 것을 인식하며, 내담자의 신뢰나 의존을 이용하는 것을 피해야 한다. 그러므로 상담자는 전문적인 판단이 손상되거나 내담자에게 해를 끼칠 위험을 증가시킬 수 있는 이중관계를 피할 수 있는 모든 노력을 해야 하며, 이중관계를 피할 수 없는 상황일 때에는 전문적 판단이 손상되지 않고 잘못된 이용을 하지 않도록 확인할 수 있는 동의, 자문, 수퍼비전, 문서화와 같은 적절한 전문적 조치를 하도록 권고된다.

4) 성적 · 비성적 친밀감

전문가 협회와 자격 위원회에 고발된 사항 중 상당히 많은 사례는 치료사-내담자의 성적인 관계와 관련된 것이다. 미국상담자협회(ACA, 1995)에서는 치료사가 최근 2년 안에 성관계를 맺은 내담자와의 치료를 금하고, 정서적으로 치료사에게 의존하게 되는 어떠한 내담자와도 치료 종결 후 2년 안에 성관계를 가지는 것을 금한

다. 놀이치료의 대상자가 대부분 아동이나 청소년 등 미성년자임을 감안할 때 이는
더욱 엄격하게 적용되어야 할 뿐만 아니라 내담자인 아동·청소년은 물론 그들의
부모나 보호자까지도 포괄하는 원칙이 되어야 할 것이다.

누가 봐도 명료한 성적인 관계 외에 좀 더 은밀하거나 모호한 형태의 신체적 접
촉 이슈가 놀이치료실에서 발생할 수 있다. 예를 들어, 치료사가 아동이나 부모를
껴안는 것은 매우 주의를 요하는 행동이다. 우리는 매우 다양한 관계에서 애정을
표현하기 위해서 서로 껴안지만, 치료적 관계에서는 혼란을 가져올 수 있으며 적절
하지 않은 의사소통 방식일 수 있다. 치료사가 내담자를 껴안는 행위는 성적 관계
나 성학대의 요소로서 해석되며, 법정에서는 비윤리적 행위 또는 잘못된 치료행위
의 예로 사용된다고 지적하였다. 그는 치료사에게 모든 내담자, 특히 아동을 껴안
는 것을 금하도록 권고하였다.

아동중심 놀이치료사인 랜드레스(1991; 김광웅, 강은주, 진화숙, 2008에서 재인용)
는 놀이치료사가 아동을 대상으로 하는 행위뿐 아니라 반대로 아동이 놀이치료사
를 상대로 표현하는 행위에도 주목한다. 그는 아동이 갑자기 치료사를 껴안는다면
단호하게 그것은 적절치 못한 행동이라고 말해 주어야 한다고 하였다. 예를 들어,
여자아이가 남자 치료사의 무릎 위에 앉아 몸을 흔들면서 안아 달라고 한다면 놀이
치료사는 어떻게 해야 할 것인가? 치료사도 아동을 안아 주고 싶어 할 수 있지만 이
때 치료사는 많은 주의를 기울여야 한다. 즉, '이 아동이 혹시 성적으로 학대당한 아
동인가?' '누군가를 좋아하거나 사랑하게 되면 그 사람에게 성적으로 매력적이어
야 한다고 배운 아동은 아닌가?' '누군가를 좋아한다는 것은 만지고, 쓰다듬고, 비
비는 등 유혹적인 행동을 하는 것과 같은 의미라고 생각하는 아동인가?' 등의 가능
성을 충분히 인지할 수 있어야 하며, 다음과 같이 말해 줘야 한다. "넌 이 놀이가 재
미있구나. 그런데 난 네가 무릎 위에 앉아서 놀지 않아도 네가 날 좋아한다는 걸 안
단다."(Landreth, 1991; 김광웅, 강은주, 진화숙, 2008에서 재인용) 그러나 대부분의 경우
에는 아동을 껴안거나 등을 두드리는 행위는 매우 자연스럽고 친절한 행동이며 많
은 상황에서 치료적으로 사용되기도 한다. 단, 치료사는 신중하고 전문적인 판단을
하고 아동의 관심사에 집중해야 하고 놀이치료사를 보호하기 위해 비디오 촬영을
하는 것을 권장한다. 한국놀이치료학회 윤리강령에서는 성적인 문제, 친밀감의 조
장, 그리고 부적절한 신체적 접촉 등에 관하여 구체적으로 명시하고 있다. 내용은
다음과 같다.

02-I-7-(1) 성적 괴롭힘

놀이치료사는 절대로 성적 착취를 조장하거나 참여하지 않는다. 성적 착취는 바람직하지 못한 성적 접근, 성적인 동의 구걸, 원하지 않는 신체적 접촉, 성적 유혹, 명백하게 또는 은근하게 나타나는 성적인 신체 접촉 및 언어적이거나 비언어적인 성적 행위들로서 정의된다. 이런 행위들은 다음의 경우들 중 하나에 해당된다.

① 이런 행위들은 원치 않고, 불쾌하고, 반복적으로 일어나거나 개인의 치료나 업무 수행을 방해하고, 악의 있는 장소나 치료적 환경을 만들며, 놀이치료사가 이를 알고 있다.

② ①의 상황에서 이성적인 제3자에 의해 착취임이 감지된다. 성적 착취는 일회성이거나 심각한 행위로 나타날 수 있고, 또한 다양하게 지속적이거나 만연된 행위로 나타나기도 한다.

02-I-7-(2) 현재 및 이전 내담 아동에 대한 태도

놀이치료사는 내담 아동과 어떤 형태의 성적 친밀감도 가져서는 안 되고, 치료사와 성적 관계를 가져왔거나 가지고 있는 사람의 자녀를 상담하지 않는다. 놀이치료사는 그의 관계가 내담 아동 또는 예전의 내담 아동에게 불리한 영향을 줄 수 있을 때, 내담 아동의 부모, 주 양육자, 법적 보호자와 성적 친밀감을 결코 갖지 않는다.

02-I-7-(3) 친밀감의 조장

놀이치료사는 내담 아동 또는 그 아동에게 중요한 성인과 부적합한 친밀감을 조장하지 않는다.

02-I-7-(4) 양육에 대한 요구

놀이치료사는 양육에 대한 아동의 자발적인 요구에 대해 전문적이고 믿을 수 있는 반응을 한다.

02-I-7-(5) 치료적인 신체접촉

놀이치료사는 치료장면에서 효과적인 개입 중 하나로 비 성적 신체접촉의 한 형태인 치료적 신체접촉의 중요성을 안다. 그러나 놀이치료사는 아동의 법적 보호자의 분명한 동의 없이는 과도한 신체접촉을 하지 않는다.

02-I-7-(6) 아동에 의해 발생된 치료사의 부적절한 신체접촉

놀이치료사는 내담 아동이 부적절한 신체접촉을 일으킬 수 있음을 인식해야 한다. 아동에 의해 부적절하게 신체접촉을 했던 놀이치료사는 "모든 사람의 몸은 소중하고, 사람들을 불편하게 만들거나 사회에서 일반적으로 부적절하다."고 생각하는 방식으로 신체접촉을 해선 안 됨을 놀이치료시간에 아동에게 설명해 주어야 한다. 그런 사건과 그에 대한 개입은 사실대로 기록한다.

5) 치료개입의 적합성과 효과성

한국놀이치료학회 놀이치료사 윤리강령에서는 치료사가 치료진행에 대한 효과성을 점검하기 위해 전문적 평가 방식을 활용해야 하고, 진행되는 치료의 효과를 증진하기 위해 그에 부합한 훈련, 교육, 수퍼비전을 받고, 연구 및 실천하는 노력을 해야 한다고 제시하고 있다. 대부분의 놀이치료사는 더 나은 치료사가 되기 위해 전문가적 노력을 다하고 있으나 상담자로서 능력과 관련된 이 영역에서도 많은 윤리적 딜레마를 경험하고 있다. 유재령과 김광웅(2005)은 아동상담자들은 흔히 내담 아동의 부모나 환경을 조정하는 데 한계를 느끼는 상황, 아동의 변화가 기대보다 미미하여 생기는 갈등, 자신의 주 전공이 아닌 문제 유형의 내담자를 만나 치료 방향을 확신하기 어려운 상황, 그리고 놀이 주제나 활동의 의미가 파악이 안 되거나 적절한 치료적 반응이 부족하다고 느끼는 상황 등에 처하게 된다고 하였다.

이소연(2014)은 치료의 효과성을 검증하는 것이 윤리적 쟁점이 될 수 있음을 강조하였다. 미국심리학회(APA, 2013)의 윤리규정에 따르면, 심리학자 혹은 치료사는 "내담자에게 최상으로 유용할 수 있는 방향으로 노력"해야 하고 "어떠한 해도 끼치지 않아야" 한다는 윤리적 원칙을 따라야 한다. 이 원칙들에 따르면, 아동·청소년이 보이는 특정 임상적 장애나 행동에 효과성이 있다고 과학적으로 입증된 평가나 치료가 있다면 이를 하나의 선택권으로서 내담자에게 제시하는 것이 중요하다. 내담자에게 치료모형에 대한 선택권을 줄 때는 이 치료적 접근의 적용 가능성뿐만 아니라 장점과 제한점까지 포함되어야 한다. 비슷한 윤리적 원칙들이 한국 상담심리학회(예: 전문적 능력, 내담자의 권리, 성실성), 임상심리학회(예: 전문성과 치료절차에 대한 설명과 동의), 한국놀이치료학회(예: 질 높은 치료를 제공하기 위한 책임감에서

치료의 효과성 점검, 지속적인 교육과 연구) 등 국내의 상담치료 관련 학회 윤리규정에 포함되어 있다(이소연, 2014).

미국상담자협회(APT, 2001)의 실무지침에서는 "아동치료사들은 전문가들로서 그들의 효과성을 점검하고, 훈련, 교육, 수퍼비전을 받는다."고 명시하였다. 웰펠(2002)도 책임감 있는 전문가가 되기 위하여 치료개입 과정의 효과성에 대한 과학적 근거를 알아야 함을 강조하였고, 잭슨(1998)도 치료의 효과성을 모니터링하기 위해 유용한 측정도구를 사용하고 자신의 치료방식이 아동의 문제에 적합하지 않다면 다른 치료방식을 사용하는 치료사에게 의뢰해야 한다고 하였다. 이 영역과 관련하여 한국놀이치료학회 윤리강령에 제시된 내용은 다음과 같다.

01-I-1-(1) 능력의 경계

놀이치료사는 자신의 능력의 경계 내에서만 실무를 해야 한다. 능력은 정규 교육, 실습 및 훈련, 수퍼비전받은 상담 경험, 학회의 자격 취득, 그리고 그 외의 전문적 경험 등에 기반을 두어야 한다.

01-I-1-(2) 전문성 향상(증진)

놀이치료사는 적절한 교육, 훈련, 그리고 수퍼비전받은 상담 경험을 쌓아 전문성을 반드시 향상시켜야 한다.

01-I-2-(3) 적합한 대안 모색

놀이치료사는 능력의 한계나 개인적인 문제로 내담자를 적절하게 도와줄 수 없을 때에는 상담을 시작해서는 안 되며, 다른 놀이치료사나 정신건강 전문가에게 의뢰하는 등 도움을 제공할 수 있는 최선의 방법을 강구한다.

01-II-1-(1) 치료의 효과성 점검

놀이치료사는 전문가로서 치료 진행에 대한 효과성을 점검하기 위해 전문적 평가방식을 활용해야 하고, 진행되는 치료의 효과를 증진시키기 위해 그에 부합한 훈련, 교육, 수퍼비전을 받으며, 연구·실천하는 노력을 해야 한다.

01-II-1-(2) 지속적인 교육과 연구

놀이치료사는 새로운 연구방법을 개발하고, 그들이 만나는 다양하고 또는 특별한 인구

집단에 대한 경향에 주목하면서, 놀이치료에서 최근 조사연구에 대한 지식을 유지하기 위해 지속적인 교육을 받는다. 놀이치료사는 내담자의 다양성에 대한 새로운 연구방법 및 모형에 대한 지식을 실천하고 능력을 유지시켜야 한다.

02-Ⅲ-1 일반적 원칙

심리평가는 임상적으로 가치 있는 객관적 평가도구를 사용하여, 내담 아동의 복지과 이익을 추구한다. 놀이치료사는 자신의 능력 한계를 인식하고, 훈련받은 검사와 평가만을 실시하며, 그의 일차적인 자격취득/자격인정 학회의 윤리적 기대를 준수한다. 놀이치료사는 평가결과와 해석을 오용해서는 안 되며, 검사결과에 따른 내담자의 알 권리를 존중한다. 놀이치료사는 규정된 전문적 관계 안에서만 평가, 진단, 서비스 혹은 개입을 한다.

아동상담자들이 경험하는 윤리적 딜레마에 어떤 것들이 있는지 연구한 유재령과 김광웅(2005)은 치료의 적합성과 효과성이라는 영역과 관련하여 2가지 딜레마 상황을 자주 경험한다고 밝혔다. 첫째는, 치료기간이 길어지는 것에 반해 아동에게 큰 변화가 없을 때이고, 둘째는, 치료기간 내내 모가 아동의 변화 속도에 과잉 기대를 하거나 조급해하는 경우 순이었다. 이런 상황에 대한 아동상담자들의 대처방식으로는 첫째, 변화가 없는 것으로 느껴질 때는 작은 변화라도 부모에게 알리고 이후 변화 가능성을 이해시키기, 둘째, 과잉 기대를 하거나 조급해하는 부모의 경우 치료 목표를 재점검하거나 객관적 재평가 결과를 제시하면서 초기와 비교해 보기 등의 대처방식이 사용되고 있었다.

6) 치료기록

앞서 언급한 윤리 영역인 치료의 적합성과 효과성을 점검하기 위해 기본적으로 필요한 것이 상담기록이다. 놀이치료협회(APT, 2001)의 실무지침에서는 내담 아동의 발달상 기능 수준, 치료목표, 치료사의 회기 내 반응, 관찰된 놀이 주제들, 내담 아동의 사고 · 정서 · 놀이 주제 · 행동에 있어서의 변화들, 타인에 대한 치료개입, 아동에 대한 중요한 타인들의 관찰 내용 등을 기록하도록 명시하였다. 아동의 발달 특성상 상담의 효과에 대해 아동 스스로 충분히 인지하고 이를 언어적으로 표현할 능력이 다소 부족하다는 점, 그리고 아동의 부모가 아동의 변화와 치료효과에 대해 명확하게 알 수 있도록 도와야 한다는 점 때문에 아동상담의 효과를 평가하는 작업이 중요하다(유재령, 2007).

코리 등(1998)은 적절하고 철저하고 세부적인 치료기록을 잘 남겨야 하는 데는 두 가지 목적이 있다고 주장한다. 첫 번째 목적은 내담자에게 최상의 서비스를 제공하고, 치료사가 바뀌더라도 치료의 일관성을 유지할 수 있도록 하는 데 있다. 철저하고 정확한 치료기록을 남기지 못하는 것은 치료에 필요한 정보를 내담자로부터 빼앗는 행위일 수 있다. 치료과정을 훌륭하게 기록하는 것을 배움으로써, 치료사는 내담자의 문제를 개념화하고, 치료목적에 초점을 유지하며, 질 높은 서비스를 제공할 수 있게 된다. 치료기록에는 치료의 과정, 있는 그대로의 모습, 그에 대한 해석 등이 있어야 한다. 즉, 다음과 같은 기록들이 포함되어야 한다(Corey et al., 1998; 김광운, 강은주, 진화숙, 2008에서 재인용).

● 내담자에 대한 정보
● 접수면접지
● 담당 치료사 성명(생략되었다면, 그에 대한 이유)
● 내담자의 현재 주된 이슈
● 이전과 현재까지의 심리검사 정보
● 내담자나 보호자가 서명한 치료 동의서
● 구체적인 이슈와 목적을 포함한 치료계획
● 치료사 서명과 날짜가 적힌 치료과정 기록
● 제공한 서비스의 특성, 형식, 정당성
● 치료 날짜 및 시간
● 공개한 정보 형식
● 치료 종결 시 요약

치료기록을 남겨야 하는 두 번째 목적은 법정 소송이나 징계위원회 회부 시에 치료사를 안전하게 지켜 주기 때문이다(Corey et al., 1998). 정확한 치료기록을 하지 않은 치료사는 윤리적·법적으로 위험에 놓일 수 있다. 치료기록은 가장 효과적이면서 저렴한 책임보험이 될 수 있다. 철저하고 세부적인 기록이 없다는 것은 소송이나 징계위원회에서 치료사가 자신을 방어할 수 있는 증거를 빼앗긴 것이나 다름이 없다. 기록에 포함된 정보들은 내담자의 것이며, 언제든지 요청 가능하다. 기록은 구체적인 행동에 대해 분명하게 묘사되어야 하며, 정직하고 빈틈없이 작성되어야 한다. 경멸적이거나 품위를 손상시키는 기록이 있어서는 안 된다. 마지막으로, 치료 기록은 차후에 변경되거나 수정되어서는 안 된다. 치료기록과 관련하여 한국놀이치료학회 윤리강령에 명시된 내용은 다음과 같다.

02-I-1-(4) 기록 보관

실무에 있는 놀이치료사들은 가장 최근의 상담과정 기록들이 다음 내용을 반영하도록 내담아동과의 회기를 사실대로 기록해야 한다.

- 현재의 발달상 기능 수준(예: 인지발달, 놀이발달, 정서발달 등의 기능 수준)
- 치료개입의 장단기 목표
- 행동 및 목표와 연관된 회기 내의 언어 표현
- 관찰된 놀이주제 및 사용된 놀이도구
- 내담 아동의 행동 및 목표와 관련된 사실적인 이미지
- 사고과정, 정서, 놀이 주제, 그리고 행동에서의 변화
- 주요 다른 성인에 대한 개입(예: 부수적인 치료, 의뢰 등)
- 자살이나 타살의 의도나 상상
- 주요 다른 성인에 의한 관찰 내용
- 가족 기능의 수준과 가족 환경
- 종결 상황

한편, 4차 산업혁명과 정보통신 기술의 급격한 발전으로 개인정보가 포함된 각종 치료기록물들에 대한 관리와 보안의 중요성이 날로 커지고 있다. 2011년에 제정된 「개인정보 보호법」에 따르면, 개인정보란 "살아 있는 개인에 관한 정보로서 성명, 주민등록번호 및 영상 등을 통해 개인을 알아볼 수 있는 정보"라고 되어 있다. 각별히 유의할 사항은 하나의 정보만으로는 특정 개인을 알아볼 수 없더라도 다른 정보와 쉽게 결합해 개인을 식별할 수 있다면 이는 개인정보에 포함된다는 사실이다. 놀이치료실에서 작성되는 대부분의 치료기록은 엄청난 양의 개인정보를 담고

있다. 더구나 이 기록의 내용은 내담자와 그 가족이 어렵게 털어놓은 내밀한 사적 경험들로 만에 하나 일부라도 유출될 시에 그 파장은 걷잡을 수 없이 커질 수 있다. 따라서 놀이치료사들은 성실하게 치료기록을 남길 의무와 함께 이 기록물들을 엄격한 절차에 따라 철저하게 관리해야 할 의무까지 동시에 져야 한다. 한국놀이치료학회 윤리강령에는 다음을 명시하고 있다.

03-I-4-(1)

컴퓨터를 사용한 자료의 보관은 정보의 보호와 관리에 있어 한계가 있다는 사실을 알아야 한다.

03-I-4-(2)

내담 아동과 부모에 대한 기록이 전자 정보 형태로 보존되어 제3자가 내담 아동과 부모의 동의 없이 접근할 수 있을 때, 놀이치료사는 적절한 방법(패스워드 설정 등)을 통해 내담자의 신상이 드러나지 않도록 조치를 취한다.

03-I-4-(3)

놀이치료사는 컴퓨터, 이메일, 팩스, 전화, 기타의 장치를 통해 내담자의 정보를 전송할 때에 비밀이 유지될 수 있도록 주의를 기울여야 한다.

---

7) 놀이치료사의 소진관리

마지막으로 다룰 놀이치료사 윤리의 영역은 놀이치료사 소진관리에 관한 것이다. 상담자 소진은 상담윤리의 중요 기준인 상담자의 전문성을 훼손하게 된다는 면에서 상담윤리와 매우 밀접하게 관련된다. 소진이란 신체적 · 정서적 · 지적 · 영적으로 고갈된 상태를 말하며 흔히 무기력감이나 희망이 없는 느낌을 동반한다(Corey et al., 2007). 이것은 주로 상담자가 경험하는 개인적 · 환경적으로 극심한 스트레스로 인해 촉발되며, 상담자의 전문적 능력을 손상하여 치료 실제에 부정적인 영향을 주는 것으로 알려져 있다. 특히 소진은 놀이치료사의 공감능력을 크게 떨어뜨린다. 아직까지 이 영역은 다양한 직군의 전문가 윤리강령에 본격적으로 반영되지는 않고 있으나 이 분야에 대한 연구가 축적되고 일관성 있는 결과가 도출됨에 따라 윤리강령에 포함될 필요성은 날로 커지고 있다. 한국놀이치료학회 윤리강령에도 놀이치료사 소진관리에 대한 부분이 명시되어 있지 않으나 다음과 같은 항목들이 이에 해당한다고 볼 수 있다.

> **01-I-1-(5) 자기반성과 평가**
> 놀이치료사는 정기적으로 전문인으로서의 능력과 효율성에 대한 자기반성과 평가를 해야 하며, 자신의 효율성을 증진시키기 위해 수퍼비전을 받을 책무가 있다.
>
> **01-II-1-(3) 치료사의 건강상 결함**
> 놀이치료사는 그들의 신체적, 정신적 또는 정서적 문제들이 내담자나 타인에게 해를 끼칠 수 있을 때, 놀이치료 실시를 삼가야 한다.

웰펠(2010)은 윤리적인 상담자라면 소진에 대한 현명한 대처를 할 수 있어야 하며, 다음과 같은 지침을 따를 것을 권고하였다.

- 자신이 얼마나 도움을 줄 수 있는지에 대한 한계 설정하기
- 자신이 도움이 필요한 상태인지를 점검하고, 도움이 필요한 상태라면 사례 수 조정하기
- 심각한 사례의 조정 등을 통해 관리하기
- 자문, 수퍼비전, 전문가와의 연계, 스트레스 관리 등을 통해 자기관리하기
- 필요하다면 개인상담 등을 통해 도움받기

4. 놀이치료에서의 법적 책임

앞서 살펴본 바와 같이 전생애 놀이치료사는 영유아와 아동·청소년, 성인 및 노인을 대상으로 놀이의 치료적 힘을 적용하는 전문가로서 다양한 영역의 윤리적 원칙과 강령을 숙지하고, 이를 치료 사례에 적용함에 있어 갈등을 최소화하기 위해 동료 및 수퍼바이저와 부단히 소통해 나가야 할 것이다. 그런데 지금까지 논의한 내용은 놀이치료에 있어 윤리적 문제에 관한 것이었다면, 이 절에서는 놀이치료사

의 법적 책임에 대하여 짧게 논의하고자 한다. 물론 상담자 윤리는 법의 테두리 안에서 제정되는 것이므로 윤리와 법이 서로 상충하여 갈등을 일으키는 일은 드물지만, 엄밀히 따져볼 때 윤리와 법은 다르다. 즉, 법은 사회 구성원이 합의한 최소한의 행동기준이고, 윤리는 어떤 전문직 종사자에게 기대되는 이상적인 행동기준이다. 상담 및 심리치료 전문가에게 면허를 발급하는 미국의 경우, 상담 서비스의 제공과 관련된 연방법 및 주정부의 법과 판례들이 많은 편이다. 그러나 아직 상담 및 심리치료 서비스와 이를 제공하는 사람의 자격 등을 관장하는 국가 수준의 법이 미비한 우리나라의 경우 현행 법률에서 놀이치료사와 상담자에게 의무로 규정하고 있는 것은 '비밀보장의 의무'와 '신고의 의무' 정도에 불과하다고 볼 수 있다. 따라서 여기에서는 이 두 가지의 법적 책임에 대해 간단히 살펴보고자 한다.

　먼저, '비밀보장의 의무'는 다양한 법과 법률에 명시된 중요한 법적 규정으로 그 구체적인 내용은 다음과 같다. 놀이치료사는 내담자의 부모 또는 내담자를 의뢰한 기관에서 치료 내용에 대한 자료를 요구하거나, 치료 중에 알게 된 중요한 사실을 보호자에게 알려야 할지 말지 고민하는 경우 윤리적 책임과 함께 법적 책임에 대해서도 꼼꼼히 따져 보아야 한다.

　이처럼 많은 법적 규정이 비밀보장을 다루고 있다는 것은 놀이치료와 상담에 종

■「청소년복지지원법」

제37조(비밀 누설의 금지) 청소년상담원, 청소년상담복지센터, 이주배경청소년지원센터(이하 "청소년복지지원기관"이라 한다)나 청소년복지시설에서 청소년복지 업무에 종사하거나 종사하였던 사람은 그 직무상 알게 된 비밀을 누설하여서는 아니 된다.

제43조(벌칙) ① 다음 각 호의 어느 하나에 해당하는 사람은 1년 이하의 징역 또는 1천 만 원 이하의 벌금에 처한다.

　1. 제8조를 위반하여 건강진단 결과를 공개한 사람

　2. 제37조를 위반하여 비밀을 누설한 사람

제44조(양벌규정) 법인의 대표자나 법인 또는 개인의 대리인, 사용인, 그 밖의 종업원이 그 법인 또는 개인의 업무에 관하여 제43조의 위반행위를 하면 그 행위자를 벌하는 외에 그 법인 또는 개인에게도 해당 조문의 벌금형을 과(科)한다. 다만, 법인 또는 개인이 그 위반행위를 방지하기 위하여 해당 업무에 관하여 상당한 주의와 감독을 게을리하지 아니한 경우에는 그러하지 아니하다.

■「민법」

제4조(성년) 사람은 19세로 성년에 이르게 된다.

제5조(미성년자의 능력) ① 미성년자가 법률행위를 함에는 법정대리인의 동의를 얻어야 한다. 그러나 권리만을 얻거나 의무만을 면하는 행위는 그러하지 아니하다. ② 전항의 규정에 위반한 행위는 취소할 수 있다.

■「형법」

제20조(정당행위) 법령에 의한 행위 또는 업무로 인한 행위 기타 사회상규에 위배되지 아니하는 행위는 벌하지 아니한다.

제21조(정당방위) ① 자기 또는 타인의 법익에 대한 현재의 부당한 침해를 방위하기 위한 행위는 상당한 이유가 있는 때에는 벌하지 아니한다.

제22조(긴급피난) ① 자기 또는 타인의 법익에 대한 현재의 위난을 피하기 위한 행위는 상당한 이유가 있는 때에는 벌하지 아니한다.

제24조(피해자의 승낙) 처분할 수 있는 자의 승낙에 의하여 그 법익을 훼손한 행위는 법률에 특별한 규정이 없는 한 벌하지 아니한다.

■「개인정보보호법」

제2조(정의) 이 법에서 사용하는 용어의 뜻은 다음과 같다.

1. "개인정보"란 살아 있는 개인에 관한 정보로서 성명, 주민등록번호 및 영상 등을 통하여 개인을 알아볼 수 있는 정보(해당 정보만으로는 특정 개인을 알아볼 수 없더라도 다른 정보와 쉽게 결합하여 알아볼 수 있는 것을 포함한다)를 말한다.

5. "개인정보처리자"란 업무를 목적으로 개인정보파일을 운용하기 위하여 스스로 또는 다른 사람을 통하여 개인정보를 처리하는 공공기관, 법인, 단체 및 개인 등을 말한다.

제17조(개인정보의 제공) ① 개인정보처리자는 다음 각 호의 어느 하나에 해당되는 경우에는 정보주체의 개인정보를 제3자에게 제공(공유를 포함한다. 이하 같다)할 수 있다.

1. 정보주체의 동의를 받은 경우

2. 제15조 제1항 제2호·제3호 및 제5호에 따라 개인정보를 수집한 목적 범위에서 개인정보를 제공하는 경우

제18조(개인정보의 목적 외 이용·제공 제한) ① 개인정보처리자는 개인정보를 제15조 제1항에 따른 범위를 초과하여 이용하거나 제17조 제1항 및 제3항에 따른 범위를 초과하여 제3자에게 제공하여서는 아니 된다.

② 제1항에도 불구하고 개인정보처리자는 다음 각 호의 어느 하나에 해당하는 경우에는

정보주체 또는 제3자의 이익을 부당하게 침해할 우려가 있을 때를 제외하고는 개인정보를 목적 외의 용도로 이용하거나 이를 제3자에게 제공할 수 있다. 다만, 제5호부터 제9호까지의 경우는 공공기관의 경우로 한정한다.

1. 정보주체로부터 별도의 동의를 받은 경우
2. 다른 법률에 특별한 규정이 있는 경우
3. 정보주체 또는 그 법정대리인이 의사표시를 할 수 없는 상태에 있거나 주소불명 등으로 사전 동의를 받을 수 없는 경우로서 명백히 정보주체 또는 제3자의 급박한 생명, 신체, 재산의 이익을 위하여 필요하다고 인정되는 경우
4. 통계작성 및 학술연구 등의 목적을 위하여 필요한 경우로서 특정 개인을 알아볼 수 없는 형태로 개인정보를 제공하는 경우
5. 개인정보를 목적 외의 용도로 이용하거나 이를 제3자에게 제공하지 아니하면 다른 법률에서 정하는 소관 업무를 수행할 수 없는 경우로서 보호위원회의 심의 의결을 거친 경우
6. 조약, 그 밖의 국제협정의 이행을 위하여 외국정부 또는 국제기구에 제공하기 위하여 필요한 경우
7. 범죄의 수사와 공소의 제기 및 유지를 위하여 필요한 경우
8. 법원의 재판업무 수행을 위하여 필요한 경우
9. 형(刑) 및 감호, 보호처분의 집행을 위하여 필요한 경우

제71조(벌칙) 다음 각 호의 어느 하나에 해당하는 자는 5년 이하의 징역 또는 5천만 원 이하의 벌금에 처한다.

사하거나 종사하였던 사람은 그 직무상 알게 된 비밀을 누설하여서는 안 된다는 기본 원칙의 중요성을 보여 주는 것이다. 그런데 미성년인 내담자의 친권자, 즉 부모는 자녀를 보호하고 교양할 「민법」상의 권리를 가지는데, 이것이 곧 놀이치료와 상담내용 및 자료의 열람을 요청할 수 있는 근거 법규가 될 수는 없다. 비밀 누설 금지 의무의 예외 상황, 즉 해당 내담자의 동의를 구한 경우(「형법」 제24조), 상담자, 내담자 또는 제3자의 생명, 재산 등에 대한 급박한 침해 또는 위난을 방지하고자 하는 경우(「형법」 제20, 21조), 법적으로 상담자료 등을 제공하여야 하는 경우(「형법」 제19조)에 해당하지 않는다면, 비록 미성년인 내담자의 친권자 기타 법정 대리인이 내담자에 대한 상담 내용 및 자료의 열람, 제공 등을 요청하는 경우에도 놀이치료사는 법률을 근거로 거절하여야 할 것이다.

　다음으로 살펴볼 놀이치료사의 법적 책임은 바로 '신고의 의무'이다. 최근 들어
아동학대에 대한 사회적 관심이 커지고 아동·청소년을 대상으로 한 각종 성범죄
가 엄청난 사회적 파장을 일으키면서 놀이치료사가 치료실에서 만나게 되는 내담
자들을 대할 때에도 보다 섬세하고 정확한 법적 판단이 요구된다. 내담자가 처한
위기를 인지하였을 때 놀이치료사가 의무적으로 져야 하는 신고의 의무에 대한 내
용을 담고 있는 법적 규정들은 다음과 같다.

■「형법」
제20조(정당행위) 법령에 의한 행위 또는 업무로 인한 행위 기타 사회 상규에 위배되지 아
　니하는 행위는 벌하지 아니한다.
제21조(정당방위) ① 자기 또는 타인의 법익에 대한 현재의 부당한 침해를 방위하기 위한
　행위는 상당한 이유가 있는 때에는 벌하지 아니한다.
제22조(긴급피난) ① 자기 또는 타인의 법익에 대한 현재의 위난을 피하기 위한 행위는 상
　당한 이유가 있는 때에는 벌하지 아니한다.
제24조(피해자의 승낙) 처분할 수 있는 자의 승낙에 의하여 그 법익을 훼손한 행위는 법률
　에 특별한 규정이 없는 한 벌하지 아니한다.
제287조(미성년자의 약취, 유인) 미성년자를 약취 또는 유인한 사람은 10년 이하의 징역
　에 처한다.
제305조(미성년자에 대한 간음, 추행) 13세 미만의 사람에 대하여 간음 또는 추행을 한 자
　는 제297조, 제297조의2, 제298조, 제301조 또는 제301조의2의 예에 의한다.

■「아동학대범죄의 처벌 등에 관한 특례법」
제2조(정의) 이 법에서 사용하는 용어의 뜻은 다음과 같다.
　1. "아동"이란 「아동복지법」제3조제1호에 따른 아동을 말한다.
　2. "보호자"란 「아동복지법」제3조제3호에 따른 보호자를 말한다.
　4. "아동학대범죄"란 보호자에 의한 아동학대로서 다음 각 목의 어느 하나에 해당하는
　　죄를 말한다.
제10조(아동학대범죄 신고의무와 절차) ② 다음 각 호의 어느 하나에 해당하는 사람이 직
　무를 수행하면서 아동학대범죄를 알게 된 경우나 그 의심이 있는 경우에는 아동보호전
　문기관 또는 수사기관에 신고하여야 한다.
제63조(과태료) ① 다음 각 호의 어느 하나에 해당하는 사람에게는 500만 원 이하의 과태

료를 부과한다.

2. 정당한 사유 없이 제10조 제2항에 따른 신고를 하지 아니한 사람

■ 「아동·청소년의 성보호에 관한 법률」

제2조(정의) 이 법에서 사용하는 용어의 뜻은 다음과 같다.

1. "아동·청소년"이란 19세 미만의 자를 말한다. 다만, 19세에 도달하는 연도의 1월 1일을 맞이한 자는 제외한다.

2. "아동·청소년대상 성범죄"란 다음 각 목의 어느 하나에 해당하는 죄를 말한다.

제34조(아동·청소년대상 성범죄의 신고) ② 다음 각 호의 어느 하나에 해당하는 기관·시설 또는 단체의 장과 그 종사자는 직무상 아동·청소년대상 성범죄의 발생 사실을 알게 된 때에는 즉시 수사기관에 신고하여야 한다.

13. 「청소년복지 지원법」 제29조제1항에 따른 청소년상담복지센터 및 같은 법 제31조 제1호에 따른 청소년쉼터 제67조(과태료) ④ 제34조 제2항 각 호의 어느 하나에 해당하는 기관·시설 또는 단체의 장과 그 종사자가 직무상 아동·청소년대상 성범죄 발생 사실을 알고 수사기관에 신고하지 아니하거나 거짓으로 신고한 경우에는 300만 원 이하의 과태료를 부과한다.

이와 같은 법적 규정들을 종합해 볼 때, 놀이치료사가 직무 중에 아동학대 사실 또는 아동·청소년 대상 성범죄의 발생 사실을 알게 된 때에는 즉시 수사기관에 신고하여야 할 의무가 있고, 이는 피해자(내담자)의 동의 여부와 관계없이 이행하여야 하는 법적 의무라고 할 수 있다. 다만 피해자인 내담자가 신고를 거부하는 경우에는 범죄에 대한 입증이 매우 어려워져서 적절한 수사가 불가능할 수도 있다. 그런 경우라 하더라도 놀이치료 상담 내용을 기록할 때 육하원칙에 근거하여 꼼꼼히 기록하는 것이 중요하며, 필요하다고 판단될 때는 범죄 사실과 관련된 내담자와의 상담을 녹음하는 것도 도움이 된다. 공개되지 않은 타인 간의 녹음이 아닌, 대화 당사자 중 1인의 녹음은 위법하지 않기 때문이다.

정리해 봅시다

이 장에서는 놀이치료사가 항시 숙지하고 유념해야 할 중요한 윤리적 영역으로서 치료적 관계 구조화 및 구체적 정보에 근거한 자발적 동의, 비밀보장, 이중관계, 성적/비성적 친밀감, 치료의 적합성과 효과성, 치료 기록 그리고 놀이치료사의 소진관리 등 모두 7가지 영역을 선정하였으며, 이 영역과 관련된 한국놀이치료학회 윤리강령을 중심으로 구체적인 내용을 살펴보았다. 더불어 전문가 집단 내에서 합의되는 윤리적 차원과는 달리 법에 의해 규정되고 위반 시 처벌이 집행되는 2가지 법적 책임으로서 '비밀보장의 의무'와 '신고의 의무'에 대해서도 점검해 보았다. 놀이치료사가 처하게 되는 윤리적 딜레마는 이론서나 사례집에 나와 있는 무미건조한 활자로 존재하는 것이 아니라 상황과 사람에 따라 무한히 변형되는 살아 있는 생물과 같은 것이다. 따라서 몇 가지 윤리적 원칙이나 몇 페이지로 서술된 윤리강령 안에 모든 딜레마 상황과 그 해답을 다 담아내는 일은 원래 불가능하다. 놀이치료사는 전문가적 역량을 총동원하여 자신이 처한 윤리적 이슈들을 다루어 나가야 한다. 그럼에도 불구하고 전문가 집단이 만든 윤리강령을 숙달하고 동료 및 수퍼바이저와 이를 다듬어 나가는 데 조력하는 일은 중요한 임무이며, 놀이치료사 자신과 내담자를 피해로부터 보호할 수 있는 가장 강력한 예방책이 될 것이다.

활동해 봅시다

1. 놀이치료사로서 당신이 다음과 같은 상황에 놓이게 된다면 당신은 어떻게 할 것인지 생각해 보세요. 관련 윤리강령과 법적 규정을 검토하고, 가능한 대안 및 행동 경로를 고려한 후 최선의 선택을 내리기 위하여 각 그룹별로 토의해 봅시다.

[예제 1]
여러분이 학교에서 상담을 의뢰 받아 학생상담을 진행하고 있는데, 상담을 의뢰한 담임교사가 학생의 상담 내용을 공개하기를 요구한다면 어떻게 하겠는가? 비밀보장의 원칙에 대해 설명하고 공개를 거절했지만, 학교 관리자(학교장)가 강력히 정보 공개를 요구한다고 재차 촉구한다면 어떻게 할 것인가?

_____

_____

_____

_____

[예제 2]
여러분이 놀이치료 기관에서 부모를 위한 자녀양육 워크숍을 진행하고 있다고 가정해 보라. 당신이 체벌에 대해 "아이를 때리는 행동은 어떤 경우에도 용납되지 않습니다."라고 말하자 참여 중인 부모 가운데 몇 명이 당신에게 반대 의사를 표명하면서 때때로 아동의 주의를 집중시킬 수 있는 유일한 행동은 체벌밖에 없는 경우도 있고 그럴 때는 체벌도 유용하다고 말하였다. 당신은 이 상황에서 어떻게 대처할 것인가?

_____

_____

_____

_____

참고문헌

박한샘, 공윤정(2011). 청소년동반자의 윤리적 갈등경험과 대처방안 연구. 상담학연구, 12(3), 771-791.

서영석, 최영희, 이소연(2009). 상담에서의 윤리적 의사결정모델 개관. 한국심리학회지: 상담 및 심리치료, 21(4), 815-842.

유재령, 김광웅(2006a). 아동상담자의 주요 윤리적 딜레마 상황과 대처행위. 한국아동학회지, 27(2), 127-151.

유재령, 김광웅(2006b). 아동상담자의 윤리적 실천 행동 척도 개발. 한국심리학회지: 상담심리, 18(2), 373-398.

American Counseling Association (1995). *Code of ethics and standards of practice*. Alexandria.

American Psychological Association (1992). *Ethical principles of psychologists and code of conduct*. Washington, DC: Author.

Association for Play Therapy. (1997). Definition of play therapy. *Association for Play Therapy Newsletter, 16*(1), 7.

Corey, G., Corey, M., & Callanan, P. (2007). *Issues and ethics in the helping professions* (7th ed.). Pacific Grove, CA: Brooks/Cole.

Haas, L. J., Malouf, J. L., & Mayerson, N. H. (1986). Ethical dilemmas in psychological practice-Results of a national survey. *Prcfessional Psychology: Research and Practice, 17*, 371-321.

Jackson, Y. (1998). Applying APA ethical guidelines to individual play therapy with children. *International Journal of Play Therapy, 7*(2), 1-15.

Jackson, Y., Puddy, R. W., Lazicki-Puddy, T. A. (2001). Ethical practices reported by play therapist-An outcome study. *International Journal cf Play Therapy, 10*(1), 31-51.

Kitchener, K. S. (1984). Intuition, critical evaluation, and ethical principles: The foundation for ethical decision making in counseling psychology. *The Counseling Psychologist, 12*, 43-55.

Landreth, G., L. (2015). 놀이치료: 관계의 기술 (유미숙 역). 서울: 학지사. (원전은 2012에 출간).

Mannheim, Sancilio, Phipps-Yonas, Brunnquell, Somers, Farseth, & Ninonuevo (2002). *Prcfessional Psychology: Research and Practice, 33*(1), 24-29.

McGUIRE, D. K., & McGuire, D. E. (2008) 놀이치료에서의 부모상담 (김광웅, 강은주, 진화숙 역). 서울: 시그마프레스. (원전은 2001에 출간).

Pope, K. S., Tabachnick, B. G., & Keith-Spiegel, P. (1987). Ethics of practice: The beliefs and behaviors of psychologists as therapists. *American Psychologist, 42*(11), 993–1006.

Pope, K. S., & Vasquez, M. J. T. (2011). *Ethics in psychotherapy and counseling: A practical guide* (4th ed.). Hoboken, NJ: Wiley & Sons.

Reynolds, C. A., & Sadler-Gerhardt, C. (2015). Ethical and legal considerations in counseling. In V. F. Sangganjanavanich & C. A. Reynolds (Eds.), *Introduction to professional counseling* (pp. 193–220). Thousand Oaks, CA: Sage.

Reynolds, C. A., & Tejada, L. J. (2001). Playing it safe: Ethical issues in play therapy. In C. E. Schaefer (Ed.), *Foundations of play therapy* (2nd ed., pp. 27–38). New York, NY: Wiley.

Welfel, E. R. (2002). *Ethics in counseling and psychotherapy: Standards, research, and practice* (2nd ed). Pacific Grove, CA: Brooks/Cole.

Welfel, E. R. (2010). *Ethics in counseling and psychotherapy: Standards, research and emerging issues* (4th ed.). Belmont, CA: Brooks/Cole.

Zygond, M. J., & Boorherm, H. (1989). Ethical descision making in family therapy. *Family Process, 28*(3), 269–280.

제2부

놀이치료의
이해

제5장

놀이치료실의 환경

놀이치료실은 내담자와 치료사가 놀잇감을 활용하여 함께 놀면서 치료 관계를 만들어 나가는 놀이치료에 이용하는 방을 의미한다. 놀이치료실의 환경을 1절에서는 '놀이치료실의 의미'라는 주제로 놀이치료실의 심리적 환경, 물리적 환경에 대하여 알아본다. 그리고 생애주기에 따른 대상별 놀이치료실 설비와 놀이치료실 사용 시 주의사항에 대하여 살펴본다. 2절에서는 놀잇감과 관련하여, 치료이론에 따른 놀잇감, 놀잇감 준비 시 고려해야 할 필수조건, 놀잇감의 범주, 놀잇감 조건과 기능, 놀잇감 활용을 위한 고려사항, 놀잇감 사용 시 주의사항에 대하여 자세히 알아보고자 한다.

1. 놀이치료실

1) 놀이치료실의 심리적 환경

놀이치료실은 놀이치료사와 내담자 모두에게 안전하고 보호된 공간으로 제공되는 심리적 환경으로, 치료사와 내담자는 놀이치료실을 치료환경을 위한 장소로서 '특별한 공간'으로 받아들인다. 특히 처음 만나는 놀이치료사와 놀이치료실에 대하여 느껴지는 분위기가 내담자에게 큰 영향을 미치게 된다(유미숙, 이영미, 이정화, 정윤경, 2003).

'잘 갖추어진' 놀이치료실이란 다양한 가능성을 지닌 내담자에게 개인별로 제공되는 의미 있는 공간이다. 특히 실제적인 놀이공간에 대한 이해를 위해서는, 놀이치료 고찰, 내담자에 대한 깊은 관심과 성찰, 놀이치료사의 성격과 특성을 잘 알아야 한다.

놀이치료실은 이 장소를 오게 된 내담자에게 평온하며 편안함과 안전한 느낌을 주는 특별한 장소이다. 이에 치료적 효과를 증진하기 위하여, 내담자가 소망하고 원하는 것을 자유롭게 할 수 있는 장소로 제공되는 것이 내담자에게는 보다 더 의미 있는 공간으로 인식된다. 또한 놀이치료는 내담자가 자신을 솔직하게 보여 주고 개방하는 과정을 통해 치료가 진행되므로 치료실은 보호받는 특별한 공간으로서 허용적이고 따스한 분위기로 구성되어야 한다. 이처럼 놀이치료실은 '내담자만의 장소'로 "이 장소는 오직 당신만을 위한 안전한 공간입니다."라는 확실한 메시지를 가지고 있다(Landreth, 2015).

또한 놀이치료실이 심리적 환경으로 제공될 때 중요한 조건은 바로 '비밀보장의 장소'라는 것이다. 왜냐하면 놀이치료실에서 내담자가 '내가 이 공간에서 존중받고 나의 프라이버시가 얼마나 잘 보호받는가? 그리고 내가 이 곳에서 치료사와 이야기한 내용의 비밀이 유지되는가?'를 확실하게 경험할 때 내담자는 자신을 솔직하게 보여 주게 되기 때문이다.

2) 놀이치료실의 물리적 환경

놀이치료실의 물리적 환경은 앞에서 언급한 심리적 환경을 실제화시킨 구체적인 공간을 의미한다([그림 5-1] 놀이치료실 전경 참조). 치료의 목적에 적합하게 설계된 놀이치료실은 치료의 효과를 극대화시키는 중요 요소이다(유미숙 외, 2003). 이에 우선 이상적인 놀이치료실의 구조와 설비에 대한 기본 지침을 알아보고자 한다. 하지만 실제 현장에서 놀이치료실 활용 시 오래되고 낡은 치료실도 치료사와 내담자에게 가치 있는 공간으로 안전감을 제공할 수 있으므로 치료사는 융통성 있게 놀이치료실의 물리적 환경에 대한 지침을 변화·응용할 수 있다.

(1) 구조

① 크기

치료실의 경우 약 3.6×4.5m이며, 약 14~18.5m² 정도의 공간이면 적당한 크기이다. 실제 치료를 진행할 때, 너무 협소한 치료실은 답답함을 주고, 너무 커다란 치료실은 통제하기가 어렵다. 이에 3.6×4.5m 크기의 치료실은 적은 수(2~3명)의 내담자들을 대상으로 집단놀이치료를 실시 시 효과적인 공간 크기이다. 또 3~5명 정도의 집단놀이치료 시 적당한 크기는 28m² 정도이다(Landreth, 2015). 한편, 치료실을 반드시 한 곳에 세팅하지 않고 이동하는 놀이실로 만드는 것도 가능하며, 실제로 서구에서는 트럭을 개조한 이동식 놀이치료실을 만들어서 많이 활용하고 있다.

특히 놀이치료실은 타인의 놀이를 방해하지 않는 공간, 타인의 놀이를 공격하지 않는 공간, 내담자 본인이 스스로 활동할 수 있는 공간으로, 이 세 가지는 내담자에게 제공되는 적당한 공간이 주는 의미로서 표현될 수 있다.

② 위치

놀이치료실은 독립적 공간에 위치하는 것이 매우 중요하다. 이는 방해받지 않는 공간에서 이루어져야 하는 놀이치료의 특성과 연결된다. 만약 놀이치료실이 적절하지 못한 곳, 예를 들면 오픈된 공간이거나 복잡한 공간에 위치해 있다면 내담자는 매우 불안해할 수 있다. 실제로 놀이치료실에서 이루어지는 놀이활동에 대하여 내담자와 놀이치료사가 아닌 타인이나 부모가 듣게 된다면 내담자는 자신의 비밀을 들킨 것이라 생각하고, 부모가 이와 관련된 질문을 할 수도 있다는 걱정이 일어나기도 한다. 이는 내담자에게 또 다른 심리적 상처를 줄 수도 있다. 이에 놀이치료실의 경우 천정이나, 방문에 방음장치를 설치하는 것을 추천한다. 그럼으로써 치료시간에 소리를 지르거나 장난감을 던지고 바닥을 두드리는 등의 소음을 줄일 수 있다(Kottman, 2011).

(2) 설비

놀이치료실을 설비할 때 도움이 되는 주의사항들과 중요 정보를 정리해 보면 다음과 같다(유가효, 위영희, 문현주, 이희정, 김태은, 2019; Landreth, 2015; VanFleet, Sywulak, & Sniscak, 2013).

- 창문: 놀이치료실에는 기본적으로 문과 벽에 창문을 만들지 않는다. '비밀보장의 공간'이라는 치료실의 가장 중요한 조건이므로 만약 창문이 있다면 이것을 가릴 수 있는 커튼이나 블라인드를 준비하도록 한다. 따라서 창문을 만들지 않는 것이 이상적이지만, 사실 창문이 없는 경우에 가짜 창문을 만든다면 내담자에게 보다 유머러스하고 따스한 분위기를 제공할 수 있다. 가짜 창문을 만드는 방법은 인터넷의 인테리어 파트를 활용해 보길 바란다.
- 바닥: 놀이치료실의 바닥에 관련된 정보이다. 촉감이 폭신한 매트나 비닐장판의 경우 청소하기가 쉬우며, 혹 손상이 가더라도 손쉽게 교체가 가능하므로 비용에 대한 부담도 적어진다. 그 외 모래상자나 이젤 밑에 큰 비닐이나 천, 큰 우드락 등을 깔아 놓으면 내담자가 모래를 흘리거나 이젤 아래에 이물질을 흘리는 것에 대하여 스트레스를 덜 받을 수 있다.
- 벽: 놀이치료실의 벽에 관련된 정보이다. 기존에는 종이벽지를 사용하였는데 요즘은 페인트칠도 많이 사용하고 있으며, 둘 다 청소하기 매우 용이한 편이다. 색상은 내담자에게 환하고 따스하며 밝은 분위기를 조성할 수 있도록 아이보리나 부드러운 파스텔 톤을 사용하면 좋다.
- 싱크대: 놀이치료실 내부의 싱크대 설치와 관련된 정보이다. 싱크대가 치료실 내부에 설치되어 있으면 활용도가 높다. 특별히 주의한 점은 안전을 위해 더운 물은 나오지 않게 하며 찬물만 나오도록 해야 한다. 또한 찬물도 밸브를 1/2 정도 나오도록 조절하여 찬물이 느닷없이 밖으로 튀기지 않도록 한다. 이유는 치료사가 내담자에게 여러 한계 설정(제한)을 하지 않기 위함이다.
- 선반: 선반에 관한 정보이다. 선반은 놀이치료실에 매우 필수적이며 효율적인 설비이다. 선반의 형태는 치료실 상황에 맞추어서 'ㄱ'자나 'ㄴ'자 형태로 설치하면 된다. 선반 높이는 최고 1m 정도까지가 좋은데, 이는 내담자 중에 어린 아동들도 치료사의 도움 없이 자발적으로 혼자 놀잇감을 선반에서 꺼낼 수 있도록 하기 위함이다. 선반은 튼튼하게 만들어야 하며, 특히 안전을 고려하여

선반을 벽에 못질하여 잘 고정시키거나 혹은 고정 세팅을 튼튼하게 하여 넘어지지 않게 철저한 정비를 하여야 한다.

● 일방경: 비용 부담이 되지만 일방경(one-way mirror)을 설치하는 것을 권장한다. 또 수퍼비전과 놀이치료 훈련을 위해 비디오 녹화 장치를 갖추는 것을 추천한다. 유념할 것은 부모와의 첫 초기 면접 시, 놀이치료실에 비디오카메라가 설치되어 있으며 녹화를 해야 한다는 내용에 대하여 반드시 사전동의를 받아야 한다. 놀이치료에서는 놀이과정을 보여 주는 것을 그 부모에게도 허락하지 않는 것이 원칙이나 가족놀이치료는 부모가 내담 아동을 관찰하고 이를 부모교육에 적용해야 하므로 치료과정을 보여 주기 위하여 일방경, 비디오 녹화 장치를 준비하는 것이 좋다(유미숙 외, 2003). 특히 치료사들이 녹화한 치료 관련 영상을 수퍼바이저와 함께 보면서 수퍼비전을 통해 치료사 자신을 분석해 나가기 위해서 이러한 녹화 장치는 매우 중요하다. 비용적인 부담과 공간의 제약이 있다면 이동형 CCTV를 사용하여 녹화하는 방법도 있으니 이를 고려해 보기 바란다.

● 기본 가구류: 놀이치료실에 필요한 기본 가구로는 튼튼한 목재 가구, 단단한 재질의 아동용 가구가 준비되어야 한다. 구체적으로, 아동용 책상 하나와 의자 두 개, 성인용 의자 한 개 등이 필요하다. 그 외 사물함이 필요한데, 사물함에 내담자의 창조성을 발휘할 수 있는 놀잇감인 핑거페인팅, 찰흙, 물감, 비눗방울, 크레파스, 풍선 등의 다양한 물품을 보관하도록 한다. 놀이치료실에 싱크대가 설치되어 있는 경우, 바로 그 옆에 사물함을 배치하면 치료사와 내담자가 사용하기에 매우 편리하다.

● 세면대와 변기: 놀이치료실 세팅으로 볼 때 세면대와 변기가 설비된다면 이는 이상적인 최상의 놀이치료실이 된다. 실제로 욕실이 설비되어 있다면 화장실 사용으로 치료실을 나갔다 오는 문제점을 해결 할 수 있으며, 내담자에게는 숨바꼭질을 하거나 혹은 이완할 수 있는 '나만의 숨는 공간'으로 사용되기도 한다.

[그림 5-1] 놀이치료실 전경-명지대학교 통합치료클리닉 내 놀이치료실

3) 대상별 놀이치료실

전생애 발달 관점으로 볼 때 놀이치료실을 크게 세 가지 대상별(영 · 유아/아동 · 청소년/성인 · 노인)로 구분하여 정리하면 다음과 같다.

(1) 영·유아의 놀이치료실

영 · 유아의 경우 놀이과정을 통해 진단 및 평가를 함께하면서 놀이치료를 진행할 수 있게 된다. 놀이발달의 측면에서도 영 · 유아의 발달수준과 정서 상태에 따른 놀이의 내용이나 형태가 다르게 나타나게 된다(유미숙 외, 2003).

이에 현재 장애나 발달지연의 위험군에 속한 영 · 유아의 조기 선별의 중요성이 강조되고 있으며, 영 · 유아의 경우 놀이치료실에서 발달검사가 진행되는 경우가 대부분이어서 이러한 검사가 가능한 세팅으로 놀이치료실을 구성하는 것이 효율적이다. 놀이치료실에서 이루어지는 영 · 유아 발달검사를 통해 영 · 유아의 대근육, 소근육, 인지, 언어, 사회성 등이 연령에 맞게 잘 발달하고 있는지 확인할 필요가 있으며, 영 · 유아기는 신체, 두뇌, 정서 등의 발달의 결정적 시기로서 놀이치료사는 조기개입의 중요성을 항상 인식해야 한다.

이처럼 영 · 유아 놀이치료실을 통해 영유아가 평가와 이에 따른 치료를 받으면서 건강한 사회 구성원으로 성장할 수 있다(대한사회복지회, 2019).

　실제 영·유아에게 적용되는 놀이치료 중 치료놀이기법을 활용한 치료놀이는 놀잇감을 많이 사용하지 않으며 절제하는 편이다. 가장 중요한 치료놀이의 초점은 치료사와 내담자 간의 관계이며, 이에 놀잇감은 거의 필요하지 않으며, 놀이활동의 중요한 주체는 영·유아와 치료사이다. 치료놀이 치료사들은 영·유아 내담자에게 너무나 중요한 외부인이며, 영·유아 내담자의 자아 강도를 증진 및 강화시킨다. 치료놀이 치료사들의 관계적 놀이활동은 신체적·활동적·상호적 놀이로서 눈맞춤을 하면서 놀이활동을 진행해 나가며, 전통적인 놀이치료의 놀잇감을 통한 상징놀이와 관련된 놀이에 대한 대화를 하지는 않는다.

　이에 치료놀이 치료실의 경우 그 물리적 환경은 단순하게 구성된다. 놀이치료실의 크기는 3~4×3~4m이며 세면대가 있으면 좋고, 세면대가 없는 경우에는 손을 닦을 수 있는 물수건이나 물티슈를 항상 준비해 놓도록 한다. 또한 바닥에 깔 수 있는 큰 이불이나 보자기, 깔고 누울 수도 있고 던질 수도 있는 가벼운 큰 쿠션과 작은 쿠션 2~3개 정도를 준비하면 된다. 영·유아가 치료사와의 놀이에 집중할 수 있도록 여러 놀잇감을 준비할 필요는 없다. 특별히 바구니를 활용하여 치료놀이에서의 놀이활동에 사용되는 소수의 놀잇감(로션류, 솜뭉치, 비눗방울, 신문지, 포일류, 파우더, 풍선)을 보관하여 잘 보이지 않게 준비해 두면 된다(성영혜, 유한규, 이상희, 김수정, 2002; 송영혜, 2003).

(2) 아동·청소년의 놀이치료실

　아동·청소년을 위한 놀이치료실은 스트레칭, 인사 나누기로 마음을 열고 일대일 협력놀이, 집단원들과 함께하는 관계 형성 놀이, 신체놀이, 대화 카드를 이용한 대화의사소통놀이 등의 다양한 활동을 함께할 수 있는 공간으로 제공되고 있다. 특히 아동·청소년을 대상으로 하는 놀이치료에 대하여 놀이치료사들은 놀이과정이 아동·청소년에게 의미 있게 전달되고 그들의 정서 경험이 중요함을 확신하는 것이 무엇보다 필요하다.

　놀이치료가 아동·청소년에게 효과적인 이유는 다음과 같다.

① 재미있는 환경과 상호작용을 통해 아동·청소년이 체험해 가는 퇴행에 대하여 설명하고 일반화시킬 수 있다.

② 표출하고 표현하며 재미있는 활동을 활용함으로써 청소년은 타인과의 관계에서 안정적으로 접촉할 수 있다.

③ 청소년 스스로에게 통제할 수 있는 힘이 있어서 스스로 놀이치료활동에서 자신의 개입 방법과 개입 시기 등을 결정할 수 있다.

④ 표현하고 활동적이며 시각적인 즐거운 놀잇감을 활용하므로 정체감과 관련된 동기를 일으킬 수 있다.

⑤ 지시적이지 않은 접근법으로 비밀스럽게 숨길 것과 개방할 것들 사이의 갈등을 중재할 수 있다.

⑥ 재미있는 접근법으로 힘들었던 생각과 감정 관련 불안과 두려움 등을 없앨 수 있다.

⑦ 상징적이며 표출되는 놀이와 언어적인 의사소통 과정을 함께 조합하여 발달의 큰 문제들을 풀어 내고 해소하는 능력을 가지게 된다(Gallo-Lopez & Schaefer, 2005: Crenshaw & Stewart, 2019에서 재인용).

이렇게 효과적인 놀이치료 접근으로 아동 · 청소년을 위한 놀이치료실에서 행해지는 구체적인 놀이로는 스포츠 게임, 창조적인 예술활동, 비디오 게임과 컴퓨터 게임, 보드 게임, 카드 게임, 미술과 공예, 파티 참여하기, 농담하기, 유머, 노래하기, 춤추기 등 매우 다양하다. 이에 놀이치료실은 사춘기 경험과 학업 스트레스가 심해지는 시기의 아동 · 청소년에게 놀이의 의미를 이해시키고 놀이를 함으로써 자기 자신의 정체성을 확고히 해 나가는 의미 있는 공간으로 제공된다. 특히 아동 · 청소년기에 놀면서 익힐 수 있는 것들은 다음과 같다. 즉, 기억력 · 판단력 · 집중력 · 절제력 키우기, 미래의 계획 세우기, 미래의 일 미리 체험하기, 보드게임을 통해 숫자나 확률에 대한 이해, 지리나 역사 학습하기, 같이 놀면서 문제해결력 · 리더십 · 협동심 · 판단력 · 유연성 등 함께 살아가는 방법 배우기, 규칙을 배우고 더 자유롭게 살기, 속임수를 통해 진짜와 가짜 분별하기, 보드게임을 통해 인생 경험하기, 우연과 선택을 통해 인생 배우기 등이다(유은희, 2020).

아동 · 청소년기에 놀이활동을 통해 이러한 다양한 것을 경험하게 되고, 특히 아동 · 청소년은 그들을 위한 놀이치료실 안에서 치료사와 함께 놀이를 해 나가면서 놀이의 치유적 힘을 경험하게 된다.

(3) 성인·노인의 놀이치료실

성인과 노인의 놀이치료실을 나누어 살펴보면 다음과 같다.

① 성인의 놀이치료실

데니스 마탈러(Dennis Marthaler, 1991)는 성인의 놀이치료에 대한 가치를 다음의 글에서 의미를 찾아내고 있다.

> 아기는 사랑스러우며 지혜로우며 창조적, 강한 에너지, 강력함, 차분함, 사회성과 협력적인 모습이다. 이것들이 인간으로 존재하기 위한 중요 요인이므로 우리 모두는 이러한 자질을 늘 가지고 있다. 육체가 쇠하여 감에도 우리가 지닌 어린이의 모습은 여전히 남아 있다. 밤에 반짝이는 별들은 때로는 구름에 가려서 안 보일지라도 사라지는 것은 아닌 것과 같이 우리 내면의 천진난만함은 그 반짝임으로 언제나 빛나게 될 것이다(Frey, 1991: Crenshaw et al., 2019에서 재인용).

이와 같이 성인들과 함께하는 놀이치료는 살아오면서 계속 만나 왔던 먹구름을 걷고 그 속에 들어 있는 천진한 아이다움을 다시 나타내도록 도와주는 것이라고 볼 수 있다. 그럼으로써 성인은 스스로 빛나게 되는 것이다(Crenshaw et al., 2019).

이러한 성인놀이치료는 고도의 스트레스를 받는 성인에게 보다 이완할 수 있도록 도와줄 수 있으며, 치료장면에서 성인 자신보다는 놀이활동에 집중을 함으로써 놀이활동에 완전히 몰입하고 여러 다양한 깊은 인식을 하게 된다(Landreth, 2015). 또한 힘든 내담자에게 카타르시스를 제공하며, 내담자에게 지루함과 우울증을 피하거나 관리하도록 도울 수 있고, 재미를 가져오도록 가르칠 수 있다(유은희, 2020).

이와 같이 성인에게 가치 있는 성인놀이치료에서는 4가지 기본적인 놀이인 신체적 놀이, 조종적 놀이, 상징적 놀이, 게임놀이를 활용하며, 각각의 놀이별 놀이치료실 활용은 다음과 같다.

첫째, 신체적 놀이에서는 활동이 중요하며, 골프, 수영, 자전거, 축구 등으로 대부분이 행동 중심의 활동들이다. 이에 성인의 놀이치료실에서 이런 신체적 놀이활동을 하기에는 여러 기본 시설이 구비되어 있지 않기 때문에 관련 체육시설(골프연습장, 수영장, 축구장)과 연계하여 놀이치료를 진행해야 한다.

둘째, 조종적 놀이는 환경을 통제하고 조종하는데, 놀이는 다양한 방법으로 이루어질 수 있다. 예를 들면, 간단한 놀이소품이나 손인형을 가지고 질의응답을 하는 형태로 진행할 수 있다. 이에 성인의 놀이치료실에 놀이소품, 손인형, 질문지, 감정 단어가 적혀 있는 젠가, 봉제 동물, 행운쿠키 등도 준비해 두면 도움이 된다.

셋째, 상징적 놀이는 공상을 활용하는 것과 관련 되어 있으며, 사회극(사이코드라마)으로 이해하면 된다. 이에 성인의 놀이치료실에서 사회극을 개별적으로 하는 것은 가능하지만, 집단놀이활동으로 확장 시에는 큰 공간이나 소극장 등을 연계하여 놀이치료를 진행하도록 한다.

넷째, 게임 놀이는 보드게임이나 카드게임, 체스와 체커 등으로 성인의 놀이치료실에 다양한 보드게임과 카드게임 도구를 준비해 두는 것이 효과적이다. 이러한 게임을 통해 성인 내담자들은 다양한 사회적 기술과 능력 등을 살피면서 집단게임놀이로 확장도 가능하다(유미숙 외, 2003). 실제 보드게임을 하면서 치료사는 내담자의 여러 반응을 관찰하면서 갈등 조절, 문제해결력, 성공과 실패에 대한 반응 등을 알아 낼 수 있다.

그 외 성인을 위한 놀이치료 관련 문헌에서 살펴보면, 구체적인 놀이치료 기법들로 표현예술활동, 상호작용게임, 드라마와 지시적 심상 놀이, 영화치료, 독서치료 등이 있다. 또한 연극적인 역할 놀이(연극치료, 심리극, 부부치료에서의 즉흥극), 치료적인 유머활동(심리치료에서 유머 통합, 성인의 생활 스트레스를 완화하는 유머), 모래놀이(성인치료에서 모래놀이의 활용, 성인모래놀이치료에서 나타나는 신체의식) 등이 있다. 이에 여러 가지의 놀이활동이 성인의 놀이치료실에서 이루어지므로 관련 기법에 따른 구체적인 놀잇감들을 준비해 두는 것이 효과적이다(Schaefe, 2011).

② 노인의 놀이치료실

노인놀이치료는 노인의 치매를 예방하고 인지능력 재활 면에서 효과성 있는 치료방법을 준비하여 노인의 인지적·정서적·사회적·신체적 기능을 건강하게 유지하고 증진하여 노인의 삶을 보다 더 가치 있게 하는 놀이활동이다(신혜원, 2019).

성장과 치유 목적을 가진 노인놀이치료의 경우, 놀이유형을 다음의 4가지 영역으로 구분할 수 있다.

● 창조놀이: 건강하고 활기 넘치는 인생 2막을 준비하기 위한 단계 놀이
● 레크리에이션 놀이: 건강하고 활기찬 노인의 마음과 몸 챙기기 및 증진을 위한

단계놀이
- 예방치료놀이: 건강하고 활기찬 노인의 마음과 몸의 안정, 마음과 몸의 챙김으로 신체 및 정신 기능의 현재 상태 유지와 기능을 감소시키는 단계 놀이
- 치료놀이: 병약해진 노인과 치매노인의 마음과 몸의 안정, 마음과 몸의 챙김으로 사후적 단계 놀이(신민주, 주용국, 어은경, 2020).

이러한 노인놀이치료의 놀이유형에 따라 실제 놀이치료실에서 진행될 수 있는 영역별 놀이치료를 구체적으로 살펴보면 다음과 같다.

- 미술 영역: 노인은 미술활동을 통해 추억의 지나간 시절을 회상하며 살면서 경험한 좋은 체험들, 주변인들과의 관계성, 남아 있는 삶에 대한 이야기들을 자연스럽게 풀어 낼 수 있다. 이에 노인의 놀이치료실의 선반이나 캐비넷에 미술매체(종이류, 크레파스, 물감, 파스텔, 은박지, 찰흙, 종이박스, 철사나 끈류)를 보관하도록 한다.
- 음악 영역: 노인은 음악활동을 통해 상호 간 의사소통, 관계, 스트레스 해소를 할 수 있게 된다. 예를 들어, 노래를 혼자서 혹은 함께 부르는 활동을 통해 우울감이 감소되고 기분이 이완되고 전환되는 것이다. 이에 노인의 놀이치료실의 선반이나 캐비넷에 음악 감상, 악기 연주, 노래 만들기, 노래 부르기 등과 관련된 음악매체(다양한 악기류, 악보, 오디오기기, 레코드판, 음악 CD 등) 등을 보관하도록 한다.
- 언어 · 문학 영역: 언어 · 문학 놀이 경험을 통해 노인에게 가치 있는 시간과 새로운 경험, 색다른 상상력 등을 제공할 수 있다. 이 영역에서는 동시나 동화 감상, 전래 동요 함께 부르기, 역할극, 책 읽기 등이 포함되므로 놀이치료실 선반에 이와 관련된 다양한 문학작품 관련 영화, 비디오 등의 시청각 자료, 자서전 등의 글쓰기 작품, 인쇄된 글들, 여러 역할을 해 볼 수 있는 의상류 등을 배치하도록 한다.
- 게임 영역: 미리 정해진 규칙에 따라서 함께하는 놀이로서 게임을 통해 나타나는 치료효과는 다음과 같다.
  - 인지 영역의 기능 증진과 인지적 기능을 계속 유지할 수 있다.
  - 몸을 움직이는 게임을 통해 몸의 호흡이나 신체 자극을 통해 신체 기능의

활성화가 이루어진다.

- 집단이 함께 게임을 함으로써 쌓여 있던 스트레스를 해소하며, 감정 조절과 성취감, 자신감을 증진한다.
- 의미 없고 메마른 따분한 일상생활에 새로운 활력소가 된다.
- 여러 다채로운 게임을 통해 신체 및 정신 기능을 증진시킨다.

게임영역의 경우, 집단으로 하는 팀미션들이 많이 있으므로 놀이치료실의 크기를 고려하여 미리 관련 장소를 섭외하는 것이 필요하다(신민주 외, 2020; 신혜원, 2019).

● 전통놀이 영역: 과거 어린 시절에 배우고 익힌 놀이로 노인이 쉽게 활동을 할 수 있다. 또한 재미있으며 노인이 이해하기 쉬운 절기, 계절 등과 연결된 놀이가 대다수여서 부담감이 적고 즐겁게 참여할 수 있다. 전통놀이는 재료들이 생활하면서 우리가 쉽게 만날 수 있는 것들이고 놀이방법이나 놀이종류가 매우 다양하다. 예를 들어, 강강술래, 딱지치기, 윷놀이 등이 대표적인 놀이들이다. 이에 노인의 놀이치료실의 선반이나 캐비닛에 전통놀이와 관련된 놀이매체(공깃돌, 오자미, 분필, 제기, 윷) 등을 보관하도록 하고, 집단으로 함께 진행될 때를 대비하여 조금 큰 치료실을 구성하는 것이 좋다.

● 신체-운동 영역: 노인은 신체를 움직이고 운동을 하면서 다른 사람들과의 상호작용을 체험하고 관계도 긍정적으로 변화시킬 수 있다. 특히 음악에 맞추어 신체를 움직이는 율동은 이런 몸 표현을 함으로써 몸 자체의 활력과 더불어 스트레스도 해소하게 된다. 또 이런 몸의 움직임은 외로움과 무력감을 없애는 데도 큰 도움이 되며, 운동을 하면서 폐활량도 좋아지고 몸도 건강하게 유지하여 활력소가 될 수 있다. 예를 들어, 라인댄스, 전통춤 배우기, 게이트 볼 등이 대표적인 운동 놀이이다. 이에 노인의 놀이치료실은 미끄럼 방지가 있고 탄력성이 있는 바닥재로 설치하며, 즐겁게 움직이는 자신의 몸을 볼 수 있는 큰 거울을 한쪽 벽 전체에 붙이는 설비를 하는 것도 도움이 된다.

● 생활영역: 노인이 일상적인 생활에서의 활동을 각자의 생활패턴에 맞게 그 활동들을 조절해 나가도록 도움을 주는 것이다. 예를 들어, 세탁물이나 수건 정돈, 산책, 청소, 식사시간에 도움 주기, 애완동물 돌보기, 화분에 꽃씨 뿌리기 등이다. 특히 생활영역 관련 놀이의 경우 노인이 편안하게 자신의 신체를 움직임으로써 보다 더 건강한 생활을 할 수 있도록 치료사는 노인 자신이 역할

경험을 하면서 자존감을 증진시키고 즐거운 생활을 할 수 있도록 적극적인 격려와 구체적인 행동양식을 반복적으로 익힐 수 있게 도와주어야 한다. 이에 노인의 놀이치료실의 선반에는 수건, 행주, 꽃씨류, 청소도구류, 동물인형류 등을 준비해 놓고 실제 생활영역에서 할 수 있는 소박하지만 본인 스스로 하면서 행복감을 느낄 수 있는 놀잇감을 준비하면 효과적이다(신민주 외, 2020).

특히 노인을 위한 놀이치료실은 노인의 신체적 기능을 배려하여 시설 설비가 이루어져야 한다. 예를 들어, 건물 입구부터 놀이치료실 입구, 놀이치료실 내부에서도 휠체어 사용이 용이하게 설계되어야 하며, 화장실도 내부에 구비되어 있으면 효율적이다.

그 외 노인을 위한 놀이치료 관련 문헌에서 살펴보면, 구체적인 놀이치료 기법들로 연극적인 역할놀이(노인집단치료에서의 발달적 변형), 치료적인 유머 활동표현(노인의 우울증과 자살 관련 치료적 유머), 모래놀이/인형놀이(치매에 걸린 노인을 위한 놀이치료, 노인정신과 환자에게 적용되는 치료적 인형 활용하기) 등이 있다. 이처럼 여러 놀이활동이 노인의 놀이치료실에서 이루어지므로 관련 기법에 따른 놀잇감들을 구비해 두어야 한다(Schaefe, 2011).

4) 놀이치료실 사용 시 주의사항

놀이치료실에서 치료사가 특히 관심을 가지고 다루어야 할 주의사항은 다음과 같다(유가효 외, 2019; 유미숙 외, 2013; Landreth, 2015).

● 내담자가 놀이치료실에 음식물이나 간식류를 가져오는 것은 미리 제한하도록 한다. 음식이나 간식을 먹음으로써 집중하는 시간을 방해하므로 치료사는 내담자에게 놀이치료실에 들어가기 전에 음식물을 미리 먹을 것을 구조화하고 안내해야 한다.

● 내담자가 놀이치료실에 있는 놀잇감을 가져가려는 행동을 한다면 치료사는 어떤 마음일까? 이는 치료사의 마음 상태를 부담스럽게 하는 체험이며, 실제 이럴 때는 놀잇감을 가져가지 못하게 하는 것이 원칙이다. 그 이유는 다음과 같다.

- 놀이치료의 경우 관계 맺기에서 정서적인 부분이 기본이며, 내담자는 내면 으로 연결되는 것이 외부적으로 놀잇감을 가져가는 것보다 의미가 있기 때 문이다.

- 놀잇감은 내담자가 자신의 감정을 표현하는 도구이며, 놀잇감을 집으로 가 져간다는 것은 다른 내담자의 자연스러운 표출과 표현을 방해하는 것이다.

- 내담자에게 놀잇감을 가져가는 것을 허용했을 시 '만약 가져오지 않는다면 치료사는 과연 어떻게 해야 하는가?'의 고민이 생긴다. 이때 치료사는 기본 적인 고유한 치료사로서의 역할이 아닌 놀잇감을 가져오라고 부탁하고 설 득하는 다른 역할을 하게 되는 문제가 발생한다.

- 예산과 관련된 것으로 놀이치료실은 정해진 예산으로 관리 · 운영되기 때 문에 놀잇감을 가져가는 것은 치료센터의 경제적인 부담으로 이어진다.

● 내담자가 놀잇감을 부수거나 망가뜨리려 한다면 치료사는 내담자에게 놀이치 료실에서의 이러한 행동을 제한 설정해야 한다. 이것은 내담자에게 자기 자신 을 조절하는 것의 중요한 가치를 알게 하는 과정이다. 놀이치료실은 아무 제 한을 하지 않는 자유공간이 아니며, 내담자가 무언가를 시도해 보는 공간인 것이다. 잊지 말아야 하는 것은 놀이치료실 내의 제한 설정은 놀이치료에서 의미 있는 치료과정이라는 것이다.

● 내담자가 놀이치료 과정에 놀이치료실을 본인 마음대로 게임을 하듯이 나갔 다 들어왔다 하는 것을 허락하는 것은 곤란하다. 이런 상황은 치료관계를 악 화시키고 상호작용에서도 악영향을 미치게 되기 때문이다. 그러므로 내담자 에게 먼저 놀이치료실에서는 정해진 시간이 될 때까지는 놀이치료실을 나가 는 것이 안 된다는 것을 알려 주고 약속을 하는 것이 중요하다. 또한 치료사는 놀이치료를 시작하기 전에 내담자가 미리 화장실에 다녀오도록 안내해야 하 며, 어린 내담자의 경우는 그들의 부모가 아이들과 미리 화장실에 다녀올 수 있도록 상세하게 설명을 해 주어야 한다. 물론 화장실을 한 번 가는 것과 물을 마시러 한 번 가는 것은 허용할 수 있다.

● 내담자가 놀이치료실에서 나가지 않으려고 한다면 이는 시간 제한과 치료사 가 어느 정도 참을 수 있는지에 대한 테스트를 하는 것으로 볼 수 있다. 치료 사는 원래 정해진 놀이시간을 더 오래 사용해서는 안 되며, 내담자가 스스로 자기 조절을 할 수 있도록 적절하게 상호작용을 해야 한다. 이에 치료사는 놀

이 치료실 공간에 내담자가 더 머무르려는 마음이 간절해도 내담자 스스로가 자신을 존중하며 존귀함을 경험하면서 자발적으로 나갈 수 있게 해야 한다.

● 놀이치료실을 다용도실이거나 대기실, 탁아 놀이실 등으로 쓰는 것은 허용되지 않는다. 놀이치료실은 치료사와 내담자에게 의미 있고 가치 있는 상징적 공간이므로 이를 여러 다른 용도로 사용하게 된다면 특별한 치료적 관계가 성립될 수 없다.

● 치료사는 항상 놀이치료실을 청결하게 관리하고 치료과정이 마무리 되면 놀잇감을 늘 배치하던 그 장소에 보관하며 질서 있게 정리하여야 한다. 특히 여러 명의 치료사가 하나의 놀이치료실을 함께 공유한다면, 반드시 순번을 정하여 청소를 하고 놀잇감들을 순서대로 정리정돈하면서 재배치해야 한다. 치료적 영역인 놀이치료실에서의 순서와 일관성 있는 배치는 그만큼 중요한 의미가 있기 때문이다(김춘경, 2007; Landreth, 2015; Vanfleet et al., 2013).

2. 놀잇감

놀이치료는 내담자 내면의 심리적인 면과 내담자 외부의 환경이 놀이를 매개체로 서로 연결되고 접촉되도록 도와주는 심리치료방법이다. 이에 놀이치료실에서 내담자가 스스로 선택한 놀잇감은 중요한 치료적 의미를 지니고 있다. 놀잇감은 아동의 흥미, 창의적 표현과 정서적 표현의 촉진, 탐색적인 놀이로의 촉진, 규격화되지 않은 놀이의 허용, 활동적인 놀이를 허용할 수 있어야 한다.

이에 랜드레스(Landreth, 2015)는 놀잇감이란 "치료의 목적에 도달하기 위하여 도움을 주는 것으로 놀이치료가 가지고 있는 근본적인 철학을 중심으로 지혜롭게 선택되어야 한다."고 주장하였다. 다양한 놀잇감은 내담자에게 자발적으로 자신의 감정을 놀이라는 활동과정을 통하여 자연스럽게 나타나게 할 수 있다. 또한 여러 종류의 장난감은 내담자와 치료사 사이의 치료적 관계를 탄탄하게 도모하며 내담자가 자신의 감정을 안전하게 드러낼 수 있도록 도와준다. 그러므로 놀이치료에 필요한 놀잇감을 선택할 때, 내담자의 발달 상태를 정확하게 파악하고 내담자가 놀이활동을 평안하고 자유롭게 표현할 수 있는 것으로 구성해 주어야 한다([그림 5-2] 다양한 놀잇감류 참조).

1) 치료이론에 따른 놀잇감

인간의 의사소통 과정에서 중요한 부분이 단어라고 할 때, 놀이치료의 의사소통 과정에서 중요시하는 것이 놀잇감이다. 그러므로 놀이치료의 중요한 이론적 근거를 기반으로, 놀잇감을 선택 시에 최대한 신중한 고려가 필요하다. 이에 놀이치료의 이론에 따라 추천하는 놀잇감을 자세히 살펴보고자 한다.

(1) 아동중심 놀이치료에서의 놀잇감

캐롤 메이더(Carol Mader, 2000)는 아동중심 놀이치료사로서 여러 종류의 놀잇감을 놀이치료실에 준비해야 여러 형태의 놀이를 경험할 수 있다고 주장하면서 놀잇감의 가치를 언급하였다. 아동의 구성놀이 촉진을 위한 놀잇감으로 나무블록과 레고 등을 추천하였고, 상징놀이와 가장놀이를 할 수 있는 소꿉놀이 세트와 다양한 형태의 의상들이 필요하다고 하였다. 〈표 5-1〉은 메이더가 언급한 놀잇감 관련 목록이다(유가효 외, 2019에서 재인용).

〈표 5-1〉 놀잇감 목록

번호	놀잇감류	구체적인 놀잇감 목록
1	가구 관련 장난감류	장난감 스토브, 장난감 찬장, 장난감 싱크대, 아동용 책상과 의자, 비어 있는 가방류
2	장난감류	인형집과 인형가족, 인형침대, 인형용 유모차, 인형용 베개와 이불, 헝겊 인형
3	아기인형류와 관련 장난감	곰인형, 인형 옷, 플라스틱 그릇과 수저세트, 젖병, 인형용 기저귀, 장난감 전화기 2대, 거울
4	미술 도구와 재료들	모래상자, 모래사장에 필요한 상징들, 찰흙, 고무찰흙, 종이, 크레파스, 펠트펜, 핑거페인팅, 퍼펫, 카드보드박스, 풀, 가위, 테이프, 색종이, 카드보드, 헝겊, 나무주걱, 작고 반짝이는 장신구, 나무블록
5	미니어처 동물들과 피겨류	농장 동물, 동물원 동물, 다양한 종류와 크기의 공룡, 슈퍼히어로와 다양한 인물을 포함한 피겨
6	몸에 걸치거나 입는 재료들	보석, 가발, 검, 가발을 포함한 다양한 의상, 의사와 간호사 복장, 다양한 마스크
7	책류	그림동화책과 스토리북

| 8 | 게임류 | 카드, 도미노, 다양한 보드게임 |
| 9 | 기타 놀잇감 | 장난감 차량, 쇼핑카트, 장난감 돈, 장바구니 |

(2) 정신분석적 놀이치료에서의 놀잇감

정신분석적 놀이치료의 경우, 심리역동을 고려하면서 내담자가 가진 내적 관심들을 표출해 낼 수 있는 놀잇감을 선택할 수 있는 환경을 염두에 두어야 한다. 이에 놀이치료실 환경은 최대한 단순하고 깔끔하며, 시각적인 자극이 드러나지 않도록 주의한다. 특히 놀이치료실은 내담자가 자신의 이야기를 두려움 없이 드러내고 다시 표현해 내는 의미 있는 공간이므로 내담자 각자의 특성별로 치료실 안에서 내담자 자신이 환경을 재구성하거나 새롭게 창조할 수 있도록 도와주는 놀잇감과 환경을 제공해야 한다(Loewald, 1987).

치료실의 구조는 변함없이 고정적인 것이 좋으며, 내담자가 사용할 여러 놀잇감을 준비해 놓고 선택할 수 있게 한다. 구체적으로, 그리기 도구, 인형 관련(인형, 인형옷, 인형 관련 가구), 담요, 장난감들, 게임, 다양한 활동을 할 수 있는 공류를 준비한다. 놀잇감으로는 인형가족과 인형의 집, 집, 사람 모양의 퍼펫, 군인류, 총류, 게임이나 만화, 영화의 인물들의 피겨류, 인디언, 카우보이, 자동차류, 전화기류, 블록 등이다. 그 외 미술재료들로 연필, 마커, 크레용, 종이, 핑거페인트, 지점토, 천사점토 등을 준비한다. 또한 내담자가 자유롭게 자신의 내면세계를 내담자의 손으로 선택된 피겨로 만들어 낼 수 있는 모래상자를 배치하면 효과적이다.

그 밖에 조직적인 게임류(체크, 배틀십)를 준비해 놓으면 치료사는 내담자와의 게임을 통해 놀이에서의 갈등, 방어, 동기의 깊은 의미를 파악해 볼 수 있는 좋은 기회를 가질 수도 있다(유가효 외, 2019).

(3) 생태학적 놀이치료에서의 놀잇감

생태학적 놀이치료에서 초점은 개인이 속한 체계 전체에 대한 것이다. 이 놀이치료에서 치료사는 각 개인의 경험들을 특이하고 독특한 것으로 바라보며 발달이론과 여러 치료이론, 기법을 함께 통합하였다. 다시 말해서, 생태학적 모델은 생태체계적 측면에 초점을 두며 유기체들과 환경과의 상호적 관계나 전체성에 흥미를 가지면서 여러 체계를 참고한다(O'conner, 2001).

생태학적 놀이치료에서는 내담자-치료사의 상호작용이 내담자와 놀잇감의 상호작용보다 더 중요한 것으로 강조된다. 생태학적 놀이치료사는 내담자에게 의미 있는 상태의 각성수준을 계속 가지게 하면서 물리적인 공간과 놀잇감들을 조절한다. 특히 생태학적 놀이치료에서는 내담자의 발달수준에 따라서 내담자의 욕구를 적용하도록 놀잇감이 선택되는 것을 강조한다. 이에 내담자의 발달수준에 따른 놀잇감은 다음과 같다(김광웅, 유미숙, 유재령, 2004).

● 수준 1의 놀잇감(0~만 2세): 양육이나 감각운동 기능을 효과적으로 자극할 수 있는 것으로 젖병, 아기 담요, 로션, 부드러운 천 인형, 나무로 만든 인형, 악기류, 블록류, 공, 딸랑이, 악기 등이다. 재료를 따로 떼어 내고 붙이는 미술활동, 문지르고 비비고 부수는 등의 미술활동 등도 추천할 수 있다.

● 수준 2의 놀잇감(만 2~만 6세): 내담자 본인이 포함되어 가상활동 놀이를 할 수 있는 놀잇감으로 상호작용 장난감이나 생활 장난감인 전화기, 의복, 소꿉놀이 세트, 병원놀이 세트, 꾸미기 세트, 생활용품 등이다. 특히 미술재료를 좋아하는 수준 2의 내담자에게 큰 종이 등을 제공하면 창조적 만들기를 통한 입체화된 3차원의 놀이활동 욕구도 만족시킬 수 있다.

● 수준 3의 놀잇감(만 6~만 12세): 환상세계에서 적당한 거리를 유지하는 장난감으로 내담자의 생각과 세계를 자유롭게 표현하며 가상놀이에 몰입할 수 있는 축소형 가상 장난감인 인형의 집, 레고, 미술세트, 치료 목적의 보드게임 등이 이에 해당된다. 이 연령에는 색도화지보다는 하얀 종이를 제공하는 것이 좋으며, 큰 종이보다는 표준형 종이를 제공하는 것이 효과적이다. 또 현실세계의 물건을 창조적으로 만들어 낼 수 있는 진흙, 레고 등을 좋아한다.

● 수준 4의 놀잇감(만 12세 이상): 축소형 놀잇감에 관심을 가지는 내담자가 조금 더 복잡하고 다양하며 묘사가 상세한 이야기를 만들어 낼 수 있도록 스토리와 언어 중심의 놀이를 할 수 있게 응원해야 한다. 특히 이 연령의 내담자는 놀잇감을 사용하는 것보다는 치료사와 함께 앉아서 도란도란 이야기를 나누는 것을 더 선호한다. 그러므로 놀이실에서 놀잇감을 내담자의 눈앞에 보이지 않게 배치하는 것도 효과적인 방법이다.

(4) 아들러 놀이치료에서의 놀잇감

아들러 놀이치료에서는 내담자가 사용하는 놀잇감은 꼭 필요한 것으로 보며 놀 잇감 사용에 있어서 다음의 목적들을 추구한다.

- 가족 구조와 가정 분위기를 탐색한다.
- 왜곡된 신념, 알고 있는 위험, 예전의 트라우마를 확인한다.
- 조절과 신뢰 부분을 관찰한다.
- 가족 내부의 역동과 타인과의 상호관계 시 연결된 감정을 파악하고 드러내게 한다.
- 타인과 연결되고 의미를 가지고 내담자의 특별한 방법을 파악하고 나타내게 한다.
- 내담자가 가지고 있는 창조성과 상상력을 잘 알게 하고 나타내게 한다.
- 새 행동과 태도를 습득하게 한다(Kottman & Meany-Walen, 2017).

아들러 놀이치료는 내담자가 충분히 경험하는 모든 부분을 다 허용하는 놀잇감 을 준비하기 위하여 5가지 종류의 놀잇감인 가족-양육적인 놀잇감, 무서운 놀잇 감, 공격적인 놀잇감, 표현적인 놀잇감, 가장-상상적 놀잇감을 놀이상자에 보관한 다. 5가지 놀잇감은 다음과 같다(송영혜, 2003; Kottman et al., 2017).

첫째, 가족-양육적인 놀잇감

내담자는 가족-양육적인 놀잇감을 통해 내담자가 사는 가족 분위기를 표현하거 나 보살핌을 필요로 한다. 이러한 놀잇감의 종류는 다음과 같다.

> 인형의 집, 아기인형, 요람, 동물가족, 사람인형, 아기옷, 젖병, 솜인형, 유아용 흔들의자, 따 스하고 보드라운 담요, 항아리와 팬, 접시, 은식기, 쓰레받기와 빗자루 등의 청소용품, 구부 러지는 인형가족, 모래상자 속 모래와 모래에서 활용 가능한 여러 가족 모형, 가족으로 활 용 가능한 '사람과 비슷한' 피겨류, 음식보관함과 시리얼 박스와 캔류, 나무나 플라스틱으로 만든 주방용품류

둘째, 무서운 놀잇감

　내담자는 무서운 것들로부터 자기 자신을 보호하거나 치료사로부터 자신을 방어하기 위해, 또는 자신의 두려움을 자발적으로 다루어 보기 위해 무서운 놀잇감을 활용한다. 이러한 놀잇감의 종류는 다음과 같다.

> 플라스틱 뱀, 플라스틱 괴물, 쥐, 공룡, 곤충, 용, 상어, 악어, 그 외 파괴적이고 위험하고 무시무시한 동물류

셋째, 공격적인 놀잇감

　내담자는 힘과 조절 관련 이슈를 다룰 시에 공격적인 놀잇감을 활용한다. 공격적인 놀잇감을 통해 자기통제를 적절하게 하면서 내담자는 유능감을 효과적으로 활용할 수 있다. 이러한 놀잇감의 종류는 다음과 같다.

> 세워지는 펀치백, 무기로서 다트총, 권총, 권총집, 칼, 총, 고무칼, 군인 놀잇감과 군인용 차류, 작은 베개, 밧줄, 고무방망이, 방패, 수갑

넷째, 표현적인 놀잇감

　내담자 자신이 자발적으로 관계를 이해하고, 내담자 자신을 구체적 형상으로 만들어 내고 내면의 감정과 인지를 알게 됨으로써, 문제 이해 및 해결방법을 발견하고 창조적인 힘을 찾아내어 창의력을 도모하기 위해 표현적인 놀잇감을 활용한다. 이런 과정을 통해 내담자는 자신감, 자존감, 자기 통제 증진 기술 등도 발달시킬 수 있다. 이러한 놀잇감의 종류는 다음과 같다.

> 이젤과 물감, 수채화물감, 핑거페인트, 크레용, 마커, 색연필, 풀, 반짝이풀, 깃털, 방울, 신문지, 점토나 찰흙, 연필, 가위, 접착테이프, 달걀판, 파이프 청소도구, 스티커, 스팽글, 구슬, 실과 바늘, 손인형용 양말, 도시락 가방, 털실, 포스터 보드, 방습지, 그림과 단어가 있는 잡지

다섯째, 가장-상상적 놀잇감

내담자는 은유적으로 관계와 생각을 고민해 보고 사고, 태도, 경험에 관해서 상호 간에 서로 소통하게 된다. 이러한 놀잇감의 종류는 다음과 같다.

마스크, 의사용품, 요술봉, 블록과 조립 재료, 다양한 색깔의 천, 사람인형, 빗자루, 다리미와 다리미판, 전화기, 동물원의 동물 및 농장의 동물인형, 인형극장, 기사와 성, 큰 베개, 외계인과 기타 외계 생물체, 모자와 보건, 넥타이, 지갑, 의상 및 다양한 정장, 교통수단과 관련 놀잇감(자동차, 트럭, 비행기 등), 상상 관련 인형들(마녀, 마법사, 유니콘, 유령, 공주, 외계인 등)(kottman, 1995).

---

(5) 놀잇감 역할의 비중이 낮은 치료이론

심리치료의 여러 기법 중 놀이를 매개로 하는 놀이치료에서 모두 놀잇감을 강조하고 중요시하는 것은 아니다.

인지행동 놀이치료는 놀잇감에 아주 큰 의미를 두지는 않고 있다. 특정 대상 내담자별로 특별한 장난감을 필요로 하며, 기본적으로는 놀잇감 한 세트 정도로도 충분하다. 상황에 따라서 이미 구비되어 있는 놀이치료실의 놀잇감으로 활용하기 어려운 경우에는 내담자가 특별한 자신의 놀잇감을 놀이치료실에 직접 가져올 수도 있다. 또한 치료사와 함께 내담자가 놀이치료실에서 놀잇감을 직접 만드는 등 내담자만의 놀잇감을 창조하는 방법도 가능하다. 인지행동 놀이치료사는 내담자의 자연스럽게 놀잇감을 선택하고 활동하는 과정을 관찰하면서 내담자에게 필요한 놀이 회기를 구조화할 수 있는 기본 정보를 얻을 수 있다(Knell, 2001).

해결중심 상담에서도 놀잇감의 사용을 강조하지는 않는다. 김인수와 스타이너(Berg & Steiner, 2009)는 해결중심 상담을 진행 시 치료사가 내담자에게 좋은 환경과 놀잇감을 제공하고 싶어 하지만 반드시 놀잇감이 있어야 하는 것은 아니라고 하였다. 더 중요한 것은 내담자 스스로가 자신이 좋아하고 선호하는 장난감을 손수 만드는 것이라고 언급하였다. 또한 여러 가지 스타일의 옷, 다양한 색의 도화지와 색연필 등이 내담자의 특별한 세상으로 함께 들어갈 수 있는 놀잇감이며, 이에 의도적으로 많은 놀잇감을 준비하지는 않는다(Berg et al., 2009). 이와 같이 이미 구비된 구조화된 놀잇감보다는 내담자가 자발적으로 만들어 낸 창조적인 내담자만의 놀잇감이 더욱 의미가 있는 것이다.

치료놀이의 경우, 앞서 영·유아의 놀이치료실에서 이미 설명을 하였으므로 생략하기로 한다.

2) 놀잇감 준비 시 고려해야 할 필수조건

랜드레스(2015)는 놀잇감이 적절하게 사용되는지에 대한 평가는 놀잇감이 내담자의 발달연령에 적합하고 치료에 효과적으로 사용되는가를 보는 것이라고 하였다. 이에 놀잇감 준비 시 생각해 봐야 할 필수조건 7가지를 다음과 같이 제시하였다(김춘경, 2007; Landreth, 2015; VanFleet et al., 2013).

(1) 내담자와의 관계 표현에 관한 것이다.

내담자에게 선택된 놀잇감은 치료사에게는 내담자가 주변 사람들과 갖는 관계에 대한 정보를 준다. 이러한 정보는 명쾌한 이해를 증진시키고, 아동에게는 분명한 의사소통을 위한 실제 생활의 주제, 공격성, 창조적 표현들을 놀이로 나타나게 해 준다.

(2) 다양한 감정의 표현에 관한 것이다.

다양한 감정의 표현은 퍼펫(손인형) 같은 놀잇감을 사용할 때 장려된다. 퍼펫(손인형)의 경우 감정을 표현할 때 은유적으로 나타내므로 겁이 나거나 불안한 감정을 보다 쉽게 드러낼 수 있다. 이처럼 감정을 쉽게 나타낼 수 있도록 돕는 놀잇감을 준비하여 욕구 표현을 편안하게 할 수 있어야 한다.

(3) 현실생활의 경험 탐색에 관한 것이다.

현실생활 경험의 표현은 내담자의 치료에서 매우 중요한데, 이는 이런 경험을 드러냄으로써 치료에 대한 욕구를 일으키기 때문이다. 예를 들어, 병원놀이에서의 놀잇감 활용이 내담자에게 현실생활에서 자아통제감을 발달시키는 데 이용할 수 있으며, 내면의 균형을 장려하는 기능을 한다. 놀이에서 실생활 경험을 드러내고 치료사가 그런 경험들을 이해하고 수용할 때 실생활 경험들은 처리하기 쉬울 정도로 다듬어진다.

(4) 제한에 대한 검증에 관한 것이다.

어떤 놀잇감은 내담자의 공격성을 표현하게 하면서 허용되는 행동과 그렇지 않은 행동의 제한을 검증할 기회를 줄 수 있다. 예를 들면, 다트 놀잇감이 이에 해당된다. 이렇게 놀잇감을 가지고 노는 과정을 통해서 제한에 대해 배우게 된다.

(5) 긍정적인 자아상 발달에 관한 것이다.

많은 내담자가 빈약한 자아상(self-image)을 가지고 있는데, 적절한 놀잇감은 이를 극복하게 해 준다. 성취감을 경험할 수 있는 놀잇감을 통해 잘할 수 있다는 긍정적인 감정을 쉽게 느낄 수 있다.

(6) 자신에 대한 이해의 발달에 대한 것이다.

자신에 대한 이해의 발달은 허용적인 관계 맺기를 제공하는 치료사와의 상호작용을 통해 이루어진다. 내담자는 치료사가 보여 주는 허용적인 태도에서 안정감을 갖고 자기 내면의 여러 감정을 표현하게 된다.

(7) 자기를 조절하는 발달 기회의 제공에 관한 것이다.

자기 조절이 가장 효과적으로 발달하는 것은 바로 타인의 간섭 없이 내담자가 자발적으로 구별하고 결단을 내리면서 책임감을 느끼는 때이다. 예를 들어, 모래, 물 등은 자기 스스로 조절이 가능하게 도와주며, 제한설정의 기회를 줄 수 있으며, 자연스럽게 자신의 감정을 나타내도록 하는 효과적인 놀잇감이다.

3) 놀잇감의 범주

놀이치료실에 가장 효과적으로 사용되는 놀잇감을 여러 문헌을 고찰하면서 다음의 다섯 가지 범주로 분류하였다(김춘경, 2007; 유가효 외, 2019; Giordano, Landreth, & Jones, 2014; Landreth, 2015).

(1) 일상과 연결된 놀잇감
내담자가 안전하다고 자신이 느낄 때에 경험은 수용될 수 있으며, 치료사를 신뢰하게 되었다는 것을 인식할 때 감정은 자발적으로 표현된다.

● 내담자가 가족에게 가지고 있는 다양한 감정(가족과의 갈등, 형제간 갈등, 두려움, 분노)을 안전하게 표현할 수 있게 한다. 실제 내담자들은 감정을 표현할 때 직접적으로 그 대상을 나타내는 것을 매우 어려운 것으로 생각할 수 있다. 이에 가족인형놀이를 통해 가족 안에서의 이야기를 만드는 과정은 은유(metaphor)로서 안전하고 편안하게 내담자 자신의 감정을 드러낼 수 있게 한다. 또한 일상과 관련된 놀잇감은 내담자와 치료사가 놀이실을 함께 살펴보는 데 도움을 주고 내담자 스스로가 파악하는 현실을 나타내는 데 효과적이다. 관련 놀잇감은 그릇, 우유병, 아기인형, 인형 가구, 인형의 집, 꼭두각시 인형 및 인형극 인형, 얼굴이 그려져 있지 않은 인형, 부모ㆍ형ㆍ동생ㆍ아기를 포함한 가족인형, 식기류를 포함한 부엌세트, 퍼펫, 병원놀이 세트, 마스크, 인형 옷, 동물가족인형 등이다.

● 내담자가 자신의 감정을 표출하지 않고 애매모호한 놀이활동이 가능한 놀잇감으로는 금전등록기, 차, 트럭, 배 등이 있다. 치료사와 신뢰가 충분히 형성되면 이런 놀잇감을 가지고 놀면서 내담자 스스로 자신의 감정과 경험을 표현해 내게 된다.

(2) 공격성을 표현하고 방출할 수 있는 놀잇감

내담자가 자신 내면의 화, 분노, 억눌렀던 감정을 안전한 공간에서 표현할 수 있게 한다. 치료사는 내담자가 쏘고, 물고, 때리고, 찌르는 상징적인 표현들을 수용해야 하며, 내담자의 공격적 행동에 대하여 불안을 느끼는 치료사는 이런 감정에서 자신을 보호하는 개인적 욕구를 인식하고, 내담자의 표출을 거부하는 행동을 인내심 있게 참아야 한다.

특히 내담자가 자기 내면의 공격적 감정을 드러낼 수 있도록 하는 것은 놀이치료실의 안전하고 편안한 환경이다. 그러나 너무 강력한 공격성을 내담자가 드러내면 치료사가 큰 혼란과 불안감을 가질 수 있으므로 신체적 공격 등을 하지 않도록 우선 제한을 정해 놓는 것이 중요하다.

공격적인 내담자(분노, 적개심, 좌절감이 있는)에게 제공될 수 있는 놀잇감은 펀치백, 부드러운 고무로 만들어진 총, 우레탄 재질의 칼, 군인류 놀잇감, 악어, 동물 놀잇감 등이다. 또한 찰흙을 바닥에 두들기기, 던져 보기, 주무르고 내담자의 손으로 직접 만지고 빚어 보면서 이런 공격적인 것을 표현할 수 있다.

(3) 정서적 표출과 창의적 표현을 위한 놀잇감

놀이활동 시 새롭게 문제해결을 하는 과정을 통해 아동은 자신이 경험한 여러 문제나 힘든 점에 대하여 다른 각도로 생각하고 해결할 수 있도록 도울 수 있다. 또한 아동은 여러 활동에 참여하고 도전하면서 현실에서의 적응 방법을 알아낼 수도 있다. 특히 놀잇감을 가지고 놀 때 아동 자신의 발달수준과 생각에 따라 융통성 있게 변화 가능한 놀이활동으로 확장되는 것이 중요하다. 이를 통해 아동은 자아 강도, 자존감, 성취감이 증진된다. 관련 놀잇감으로는 모래, 물, 물감, 크레파스, 종이, 찰흙, 블록, 고리 던지기, 콩 주머니, 카드 등이다.

대표적인 비구조화된 놀잇감으로서 모래와 물은 아동들이 많이 사용하는 놀이매체이다. 물론 모래와 물을 가지고 놀이활동을 할 때 청소의 어려움이 있으므로 적당한 제한을 알려 주고 놀이를 하는 것이 효과적이다. 예를 들어, 물과 모래를 조금 담을 수 있는 그릇 등을 미리 준비하고, "이 그릇에서만 물과 모래를 사용할 수 있다."라는 적절한 제한설정을 두는 것이다. 구조화되어 있지 않은 특성을 지닌 모래와 물은 어떤 것이든지 다 만들어 낼 수 있고 놀이하는 방법이 매우 다양하다. 그래서 수줍음을 많이 타거나 위축된 내담자에게 좋은 놀잇감으로 활용된다. 또한 내담자는 선호하는 블록을 가지고 놀면서 쌓거나 던지고 다양한 건축물을 만들어 낼 수도 있으며, 발이나 손으로 쳐서 부수기도 하는 등 여러 가지 용도로 사용할 수 있다. 이런 블록의 경우도 놀이하는 방법이 다양하여 내담자에게 좋은 놀잇감으로 제공된다.

(4) 상징적 표현과 은유가 가능한 놀잇감

창조, 카타르시스(정화), 건설과 파괴를 의미하는 놀잇감으로 아동이 표현하는 여러 감정을 아동의 상황에 따라 나타낼 수 있다. 그리고 아동은 건설과 파괴 활동을 계속 반복하면서 자신의 자아를 은유로서 나타내고 내면의 힘을 키우는 데 효과적이다. 또한 치료사와 아동이 같이 행하는 게임을 통해 아동의 자아 강도, 관계에서의 신뢰감, 사회적 기술을 늘리는 데 도움이 될 수 있다. 관련 놀잇감으로는 동물 인형, 건축물, 사람인형, 동화 주인공 인형, 전설에서의 주인공 인형, 실생활 도구 모형 세트 등이다.

[그림 5-2] 다양한 놀잇감류-명지대학교 통합치료클리닉 내 놀이치료실

(5) 게임 또는 발달을 촉진하는 놀잇감

게임 활동을 할 때 매우 중요한 것은 규칙에 관한 것이다. 게임 과정에서 내담자는 규칙을 이해하고 규칙을 통해 자신을 통제하고 자신의 욕구를 관리할 수 있는 능력을 가지게 된다. 또한 게임은 두 명 이상이 함께 놀이를 하는 것이므로 사회적 기술 증진에 도움을 주며, 어떤 게임을 하느냐에 따라서 인지 전략 구축하기, 불안과 충동성 조절하기, 두려움 극복하기 및 소근육 발달도 촉진할 수 있다. 관련 놀잇감으로는 보드게임, 전략게임, 소근육 발달 게임, 주사위 게임 등이다.

4) 놀잇감의 조건과 기능

놀잇감 선택 시 필요한 조건과 놀잇감 기능은 다음의 7가지로 설명할 수 있다 (Crenshaw et al., 2018; Ginott, 1961; Landreth, 2015).

(1) 청결성

내담자를 위하여 놀잇감은 늘 위생적으로 유지되어야 한다. 예를 들어, 내담자가 놀이치료실에서 요리놀이를 하면서 사용한 수저와 젓가락을 입에 넣고 맛있게 먹는 놀이를 하였는데, 그 이후 다른 내담자가 이 수저와 젓가락을 사용한다면 이는 청결하지 못한 것이다. 이에 놀이활동에 사용된 수저와 젓가락은 놀이치료가 끝나고 나서 잘 세척하고 소독을 한 후 다시 놀이치료실에 배치해서 다른 내담자가 활용하게 해 준다. 청결을 유지하기 위하여 수저와 젓가락을 여러 개 준비해 두는 것도 좋은 방법이다.

또한 놀이치료실에서 활용되는 모래상자 안의 모래는 반드시 깨끗하게 소독된 것을 사용해야 한다. 특히 여러 내담자들의 사용으로 지저분하게 된 모래의 경우 정기적인 소독과 관리가 필수적이다.

(2) 관계지향성

전화, 공, 칼, 인형극 인형 등은 상호작용을 증진해 주는 관계 지향적 놀잇감이다. 이런 놀잇감을 통해 내담자와 치료사가 유대감을 촉진하고, 놀잇감을 통해 내담자가 가지고 있는 관계와 연관된 문제들을 점검할 수 있다.

(3) 현실세계의 표현

놀잇감은 때로는 내담자의 주변 환경을 은유적이거나 현실적인 것으로 보여 주기도 한다. 현실세계를 표현해 주는 놀잇감으로는 집, 인형, 자동차 등이 있다. 이 놀잇감은 움직임과 조작이 쉽게 되어야 하고, 내담자의 발달연령과 신체 크기에 맞는 적절한 수준으로 준비되어야 한다.

(4) 투사적 놀이 기능

놀잇감을 통해 내담자는 투사적(Projective) 감정을 드러내고, 그 감정을 상징성을 가진 놀이로서 만들어 내어 표현한다. 이와 같이 내담자는 여러 놀잇감 중에서 중요하고 특별한 의미를 주는 것을 선택하기도 한다. 그러나 투사적 감정을 일어나게 하는 놀잇감은 내담자에 따라서 차이가 날 수 있으므로 다양한 놀잇감을 준비해야 한다.

(5) 상상놀이 기능

놀잇감은 내담자를 상상의 세계로 인도해 주는 좋은 매개물이다. 그러나 너무나 진짜 같은 놀잇감인 경우는 내담자의 상상놀이를 방해할 수도 있다. 예를 들어, 고무재질의 쥐인형이 놀이치료실에 있다면 내담자는 진짜 쥐와 구별이 되지 않아 두려움과 불안감이 고조될 수 있다. 내담자는 그런 쥐인형을 가지고 노는 것을 꺼리게 된다. 그러나 솜이 들어간 부드럽고 보송보송한 재질의 천으로 만든 쥐인형이라면 내담자는 즐겁게 두려움 없이 놀이활동에 쥐인형을 가지고 적극적으로 놀 수 있다.

그런데 정말 중요한 것은, 내담자가 자신에게 알맞은 놀잇감을 스스로 선택하는 환경을 제공해 주는 것이다. 이에 놀잇감이 내담자에 따라서는 특별한 상징적인 의미를 제공해 줄 수 있으므로 불안하고 무서우면서도 그런 놀잇감을 고르게 되는 경우도 있다. 따라서 실제 진짜와 똑같아 보이는 놀잇감과 그냥 놀잇감처럼 보이는 것을 모두 준비해 놓는 것이 내담자에게 도움이 될 것이다(Vanfleet et al., 2013).

(6) 성취감 고취

놀잇감은 내담자에게 스스로 문제를 해결하고 결정하기, 상황을 적절하게 변화시키기 등 성취감을 증진하게 할 수 있다. 특히 내담자의 발달수준에 적합한 모형조립, 레고, 연장 도구 놀잇감, 게임, 퍼즐 등이 이에 해당된다.

(7) 창조성 격려

내담자의 창조성은 놀이활동에서 탁월하게 표현된다. 특히 놀이치료실에 있는 모래, 점토, 물감 등을 통해 내담자 내면의 잠재력이 표현되어 창조적 결과물을 보여 주게 된다.

5) 놀잇감 활용을 위한 고려사항

기노트(Ginott, 1961)는 놀이치료 시 적합한 놀잇감과 놀이도구를 선택 시 중요한 지침 몇 가지를 설명하였는데, 그 조건은 지금도 적용된다. 놀이에서 자기이해, 관계 탐색, 감정을 나타내는 매개체로서 놀잇감이 활용되기 위한 특성들은 다음과 같다(유가효 외, 2019; Landreth, 2015).

(1) 놀잇감 선택을 위한 효과적 지침

① 놀잇감은 튼튼해야 한다. 즉, 놀잇감은 오랜 시간 사용해도 변형되지 않고 망가지지 않아야 내담자가 실망을 하지 않는다.

② 놀잇감은 나이에 알맞게 적용되어야 한다. 즉, 놀잇감은 발달연령과 인지발달 수준에 적절하게 맞아야 한다.

③ 놀잇감은 그 사용 방법이 단순하고 간단해야 한다. 즉, 의존적인 성향의 내담자는 놀잇감으로 오히려 의존 경향이 더 강화될 수도 있다. 이에 놀잇감은 내담자 혼자서 쉽게 그 방법을 이해하고 조작할 수 있도록 그 사용법이 단순해야 한다.

④ 놀잇감은 다양한 표현을 할 수 있어야 한다. 즉, 놀잇감은 가능한 한 다양한 상황, 역할 등을 재연할 수 있어야 한다.

⑤ 놀잇감은 은유와 상징성을 지니고 있어야 한다. 즉, 놀잇감이 실제 직접적인 묘사로 나타나는 것은 내담자에게 위협적이고 거부감을 줄 수 있다. 이에 가족생활이 기능적이지 못한 가족인 경우, 내담자의 놀잇감은 은유적이며 상징적인 놀잇감으로 준비하여야 한다.

(2) 놀잇감 선택을 위한 평가적 기준

놀잇감이나 놀이도구가 합리적으로 선택되기 위해서는 다음과 같은 질문에 적합한 것이어야 한다(Landreth, 2015).

① 다양한 창조적 표현을 증진할 수 있는가?
② 다양한 정서적 표현을 증진할 수 있는가?
③ 내담자의 관심에 적합한 것인가?
④ 표현을 할 수 있으며 탐색적인 놀이활동으로 증진시킬 수 있는가?
⑤ 비언어화 상태로 표현하고 탐색할 수 있는가?
⑥ 미리 구조화된 틀에 안 맞아도 성취할 수 있도록 허락되는가?
⑦ 불확실한 모호한 놀이도 할 수 있는가?
⑧ 놀잇감이 적극적인 놀이활동을 할 때 견고한가?

이와 같은 평가기준에 근거하여 놀잇감은 합리성과 효율성을 배경으로 하여 신중하게 이루어져야 한다. 또한 놀잇감은 내담자의 발달수준을 알고 놀이활동 과정에서 자연스럽게 내담자 자신을 표현하기에 적합한 것으로 준비되어야 한다. 이에 놀잇감은 다양한 놀이활동을 제공해 줌으로써 내담자의 표현을 용이하게 할 수 있는 것이다. 이와 같이 내담자는 놀이과정에서 여러 감정과 반응을 표현할 수 있기 때문에 놀이치료에서 놀잇감은 중요한 치료적 변수가 된다.

(3) 놀잇감 선택 시 치료사가 자신에게 하는 질문들

놀잇감이 치료의 목표와 목적을 만족시키고 내담자를 표현할 수 있게 도우며, 내담자와 치료사 사이의 관계를 돈독하게 할 때, 놀잇감은 정말 치료실에서 반짝이는 가치가 있는 것이다. 이에 치료사는 다음의 질문들을 생각하면서 놀잇감을 선택하면 많은 도움이 될 수 있다(Ray, 2011).

① 이 놀이치료실을 방문하는 내담자를 위하여 이 놀잇감은 어떠한 치료적 목표를 만족시킬 수 있는가?
② 이 놀이치료실을 방문하는 내담자가 자기 자신을 드러내고 표출함에 있어서 이 놀잇감은 어떤 도움이 될 것인가?
③ 이 놀잇감이 내담자와의 관계를 맺는 것에 대하여 치료사를 어떻게 돕는가?

6) 놀잇감 사용 시 주의사항

놀잇감을 사용 시 치료사가 반드시 기억해야 할 주의사항은 다음과 같다.

(1) 놀잇감 구입

놀잇감 구입을 효과적으로 하기 위해서는 치료실에 배치할 실제적인 놀잇감 참고 목록을 사용하면 좋다(〈표 5-2〉, 〈표 5-3〉 참조).

놀잇감 구입에는 두 가지의 방법이 있으므로 치료사의 상황에 따라서 선택하면 된다.

① 새로운 놀잇감을 한꺼번에 구입하는 방법으로, 이는 비용 부담은 엄청나지만 시간을 절약할 수 있다.
② 다양한 세일이나 바자회 행사에서 구입하거나 중고 놀잇감을 구입하는 방법으로 이는 시간은 많이 들지만 비용적으로 저렴하게 놀잇감을 구할 수 있다.

(2) 놀잇감 정리와 진열

놀잇감은 완벽한 정리까지는 아니라도 어느 정도 적당하게 정돈되어 놀이실로서 내담자에게 '특별하고 재미있고 수용적인 공간'이라는 느낌을 주어야 하며, 편안하게 움직일 수 있는 오픈된 공간도 있어야 한다.

놀잇감은 선반에 배치하는 것이 좋으며, 영역을 정해서 항상 각 영역마다 일정하게 놀잇감이 있던 그대로 진열하는 것이 중요하다. 놀잇감이 내담자에게 주는 여러 이미지별로 놓는 장소를 따로 하는 것이 좋다. 예를 들어, 공격적인 놀이활동을 할 수 있는 놀잇감과 양육적인 놀이활동의 놀잇감은 반드시 구별해서 다른 선반에 배치해야 한다. 놀잇감을 상자에 넣어 보관하는 것은 추천하지 않으며, 선반에 진열하는 것을 추천한다. 이는 내담자가 집중하여 놀이활동을 하다가 다른 놀잇감으로 놀이를 확장하려고 할 때, 놀잇감을 찾기 위해 상자 안을 찾아보다가 또 다른 놀잇감으로 관심과 시선이 가게 되어 놀이의 방향성이 전혀 다른 방식으로 전개될 수도 있기 때문이다. 이에 놀잇감은 선반에 각 영역별로 배치하는 것이 효과적이며, 반드시 항상 같은 자리에 놀잇감을 배치하여 내담자가 쉽게 찾을 수 있도록 하며 안전감과 편안함을 가질 수 있도록 한다(Komman, 2011; Landreth, 2015; VanFleet et al., 2013).

놀이치료실에서 실제 선반별로 배치되는 놀잇감 목록을 〈표 5-2〉, 〈표 5-3〉의 표로 구성해 보았다.

〈표 5-2〉 선반 A

선반 영역	선반별로 배치되는 놀잇감
선반의 맨 윗부분	양, 돼지, 말, 소, 기린, 얼룩말, 코끼리, 북극곰, 고릴라, 사자, 호랑이, 상어, 악어, 뱀, 공룡
선반의 중간 부분	(가축들 아래에) 학교 버스, 사람들, 강아지, 비행기, 마음대로 움직여지는 사람 모양과 닮은 인형류 (공격적인 동물들 아래에) 소리가 나는 장난감 총, 장칼, 단칼, 다트, 무음 권총
선반의 아랫부분	(학교 버스 아래에) 헬리콥터, 보드, 트랙터, 차류 (공격적인 무기류 아래에) 수갑/수갑열쇠, 밧줄, 배터리가 충전된 손전등, 자석
바닥	땅 고르는 기계, 블록으로 만들어진 마차, 일반 트럭, 덤프트럭, 레미콘 트럭, 농장 트럭, 탈 수 있는 놀잇감

출처: Giordano et al.(2014), p. 26을 표로 정리함.
주: 각 선반마다 왼쪽부터 오른쪽으로 놀잇감을 배치한다.

〈표 5-3〉 선반 B

선반 영역	선반별로 배치되는 놀잇감
선반의 맨 윗부분	왕관, 눈 주변만 가려지는 마스크, 요술방망이, 모자류(소방관 모자, 선원 모자, 카우보이나 카우걸 모자), 휴지
선반의 중간 부분	병원놀이 세트(청진기, 수술용 마스크밴드, 혈압기, 주사, 눈·귀 체크도구), 전화기 2대, 다리미, 젖병, 우유병(대·중·소, 소꿉놀이용 우유병) 악기류(드럼, 심벌즈, 탬버린, 실로폰), 만화경, 공을 치는 운동 방망이, 눌렀을 때 소리가 나는 장난감, 그림 도구류
선반의 아랫부분	바비인형, 남자인형, 여러 인형 옷들, 솜으로 만들어진 부드러운 놀잇감, 머리빗, 거울류, 운동선수 인형 튀는 장난감, 풋볼, 잘 튀기지 않는 공, 볼링 세트, 플라스틱 공, 미술용 종이, 부드러운 종이류
바닥	아기인형침대, 다양한 인종을 나타내는 인형들, 담요, 블록

출처: Giordano et al. (2014), p. 27을 표로 정리함.
주: 각 선반마다 왼쪽부터 오른쪽으로 놀잇감을 배치한다.

(3) 대기실에 배치된 놀잇감

대기실에는 내담자들이 자유롭고 편안한 마음으로 치료를 기다리면서 놀이할 수 있는 소활동 놀이가 가능한 놀잇감이 준비되어 있으면 효과적이다.

추천하고픈 관련 놀잇감으로는 다음의 것들이 있다.

① 자석 조각놀이 세트: 자석으로 금속조각을 움직여 보는 놀이활동을 하는 것인데, 이 놀잇감을 통해 새롭게 환경을 만들어 보는 경험을 해 봄으로써 아동 내적 세계의 흐름을 촉진할 수 있다.

② 구슬 놀이 세트: 어린 내담자의 흥미를 활성화하는 놀이이다. 이 놀이를 통해 내담자는 자신의 손으로 구슬을 움직이고 눈으로는 구슬의 움직임을 관찰하면서 촉각적·시각적으로 구슬의 이동 변화를 느끼면서 성취감을 증진할 수 있다.

③ 컬러링 노트와 그리기 세트: 본 떠 있는 그림에 색연필로 칠하는 과정에서 내담자가 집중력을 발휘하고 창조적인 색 배합을 통해 완성된 그림은 가져갈 수도 있기 때문에 성취 욕구도 충족할 수 있다.

④ 그림책: 그림책에서 숨은 그림 찾기를 한다. 이런 놀이활동을 통해 내담자는

호기심과 집중력을 발휘하여 무언가를 찾아내면서 내면의 흐름을 촉진할 수 있다.

(4) 놀잇감 교환

놀이치료실에서 놀이활동을 하다 보면 놀잇감이 파손되거나 혹은 너무 많이 사용하게 되어 망가지거나 더 이상 활용이 어렵게 되기도 한다. 이런 경우 기존의 놀잇감과 같은 것으로 교환하는 것이 가장 좋으며, 자주 사용하거나 소중한 놀잇감들은 여유 있게 몇 개를 미리 사놓는 것이 효과적이다. 그러나 놀잇감이 파손되었더라도 여유분의 다른 놀잇감을 바로 제공하는 것보다는 일단 내담자가 이 망가진 놀잇감에 대한 감정을 어떻게 표현하는지를 심도 깊게 살펴보는 시간을 가지는 것이 의미가 있다. 그리고 나서 다음 놀이치료 시간에는 놀잇감을 다시 준비해 놓겠다는 치료사의 언급을 통해 내담자의 불안감을 낮추고 편안하게 해 주어야 한다. 다음 놀이치료 회기를 시작하기 이전에 미리 같은 놀잇감을 배치한 후, 내담자에게 "네가 좋아하던 그 놀잇감과 똑같은 것을 준비했어. 너를 위해 여기에 가져다 놓았어."라고 언급해 주면 효과적이다.

보편적으로는 교체되어 제공되는 놀잇감은 기존의 것과 비슷한 놀잇감이면 충분하다. 그러나 어떤 내담자에 따라 자신이 가지고 놀던 특별한 의미를 준 놀잇감이 파손되었을 때 똑같은 놀잇감을 원하는 경우에는 똑같은 놀잇감을 구입하여 교체하도록 한다.

(5) 내담자가 개인의 놀잇감을 가져오는 경우

놀이치료실에 내담자가 가정에서 가지고 놀던 내담자 자신의 놀잇감을 가지고 오는 경우 치료사는 보다 신중하게 상황을 보고 허용해 주어야 한다. 치료사는 내담자와 그 놀잇감에 대하여 내담자의 안전을 위하여 여러 측면을 고려하며 앞 부분에서 언급한 '놀잇감 선택을 위한 평가적 기준'을 적용하여 적절한 제한설정을 해야 한다. 특히 가정에서 가지고 온 놀잇감에 대하여 치료사는 내담자에게 그 놀잇감이 주는 은유적 상징성에 대하여 심사숙고해야 한다.

(6) 내담자가 집에서 키우는 애완동물을 데리고 오는 경우

애완동물은 내담자에게 자기 자신을 의미할 수도 있으므로 내담자가 집에서 키

우는 애완동물을 데리고 오는 경우, 치료사는 그 애완동물에 대하여 소중하게 바라
보는 태도를 가져야 한다. 가족관계 평가 방법 중 '가계도 꾸미기'를 할 때 애완동물
을 가족 안에 넣는 내담자의 경우, 내담자의 이런 표현을 허용하고 존중해 주어야
한다. 이를 통해 내담자는 치료사가 내담자 자신을 얼마나 존중하고 배려하고 있음
을 알게 된다.

이와 같이 애완동물에 내담자 자신의 모습을 투사하여 애완동물에 매우 집중하
고 몰입하는 내담자의 경우, 애완동물을 치료실에 데려오겠다고 말할 때 치료사는
허용해 주는 융통성을 발휘하는 것이 효과적이다. 그러나 기억해야 될 것은 반드시
미리 제한설정을 꼭 하여야 한다는 것이다. 예를 들어, 부모가 대기실에서 애완동
물을 데리고 있다가 놀이치료 회기가 끝나기 15분 전에 애완동물을 들여보내는 계
획 등을 구체적으로 부모, 치료사, 내담자가 서로 합의하여 결정해야 한다. 실제로
회기 시작부터 애완동물을 데리고 들어오게 된다면 그 회기는 애완동물과의 놀이
만 계속 하게 되므로 내담자의 내적 세계에 관한 놀이활동은 전혀 할 수가 없게 된
다(Crenshaw & Stewart, 2018).

정리해 봅시다

이 장에서는 먼저 '놀이치료실'이라는 특별한 공간에 대하여, 그리고 그 공간을 구성하
고 있는 심리적 환경과 물리적 환경에 대하여 상세히 알아보았다. 놀이치료사는 의미 있
는 상호작용을 촉진하고 건강한 치유의 힘을 가진 놀이공간으로서 놀이치료실의 중요한
가치에 대하여 항상 심사숙고해야 한다. 또한 전생애 발달 관점에 따라서 영·유아, 아
동·청소년, 성인·노인의 놀이치료실에 대하여 구체적인 설비 정보와 놀이치료실 사용
시 주의사항에 대하여 알아보았다.

다음으로, 놀이감과 관련해서 치료이론별 사용되는 놀잇감, 놀잇감 선택 시 고려할 사
항들과 실제적으로 활용 가능한 놀잇감의 범주 등에 대하여 살펴보았다. 또한 놀잇감이
가지고 있는 조건과 기능, 놀잇감을 효과적으로 사용하기 위한 정보와 현장에서의 놀잇
감 사용 시 주의사항들을 자세하게 살펴보았다.

이에 현장에서 놀이치료사들이 놀이치료실 구성과 놀잇감을 준비할 때 도움이 되기를
바란다.

✏️ **활동해 봅시다**

1. 놀이치료실의 다양한 놀이영역을 이야기를 꾸미듯이 구성하여 그려 봅시다.

2. 이동식 놀이치료실과 이동용 놀잇감에 대하여 함께 고민해 보세요. 자신이 생각하는 형태의 이동식 놀이치료실을 상상하면서 그려 보고 이동용 놀잇감 패키지의 구체적 목록을 적어 봅시다.

참고문헌

김광웅, 유미숙, 유재령(2004). 놀이치료학. 서울: 학지사.

김춘경(2007). 아동상담: 이론과 실제. 서울: 학지사.

성영혜, 유한규, 이상희, 김수정(2002). 치료놀이 Ⅲ. 서울: 형설출판사.

송영혜(2003). 놀이치료 원리. 경북: 대구대학교 출판부.

신민주, 주용국, 어은경(2020). 성장과 치유를 위한 노인놀이치료. 서울: 학지사.

신혜원(2019). 노인놀이치료. 경기: 공동체.

유가효, 위영희, 문현주, 이희정, 김태은(2019). 놀이치료의 이해. 경기: 양서원.

유미숙, 이영미, 이정화, 정윤경(2003). 놀이치료 핸드북. 서울: 양지출판사.

유은희(2020). 잘 노는 아이의 잠재력. 서울: 로그인.

Berg, I. K., & Steiner, T. (2009). 아동과 청소년을 위한 해결중심상담. (유재성, 장은지 역). 서울: 학지사.

Crenshaw, D. A., & Stewart, A. L. (2018). 놀이치료 1 · 이론과 기법편. (이순행, 최해훈, 박혜근, 윤진영, 최은실 역). 서울: 학지사. (원전은 2015에 출간).

Crenshaw, D. A., & Stewart, A. L. (2019). 놀이치료 2 · 임상적 적용편. (윤진영, 최해훈, 이순행, 박혜근, 최은실, 이은지, 김지연 역). 서울: 학지사. (원전은 2015에 출간).

Frey, D. E. (1991). *100 inspirational quotations for enbanching self-esteem*. Dayton, OH: Educo Learning Systems.

Gallo-Lopez, L., & Schaefer, C. E. (2014). 청소년놀이치료. (최명선 역). 서울: 학지사. (원전은 2005에 출간).

Ginott, H. G. (1961). A rationale for selecting toys in play therapy. *Journal of consulting Psychology, 24*(3), 243-246.

Ginott, H. G. (1994). *Group psychotherapy with children: The theory and practice of play therapy*. Northvale, NJ: Aronson.

Giordano, M., Landreth, G., & Jones, L. (2014). 놀이치료 관계 형성을 위한 핸드북. (이미경 역). 서울: 학지사. (원전은 2005에 출간).

Kottman, T. (1995). *Partner in play: An adlerian approach to play therapy*. Alexandria, VA: American Counselling Association.

Kottman, T. (2011). *Play therapy: Basics and beyond* (2nd ed.). Alexandria, VA: American Counselling Association.

Kottman, T., & Meany-Walen, K. (2017). 아들러 놀이치료. (진미경, 김혜진, 박현숙, 채은형, 조진희 역). 서울: 학지사.

Landreth, G. L. (2015). 놀이치료: 치료관계의 기술. (유미숙 역). 서울: 학지사. (원전은 2012에 출간).

Loewald, E. L. (1987). Therapeuic play in space and time. *Psychoanalytic Study of the Child, 42,* 173-192.

Marthaler, D. (1991). *Picture me perfect.* Hollywood, CA: Newcastle Press.

O'connor, K. J. (1991). *The play therapy primer- An intergration of theories and techniques.* New York: Wiley.

Ray, D. (2011). *Advanced play therapy: Essential conditions, knowledge and skiiis for child practice.* New York: Routledge.

Schaefe, C. E. (2011). 성인을 위한 놀이치료. (백지연 역). 서울: 북스힐. (원전은 2003에 출간).

Knell, S. M. (2001). 인지행동 놀이치료. (박영애, 유가효, 최영희, 박인전, 문현주, 이미경 역). 서울: 나눔의 집. (원전은 2000에 출간).

VanFleet, R., Sywulak, A. E., & Sniscak, C. C. (2013). 아동중심 놀이치료. (권윤정 역). 서울: 학지사. (원전은 2010에 출간).

대한사회복지회(2019). 뉴스: 도담도담 영유아 놀이치료실 개소. http://www.kws.or.kr

제6장

놀이치료사

놀이치료사는 놀이치료의 효과를 만들어 내는 주요한 요인이다. 이론과 기법이 아닌 놀이치료사의 자질과 역할에 따라 치료의 효과가 좌우된다고 해도 과언이 아닐 만큼, 놀이치료사는 놀이치료 상황에서 중요한 위치를 차지한다. 그런 의미에서 놀이치료사의 자질과 역할은 중요하게 다루어질 필요가 있다. 특히 전생애 발달단계를 다루는 놀이치료사에게는 단순히 놀이를 치료적으로 활용할 수 있는 능력을 넘어, 내담자의 발달적 특성에 따른 역할 수행과 자질이 요구된다. 생애주기와 발달에 대한 지식, 가족 체계적 관점에서의 개인의 이해, 언어를 통한 기본적인 상담 및 심리치료 기술, 그리고 놀이를 통해 표현된 내담자의 심층을 깊이 있게 이해하고 담아 줄 수 있는 역량까지, 실로 다양한 측면의 자질과 능력을 통합적으로 고루 갖추고 발휘할 수 있어야 한다. 이 장에서는 놀이치료사에게 요구되는 자질과 역할에 대해 상세히 살펴보고자 한다.

1. 놀이치료사의 자질

효과적인 놀이치료를 위해 요구되는 치료사의 자질로 낼러바니 등(Nalavany, Ryan, Gomory, & Lacasse, 2005)은 놀이치료사의 인격적 성숙, 보편적인 가치관과 상식, 내담자의 발달특성과 환경에 대한 이해, 상담 및 심리치료를 위한 전문 지식과 기술, 깊이 있는 수련 경험과 사례관리 능력을 제시하였다. 이는 크게 인격적 자질과 전문적 자질로 구분해 볼 수 있는데, 각각의 내용을 보다 상세히 살펴보면 다음과 같다.

1) 인격적 자질

놀이치료사의 인격적 자질이란 인간에 대한 깊은 이해와 치료사로서의 기본적인 태도, 즉 치료사로서 기본적으로 지녀야 할 소양을 의미한다. 좋은 놀이치료사는 인격적으로 성숙된 모습을 지녀야 한다. 놀이치료에서의 치료적 관계를 중요시하는 랜드레스(Landreth, 2012)는 효과적인 놀이치료를 위한 치료사의 숙련도와 기술도 중요하지만, 무엇보다 중요하게 요구되는 것은 치료사 자신에 대한 알아차림을 기반으로 한 '진정성'이라고 강조할 만큼, 놀이치료사의 인격적 자질을 치료의 핵심적 요소로 보았다. 그 외에도 놀이치료사로서 갖추어야 할 인격적 자질로 내담자에 대한 수용과 공감, 정서적 분리와 자기 이해, 민감성을 생각해 볼 수 있다(진화숙, 2009).

(1) 진정성

내담자는 치료사와의 관계가 진실하고 안전하다고 믿을 수 있어야 한다. 이를 위해 치료사는 내담자와의 관계에서 느낀 감정과 태도를 긍정적이든 부정적이든 일관성 있고 진실하게 표현할 수 있어야 한다(Schaefer, 2015). 진정성이란 치료적 관계 내에서 치료사의 내적 경험과 외적 표현의 일치로 이해할 수 있다(Rogers, 2007). 치료사의 진정성은 모든 관계의 깊이와 지속성을 가져오는 중요한 요인으로, 이론적 방향과 상관없이 상담성과를 가져오는 핵심 요소이다(Kolden, Klein, Wang, & Austin, 2011). 특히 치료사에 대한 내담자의 '진정성의 경험'은 상담의 궁극적 목적인 '내담자의 변화'를 촉진하는 주요한 요인이다(Mearns & Thorne, 2012).

치료사의 진정성은 치료사의 자기인식 및 자기감과 긴밀히 연관되어있으며, 치료사의 발달과정에서도 가장 늦게 발달되는 개념으로 보고된다(오경미, 유미숙, 2020; Ray, 2016). 따라서 놀이치료사는 끊임없는 자기 성찰과 인격적 성숙을 위한 노력을 함으로써 진정성을 발달시켜 나가야 한다.

(2) 내담자에 대한 수용과 공감

내담자를 인격체로서 존중하면서 평가하거나 판단하지 않는 태도를 보여 줄 때, 내담자는 자유롭게 자신의 내적인 감정을 경험하고 표현할 수 있다. 치료사의 비판단적이고 수용적인 태도를 통해서 내담자는 진정한 자기 자신이 되고, 내면의 힘들고 어두운 부분들을 충분히 탐색할 수 있는 기회를 갖게 된다(Schaefer, 2015). 따라서 치료사는 내담자의 말이나 행동에 대해 최대한 수용적이고 판단하지 않는 태도를 보이는 것이 중요하다.

한편, 공감은 내담자의 입장이 되어 내담자의 마음 상태와 움직임을 이해할 수 있는 능력으로, 내담자가 느끼고 있는 아픔과 고통, 기쁨과 슬픔을 함께하는 것이다. 치료사의 공감능력은 지지적인 분위기를 제공한다. 그리고 내담자로 하여금 편안한 심리상태에서 안정감을 느끼며, 자신을 개방하도록 돕는다. 치료사의 진심어린 공감을 통해 내담자의 불안이나 분노가 경감되기도 한다. 내담자의 마음을 알아주고 내담자가 느끼는 고통에 깊은 관심과 애정을 가지고 대하는 치료사를 통해, 내담자는 회복과 치유의 힘을 얻게 된다. 뿐만 아니라 치료사의 공감능력은 놀이치료에 참여하는 내담자의 보호자에게도 긍정적 영향을 미쳐 궁극적으로 치료성과에 기여하는 것으로 확인된다(김연희, 유미숙, 2007).

(3) 정서적 분리와 자기이해

치료사는 내담자와 정서적으로 적절히 분리될 수 있어야 한다. 치료사는 자신의 정서적 스트레스를 과도하게 드러내거나 내담자의 문제와 관련하여 강한 정서적 반응을 보이지 않도록 해야 한다. 치료사는 내담자에 대한 동정심이 아니라 내담자의 경험을 타당화해야 하고, 안정되고 균형 있는 태도를 가져야 한다(Schaefer, 2015). 치료관계에서 치료사가 정서적 분리를 적절히 유지하기 위해서는, 치료사 자신의 내면세계와 역전이에 대한 이해가 선행되어야 한다. 또한 치료사가 소진되어 치료관계에 부정적 영향을 미치지 않도록 지속적인 자기 돌봄이 필요하다(김단비, 진미경, 2019). 치료사는 평온하고 안정적인 촉진자로서 내담자와 함께하며 지지적일 수 있도록 노력해야 한다.

나아가 치료사는 자기이해를 통해 자신의 내적 욕구와 감정을 인식하고, 정서적으로 안정된 상태를 유지해야 한다. 내담자는 치료사가 제공하는 안전한 공간 속에서 내면의 불안이나 문제를 마음껏 표출하고 심리적인 성장과 치유의 과정을 경험하게 된다. 이 과정에서 치료사의 경험이 왜곡되어 있거나 미해결된 감정이 드러날 경우, 내담자에게 오히려 해가 될 수 있다. 또한 치료사는 자기 자신의 정서적 패턴이나 능력의 한계, 단점에 대해서도 충분히 이해하는 가운데, 자신의 역량 범위 내에서 내담자에게 최선의 도움을 제공하기 위해 노력해야 한다(Schaefer, 2015).

(4) 민감성

놀이치료사는 다른 사람의 감정이나 인간관계에 민감해야 한다. 특히 놀이치료에서는 놀이과정과 내용에 반영된 내담자의 마음을 헤아리고 민감하게 반응하며 소통할 수 있어야 한다. 치료사가 놀이를 통해 내담자의 내면세계를 이해하고 소통하는 데에는, 치료사 자신의 '내면아이(inner child)'와의 접촉이 도움이 될 수 있다. 내면아이는 인격의 일부분으로, 치료사가 자신의 내면아이와 접촉할 수 있다면, 자신의 미해결된 욕구와 감정에 대한 알아차림을 통해, 내담자와 보다 안정감 있는 치료적 관계를 형성할 수 있다. 나아가 내담자의 감정과 심리적 상태에 대해서도 보다 개방적이고 민감하게 반응할 수 있게 된다(Geldard & Geldard, 2008). 즉, 치료사의 내면아이에 대한 접촉과 이해는, 내담자에 대한 보다 민감하고 촉진적인 치료적 상호작용으로 이어질 수 있다(Schaefer, 2015).

지금까지 살펴본 바와 같이, 놀이치료사는 자기에 대한 깊은 이해와 성찰을 통해 치료사로서의 인격적 자질을 갖추어 나가고자 지속적으로 노력할 필요가 있다.

2) 전문적 자질

놀이치료는 상당한 정도의 전문적인 지식과 기술을 요하는 조력의 과정이다. 따라서 놀이치료사에게는 인격적인 자질만 요구되는 것이 아니라 놀이치료를 수행하는 데 필요한 학문적인 소양과 기술, 인간이해에 대한 기본적인 지식과 경험이 요구된다. 놀이치료사가 갖추어야 할 전문적 자질을 놀이치료 및 발달 관련 전문지식, 놀이치료과정 및 기법에 대한 이해, 충분한 임상 경험과 수련으로 구분해 살펴보면 다음과 같다.

(1) 놀이치료 및 발달 관련 전문지식

놀이치료사는 인간의 심리 및 놀이치료 이론에 대한 지식과 발달이론에 대한 지식을 갖추어야 한다. 우선 다양한 심리치료이론과 이상심리에 대한 학습을 통해 인간에 대한 관점, 심리적 문제의 발생과정, 치료의 방향성과 원리를 이해할 수 있어야 한다. 또한 놀이의 치료적 요인과 치료효과를 이해하는 가운데, 다양한 심리치료이론과 놀이를 융합한 놀이치료 접근법에 대해 숙지할 필요가 있다. 나아가 전생애 발달주기와 발달단계별 특성, 발달과업을 이해하고, 내담자의 발달단계에 따라 치료사로서 적절한 개입을 시도할 수 있어야 한다(O'Connor, Schaefer, & Braverman, 2018). 특히 내담자의 생애주기에 따른 발달심리학적 지식을 통해, 내담자가 발달과업을 성공적으로 이행하고 있는지, 개인 내 발달이 균형 있게 이루어지고 있는지 여부를 파악하고, 내담자의 성장과 발달에 영향을 미치는 다양한 요인을 고려한 놀이치료를 진행할 수 있어야 한다.

(2) 놀이치료과정 및 기법에 대한 이해

놀이치료 진행과정 및 기법과 관련해 치료사에게 요구되는 전문적 자질을 살펴보면 다음과 같다.

첫째, 놀이치료사는 놀이치료의 진행과정에 대한 전문적인 지식을 바탕으로 치료를 진행해 갈 수 있어야 한다. 놀이치료사는 놀이치료 초기·중기·말기의 단계별 목표와 치료사 역할, 그리고 내담자의 경험에 대해 이해할 수 있어야 한다. 또한 내담자를 위한 적절한 상담환경의 준비와 구조화, 놀이치료의 회기별 진행과 종결과정 등, 놀이치료를 진행하기 위한 세부적인 절차에 대해서도 숙지해야 한다.

둘째, 놀이치료사는 효과적인 치료를 진행하기 위해 다양한 놀이치료 기법을 습득하고, 내담자의 특성에 따라 적절히 활용할 수 있는 능력을 갖추어야 한다. 또한 놀이에 대한 열린 마음과 태도를 바탕으로 내담자의 놀이상황을 이해하고, 치료적 목적에 따라 필요한 경우 내담자의 놀이에 기꺼이 참여할 수 있어야 한다(박희현, 2015). 나아가 놀이가 내담자에게는 또 하나의 언어이자 표현의 매개임을 이해하고, 놀이를 통해 표현되는 내담자의 내면세계에 대해서도 이해할 수 있는 역량을 갖추어야 한다. 놀이의 주제와 표현되는 상징을 이해하는 데 심층심리학 관점의 인간의 심리에 대한 이해, 정신세계의 상징적 표현에 대한 지식과 상징을 이해하는 훈련이 도움이 될 수 있다.

셋째, 놀이치료사는 비단 놀이를 통한 상담 및 심리치료뿐만 아니라, 언어를 통한 상담도 진행할 수 있어야 한다. 놀이치료라고 해서 무조건 비언어적 놀이활동에만 의존하는 것은 아니다. 청소년과 성인은 물론 아동 내담자까지, 놀이치료를 진행하는 가운데 기본적인 언어적 의사소통과 상호작용이 수반된다. 따라서 전생애 발달단계를 다루는 놀이치료사로서 치료사는 상담 및 심리치료를 위한 촉진적 언어 반응과 내담자의 언어적 표현에 대한 이해, 요약, 명료화 등의 다양한 언어적 치료기법을 치료장면에서 적절히 활용할 수 있도록 훈련해야 한다.

넷째, 가족체계를 이해하는 가운데, 가족을 치료과정에 협력자로 참여시킬 수 있도록 지식과 기술을 갖추어야 한다. 이를 위해 놀이치료사는 환경체계에 대한 이해와 함께 가족치료 접근에 대한 이론과 기법을 습득할 필요가 있다. 특히 아동·청소년 내담자의 경우 치료효과를 높이고 내담자의 긍정적 변화가 유지되도록 보호자 상담을 필수적으로 병행해야 함을 고려할 때, 치료사의 가족체계적 관점과 가족상담 역량 또한 주요한 전문적 자질로 고려되어야 할 것이다.

(3) 충분한 임상 경험과 수련

놀이치료는 실천 학문으로서 이론과 실습의 통합을 위한 실무 경험과 많은 시간의 수퍼비전을 통한 숙련을 필요로 한다. 놀이치료사로서의 역할은 지식 습득만을 통해 이루어지는 것이 아니다. 내담자와의 관계에서 효과적인 치료사가 되기까지는 많은 시간과 노력이 필요하다. 놀이치료사의 성장과정에서 치료사는 풍부한 실무 경험과 수퍼비전을 통해 놀이치료의 지식과 기술을 구체적으로 어떠한 맥락에서 어떻게 적용해야 하는지 실제적으로 배우게 된다(Urofsky, 2013). 놀이치료 수련과 수퍼비전을 통해 치료사는 놀이의 치료적 힘을 경험하고 치료효과를 확신할 수 있으며, 내담자를 위한 보다 효과적인 치료기술과 치료사로서의 태도를 형성할 수 있게 된다(박현아, 류승민, 유미숙, 2018). 따라서 놀이치료사는 놀이치료 이론과 기법, 진행 절차 등의 기본적인 지식과 함께, 임상 장면에서의 충분한 실습 경험과 사례 참관, 전문가의 수퍼비전을 통한 질적인 수련과정을 통해 꾸준히 성장·발달하고자 노력해야 한다(박희현, 2015).

이렇듯 놀이치료사는 인격적 자질과 더불어 내담자에게 도움이 되는 치료사로서의 전문적 역할을 수행하기 위해, 관련 지식과 기술, 태도를 함양하고 성장하고자 지속적으로 노력해야 한다.

2. 놀이치료사의 역할

1) 대상에 따른 놀이치료사 역할

일반적으로 놀이치료사는 상담환경 준비 및 구조화, 상담관계 형성, 내담자 환경의 변화 및 재구성에 대한 개입을 통해 내담자에게 치료적으로 관여한다. 이 과정에서 고려해야 할 내담자의 생애발단단계별 놀이치료사 역할을 보다 세부적으로 구분해 살펴보면 다음과 같다.

(1) 아동놀이치료

아동놀이치료에서 치료사는 특히 아동의 발달수준은 고려한 치료환경 제공, 치료관계 형성, 환경체계적 관점에 기반한 부모상담 진행 등의 역할을 적절히 수행해야 한다.

① 적절한 환경 준비 및 구조화

아동 내담자와 놀이치료를 진행할 때, 치료사는 우선 적절한 치료환경을 제공해야 한다. 아동이 편안함을 느낄 수 있도록 아동에게 친숙한 다양한 놀잇감이 갖춰진 치료실을 마련하고, 내담자가 저항하지 않고 편안하게 놀이치료를 시작할 수 있도록 환경을 준비해야 한다. 놀잇감의 종류와 배치에서도 치료사는 아동의 발달수준을 고려할 필요가 있으며, 아동이 안정감을 느끼는 가운데 자신을 위한 특별한 공간으로 인식할 수 있는 치료실 환경을 제공해야 한다. 나아가 치료사는 물리적 환경뿐만 아니라 신체적·심리적으로 안정된 상태에서 내담자에게 전념할 준비가 되어 있어야 한다.

치료사는 적절한 치료시간과 횟수 등 구조화를 제공해야 한다(Ray, 2016). 규칙적인 상담시간을 정해서 시간을 잘 지켜 주는 치료사의 태도는 아동 내담자로 하여금 치료사가 자신과의 만남을 중요하게 여기며, 자신이 존중받는다는 느낌을 갖게 한다. 또한 적절한 구조화와 일관된 치료과정의 진행은 내담자에게 예측 가능성과 함께 심리적 안정감을 제공한다.

② 치료관계 형성

내담자와 치료사 간의 관계는 상담효과에 영향을 미치는 가장 중요한 요인이다. 내담자와 치료사 간의 특별한 관계를 통해 내담자는 안전하고 자유로운 표현을 시도하고, 치료사는 깊이 있는 공감과 수용을 제공할 수 있게 된다. 아동 내담자와 치료사의 특별한 치료적 관계에 대해 레이(Ray, 2016)는 독점적이고, 안전하고 진실하며, 비밀이 보장되고, 침입적이지 않아야 하며, 목적이 있는 관계로 설명하고 있다.

첫째, 내담자와 치료사의 관계는 제3자의 개입이 없는 독점적인 관계여야 한다. 독점적 관계란 내담자가 다른 어떤 사람의 방해도 받지 않고 치료사와 독특한 관계를 경험하는 것이다. 독점적 관계는 아동 내담자에게 안정감을 주고, 치료사와 내담자 간의 신뢰관계 형성에 도움이 된다.

둘째, 내담자와 치료사 간의 관계는 안전하고, 진실해야 한다. 치료사는 아동 내담자가 자유롭게 행동하고 주도감을 가질 수 있는 안전한 환경을 제공해야 한다. 치료사가 제공하는 허용적인 분위기 속에서 내담자는 두려움과 불안, 갈등 등 내면의 감정을 자유롭게 표현할 수 있다. 또한 치료사와 아동 내담자와의 관계는 가식이 없는 진실한 관계에 기초해야 한다. 진실한 관계란 어떠한 검열이나 억압 없이 자연스럽고 자발적인 상호작용이 이루어지는 관계이다.

셋째, 치료사는 내담자와의 관계에서 비밀을 보장해야 한다. 내담자가 자신의 감정과 생각을 충분히 표현하기 위해서는 안정감을 느껴야 하고, 이를 위해 비밀보장이 요구된다. 치료사는 아동 내담자가 이해할 수 있는 언어로 비밀보장에 대해 이야기하고, 비밀보장의 한계에 대해서도 설명해야 한다.

넷째, 침입적이지 않아야 한다. 상담과정에서 내담자에게 너무 많은 질문을 하거나 나누고 싶지 않은 일들에 대해 캐묻는 것은 내담자에게 두려움을 줄 수 있다. 치료사가 너무 침입적이라고 느끼게 되면 아동 내담자는 침묵하거나 산만한 행동을 보일 수 있다.

다섯째, 치료사는 상담목적을 분명히 해야 한다. 내담자가 상담을 받으러 온 이유를 명확하게 이해하도록 도움으로써, 내담자는 상담과정에서 좀 더 열심히 참여하고 상담관계가 목적적인 관계가 될 수 있다(Ray, 2016).

③ 내담자의 환경 변화 및 재구성

아동의 경우, 아동을 둘러싼 환경체계를 살펴볼 필요가 있다. 부모의 부적절한 양육방식이나 정서적 지지 부족, 아동 방임이나 학대, 부부 갈등이나 폭력, 부모의 별거와 이혼 등 가족환경의 영향력은 아동에게 실로 상당하다. 또래나 이웃 환경의 위험요소 등도 아동의 문제를 유지·악화시키는 데 주요한 영향 요인으로 작용할수 있다. 따라서 치료사는 아동의 문제 발생과 유지·악화에 영향을 미치는 환경요인들을 찾고, 적절히 변화시킬 수 있어야 한다(Ray, 2016). 예를 들어, 놀이치료에 소극적인 부모를 설득하여 부모교육 또는 치료과정에 참여시키는 것은 성공적인 놀이치료를 위해 매우 중요하다.

아동의 강점과 활용할 수 있는 자원을 파악하여 놀이치료의 과정에 통합하는 것또한 치료사의 중요한 역할 중 하나이다. 가령, 놀이치료사는 아동의 유치원이나학교 교사, 관련 사회복지사 등과 연계하여 아동을 보다 효과적으로 돕기 위해 협력할 수 있다.

(2) 청소년놀이치료

청소년놀이치료에도 아동놀이치료에서의 치료사 역할이 동일하게 적용될 수 있다. 그 외에 청소년의 발달적 특성을 반영하여 놀이치료사는 다음의 사항을 고려할필요가 있다.

① 치료사의 놀이에 대한 긍정적인 태도

청소년이 놀이과정에 편안하게 참여하며 치료적 도구로서 놀잇감을 잘 사용하도록 격려하기 위해 치료사는 놀이가 매력적이라는 태도를 취해야 한다. 치료사는 놀잇감을 가지고 노는 것에 대해 열광적이고 즐거운 태도를 표현함으로써 청소년 내담자에게 모델링이 이루어지도록 할 수 있다. 예를 들면, 치료사는 전투가 벌어지는 상징놀이의 과정에서 적절한 효과음과 정서의 표현을 함으로써 내담자가 놀이에 자연스럽게 몰입할 수 있도록 도울 수 있다. 또한 치료사는 청소년에게 놀이의 방법과 놀잇감 사용 기술 등을 가르쳐 달라고 부탁하면서 놀이를 제안해 볼 수도 있다. 놀이에 대한 긍정적 태도와 함께 치료사의 유머감각 또한 청소년이 놀이를 보다 편안하게 여기며 놀이치료에 참여하도록 돕는 데 효과적인 자원이 될 수 있다 (Gallo-Lopez & Schaefer, 2014).

② 내담자의 놀이에 대한 태도 수용

청소년은 마음이 편안해질수록 놀이성이 풍부해진다. 치료사는 모든 연령대의 사람들이 놀이치료실에서의 놀이를 좋아한다는 것을 청소년 내담자에게 알려줄 수 있다. 아동·청소년은 물론 성인 또한 놀이를 좋아한다는 것을 알게 되면서 청소년 내담자는 편안하고 덜 방어적으로 놀이에 참여하게 될 수 있다(Gallo-Lopez & Schaefer, 2014).

치료사는 놀이치료를 진행하는 가운데 표현되는 청소년의 다양한 반응을 존중하며 다루어야 한다. 청소년 내담자는 특히 놀이를 시작하는 것을 쑥스러워할 수 있으며, 스스로의 놀이경험이 우스꽝스럽고 유치하다고 느낄 수도 있다. 치료사는 다양하게 나타날 수 있는 청소년의 반응을 예측하고, 온전히 수용할 수 있어야 한다. 자신이 경험하는 다양한 감정이 치료사에 의해 있는 그대로 수용되는 가운데 청소년은 놀이치료에 대해 보다 편안함을 느낄 수 있다. 치료사의 놀이에 대한 긍정적 태도와 놀이 참여에 대한 존중과 격려를 통해 청소년은 점차 놀이에 대한 긍정적 감정을 표현하며 놀이치료에 몰입할 수 있게 된다.

(3) 성인놀이치료

성인놀이치료에서도 치료사는 아동놀이치료에서 설명한 치료사 역할을 기본적으로 적용하고 수행할 수 있어야 한다. 성인 대상 놀이치료에서 추가적으로 고려해야 할 사항과 치료사 역할은 다음과 같다.

① 놀이치료사의 놀이적 특성

치료사의 놀이에 대한 태도와 특성은 내담자에게 중요한 영향을 미친다. 성인 내담자가 놀이치료에 적극적으로 참여하도록 돕고, 놀이를 통한 치료적 효과성을 높이기 위해서는 우선 치료사가 놀이적이어야 한다. 셰퍼와 그린버그(Schaefer

& Greenberg, 1997)는 놀이성에 대해 장난을 좋아함, 유머감각이 있음, 어리석음을 즐김, 격식을 차리지 않음, 엉뚱함의 요소로 설명하고 있다. 놀이성에 대해서는 제1장에서 주요하게 다루고 있다. 치료사는 스스로 자신의 놀이성을 점검하면서 성인의 놀이치료를 촉진하기 위한 치료사 역할을 수행할 필요가 있다.

② 내담자의 표현에 대한 존중

성인에게 있어 놀이치료는 새로운 영역일 수 있다. 치료사는 내담자의 어색함과 침묵, 망설임에도 익숙해질 필요가 있다. 치료사는 용기와 신뢰를 가지고 놀이치료에 임해야 하며, 내담자가 놀이를 통해 표현하는 모든 것에 귀를 기울여야 한다. 동시에 매우 조심스러워야 한다. 성인 내담자의 경우, 대체로 놀이를 통해 현재가 아닌 의미 있는 과거의 특정한 시점을 경험하고 표현한다. 놀이치료사는 치료실 안에서 내담자가 안정감을 느끼고, 자신의 과거와 내면세계를 충분히 경험하며 표현할 수 있도록 존중하며 담아 주는 역할을 할 수 있어야 한다(Schaefer, 2015). 이 과정에서 내담자의 놀이와 표현이 유치하게 느껴지지 않도록 존중하는 태도를 보여야 한다.

③ 중립적 공간의 제공

놀이치료실의 한 공간을 분리해서 작은 소파나 편안한 의자를 놓고 성인의 공간(grown-up area)을 만들 수도 있다. 이는 성인 내담자가 좀 더 천천히 그리고 편안하게 놀이치료과정과 놀이치료 환경에 적응할 수 있도록 돕기 위함이다. 성인 내담자는 자기만의 속도로 자신에게 필요한 놀이방법을 찾아갈 수 있다. 또한 특정 놀잇감들은 내담자의 외상적 기억을 불러일으킬 수 있다는 점에 대해서도 주의해야 한다. 준비되지 않은 상태에서 외상을 재경험하는 것은 내담자에게 오히려 부정적 영향을 미칠 수 있다(Schaefer, 2015). 따라서 내담자가 충분히 다룰 수 있는 시점이 될 때까지 머물 수 있는 편안하고 중립적인 공간을 마련할 필요가 있다.

(4) 노인놀이치료

노인을 대상으로 진행하는 놀이치료의 경우, 치료사는 노인 한 사람 한 사람을 인격체로 존중하고 그들과 함께 있는 것을 즐기며, 노인의 잠재적 기능을 최대한 끌어내고 유지시킬 수 있어야 한다는 점을 기억해야 한다.

① 놀이치료사의 놀이에 대한 긍정적 태도

놀이치료사는 노인의 놀이참여에 절대적인 영향을 미친다. 치료사의 놀이에 대한 준비와 태도에 따라 노인의 놀이가 크게 달라질 수 있다. 치료사는 노인과 의미 있는 관계를 형성하며, 노인과 함께 놀이하는 자로서, 스스로 놀이를 즐기고 참여하는 모습을 보여야 한다. 때로는 치료사에게 내담자와 함께 작업하는 파트너 역할, 그리고 내담자의 활동을 칭찬하며 격려하는 지원자의 역할이 요구되기도 한다(Schaefer, 2015). 노인놀이치료에서는 치료사가 놀이에 함께 참여할 때, 내담자와의 신뢰관계가 보다 촉진적으로 형성될 수 있다. 또한 놀이의 내용도 더욱 풍부해지도록 도울 수 있다.

② 안정감 있는 환경의 제공

놀이치료사를 통해 주어지는 환경이 노인 내담자에게 안전하고 안정적이며 지속적이라는 느낌을 줄 수 있어야 한다. 어떤 상황에서도 수용적이어야 하며, 반응적으로 상호작용해야 한다. 따뜻함과 명쾌함으로 즐거운 분위기를 이끌어 내며, 민감하면서도 개방적인 태도로 내담자의 남아 있는 능력을 발휘할 수 있는 기회, 그리고 실패를 두려워하지 않는 도전과 작은 것에서도 큰 성취감을 느낄 수 있는 기회들을 부여할 수 있도록 최선을 다해야 한다(Schaefer, 2015). 놀이치료 진행 시 서두르지 말고, 노인의 독립성을 유지하게끔 스스로 할 수 있는 활동은 기다려 주고 스스로 해결할 수 있도록 도와줄 필요가 있다.

③ 끊임없는 상호작용과 안내

놀이치료사는 노인과 끊임없이 상호작용을 시도하면서 신뢰관계를 형성할 수 있어야 한다. 치료사는 노인이 자신의 생각을 말로 표현하고, 생활 속에서의 여러 가지 문제도 놀이를 통해 감정을 조절할 수 있도록 도와주어야 한다. 그리고 상황에 따라 적절한 준비와 개입 전략을 통해, 놀이활동에 내담자의 참여를 격려하고 확장시킬 수 있어야 한다. 치료사는 노인의 놀이를 관찰하여 삶의 활력을 촉진할 수 있는 전략을 개발하고, 노인의 개인적인 특성과 상태 등을 고려하여 프로그램을 계획하고 적용할 수 있어야 한다. 치료사는 계속적으로 노인의 독자성을 촉진함으로써 개입을 최소화하도록 주의하지만, 때로는 내담자의 놀이에 적극 참여해야 한다. 그러나 내담자에게 무엇인가를 지시하고 가르치려고 하는 등의 놀이의 방해자 역할을 하지 않도록 주의해야 한다(Schaefer, 2015).

④ 내담자의 필요에 대한 이해와 보호

놀이치료가 진행되는 동안 노인 내담자의 필요(화장실, 목마름, 앉은 위치 변경하기 등)를 파악하고 혹시나 직면할지도 모를 사고에 대해서도 조심하며 내담자를 보호할 수 있어야 한다. 그리고 놀이치료사는 내담자와 효과적인 의사소통을 할 수 있어야 한다. 노인이 자신의 생각을 말이나 눈빛, 작은 동작으로 표현하며 그것을 알아챌 수 있어야 하고, 서로 의견을 적절한 말로 이끌어 내고 소통할 수 있어야 한다(신민주, 주용구, 어은경, 2020).

2) 이론에 따른 놀이치료사 역할

놀이치료는 치료사의 이론적 접근에 따라 사례개념화 및 치료기법의 적용이 다양하게 이루어질 수 있다. 놀이치료사 역할을 이론별로 구분해 살펴보면 다음과 같다.

(1) 인본주의(아동중심) 놀이치료

인본주의 놀이치료사는 놀이실에서 내담자를 위한 촉진자이며 격려자, 동료 탐험가이다. 치료사의 역할은 다음과 같다.

첫째, 치료사는 진정으로 내담자에게 관심을 가지며, 따뜻하고 돌보는 관계를 발달시킨다. 둘째, 치료사는 내담자에 대해 무조건적으로 수용하며, 내담자가 어떤 면에서든 다르기를 바라지 않는다. 셋째, 치료사는 관계 안에서 안전과 허용의 느낌을 만들어 내고, 그 가운데 내담자는 완전하게 자기를 탐색하고 표현할 자유를 느낀다. 넷째, 치료사는 항상 내담자의 감정에 민감하고, 내담자의 자기이해를 발달시킬 수 있도록 내담자의 감정을 반영한다. 다섯째, 치료사는 책임감 있게 행동하는 내담자의 능력을 깊게 믿고, 내담자의 문제해결 능력을 존중하며, 내담자가 문제해결로 나아가도록 격려한다. 여섯째, 치료사는 내담자의 내적 주도성을 신뢰하고, 내담자가 관계의 모든 영역을 이끌도록 허락하며, 놀이치료과정 가운데 내담자의 놀이나 대화를 지시하지 않는다. 일곱째, 치료사는 치료과정이 점진적으로 이루어진다는 것을 인식하고, 서두르지 않는다. 여덟째, 치료사는 놀이치료 회기를 현실에 머물도록 하고 내담자가 책임감을 수용하도록 돕기 위한 목적으로만 치료적 제한을 설정한다(Schaefer, 2015).

인본주의 놀이치료에서 치료사는 단지 역할을 수행하는 사람이 아닌, 관계 그 자체로 치료적 의미를 지닌 존재라는 것을 기억해야 한다. 치료사는 내담자가 주도적이고 건설적이며 포기하지 않고, 창조적이고 자기치유적인 힘을 발산하는 방식으로, 내담자와 관계를 맺어야 한다. 이러한 치료사의 믿음을 바탕으로 내담자는 힘을 가지게 되고, 자기탐색과 자기발견을 위한 발달적 잠재력이 발산되는 가운데 결과적으로 건설적인 변화가 이루어진다.

(2) 정신분석적 놀이치료

정신분석적 놀이치료사의 역할은 객관적인 관찰자이며 참가자이다. 치료사는 놀이에서 상징적으로 일어나는 것을 포함한 모든 상호작용에서 분석적으로 생각할 수 있는 능력을 유지해야 한다. 치료사는 감정, 정서, 환상 등을 평가하기 위해 전이와 역전이를 탐색하고 놀이를 분석한다. 그리고 내담자의 무의식 과정을 이해하기 위해 통찰을 이용하여 적절한 개입을 한다. 보다 세부적인 치료사의 역할은 다음과 같다.

첫째, 치료사는 내담자의 놀이와 언어적 · 비언어적 표현을 관찰한다. 둘째, 드러나는 감정과 사고에 대해 반영한다. 셋째, 상징에 대해 깊이 이해한다. 넷째, 해석을 사용해 과거나 현재의 감정과 생각을 연결하고, 내담자가 문제를 좀 더 명확히 이해하거나, 현재의 관계 문제를 해결하는 데 도움이 되도록 한다. 이러한 과정을 통해 내담자는 자기와 타인에 대한 새로운 모형을 구성하기 위한 틀을 구조화하거나, 자기통합과 대인관계에서의 안정감을 형성해 가게 된다(O'Connor et al., 2018).

놀이치료사는 의미가 모호한 놀이도 수용해야 하며, 인내심을 가지고 놀이치료에 임해야 한다. 내담자와 놀이치료과정 가운데, 치료관계가 발생하고 서서히 발전하도록 해야 한다. 치료사는 놀이치료 장면에서 경험하게 되는 다양한 감정과 상태를 잘 버텨 줄 수 있어야 하며, 아동 내담자가 자신의 이야기를 만들어 내고, 재창조하는 데 개입함으로써 아동의 경험을 함께 분석해야 한다. 또한 치료사는 보호자, 교사 등 내담자에게 영향을 미치는 다른 사람들과 작업 동맹을 유지해야 하며, 다양한 요구에 반응해야 한다. 이 가운데 치료사는 균형감을 유지할 필요가 있다(Schaefer, 2015).

(3) 분석심리학적 놀이치료

분석심리학적 놀이치료에서 치료사의 역할은 관찰자·참여자, 모성적 원형을 통한 담아두기와 양육적 환경 제공자이다. 우선, 치료사는 그림, 꿈, 만다라, 모래에 나타난 이미지 등을 창조적으로 통합하는 기법을 사용할 수 있어야 한다(Schaefer, 2015).

치료사는 놀이치료과정에서 전이를 통해 모성 또는 어머니 원형이 활성화되는 담아두기와 양육환경을 제공한다. 자유롭고 보호받는 공간을 내담자에게 제공하고, 내담자가 수용적이고 허용적인 분위기에서 자신의 내면세계를 표현하면, 치료사는 진정한 안전감과 안정감, 만족감을 표현한다. 이러한 과정은 내담자의 마음이 궁극적으로 치유적인 방향으로 나아갈 수 있도록 돕는다(O'Connor et al., 2018).

(4) 아들러 놀이치료

아들러 놀이치료에서 치료사는 내담자와 내담자의 환경을 구성하는 사람들의 파트너이자 격려자, 교사 등의 역할을 한다. 그러나 이러한 역할은 치료과정의 단계에 따라 변한다. 첫 번째 단계에서 치료사의 주요 과제는 내담자와 더불어 부모나 교사와 같이 내담자의 삶에서 중요한 개인들과 관계를 형성하는 것이다. 이 단계 동안 치료사는 대개 내담자에게 비지시적이며, 내담자가 치료실에서 많은 결정을 하도록 격려하면서 작업한다. 내담자의 보호자와 함께 작업하는 경우, 돌보는 관계를 형성하고 그들의 걱정에 귀를 기울이며 격려와 안내를 제공하는 방법을 찾고자 노력해야 한다. 두 번째 단계에서 치료사는 질문하기, 관찰하기, 추측하기, 내담자에게 이야기나 그림 그리기를 요청하기, 초기 회상을 말하도록 하기 등을 통해 내담자의 생활양식을 탐색하기 위해 훨씬 더 능동적이고 지시적인 역할을 수행한다. 세 번째 단계에서 치료사는 놀이실에서 내담자의 통찰을 도와주는 해석, 스토리텔링, 미술 등을 사용하면서 지속적으로 적극적 자세를 유지한다. 치료사는 내담자의 자기 파괴적 패턴과 신념에 도전하고, 직접적이며 직면적이다. 네 번째 단계에서 치료사는 내담자에게 새로운 기술을 가르치고 노력과 진전에 대해 격려하는 가운데, 적극적이고 지시적인 방법으로 내담자의 재교육을 돕기 위해 작업한다. 자기주장이나 협상, 사회적 상호작용과 같은 영역들에서 치료사는 내담자가 타인과 상호작용하는 새로운 전략을 획득하고 삶에 대처하도록 도울 수 있다(Schaefer, 2015).

(5) 게슈탈트 놀이치료

치료사는 내담자와 적극적으로 상호작용하는 역할을 한다. 내담자와의 상호작용이 게슈탈트 놀이치료에서 가장 중요하다. 치료사는 각 회기마다 내담자의 욕구를 평가하고, 내담자가 자신의 잃어버린 측면을 찾는 새로운 경험을 할 수 있도록, 적합한 활동을 계획한다. 그러나 치료사는 내담자에게 어떠한 기대도 하지 않아야 하며, 회기에서 일어나는 모든 일을 진정으로 받아들이는 자세를 가져야 한다. 치료사는 치료회기가 춤과 같이, 때로는 치료사가 이끌고 때로는 내담자가 이끈다는 것을 기억해야 한다(Schaefer, 2015).

(6) 치료놀이

치료놀이에서 치료사는 매 회기의 계획을 사전에 세워 놓는다. 치료사는 내담자 및 보호자와 적절하고 지지적인 관계를 형성하기 위해 노력한다. 지금 여기에 초점을 맞추고, 신체적 접촉과 시선 맞춤을 포함하여 내담자의 흥분과 즐거움을 공유하는 것뿐만 아니라, 내담자가 자신의 감정을 조절하도록 도와주면서 자기조절을 배울 수 있도록 한다. 치료사는 내담자가 적절한 위험을 감수하고 도전을 경험하도록 도와주면서 충분한 관심과 무조건적인 수용을 제공한다. 또한 치료사는 책임을 맡아 활동을 이끌고, 내담자로부터 협력을 얻어 내는 방법을 부모에게 보여 준다(Schaefer, 2015). 치료 내내 치료사는 내담자가 가치 있고 사랑받고 보호받는 존재로서 자기에 대한 내적 표상을 세울 수 있도록 도와주는 동시에 자존감과 신뢰를 증진하는 방법으로 내담자와 접촉하려고 노력한다.

(7) 인지행동 놀이치료

인지행동 놀이치료사의 역할은 놀이를 통해 내담자를 치료에 참여시키는 것이다. 치료사는 내담자가 놀이를 통해 표현하는 모든 내용을 경청해야 한다. 치료사는 내담자에게 발달적으로 적절한 방식으로 보다 적응적인 사고와 행동을 발달시키기 위한 전략들을 제공한다(Schaefer, 2015). 이러한 과정에서 장난감과 손가락인형을 통한 모델링과 다양한 게임 놀이 등이 활용될 수 있으므로 치료사는 놀잇감을 가지고 하는 놀이에 대해 편안하게 느낄 필요가 있다.

3. 그 밖의 고려사항들

1) 놀이치료사의 역전이

놀이치료사는 치료과정에서 내담자에 의해 영향을 받을 수 있다. 이러한 과정에서 치료사는 내담자에게 비효과적인 반응을 보일 수 있게 되는데, 대표적인 것이 역전이 반응이다. 역전이는 치료사의 내담자에 대한 감정, 또는 치료사의 내담자에 대한 반응으로 설명할 수 있다. 치료사가 내담자에 대한 느낌이나 연상을 잘 이용하면 내담자의 내면세계를 이해하는 데 도움이 된다. 그러나 치료사가 역전이로 인한 감정에 사로잡힐 경우 내담자의 표현과 감정을 공감하는 데 어려움을 겪게 된다.

치료사가 역전이를 자신의 문제와 관련된 것인지 혹은 내담자의 심리내적인 역동에 기인한 것인지 구분하여 치료에 활용한다면, 내담자를 보다 깊이 이해하고 다양하게 파악할 수 있게 된다(Hayes, 2004). 치료사가 내담자의 역전이를 치료에 활용하는 것은 다음의 5가지 요인으로 개념화된다(Van Wagoner, Gelso, Hayes, & Diener, 1991). 첫째, 치료사가 자신의 감정을 인식하고 이해하는 정도인 자기통찰, 둘째, 치료사가 내담자의 정서적인 경험을 부분적으로 동일시하면서도 이러한 동일시에 빠져들지 않기 위하여 자신과 내담자를 분리하는 공감능력, 셋째, 치료사가 손상되지 않고 안정되며 건강한 성격구조를 소유하는 자기통합, 넷째, 불안을 명확히 인식하고 통제할 수 있는 불안관리, 다섯째, 내담자의 과거뿐 아니라 상담관계 속에서 나타내는 내담자의 역동을 개념화할 수 있는 능력을 의미하는 개념화 기술이다. 이러한 자질을 갖춘 상담자를 역전이 관리능력이 있다고 한다(이재엽, 김단비, 2019).

역전이 관리능력을 향상시키기 위한 효과적인 방안으로, 전문적 훈련 경험을 통해 놀이치료사의 전문적 발달수준을 높여 갈 필요가 있다. 치료사의 발달수준은 상담경력 및 수퍼비전 경험에 따라 증가한다(최언지, 이영애, 2020). 그리고 발달수준이 향상될수록 치료사는 자신의 강점과 약점에 대해 수용하고 치료사로서의 정체성과 자신감이 향상되고 자존감이 높아진다. 특히 초임 상담자의 경우, 전문적 훈련 경험이 많을수록 상담자의 자기존중감이 증가된다. 치료사의 긍정적 자아개념과 자아존중감은 치료과정에서 불안수준을 낮추고 통합적 수행을 지속하게 하는 중요한 요인으로 작용하며, 놀이치료 장면에서의 역전이 관리에도 긍정적인 영향을 미친다(박희현, 2018).

2) 놀이치료사의 소진

놀이치료사는 다른 사람들의 내면의 감정 및 욕구, 행동에 초점을 두도록 훈련받아 왔기 때문에, 소진된 자신을 돌아보는 것과 같은 자신의 정신건강을 관리하는 부분에는 소홀한 경향이 있다. 그러나 치료사가 자신의 소진을 인식하지 못하거나 소진된 상태를 방치한다면 이는 치료사의 개인적인 문제를 넘어 내담자에게도 부정적 영향을 미치게 된다. 따라서 치료사는 자신의 심리적 욕구 충족을 당연한 듯 지연시키고 있지 않은지, 지속적으로 자신을 점검할 필요가 있다(류승민, 유미숙, 2020).

또한 소진은 놀이치료사의 경력에 따라 다른 양상으로 나타나는데, 치료사 발달과정의 초기에는 의존적이고 불안이 상대적으로 높아 소진 역시 더 많이 경험하는 것으로 보고된다. 초보 놀이치료사는 자기 자신의 욕구나 감정을 민감하게 파악하여 자신에 대해 이해하는 자기인식 능력이 부족하기 때문에, 자기를 인식하고 이를 놀이치료 장면에 적절히 통합하고 분리하는 것이 발달과업 중의 하나가 되기도 한다. 이후 치료사로서 성장·발전하는 가운데 자율성과 자신감이 증대되고 점차 높은 수준의 자기 인식이 이루어지며 확고한 전문적 정체성을 가지게 되는 것으로 알려져 있다(류승민, 유미숙, 2020). 그러나 숙련된 놀이치료사들 또한 심리적 소진을 전혀 경험하지 않는 것이 아니며, 개인의 문제나 과도한 업무, 일상생활의 문제 등으로 소진되어 내담자에게 집중하지 못하기도 한다. 또한 어려운 내담자들을 임상 장면에서 더 많이 만나게 되면서 이에 따른 정서적 소모가 높아지는 등 초임 놀이치료사와 다른 소진의 양상을 나타내기도 한다(류승민, 유미숙, 2020).

한편, 앞서 살펴본 역전이 관리능력 역시 치료사의 소진과 관련이 있다. 역전이를 인식하고 적절하게 관리하는 능력을 갖춘 치료사는 내담자를 돌보고 자신을 보호하는 딜레마에서 균형을 유지할 수 있게 된다(Skovholt & Trott-Mahison, 2011). 그리고 치료관계의 질과 효과가 높아지는 것을 경험하는 가운데 치료사의 심리적 소진도 감소될 수 있다(Gelso & Carter, 1994). 따라서 놀이치료사는 주요한 치료적 요인이자 도구로서 치료사 역할을 충실히 감당할 수 있도록 지속적으로 자기 돌봄과 내면 이해를 위한 자기분석에 노력을 기울일 필요가 있다.

정리해 봅시다

이 장에서는 놀이치료사의 자질과 역할에 대해 살펴보았다. 놀이치료사는 놀이치료의 가장 본질적인 자원으로서, 치료적 관계와 전문적 개입을 통해 내담자의 변화를 촉진하는 역할을 한다. 놀이치료사는 내담자에게 도움이 되는 놀이치료를 진행하기 위해 관련된 지식 및 기술, 내담자를 대하는 진정성 있는 상담 태도 등을 기르며, 치료사로서 인격적 자질과 전문성을 키우기 위해 끊임없이 노력해야 한다.

특히 놀이치료사는 전생애 발달단계를 다루는 가운데, 생애발달 주기별 특성에 대한 지식과 언어적 상담능력, 가족체계 관점에서의 내담자 이해능력을 갖출 필요가 있다. 그리고 무엇보다 놀이의 창조성과 상징성을 이해하고 활용할 수 있는 역량을 갖추어야 함을 기억해야 한다.

나아가 치료사의 전문성만큼이나 심리적 안정성과 건강성이 효과적인 놀이치료의 중요한 전제 조건이라는 점 또한 잊지 말아야 할 것이다. 치료사는 지속적인 자기분석과 자기돌봄을 통해 역전이와 소진 등을 면밀히 살피고 관리해 나가고자 노력해야 한다.

활동해 봅시다

1. 놀이치료사의 인격적·전문적 자질을 생각하면서, 놀이치료사로서 자신의 강점과 보완해야 할 점을 정리해 봅시다.

_____

_____

_____

_____

2. 다음은 역전이 관리능력 척도입니다. 척도에 체크해 보고, 역전이 관리능력을 높이기 위해 치료사로서 자신에게 필요한 노력이 무엇인지 생각하고, 다른 사람과 나누어 봅시다.

놀이치료사의 역전이 관리능력 척도

번호	내용	전혀 그렇지 않다	별로 그렇지 않다	보통 이다	대체로 그렇다	매우 그렇다
1	현재의 내담자들과 과거 내담자들 간에 유사성이 있음을 인식한다.	①	②	③	④	⑤
2	안정된 자아정체감을 갖고 있다.	①	②	③	④	⑤
3	개인적으로 해결되지 않은 나 자신의 갈등 영역이 자주 있음을 깨닫는다.	①	②	③	④	⑤
4	대체로 내담자의 갈등에 지나치게 동일시되지 않도록 자제한다.	①	②	③	④	⑤
5	내담자의 감정이 무엇인지 정확히 파악한다.	①	②	③	④	⑤
6	내담자로 인해 나 자신에게 일어나는 감정을 자주 지각한다.	①	②	③	④	⑤
7	살아오면서 나 자신의 성격을 형성시킨 배경 요인들을 이해하고 있다.	①	②	③	④	⑤
8	나 자신의 정서적 갈등을 해결하려는 경향이 있다.	①	②	③	④	⑤
9	대체로 내담자에게 정서적으로 '조율'하여 맞춘다.	①	②	③	④	⑤

10	적절한 시기에 내담자의 정서적 경험으로부터 한발 뒤로 물러나 내담자에게 어떤 일이 일어나고 있는가를 이해하려고 노력한다.	①	②	③	④	⑤
11	나의 감정이 내담자의 감정과 어떻게 연관되어 있는지를 효과적으로 구분한다.	①	②	③	④	⑤
12	종종 내담자의 관점에서 사물을 본다.	①	②	③	④	⑤
13	내담자의 과거에 비추어서 관계역동을 개념화한다.	①	②	③	④	⑤
14	다른 사람들이 강한 감정을 드러내도 동요되지 않는다.	①	②	③	④	⑤
15	아주 '깊이 있게' 나를 이해하고 있다.	①	②	③	④	⑤
16	일반적으로 내담자의 역동 혹은 문제를 명확하게 개념화할 수 있다.	①	②	③	④	⑤
17	직관적으로 내담자를 이해한다.	①	②	③	④	⑤
18	자주 다른 사람들에게 개인적인 영향을 미치고 있음을 깨닫는다.	①	②	③	④	⑤
19	적절한 시기에 지적인 측면을 잠시 접어 두고 내담자와 함께 '느낀다.'	①	②	③	④	⑤
20	상담하는 동안 심한 불안을 경험하지는 않는다.	①	②	③	④	⑤
21	내담자의 욕구와 나 자신의 욕구를 이론적으로 구별한다.	①	②	③	④	⑤
22	하나의 이론적 접근 방식을 여러 사례들에 적용시킬 수 있다.	①	②	③	④	⑤
23	자주 내담자에게서 나온 자료나 내담자의 감정에 의해 유발된 나 자신의 공상을 자각한다.	①	②	③	④	⑤
24	상담장면에서 나의 감정이 어떻게 나 자신에게 영향을 미치는지 대체로 이해한다.	①	②	③	④	⑤
25	상담관계에서 일어나는 역동을 대체로 파악할 수 있다.	①	②	③	④	⑤
26	나의 상담능력에 대한 한계를 인식한다.	①	②	③	④	⑤
27	대부분의 내담자와 상담할 때 자신감을 느낀다.	①	②	③	④	⑤
28	심리적으로 균형을 이루고 있다.	①	②	③	④	⑤
29	자율성을 갖고 있다.	①	②	③	④	⑤

30	대개 내담자의 문제가 어느 정도 심각한지를 평가할 수 있다.	①	②	③	④	⑤
31	사례들을 심도 있게 개념화할 수 있다.	①	②	③	④	⑤
32	대체로 내담자의 내적 경험에 동일시할 수 있다.	①	②	③	④	⑤
33	내담자에게서 나온 자료에 의해 확인된다면 초기 진단을 수정할 것이다.	①	②	③	④	⑤
34	나 자신의 정서적 경험으로부터 한발 뒤로 물러나 나 자신에게 어떤 일이 일어나고 있는지 관찰할 수 있는 능력이 있다.	①	②	③	④	⑤
35	내담자의 이야기에서 겉으로 드러난 내용 이면에 숨은 의미를 이해한다.	①	②	③	④	⑤
36	대개 나 자신의 부정적 감정을 인식한다.	①	②	③	④	⑤
37	스스로에게 편안함을 느낀다.	①	②	③	④	⑤
38	다른 사람들과 친밀해지는 것이 편하다.	①	②	③	④	⑤
39	내담자를 더 잘 이해하기 위해 나 자신의 과거 경험을 자주 활용한다.	①	②	③	④	⑤
40	내담자 치료 진전에 나 자신이 장애물이 될 수 있음을 기꺼이 인정한다.	①	②	③	④	⑤
41	대부분의 내담자 문제 앞에서 지나치게 불안해지지 않는다.	①	②	③	④	⑤
42	나 자신의 감정을 깊이 있게 숙고한다.	①	②	③	④	⑤
43	자기와 타인 간의 경계를 효과적으로 인식한다.	①	②	③	④	⑤
44	자신감이 있다.	①	②	③	④	⑤
45	내담자를 이해하는 데 있어 통찰력이 있다.	①	②	③	④	⑤
46	대체로 인정받으려는 나 자신의 욕구를 조절한다.	①	②	③	④	⑤
47	대체로 내담자가 내놓은 자료들을 하나의 줄거리로 연결시킨다.	①	②	③	④	⑤
48	내담자가 자신의 특정 문제를 탐색할 만한 준비가 되어 있는지를 효과적으로 판단한다.	①	②	③	④	⑤
49	불안감 때문에 곤란을 겪지 않는 경향이 있다.	①	②	③	④	⑤
50	상담관계에서 일어나는 나 자신의 역할을 자주 개념화한다.	①	②	③	④	⑤

참고문헌

김연희, 유미숙(2007). 놀이치료사의 성인애착이 치료관계에 미치는 영향에서 공감능력의 조절효과. 놀이치료연구, 10(2), 1-15.

류승민, 유미숙(2020). 놀이치료사의 소진 경험에 대한 질적 연구. 놀이치료연구, 23(3), 317-335.

박현아, 류승민, 유미숙(2018). 초심 놀이치료사들의 집단 수퍼비전 및 기술훈련 집단 경험에 대한 연구: 학교놀이치료 현장실습 경험을 중심으로. 놀이치료연구, 22(2), 85-112.

박희현(2018). 놀이치료사 발달수준과 역전이 관리능력의 관계에서 자아존중감의 매개효과. 놀이치료연구, 21(1), 63-86.

신민주, 주용구, 어은경(2020). 성장과 치유를 위한 노인놀이치료. 서울: 학지사.

오경미, 유미숙(2020). 숙련 아동중심 놀이치료사의 진정성 경험 과정에 관한 질적 분석. 놀이치료연구, 23(2), 135-162.

이재엽, 김단비(2019). 놀이치료사의 역전이 관리능력이 심리적 소진에 미치는 영향에서 수퍼비전 관계의 조절효과. 놀이치료연구, 22(1), 35-53.

진화숙(2009). 놀이치료사가 지각하는 좋은 치료사 자질에 관한 연구. 놀이치료연구, 12(1), 1-13.

최언지, 이영애(2020). 놀이치료사의 발달수준과 치료적 동맹의 관계에서 역전이 관리능력과 심리적 소진의 매개효과. 놀이치료연구, 23(1), 37-52.

Geldard, K., & Geldard, D. (2008.). *Counselling Children: A Practical Introduction*. New York, London: SAGE.

Gelso, C. J., & Carter, J. A. (1994). Components of the psychotherapy relationship: Their interaction and unfolding during treatment. *Journal of Counseling Psychology, 41*(3), 296-306.

Hayes, J. A. (2004). The inner world of the psychotherapist: A program of research on countertransference. *Psychotherapy Research, 14*(1), 21-36.

Kolden, G. G., Klein, M. H., Wang, C. C., & Austin, S. B. (2011). Congruence/genuineness. *Psychotherapy, 48*(1), 65.

Landreth, G. L. (2012). *Play Therapy: The art of relationship* (3rd ed.). New York, London: Routledge.

Mearns, D., & Thorne, B. (2012). 인간중심 상담의 임상적 적용. (주은선 역). 서울: 학지사. (원전은 2007에 출간).

Nalavany, B. A., Ryan, S. D., Gomory, T., & Lacasse, J. R. (2005). Mapping the Characteristics of a 'Good' Play Therapist. *International Journal of Play Therapy,*

14(1), 27-50.

O'Connor, K. J., Schaefer, C. E., & Braverman, L. D. (2018). 놀이치료 핸드북. (송영혜, 김귀남, 강민정 역). 서울: 시그마프레스. (원전은 2016에 출간).

Ray, D. C. (2016). 고급 놀이치료. (이은아김, 민성원 역). 서울: 시그마프레스. (원전은 2011에 출간).

Ray, D. C. (2016). *Advanced Play Therapy: Essential Conditions, Knowledge, and Skills for Child Practice.* Karnac Books.

Rogers, C. R. (2007). 칼 로저스의 사람-중심 상담. (오제은 역). 서울: 학지사. (원전은 1980에 출간).

Schaefer, C. E. (2015). *Foundations of Play Therapy.* New York: Wiley.

Schaefer, C. E., & Greenberg, R. (1997). Measurement of playfulness: A neglected therapist variable. *International Journal of Play Therapy, 6*(2), 21-31.

Shen, Y.-J. (2017). Play therapy with adolescents in schools: Counselors' firsthand experiences. *International Journal of Play Therapy, 26*(2), 84-95.

Urofsky, R. I. (2013). The council for accreditation of counseling and related educational programs: Promoting quality in counselor education. *Journal of Counseling and Development, 91*(1), 6-14.

Van Wagoner, S. L., Gelso, C. J., Hayes, J. A., & Diemer, R. A. (1991). Counter-transference and the reputedly excellent therapist. *Psychotherapy: Theory, Research, Practice, Training, 28*(3), 411-421.

제7장

놀이치료사 반응

이 장에서는 아동중심 놀이치료를 중심으로 놀이치료사 반응을 다루어 보고자한다. 아동중심 놀이치료에서는 기법보다는 인본주의적 철학이 근간이 된다는 점을 기억해야 한다. 즉, 놀이치료사가 갖추어야 하는 인본주의적 기본 철학 및 태도는 그 어떤 기법보다 우선되고 중요시되어야 하며, 전부라 할 수 있다. 이 장에서는 이러한 철학적 가치관을 토대로 아동과 치료관계를 맺고, 나아가 아동의 성장과 발달을 촉진하는 치료적 반응들(Giodarno, Landreth, & Jones, 2009)을 구체적으로 살펴본다.

1. 기본 태도 및 규칙

아동중심 놀이치료이론은 삶에 대한 철학이자 가치관이므로 놀이치료사는 아동을 한 인간으로서 신뢰하는 태도를 유지해야 한다. 이를 위해서 아동은 치료사가 늘 함께 있다(be with)는 메시지를 전달받아야 한다. 단, 치료사가 아동의 문제에 초점을 두고 아동의 문제를 해결해 주고자 하는 태도는 지양해야 한다.

〈표 7-1〉 놀이치료사의 태도

전달할 메시지	금지 메시지
너는 혼자가 아니다. 나는 너와 함께 있다. 나는 너의 말을 듣고 본단다. 나는 너를 이해한다. 나는 너를 소중히 여긴단다.	나는 너의 문제를 해결할 거란다. 나는 너를 행복하게 만들 책임이 있단다. 나는 너를 이해하므로 너에게 무조건 동의한다.

　　놀이치료사는 아동과 상호작용하면서 자신도 모르게 치료관계에 방해되는 언급을 하기도 한다. 우리 언어에는 존댓말이 있고, 아동 내담자가 치료사를 '선생님'이라고 부르는 순간 치료사와 아동의 관계는 언어로 인해 수직인 관계가 되기 쉽다. 이는 또한 아동중심 놀이치료에서 추구하는 수평적인 관계를 방해하는 요인이 되고, 치료사는 자신도 모르게 아동을 주도하고 평가하는 실수를 범하게 된다. 다음은 놀이치료에서 피해야 할 상황이다(Guerney, 1972).

- 아동의 어떠한 행동도 비판하지 말 것
- 아동을 칭찬하지 말 것
- 아동에게 질문하지 말 것
- 놀이치료 시간을 방해하는 것을 허용하지 말 것
- 아동에게 정보를 제공하거나 가르치지 말 것
- 아동에게 새로운 행동을 시도하지 말 것
- 치료사가 수동적이거나 조용하지 말 것

　　이상과 같은 아동중심 놀이치료의 기본적 태도를 유지하며, 놀이치료 회기를 구성한다. 놀이치료 시간이 되면 시작하기 전에 아동을 화장실에 다녀오도록 하는 것이 좋다. 놀이실에 입실할 시간이 되었을 때 치료사는 "놀이실에 가자."라고 하며 아동과 함께 놀이실로 간다. 이때 주의할 점은 "놀이실에 가고 싶니?" 또는 "네가 원한다면 지금 놀이실에 갈 수 있어."라고 하지 말아야 한다. 놀이치료실에 입실하는 것은 아동의 선택이 아니기 때문이다.
　　첫 회기는 아동의 불안을 다루어 주기 위해 구조화가 필요한데, 간단한 치료사 소개, 놀이실 소개, 놀이 시간에 대한 소개 등이 필요하다. "○○야. 여기는 놀이치료실이야. 이곳에서 너는 원하는 여러 가지 방법들로 놀잇감을 가지고 놀 수 있어."
라고 말해 준다.

　놀이치료 회기를 마칠 때 치료사는 5분 정도를 남겨 두고 아동에게 사인을 주어
야 한다. 시간제한에 지나치게 불안해하는 아동에게는 10분 정도에 미리 사인을 줄
수도 있다. 많은 아동이 놀이치료실을 떠나는 것을 거부하며 조금만 더 놀게 해 달
라고 하거나, 정리를 하고 싶다며 종료 시간을 어기기도 한다. 그러나 이럴 때도 치
료사는 치료적 반응을 삼가고, "이제 마칠 시간이야."라며 놀이치료실을 떠나야 한
다는 메시지를 전달해야 한다.

2. 치료적 반응

　아동중심 놀이치료에서 치료사는 다음의 여러 가지 기법들을 통해 치료환경을
만들고, 아동의 세계를 이해하고 있음을 전달하며, 아동 스스로 자신에 대한 이해
를 촉진하도록 하고, 자아존중감을 향상시키도록 할 수 있다.

1) 비언어적 행동 이해하기

　놀이치료실에서 아동이 언어적으로 반응하거나 감정의 표현을 하지 않을 때 치
료사는 아동의 행동에 반응함으로써 아동의 세계에 관심이 있으며 이해하려고 노
력한다는 느낌을 전달해 줄 수 있다. 이때 주의할 점은 아동이 놀잇감에 대해 명명
하기 전에 치료사가 먼저 명명하지 말아야 한다는 것인데, 이는 치료사의 가정이
틀릴 경우 아동은 이해받지 못한다고 느낄 수 있기 때문이다. 또한 너무 빈번하게
반응하면 마치 스포츠 중계와 같은 느낌을 전달할 수 있으며, 반대로 너무 반응하
지 않는다면 아동은 치료사에게 관심을 받지 못한다고 느낄 것이다.

　아동의 비언어적 행동에 대해 치료사가 모두 언어적으로 반응할 필요는 없다. 치
료사 역시 미소 짓기, 끄덕이기 등과 같은 비언어적 표현으로 반응할 수 있으며, 때
로는 이러한 행동이 더 적절하기도 하다. 즉, 아동의 비언어적 행동을 읽어 주는 치
료사의 반응은 아동의 세계에 대한 관심과 아동과 '함께 있다'는 메시지의 전달이
목적이므로 적절하게 이루어지는 것이 좋겠다.

다음의 사례에서 아동의 비언어적 행동을 이해하는 반응을 해 보자.

아동	(아동이 자동차를 터널을 통과하도록 밀고 있다.)
치료사	예시) 오, 그것을 그 안으로 들어가도록 하는구나.

아동	(도화지에 파란색, 빨간색 물감을 짜더니 데칼코마니를 한다.)
치료사	

아동	(놀이치료실에 들어와서 놀잇감을 잡지 못하고 선반을 쳐다보기만 한다.)
치료사	

2) 내용 반영하기

내용 반영이란 아동이 놀이에 대해 말한 것을 치료사가 다른 용어로 반복하여 언급하는 것을 말한다. 치료사는 아동의 놀이 내용을 명확히 다시 반영해 줌으로써 치료사가 아동의 말에 귀를 기울이고 있으며 이해하고 수용한다는 메시지를 전달해 줄 수 있다. 아동은 치료사의 언어로 자신의 놀이내용을 들음으로써 자기이해를 할 수 있는 기회를 제공받는다.

다음의 사례에서 아동의 놀이 내용을 반영해 보자.

아동	(공룡 위에 모래를 흩뿌리며) 모래바람이 불어서 다 사라져요.
치료사	예시) 모래바람이 모두 사라지게 했구나

아동	(아이스크림 가게 놀이를 하며) 여기 아이스크림은 다 공짜예요. 제일 맛있는 것도 공짜예요.
치료사	

아동	(모래상자에 표현한 숲속 연못에서) 숲속인데, 낚시를 하던 사람이 물에 빠졌어요. 그때 천둥번개가 치기 시작했어요.
치료사	

3) 감정 반영하기

아동의 놀이에 나타난, 또는 놀이하면서 표현한 감정과 욕구들을 치료사가 언어적으로 반영해 주는 것이다. 이로써 아동은 자신의 감정과 욕구가 수용받으며, 치료사가 자신에게 관심이 있고 이해하려 한다는 메시지를 전해 받는다. 동시에 아동은 자신의 감정들을 언어적으로 표현하는 방법을 배울 수 있다.

다음의 사례에서 아동의 놀이에 나타난 강점을 반영해 보자.

아동	(치료사를 도둑이라며 수갑을 채운 후 웃으며) 선생님은 도둑이에요. 이제 잡힌 거예요.
치료사	예시) 도둑을 잡아서 기분이 좋구나.

아동	(모래 속에 뱀들을 안 보이게 묻고는 그 위에 나무와 꽃을 놓고 공원을 꾸민다. 강아지 인형을 공원에 놓고 긴장되는 듯 작은 목소리로) 강아지는 아무것도 몰라요. 여기가 공원인 줄로만 알아요.
치료사	

아동	(아기 인형을 욕조에 넣고) 깨끗이 씻어야 돼. 우유도 토하고 똥도 싸고…… 정말 너무 힘들어.(한숨)
치료사	

감정 반영하기 시 주의사항

① 내용과 감정 반영이 둘 다 가능한 경우

아동의 놀이에 대해서 내용과 감정의 반영이 둘 다 가능할 경우, 치료사는 둘 다 반응을 하거나 또는 감정에 반응한다. 아동의 감정이 애매한 경우에는 아동의 목소리 톤이나 표정을 통해 감정을 알아낼 수 있다.

② 내용과 감정 반영을 혼동하는 경우

아동의 놀이에 대해 민감하게 내용과 감정에 대한 반응을 하는 것은 쉬운 일은 아니다. 놀이치료사들이 범하기 쉬운 실수 중의 하나는 감정을 반영해야 할 때 감정을 놓친 채 내용을 반영하고, 내용을 반영할 때 치료사의 평가나 호기심을 함께 말한다는 것이다. 치료사의 조바심이나 불안, 호기심 등은 치료적 반영의 실패 원인이 된다. 아동에 대한 흔들리지 않는 믿음을 바탕으로 인내하는 과정 속에서 치료사는 마침내 아동의 관점을 이해할 수 있게 되며, 그때 진정한 치료적 반영이 가능하게 되는 것이다.

4) 의사결정권과 책임감 촉진하기

놀이치료실에 오는 많은 아동이 어떤 장난감을 선택할지, 어떻게 놀지 등을 치료사에게 습관적으로 물어보고 도움을 요청한다. 그런 아동은 임상에서도 자신의 생각이나 행동에 대해 스스로 의사결정을 하거나 책임을 지는 경험을 해 보지 못했던 경우가 많다. 부모가 자녀의 생각과 행동을 결정해 주고 자녀가 실수를 통해 배울 수 있는 기회를 허락하지 않았기 때문이다. 그러나 성장한다는 것은 자율성을 획득하고 자신의 삶에 책임감을 갖게 됨을 의미하는 것이다.

놀이치료실에서 치료사는 아동의 성장에 대한 잠재력을 발휘하도록 아동이 스스로 선택하고 결정하며 그에 따른 책임감을 가질 수 있도록 격려해 주어야 한다. 이러한 상호작용 속에서 아동은 의사결정과 책임감을 학습할 기회를 경험하게 되고, 자신의 생각과 행동에 좀 더 주도적이 되며 통제감을 발휘할 수 있게 된다.

다음의 사례에서 아동의 의사결정권을 존중하고 책임감을 촉진할 수 있는 치료적 반응을 해 보자.

아동	(비행기를 가리키며) 이것 갖고 놀아도 돼요?
치료사	예시) 무엇을 하고 놀지는 네가 결정하는 거란다.

아동	(도화지와 크레파스를 꺼내며 무언가를 그리려고 하며) 선생님, 저는 개구리를 그릴 거예요! 개구리는 무슨 색으로 그려야 해요?
치료사	

아동	(블록을 쌓으며) 높이 쌓아 주세요.
치료사	

감정 반영하기 시 주의사항은 다음과 같다.

초임 놀이치료사의 경우 아동이 도움을 요청할 때 도와주고 싶은 강한 욕구가 생긴다. 치료사의 돕고자 하는 사람으로서 자기 욕구를 충족시키는 것이 우선된다면 아동은 책임감을 배울 기회를 놓치게 되고 결국 치료사에게 의존을 하는 법을 배우게 된다.

5) 자아존중감과 격려를 촉진하기

아동이 진정한 자기의 가치를 발달시키기 위해서 아동은 자신의 욕구에 초점을 두어야 한다. 그러나 점차 타인과의 관계 속에서 사랑받고 칭찬받고 싶어 하는 긍정적 존중에 대한 욕구가 발달하게 되면 이 욕구는 자신의 욕구보다 우선적으로 충족되려 한다. 대부분의 아동은 사랑 속에서 성장하기 때문에 자신의 욕구를 무시하지 않고 긍정적 존중에 대한 욕구를 충족시킬 수 있지만, 사랑이 결핍된 환경에서 자란 아동은 칭찬받기 위해 자신의 욕구를 무시하고 주변 사람들로부터 사랑을 받기 위해 노력하게 되어 타인의 조건에 가치를 두게 된다. 치료사의 칭찬은 아동이 자신의 욕구에 귀 기울이는 것을 방해하며, 타인으로부터 사랑받고자 하는 욕구를 충족시키는 것이기 때문에 치료에 방해가 될 뿐이다.

☆ 칭찬은 고래도 춤추게 한다?

칭찬은 윗사람, 즉 힘이 있는 위치에서 할 수 있는 것이다. 이러한 칭찬은 처음에는 아동의 행동 변화를 이끌 수 있는 것처럼 보이기도 한다. 그러나 이는 아동에게 외적인 통제력을 발달시키게 되고 진정한 자기가 아닌 타인의 조건에 가치화가 되어 타인이 이끄는 삶을 살게 하는 결과를 가져온다.

인격이나 능력에 대한 평가가 담겨진 칭찬이 아닌 아동의 노력과 과정에 대한 격려가 주어질 때 아동은 내적인 통제력을 발달시켜 주도성과 책임감을 발달시킬 수 있게 된다.

예) 잘했어(×)	→	열심히 했구나(○)
그림을 잘 그리는 구나(×)	→	네가 그린 그림이 자랑스럽구나(○)
똑똑하네(×)	→	공룡에 대해 많이 아는구나(○)

치료사는 칭찬 대신 격려로 아동의 자아존중감을 키워 주어야 한다. 격려는 아동의 노력을 인정하는 것이며, 아동의 내재적인 동기를 발달시켜 자신의 가치를 소중히 여기도록 돕는다. 치료사의 격려를 통해 아동은 자신의 욕구에 귀 기울이며, 자신을 자랑스럽게 여기게 되고, 자신의 자아존중감을 타인의 평가에 따라 결정하지 않게 된다. 즉, 아동의 내적 동기의 과정을 인정함으로써 아동은 스스로의 노력과 성취감에 기뻐할 수 있게 되는 것이다.

다음의 사례에서 아동이 자아존중감을 느낄 수 있도록 격려해 보자.

아동	(음식을 차려 주며) 선생님, 짜장면을 만들었어요. 맛있어요?
치료사	예시) 와~ 정성스럽게 요리하던 것이 짜장면이었구나.

아동	(공룡 이름을 말하며) 저는 공룡 이름 다 알아요. 얘는 육식공룡이고, 얘네들은 초식공룡이에요.
치료사	

아동	(나비를 그린 것을 보여 주며) 잘 그렸지요?
치료사	

6) 치료적 제한 설정하기

제한이 없는 치료는 불가능하다(Moustakas, 1959). 제한은 치료관계를 안정적으로 구조화해 주며, 놀이치료실에서의 경험을 실제 생활과 연결시켜 주는 역할을 한다. 그럼에도 불구하고 놀이치료사가 가장 범하기 쉬운 실수가 제한을 일종의 벌이라고 생각하거나 아동 내담자와의 치료관계를 방해할 수도 있다는 생각을 한다는 점이다.

아동중심 놀이치료에서 말하는 '수용'은 '허용'의 의미는 아니라는 점을 명심해야 한다. 그 감정과 느낌은 수용하지만 행동은 '허용'되지 않는다는 메시지를 전달하는 것이 치료적 제한이다. 즉, 허용되는 구조화된 제한을 명확히 주는 것은 아동으로 하여금 스스로를 통제할 수 있고 선택권을 가질 수 있도록 만든다. 결국 아동은 자기통제를 스스로 경험할 수 있고 이를 통해 자기통제력을 배우게 되는 것이다.

그렇기 때문에 제한은 매우 중요한 치료적 반응이다(Lamdreth, 2002). 제한은 일
관적이어야 하며 그 상황에 즉각적으로 구체적으로 주어져야 한다. 〈표 7-2〉는 제
한을 위한 단계이다.

〈표 7-2〉 제한의 단계와 결과

단계		내용	결과
1단계	아동의 감정 인정하기	• 아동의 이름을 먼저 불러 아동의 관심을 얻는다. • 아동의 감정을 수용하고 이해한다는 메시지를 전달한다	강한 감정 완화
2단계	제한 설정하기	• 감정은 수용되나 행동은 수용되지 않음을 전달한다. • 구체적이고 간단하며 명확한 제한을 전달한다.	허용 가능한 행동의 범위를 알게 됨
3단계	대안 제시하기	• 아동에게 허용되는 대안을 제시하여 아동의 욕구를 표현할 수 있도록 한다. • 아동은 대안을 선택하여 스스로 자기 통제력을 발휘할 수 있는 기회를 갖는다.	허용되는 방법으로 욕구를 표현할 수 있게 됨

다음의 사례를 통해 치료적 제한을 연습해 보자.

상황		병원놀이를 하던 아동이 치료사에게 환자 역할을 시키며, 청진기로 진찰을 한다며 옷 단추를 풀라고 한다.
1단계	아동의 감정 인정하기	
2단계	제한 설정하기	
3단계	대안 제시하기	

정리해 봅시다

놀이치료에서 치료사가 내담자에게 보이는 치료적 반응은 매우 중요하다. 그러나 치료적 반응이라는 것이 연습을 통해 숙달할 수 있는 것은 아니다. 또한 놀이치료사가 되기 위해 연수하고 임상 경험을 쌓는 물리적 시간이 충족된다고 해서 저절로 인간적 태도와 삶에 대한 철학과 가치관이 정립되는 것도 아니다. 때로는 치료사가 되기 위해 이러한 물리적 시간과 조건을 충족시키는 것에만 목표를 두고 있는 자신을 발견하고 정서적으로 소진되기도 할 것이다.

결국, 치료사의 치료적 반응이란 치료사가 내담자에게 보이는 인간적 태도이기 때문에 치료사는 자기이해를 바탕으로 삶에 대한 가치관을 정립하도록 노력해야 한다. 때로는 성장 환경, 사회적 분위기, 문화적 배경, 현재 삶의 스트레스 등이 치료사로서의 올바른 가치관을 정립하는 데 장애 요인이 될 수 있다는 사실을 스스로 경계해야 하며, 자신의 건강한 성장에 노력을 기울여야 할 것이다.

활동해 봅시다

1. 다음의 상황은 놀이치료실에서 발생할 수 있는 상황들에 대한 예입니다. 다음을 읽고 치료사가 겪는 심리적 불편감의 원인은 무엇인지 인본주의적 태도의 입장에서 이야기 나누어 봅시다.

> 진수는 오늘도 들 뜬 기분으로 치료실에 입실하였다. 그러나 곧 치료사에게 짜증을 내며, "선생님은 왜 나처럼 기뻐 보이지 않지요?" 하며 치료사에게 총을 겨눈다. 치료사가 반응을 채 하기도 전에 진수는 방아쇠를 당겨 뿅뿅이 총알이 치료사의 가슴을 맞고 떨어진다.
>
> … 중략 …
>
> 치료사는 점점 진수와 상담하는 시간이 불편해지는 걸 느낀다. 치료적 반응을 열심히 공부하고 실천하지만 먼가 잘되지 않는 느낌이다.

참고문헌

Giodarno, M., Landreth, G., & Jones, L. (2009). 놀이치료관계 형성을 위한 핸드북. (이미경 역). 서울: 학지사.

Landreth, G. L. (2002). *Play therapy: The art of relationship*. New York: Routledge.

Moustakas, C. (1959). *Psychotherapy with children: The living relationship*. New York: Harper & Row.

제8장

놀이치료 사정

아동에게 놀이는 자신의 감정이나 생각을 표현하는 데 있어 매우 자연스러운 방법이다. 아동의 세계를 이해하고 아동의 심리적 어려움을 파악하기 위해서는 아동의 대화 수단인 놀이를 이해하는 것이 무엇보다 중요하다고 볼 수 있다. 나아가 놀이평가를 통해 아동의 문제행동 및 그 원인을 찾고 치료의 목표와 방향을 설정할 수 있으며, 효율적인 치료계획을 세울 수 있다. 이 장에서는 아동상담을 하게 되는 의뢰과정부터 접수상담을 통한 절차 및 치료가 시작되는 평가과정에 해당하는 아동의 놀이관찰 및 심리검사, 부모면담 등에 대해 살펴보고자 한다.

1. 접수상담

면담(interview)이란, 면담자와 피면담자 간의 언어적·비언어적인 의사소통을 통해 정보, 메세지, 태도, 감정을 교환하는 과정을 일컫는다(Wiens, 1990). 면담은 목적과 기능에 초점을 둔 분류와 구조화 정도에 초점을 둔 분류가 있다. 목적과 기능에 의한 분류에서는 진단적 면담(diagnostic interview)과 치료적 면담(therapeutic interview)이 있고, 구조화 정도에 따라서는 사전에 계획한 질문을 중심으로 한 구조화된 면담(structural interview)과 사전에 계획한 것과 상황적 요인을 통합하여 자유로운 형태의 반구조화된 면담(semistructural interview), 그때 상황과 판단에 따라 형식에 구애받지 않고 자유롭게 필요한 정보를 얻는 비구조화된 면담(unstructural interview)으로 분류할 수 있다. 면담의 근본 목적은 현재 가지고 있는 문제를 명료화하고 구체화하여 문제의 원인과 더불어 문제를 유지시키고 있는 현재 상황 요인을 알아보고, 개인의 성격 및 대인관계의 특징과 대처자원 및 강점을 파악하는 데 있다.

접수상담은 아동문제에 대한 구체적인 정보와 더불어 가족의 역동을 포함한 가족 상황에 대한 평가와 관찰을 가능하게 한다. 또한 이런 과정을 기초로 상담의 목표를 설정하고 상담 방법 및 전략들이 구상될 수 있다. 접수상담의 경우, 부모와 아동이 함께 방문을 하게 되는데, 아동을 처음 대면할 때 아동이 받아들이는 느낌이 중요하다. 아동이 환영받고 존중받는 느낌을 받도록 해야 한다. 아동이 치료실에 온 이유나 정황 등에 대해 각 연령에 맞는 설명과 치료에 대한 기능 및 필요성에 대해 부모와 아동 모두에게 오리엔테이션이 필요하다. 자칫 서로에게 지적을 하거나 스스로 자책을 하는 일이 생기지 않도록 주의해야 한다.

아동상담의 면담과정은 아동과 부모 면담이 모두 포함되는데, 아동 연령에 따라 또는 아동 상황에 따라 부모면담을 먼저 할지 아동면담을 먼저 할지는 적절히 판단하여야 한다. 부모를 먼저 면담하는 경우는 상담자 입장에서 아동을 미리 파악한다는 장점도 있지만, 현재 내담 아동의 문제를 파악하고 방향을 잡는 데에 편견이 생길 수 있다. 그리고 아동의 입장에서는 부모가 자신에 대해 나쁜 말을 했을 것으로 여겨 치료사와의 관계 형성에 어려움이 있을 수 있다. 따라서 미리 주어지는 정보가 선입견으로 작용되는 것이 문제가 될 수 있어 보이는 경우는 아동을 먼저 면담하는 것이 도움이 될 수 있다. 그러나 이 경우 아동은 치료사가 자신과 미리 말한 것을 부모에게 알릴까 봐 두려워할 수 있다. 상담자가 자신을 소개하면서 도움을 주려는 존재임을 숙지시키며 그들의 두려움을 다뤄야 한다. 또한 그와 더불어 상담장면에서 이뤄지는 이야기가 아동이 원하거나, 안전 문제의 위험한 상황을 제외하고는 비밀보장이 된다는 것을 말해 주어야 하며, 만약 예외 사항이 발생하더라도 그전에 알려 줄 것이라는 점도 숙지시켜야 한다. 이 부분은 사전동의를 하는 부분에서 다시 언급할 것이다. 경우에 따라 다르지만, 대체로 아동의 연령이 높아질수록 아동 면담을 먼저 하는 것이 아동과의 신뢰를 형성하고, 추후 치료에서의 치료적 동맹(rapport)을 맺는 데 큰 도움이 된다. 가장 추천할 만한 것은 부모가 미리 작성한 상담 신청 기록지를 파악한 뒤 내담 아동을 먼저 면담하는 것이다. 그러기 위해서는 전화 예약 시 초기상담 시간 이전에 미리 올 수 있도록 예약을 하도록 한다. 부모는 미리 와서 상담신청 기록지를 작성하고, 아동을 초기 면담하는 상담자에게 미리 작성한 상담신청 기록지를 아동면담 전에 전달될 수 있도록 준비하는 것이 중요하다.

1) 전화 예약

아동의 문제로 인해 도움을 받으려고 하는 아동의 부모는 처음으로 전화나 인터넷으로 정보를 주고받게 된다. 그 과정에서 접수상담자는 내담 아동의 배경 정보를 수집하게 되는데, 전화로지만 그 너머로 느껴지는 비언어적인 걱정과 염려 등을 간파할 수 있어야 한다. 문제를 호소하는 부모는 문제를 모두 드러내기도 하고 오히려 감추기도 하면서 기관을 신뢰할 수 있는지 판단하게 된다. 따라서 전화 예약의 경우 문제를 해결할 수 있는 곳일 거라는 믿음을 갖도록 공감하되 전문성을 보여야 할 것이다. 아동의 주 호소를 파악할 때, 아동문제에 대해 매우 구체적으로 질문을 하고 질문에 적극적으로 경청을 하다 보면 자칫 전화상으로 부모의 힘든 애로사항을 모두 들어 줘야만 하는 상황이 될 수 있음을 주의해야 한다. 또한 즉각적으로 해결 방법을 요구하는 부모에게 대처방법을 알려 주는 행동이나 부모의 잘못을 바로 진단해 주는 행동은 부모에게 상담에 대한 잘못된 편견을 갖게 하거나 즉각적인 해소감을 통해 정작 상담을 꼭 받아야 하는 사람이 상담으로 연결이 되지 않을 수 있음을 주의해야 한다. 그러나 상황에 따라 아동이나 부모가 서로에게 또는 스스로에게 위험을 가할 수 있는 위기 상황이라고 판단되는 경우 즉각 개입하여야 한다.

이렇듯 전화접수 상담의 경우 상담자는 상황을 민감하게 인지하여, 과하지도 부족하지도 않게 적절하게 반응해야 하며, 짧은 시간 안에 아동의 간단한 인적사항과 연락처 및 의뢰 사유를 파악하고 직접 방문하여 상담이 이루어지도록 예약 절차에 대한 설명을 하게 된다. 접수상담을 위한 시간, 상담기관 위치, 접수상담 비용 및 상담 방법 및 절차, 추가로 실시될 수도 있는 심리검사 및 비용, 소요시간 등의 정보를 제공해야 한다.

2) 아동상담

아동상담에서는 아동의 놀이를 통한 다각도의 관찰 및 평가가 이루어진다. 아동은 언어적 · 비언어적 방법으로 의사소통하기 때문에 상담자는 동시에 여러 차원의 행동을 관찰할 수 있는 능력을 갖추어야 한다. 상담자는 아동권리에 대한 책임을 고려하며 상담에 임해야 하며(Hoghughi, 1992), 무엇보다도 아동복지를 우선시해야 하며, 아동에게 상처를 주는 말을 피하며, 아동을 진실되고 정직하게 대하며, 아동의 말을 진지하게 경청해야 한다. 또한 아동에게 의사결정권을 주어야 하고, 사실을 왜곡시키지 않으며, 비밀을 소중히 지키며, 아동에게 최선을 다해야 함을 잊지 말아야 한다. 아동을 상담할 때 살펴볼 주요 사항은, 주 호소문제, 문제의 지속성과 심각성, 문제의 유발 요인, 아동의 현재 적응 상태, 아동의 발달력, 그리고 아동의 문제에 영향을 줄 수 있다고 판단되는 부모 환경을 들 수 있다. 상담자는 아동의 발달 수준을 먼저 파악하여, 놀이활동과 함께 이야기 나누는 것이 가능한 경우인지, 언어표현 능력에 제한이 있기에 놀이활동을 통한 체계적인 활동 관찰에 비중을 둘 것인지 상담의 형태를 결정해야 한다.

아동과 초기 면담 시 라포 형성을 잘해야 하는데, 그 구성 방법은 다음과 같다.

첫째, 상담자 소개하기이다. 상담자는 첫인상에서 온정과 수용, 공감을 보여 주며 자신을 소개하도록 한다. 아동의 용모나 행동에 주의를 기울여 표현해 주며, 관심과 호감을 표현하여 칭찬해 주고 지지하면서 편안한 분위기를 만들 수 있다. 대부분 아동은 자신이 원해서 오기보다 부모에 의해 오기 때문에 상담에 대한 설명 및 상담자를 설명하는 것이 중요하다. 병원의 의사와 대비하여 설명을 할 수도 있고, 상담자의 역할을 아동의 발달수준에 맞춰 설명해 준다.

둘째, 비밀보장에 대한 설명이다. 상담에서 다뤄지는 일은 비밀보장을 기본으로 하고 본인 의사가 없을 시에는 부모에게 알리지 않음을 알려 주고, 비밀보장을 하지 못하는 경우에 대해 설명하여 신뢰를 갖도록 한다. 따라서 의뢰 사유 등에 대해 아동으로부터 직접 말을 하도록 하고, 아동의 저항이나 불안을 막도록 대화를 이끌어 갈 수 있다.

셋째, 상담목표 나누기이다. 아동 자신이 자신의 문제와 상담목표를 이해하고 동의하는 것도 중요하다. "너는 어떤 부분이 변하면 좋겠니?" 등 연령에 맞게 질문할 수도 있고, "만약 너라면 어땠을까?"의 형태 등으로 말을 안 하려고 하는 아동에게 말을 할 수 있도록 할 수 있다. 부정적이거나 비판적이거나 단정적으로 질문을 하여 불안하거나 불편하게 하지는 말되 그것들에 대해 궁금한 자세로 세부 상황이나 스토리를 물어보고, 아동이 한 말이나 행동을 잘 살펴 반복해서 명료하게 읽어 준다. 감정이 일어날 경우 그때 아동은 어떻게 행동하는지, 다른 사람들은 아동에게 어떻게 대하는지 표현할 수 있도록 한다. 만약 침묵을 하는 경우, 그 원인을 잘 탐색하는 것이 중요하다. 면담이 불편해서인지, 무엇을 말하거나 해야 할지 몰라 가만히 있는 것인지 상담자는 그 감정의 변화나 가능성에 민감해야 한다. 이렇게 아동의 감정을 반영하고 함께 상담목표에 대해 이야기를 나누는 것은 아동 스스로 자신이 상담의 주체이며 책임지는 결정권자라는 생각을 갖도록 하는 데 의의가 있다.

관찰 및 놀이 평가 시 고려하는 세부 항목은 아동 연령과 상황에 따라 부모와의 놀이 형태나 관계의 질을 파악하는 것도 포함할 수 있다. 놀이 활동에 초점을 두었을 때 고려할 평가사항은 다음과 같다.

(1) 관찰평가

아동상담에서 가장 중요한 평가는 관찰이다. 상담자는 다음과 같은 행동관찰 범주를 염두해 두고 아동의 발달 단계에 따른 적합성을 고려한 관찰과 평가가 필요하다. 내담 아동을 처음 만난 상황에서 상담자가 관찰해야 할 사항은 정신상태검사(〈표 8-1〉 참조)를 포함한다. 정신상태검사는 진단에 근거를 더하기 위해 내담자의 정신건강 기능에 대한 종합적인 개관을 발전시키는 데 활용된다(Burgess, 1992). 정보수집 구성요소는 다음과 같다.

첫째, 전반적인 기술로서 외양과 행동을 봐야 하는데, 내담 아동이 어떤 모습으로 나타났는지, 키, 체중, 청결, 얼굴 모습, 옷, 특별한 장식 등을 통해 가늠해 봐야 한다. 내담 아동은 면담 동안 어떤 행동을 하는지, 반복적인 움직임은 없는지, 비정상적인 자세나 눈맞춤은 어떠한지, 부적절한 얼굴 표현이나 비정상적으로 느리거나 과도한 움직임은 없는지, 난폭하거나 흥분된 행동이나 특별한 버릇은 없는지 살펴본다. 또한 그 행동은 아동의 나이와 학년 및 발달상태에 적합한지 알아봐야 한다.

둘째, 운동 활동성 측면에서는 아동의 총체적 운동 통합은 얼마나 적절하며, 미세한 운동 통합은 얼마나 적절한지, 과장된 움직임이나 틱 또는 괴상한 자세나 느린 움직임 같은 운동장애의 징조가 보이는지 확인해야 한다.

셋째, 언어 사용 및 대화의 양상을 보면 아동의 언어의 일반적인 흐름은 어떠한

지, 말을 더듬는지, 목소리나 말의 일탈이 조음장애의 가능성이 있는 것인지 두뇌
손상을 반영하는지, 불안이나 부주의를 반영하는지 가늠할 수 있어야 하며, 언어의
내용과 일반적인 톤은 어떠한지, 언어와 비언어적인 대화 사이의 관계는 일치하는
지, 대화 내용과 억양은 적절한지, 상담자와의 관계에 얼마나 관심을 보이는지 살
펴봐야 한다.

넷째, 아동의 일반적인 기분은 어떤지, 슬픈지, 화가 났는지, 변덕스러운지 등에
대해 살피고, 면담 중에 기분의 변동은 있는지, 상담자에게 어떻게 반응하는지, 그
리고 아동 스스로 자신의 기분과 느낌에 대해 어떻게 말하며, 그 정서는 대화의 내
용과 언어에서 적절한지 확인한다.

다섯째, 아동이 청각 · 시각 · 감각 · 후각 같은 감각은 어떠한지 확인한다.

여섯째, 문제가 되는 영역은 무엇이며, 되풀이되는 주제나, 망상, 강박 관념이나
강박 충동과 같은 증상은 없는지 확인한다.

일곱째, 아동이 시간, 장소, 사람을 올바르게 판단하고, 현재의 장소 날짜 등을
제대로 인지하는지, 집중할 수 있는지, 단기기억과 장기기억에는 문제가 없는지,
모든 일에 있어서 과하거나 세밀하게 기억하는지, 또는 기억을 꾸며 내어 재구성하
고 있는지 등을 살펴본다.

여덟째, 평소보다 잠을 많이 자는지, 악몽이나 다른 기타 이유로 수면에 방해를
받고 있는지, 야경증은 없는지 확인한다.

아홉째, 섭식에서는 식욕부진이나 폭식 또는 구토 행위가 있는지 살펴보고, 신체
상 왜곡을 느끼고 있는지 점검해 볼 필요가 있다.

열째, 대인관계에서 갈등을 겪고 있는지, 독립적이지 않고 누군가의 생각이나 행
위에 밀착되어 있는지나, 혹은 고립되거나 회피하는 형태를 보이는지 확인하고, 나
아가 거짓말, 절도, 폭력 등 법적으로 문제가 되는 행위는 없는지 살펴본다.

그 외에도 아동이 갈등에 대처하는 방어기제에 대해 탐색하고, 불안하거나 화가
나거나 좌절 시 대처전략을 알아봄으로써 아동의 강점 및 자원과 지지체계 등의 긍
정적 속성을 살펴 아동의 회복 및 치료계획에 도움이 되도록 한다. 만약 관찰로 모
든 부분이 명료하게 드러나지 않았거나, 아동의 현재 능력 및 잠재능력을 파악하여
상담계획을 세우기 위해서 심리검사를 추가로 실시할 수 있다. 상담자는 면담과 정
신상태검사(mental status examination), 관찰 및 심리 검사를 종합하여 평가를 하게
된다.

〈표 8-1〉 정신상태검사

번호	영역	내용
1	전반적인 기술	아동의 체격, 옷차림, 인상, 태도, 행동 등 전반적인 모습에 대해 기술 • 외모(옷, 머리 모양, 몸차림) • 표정 • 시선 접촉 • 면담 태도(협조적인지, 집중하는지, 방어적 · 회피적 · 적대적인지)
2	운동 활동성	1. 낮은 에너지, 불안, 주의산만, 충동적, 틱, 정신운동성 지체나 과잉활동성 2. 자세(긴장성 혼미나 납굴증, 상동증 등)
3	언어 사용 및 대화의 양상	1. 말의 속도, 어휘, 리듬, 말투와 억양 2. 망설이거나 더듬거리는 증상, 갑작스러운 중단이나 화제의 전환 3. 신조어의 사용 4. 대화의 논리적 진행 유무, 함구증, 음성 틱 등
4	기분 상태와 정서	1. 아동의 기분, 주관적 감정 상태(우울, 불안, 불쾌, 분노, 성마름, 조증)와 정서, 외부로 표현되고 관찰되는 감정 상태(위축, 둔감, 생기 없음, 불안정)와 그 양상(강도, 지속 기간, 요즘의 기분 상태) 2. 면담 중 심한 감정 기복(심하게 감정을 절제하는지, 대화 내용과 적절한 감정 표현을 하는지) 3. 자살 및 타살의 가능성(자살 사고, 죽음에 부여하는 의미, 자살시도 여부와 치명적인 정도, 자살 계획)
5	지각	1. 자기 자신(내적 세계, 외부 세계) 및 그 둘 간의 관계를 적절하게 인식하는지 여부 평가 2. 환각(정신증적 상태 가늠 지표)과 현실검증력
6	사고	1. 사고 흐름과 사고 내용, 사고 형태 평가(사고의 부적절 여부, 연상의 이완, 사고 흐름의 논리성 여부 및 지리멸렬) 2. 사고 내용에 있어 집착하는 주제가 무엇인지 평가(강박, 반추나 침습적 사고, 망상의 여부, 공상이나 백일몽을 통해 현실 회피 여부) 3. 트라우마로 인한 과각성, 플래시백, 해리, 감각상실 등 평가
7	인지	1. 의식 상태(주의집중 능력과 반응하는 능력 통해 혼탁 상태에서 혼수상태까지 다양한 수준 평가) 2. 지남력(시간, 공간, 사람에 관련된 인식) 3. 기억력(기억 과잉 또는 작화증) 4. 주의력(숫자 외우기나 100에서 7을 계속 빼 나가게 하는 방법 등으로 측정) 5. 판단력: 현실 검증력, 지적 능력, 경험 등을 반영 6. 통찰(병식): 아동 또는 보호자가 아동의 문제를 어떻게 설명하는지, 치료가 필요하다고 느끼는지, 문제의 원인이 무엇이라고 생각하는지 등의 질문
8	수면 양상	수면과다, 불면증, 수면방해, 악몽 등 수면의 질 평가
9	섭식 양상	식욕 부진 또는 증가, 폭식, 구토 등
10	대인관계	갈등, 밀착, 고립, 괴롭힘 등 가족과의 관계, 교사와의 관계 탐색
11	사회적 · 법적 문제	반항, 절도, 규범 경시, 거짓말, 격분, 싸움걸기

출처: Othmer & Othmer (2002). *The clinical interview using DSM-IV-TR*을 표로 정리함.

(2) 놀이평가

아동의 놀이평가는 아동의 인지, 정서, 행동 발달수준을 평가하는 방법이 될 수 있다. 상담자는 놀이평가 전에 먼저 어떤 형태의 놀이평가가 필요한지 계획을 세워야 하기 때문에 놀이평가에 앞서 대략적으로 수집한 자료를 통해 아동의 발달 수준을 파악하여야 하며, 또한 발달 수준에 대한 평가는 실제적인 놀이 활동을 통해서 더욱 면밀히 이루어진다. 놀이 활동 자체를 내담 아동이 가장 편안하게 느낄 수 있도록 서로 마주보게 앉기보다는 모퉁이를 이용하여 좀 더 가깝고 친밀하게 하는 것이 효과적이며, 상담자와의 상호작용에 방해가 되지 않을 정도의 적절한 수의 장난감과 연령에 맞는 세심한 준비가 필요하다. 놀이평가의 형태는 발달단계에 따라 구성될 수 있고, 아동의 애착 수준에 따라 어머니와 같이 시행될 수도 있다. 아동의 분리에 대한 대처방법과 자신감 등을 파악하여 경우에 따라서는 부모와 아동의 상호작용 및 놀이 양상을 평가하는 것도 중요하다.

놀이평가의 여러 형태를 살펴보면, 놀이평가에서 정서평가로 활용되는 것은 놀이주제평가(Benedict Play Therapy Analysis System: BPTAS)가 있고, 사회적 능력 및 놀이의 조직화를 살펴볼 수 있는 아동 주도 가상놀이 평가(Child-Initiated Pretend Play Assessment; ChIPPA)가 있다. 마샥 상호작용 평가도구(Marschak Interaction Method: MIM)는 부모와 아동 간의 다양한 상호작용 방식에 대해 구조화, 도전, 양육, 몰입의 4가지 차원을 평가하는 구조화된 평가도구이며, 부모아동 상호작용치료(Parent-Child Interaction Therapy: PCIT)는 부모와 아동의 상호작용을 관찰하고 그에 맞춰 부모교육 및 치료하는 기법으로 그 안에 평가 회기를 통해 아동 주도 상호작용과 부모주도 상호작용 단계를 나누어 살펴보게 된다.

놀이평가 방법에는 크게 구조화된 방법과 비구조화된 방법이 있다. 구조화된 놀이평가 방법으로는 Lowenfeld 의 'Erica Method'가 있는데, 이는 아동의 심리적 기능을 평가하기 위한 기법으로 12개의 범주로 나뉜 360개의 작은 놀잇감과 모래상자로 구성된다. 아동이 놀이감을 선택해서 모래상자에서 자신의 작품을 만들고 기록하는데 이런 3회의 과정을 통해 작품의 변화과정을 살펴본다. 이때 작품이 어떻게 변화하는지에 대해 작업속도나 시간(sequence), 재료 사용 방법(form), 아동이 사용한 재료를 조직하는 방법(composition), 아동이 표현한 주제(content) 이렇게 4가지 범주로 조직화하여 기록해야 한다. 또한 이를 통해 얻은 정보를 아동의 발달에 대한 진단, 환경적 진단, 의학 및 생물학적 진단, 문제행동에 영향을 주는 정신병리적 진단 의 4가지 진단범주로 나눌 수 있으며, 이 기준을 통해 평가할 수 있다.

비구조화된 놀이평가 방법은 기본적으로 다양한 놀잇감을 제공하고 사용하도록 허용한다. 치료사는 놀잇감 선택을 관찰하고 이동이 놀이 형태를 관찰한다. 놀이를 해 나가면서 자연스럽게 아동과 치료사의 관계양상을 통해 놀이에의 참여정도 및 에너지, 인정받고 싶은 욕구, 낯선 사람에 대한 대처방식, 시간에 대한 인식, 주의 집중력 및 충동 통제 능력, 정서적 독립수준 등을 알 수 있다.

놀이를 통한 행동관찰범주를 살펴보면 다음과 같다(Greenspan, 2006).

첫째, 신체적 · 신경학적 발달을 살펴본다. 아동의 자세, 균형감각, 대 · 소운동 협응능력, 발음의 정확도, 신체의 발달 정도 및 건강 상태를 파악한다.

둘째, 기분과 정서 상태를 파악한다. 놀이상황에서의 활동 에너지 수준과, 아동이 전개하는 놀이나 이야기에 나타나는 주요 정서와 아동의 표정을 파악한다.

셋째, 언어 및 지적 능력을 파악한다. 놀이의 발달수준이나 놀이를 하면서 표현하는 언어 수용 및 언어표현 능력, 주의집중력 등을 살펴볼 수 있다.

넷째, 사회성을 파악한다. 처음 만나는 상담자를 대하는 태도나 관계를 맺는 태도를 통해 주도적 · 공격적인지 또는 일방적인지, 수동적 · 의존적인지 알아볼 수 있다.

다섯째, 환경탐색 능력을 파악한다. 낯선 놀이실에서 얼마나 적극적으로 놀잇감을 탐색하고 그 환경에 적응하는지 알아본다.

여섯째, 좌절 인내력을 파악한다. 상담은 일정 시간이 정해져 있기에 더 놀고 싶은 욕구가 좌절될 수 있다. 또는 처음 접하는 놀잇감 조작이 자유롭지 않아 화가 날수 있는데, 이때의 감정 조절 방식을 살펴볼 수 있다.

일곱째, 놀이 주제의 적절성을 평가한다. 아동의 놀이수준이 아동의 실제 연령에 맞는지, 인지적 · 정서적 · 심리성적 · 사회적 발달단계에 적합한지를 파악한다.

놀이내용의 주제는 정서를 이해하는 중요한 통로이다. 아동은 놀이를 통해 무의식적 판타지나 갈등 및 불안에 대한 반응과(Halfon,2017), 자신의 정서적 자아가(Ryan&Edge,2011) 표현되므로, 놀이 내용의 주제를 관찰하는 것은 아동의 내적 경험을 이해하는데 매우 중요하다.

놀이주제에 대해 좀 더 살펴보면, 위더와 그린스팬(Wieder & Greenspan, 2003)에 따르면, 주제의 조직화와 풍부함과 깊이 그리고 주제 전개 순서에 따라 아동을 평가할 수 있다. 놀이에 있어서 주제의 조직화는 사고의 조직화를 뜻하는 것으로 아동이 놀이를 통해 보여 주는 주제들 간의 연관성을 말한다. 이는 발달단계에 따라 사고의 논리적 연결의 정도가 다를 수 있기에 정상 발달단계를 숙지하고 있어야 한다. 주제의 조직화가 충분하지 않은 아동은 전혀 연관성 없는 주제로 왔다갔다 할 경우도 있고, 논리적 연관성이 없어 보여도 그 안의 주제가 내포하는 의미가 관련이 있을 수도 있다. 따라서 놀이의 주제를 통해 조직화를 살펴봐야 한다. 대체로 아동은 성인처럼 논리적으로 주제를 전개하지는 못해도 2~3개의 정도의 놀이가 등장한다. 만약 그렇지 못하다면 자신의 감정을 제대로 표현하지 못하고 불안해서 주제가 제대로 나오지 않거나 발달상 문제가 있는 경우라고 볼 수 있다. 연령에 따라 판타지가 방어 없이 표현되는 때가 있고, 오히려 판타지보다 규칙 있는 게임이나 실생활을 반영하는 놀이를 하는 때가 있다.

이렇듯 연령의 특성을 반영하되 아동에게 사고, 정서가 얼마나 풍부한지 또는 위축되거나 억압하고 피상적이지는 않은지 찾아내고, 아동의 삶에서 나타나는 아동의 태도를 볼 수 있어야 한다. 또한 놀이주제가 전개되는 순서를 통해 아동이 힘들어하는 것이 무엇인지 알 수 있다. 두려움의 원인이나 무엇으로 인한 갈등인지 파악할 수 있다. 핵심 문제를 보여 주는 주제가 나타나는 놀이를 통해 아동이 자신의 두려움과 불안을 어떻게 다루고 극복하는지 알아볼 수 있다. 초기에 나타나는 주제 또는 갑작스럽게 드러난 주제가 주는 정서적 두려움이나 불안감은 잘 살펴봐야 하는데, 때로는 그 불안이나 두려움이 강력해서 상담을 진행하지 못할 경우도 있기 때문이다.

(3) 부모면담

부모와의 면담은 아동에 대한 평가에 있어서 중요한 부분이다. 아동과 가족에 대한 가치 있는 정보를 얻을 수 있을 뿐 아니라 부모의 협조체계를 구하는 기반이 될 수 있다. 부모와의 초기 면담의 목표는 부모의 관심과 목표가 무엇인지, 아동의 문제의 강도에 대한 부모의 지각이 어느 정도인지, 아동의 발달 및 생육사를 통해 문제 영역과 관련된 사건을 파악하는 데 있으며 아동의 문제 행동이 계속 지속되도록 하는 강화 요인을 알아보고 아동의 상담 절차에 대한 협조 및 동의를 얻는 데 있다.

상담자는 부모가 상담기관에 오게 되기까지 이미 많은 절망과 혼란을 겪었을 수 있다는 것을 인지하여야 한다. 이전에 경험한 부정적인 감정들을 다루고 그것에 대해 해결해 줄 수 있는 협력자임을 느끼게 해 주어야 한다. 부모가 상담기관에 오게 된 이유를 분명히 알 수 있으려면 부모가 어떤 태도로 오게 되었는지 파악하는 것이 중요하다. 대체로 학교 교사나 주변 사람들의 권유로 오게 되는 경우는 아동의 문제가 있는지 없는지 확인하고자 하는 태도를 보이며, 문제를 받아들이려 하지 않고 다소 방어적인 태도를 보인다. 이때 상담자가 문제를 탐색하려고 가족이나 부부의 상황을 살펴보려 하면 더욱 방어적이고 비협조적인 태도를 보일 수 있다. 한편, 어떤 이유에서든지 원인을 찾고자 상담기관을 찾은 경우는, 스스로 하는 부모로서 아동의 문제를 부모나 가족의 탓으로 돌려 자책하며 다소 무기력해 보이는 경우, 우울하거나 불안하고 불안정한 태도를 보인다. 이렇게 상이한 태도를 파악하기 위해 가장 중요한 것은 부모와 동맹을 형성을 하는 것이다. 상담자는 부모가 정확하고 구체적인 정보를 제공하도록 동기 부여를 시켜야 한다. 그러기 위해서는 부모가 보이는 언어적 · 비언어적 단서에 민감하여야 하며, 애매한 반응이나 회피 또는 방어하고자 하는 반응을 해석하고 문제를 명료화하며, 문제 행동의 만성 정도와 상황적 맥락을 파악하여야 한다. 부모가 호소하는 것에 적극적으로 경청하며 적절히 반응하여 부모의 신뢰를 얻어야 한다. 이를 통해 아동의 추후 프로그램에서 진단 및 치료에 있어서 협력관계를 만들 수 있다. 상황에 따라 부모 모두를 함께 또는 각각 만날 수도 있고, 주 양육을 하고 있는 조부모와 함께 만날 수도 있다.

면담에서는 문제에 대한 부모의 지각을 평가하는 것도 매우 중요한데, 이는 부모가 아동의 문제로 찾아왔으나 이면에는 자신들의 문제, 실패, 좌절이나 어려움에 압도되어 우울하지는 않은지 평가해야 하며, 또는 면담을 통한 이차적 이득이나 원하는 것이 무엇인지 다시 한번 파악해야 한다. 즉, 부모에게 중요한 것이 무엇인지, 결과적으로 무엇을 얻기 원하는지, 부모는 어떤 역할을 할 수 있다고 생각하는지 알아봐야 한다.

다양한 정보가 포함되어 있는 초기 면담 기록지를 통해 풍부한 자료를 얻을 수 있으며, 사회적 행동 및 적응 영역에서는 부모에게 평정척도검사를 추가로 실시할 수 있다. 초기 면담 기록지(〈표 8-2〉 참조)의 내용을 면담 전에 기록하여 들어오게 하되 기입한 부분을 살펴보며 면담을 실시한다. 이때 전반적으로 상담에 대한 설명과 평가과정에 대해 설명하고 동의를 얻는 절차를 갖는다. 이 과정은 무엇보다도 피면담자가 신뢰를 할 수 있는 분위기가 마련되어야 함을 잊지 말아야 한다. 치료와 관련된 인구학적 특징을 확인하는 개인정보의 수집은 사례를 이해하는 데 가장 기본이 될 수 있다. 초기 면담 기록지의 구성 내용을 살펴보면 다음과 같다.

첫째, 내담자의 기본 정보(인적 사항), 이름, 나이, 성별, 직업, 학력, 혼인 상태, 내담자를 의뢰한 기관이나 사람, 의뢰된 사유, 그 밖에 국적, 종교를 알아봐야 하며, 출생에 관한 기술을 통해 어머니의 건강, 약물 사용 및 흡연의 문제, 임신, 출산에 관한 생육사에 대한 정보를 수집한다. 아동의 발달과정에 대해 기억하고 기술하는 것은 부모에 따라 매우 다르다. 따라서 발달과정에 대해 구체적이며 적절한 질문들을 통해 탐색해야 한다.

둘째, 주 호소 문제를 파악해야 한다. 주된 문제가 무엇인지, 문제가 언제, 어떻게 시작되었는지, 발병 경과와 관련된 중요한 다른 요인들이 있는지, 가족의 위기, 사고 등 촉발사건이 있었는지 알아봐야 하며, 부모가 인지하지 못하는 가능한 촉발사건 및 원인에 대해 탐색할 수 있어야 한다. 또한 문제를 해결하기 위해 부모와 가족이 어떤 노력과 아동에게 어떤 대처를 하였는지, 그 결과 아동과 가족의 환경에 어느 정도 영향을 미치고 있는지, 현재 증상의 경과는 어떠한지 어떤 부분에서 전문적인 도움을 바라는 것인지 파악해야 한다.

셋째, 아동의 증상이 어떻게 생겨나고 시간에 따라 어떻게 변화해 왔는지 그 양상을 파악하여 현 병력을 알아봐야 한다. 증상이 처음 나타날 당시 아동의 주변 환경, 병전의 성격은 어떠했는지, 그 당시 관심사, 기분, 태도, 활동성, 주의집중력 등에서의 변화를 살펴본다. 아동의 삶과 인간관계에서의 변화는 어떤지, 신체적인 기능장애나 증상 동반 여부를 살펴봐야 하며, 스트레스 상황과 관련된 이차적 이득 있는 것은 아닌지 알아봐야 한다. 또한 증상 자체의 양상과 그에 어떻게 대처하였는지, 왜 하필 지금 이 시점에서 전문가를 찾아오게 되었는지 탐색해야 한다.

넷째, 심리적 문제에 유전적 소인 여부 및 환자의 성격 형성의 배경 정보를 파악하여야 하는데, 그 구성요소로는 가족의 기본정보, 정신의학과 입원 경력, 자살 또는 자살 사고 및 시도 여부, 갈등 여부와 갈등이 아동 및 아동의 증상에 미친 영향에 대한 가족력을 알아봐야 한다.

다섯째, 태내기에서부터 현재까지 아동 삶에 관한 정보(성격, 학업, 생활 양상, 대인관계 등)의 개인력을 살펴본다.

여섯째, 심리적 문제 외에 입원 치료를 받거나 수술받은 심각한 질병 여부 및 치료 약물이나 치료방법에 대한 의학적 개인력을 살펴보고, 만약 있다면 누가 치료사였으며, 치료과정 및 결과에 대하여 물어봐야 한다.

일곱째, 가족의 수입원은 누구인지, 경제적인 상태는 어떠한지, 내담 아동과 가족을 누가 돌보며, 현재의 사회적 상황이 어떤지 살펴봐야 한다.

〈표 8-2〉 초기 면담 기록지

I. 개인 정보

소속기관	_____ / _____학교 ____학년 / _____유치원 / _____어린이집							
가족사항	이름	관계	성별	연령	학력	직업	동거 여부	비고

II. 주 호소

1. 본 기관을 방문한 이유가 무엇입니까?
2. 문제 또는 증상이 언제 어떻게 나타났나요?
3. 가정 혹은 유치원, 학교에서의 대처방법은 무엇입니까?
4. 상담을 통해 변화하고 싶은 점이나 도움받고 싶은 점은 무엇입니까?

III. 생육사

1. 결혼 및 임신

결혼 연도	_____년 (모 연령: _____ 부 연령: _____)	연애 / 중매 / 중매+연애
계획된 임신	예 / 아니요	

임신에 대한 반응	부: 좋았다 / 좋지 않았다 이유: _____ 모: 좋았다 / 좋지 않았다 이유: _____ 기타: _____
약물 복용	유 / 무, ( )개월 시, 내용:
질환	유 / 무, ( )개월 시, 내용:
입덧	유 / 무, 정도: _____
충격	유 / 무, ( )개월 시, 내용: _____
흡연	유 / 무, ( )개월 시, 기간: _____
음주	유 / 무, ( )개월 시, 기간: _____
심리 상태	편안함( ), 우울함( ), 활기참( ) 기타: _____

2. 출생 시

산모 연령	세	분만일	정상 예정일 일 전 / 일 후
분만 상태	순산 / 난산 / 제왕절개	신생아 체중	kg
산소호흡기	유 / 무 기간:	인큐베이터	유 / 무 기간:
황달	유 / 무 치료기간 및 방법:	수유 방법	모유 ( )개월 / 우유 ( )개월 / 모유 + 우유 ( )

3. 대소변 훈련

대변	시기: 현재: 정상 / 변비 / 유분
	방법:
소변	시기: 현재: 정상 / 빈뇨 / 야뇨
	방법:

4. 수면 및 활동

보챔	유 / 무 언제까지:
잠버릇	
활동량	과소 / 보통 / 과다
현재 수면	혼자 / 엄마와 / 아빠와 / 그 외 누군가와: 시간:

5. 병력

고열	유 / 무 시기:
그 외 질환	유 / 무 병명: 시기:
입원 유무	유 / 무 병명: 시기:
현재 건강 상태	
현재 복용 약물	

IV. 발달사

1. 신체발달

머리가누기	개월	기기	개월
걷기	개월	앉기	개월
우세 손 · 발	우측 / 좌측	숟가락질	개월
모둠발 뛰기	개월	한 발로 뛰기	개월
옷 벗기	개월	옷 입기	개월
기타 특이사항			

2. 언어 및 인지 발달

옹알이	개월 양: 많음( ) 보통( ) 적음( ) 없음( )
첫 낱말	개월 내용:
낱말 조합	개월 내용:
언어 표현	빠름( ) 보통( ) 느림( ) 기타:
언어 이해	빠름( ) 보통( ) 느림( ) 기타:
읽기	빠름( ) 보통( ) 느림( ) 기타:
쓰기	빠름( ) 보통( ) 느림( ) 기타:
그리기	빠름( ) 보통( ) 느림( ) 기타:
인지 발달	빠름( ) 보통( ) 느림( ) 기타:

3. 사회 및 정서 발달

눈맞춤		개월	낯가림	없음( ) 적음( ) 보통( ) 많음( )
엄마를 알아본 시기		개월	엄마 부재 시	잘 놀았음( ) 불안해함( ) 잘 모름( )
좋아하는 놀이			좋아하는 장난감	
정서 및 행동	주의산만 / 과잉행동 / 소극적 / 안정적			
기분 변화	민감 / 명랑 / 우울			
양육 시 다루기 어려웠던 행동	잘 운다 / 잘 싸운다 / 겁이 많다 / 샘이 많다 / 눈치를 본다 / 욕심이 많다 / 화를 잘 낸다 / 고집이 세다 / 말대꾸가 심하다 / 말이 없다 / 쉽게 상처를 받는다 / 짜증이 많다 / 피해의식이 있다 기타:			
부모와의 관계				
형제와의 관계				
또래와의 관계				
기타 관계				

4. 가족 병력 및 기타 사항

내용

V. 상담 및 교육사

	기관명	기간		영역	내용	아동 반응
상담 및 교육		년 월 ~ 년 월				
		년 월 ~ 년 월				
학업	잘하는 과목	못하는 과목	좋아하는 과목	싫어하는 과목	성적	공부 태도
					상 중 하	

(4) 동의서

사전동의는 내담자와 내담자 가족이 자신의 최대 이익을 얻을 수 있는 치료조건을 선택하도록 그들에게 필요한 정보를 쉽게 이용하도록 제공하는 과정이라고 볼 수 있다(Beahrs & Gutheil, 2001). 치료 시작 전에 내담 아동의 부모나 법적 후견인으로부터 사전동의를 받고, 내담자에게 동의를 얻을 필요가 있다. 아동이 동의한다는 것은 치료과정에서 치료동맹을 맺고 아동과의 관계를 맺는 데 있어 중요한 역할을 한다. 사전동의가 적절하게 이루어지려면 내담자 및 보호자가 비용 정책 절차, 약속을 어기거나 취소한 결과, 비밀보장, 사생활 보호의 제한과 예외를 이해하도록 해야 한다. 예외 사항 및 위기 사항 시에는 부득이하게 정보를 공개할 수 있음을 고지해 주도록 한다. 또한 간단한 치료절차 및 치료과정에서 경험할 수 있는 상황에 대한 설명과 상담자에게 연락하는 절차 및 비용 지불 절차에 대해 설명하는 문서를 제공하게 되는데, 대개 상담을 받으러 오는 내담자의 보호자는 아동에 대해 염려하고 있는 상태이기에 기억이나 이해 측면에서 최상의 상태가 아닐 수 있으므로 사전동의 문제에 대해서는 재검토해야 할 필요가 있다.

상담자가 윤리적으로 준수해야 할 첫 의무사항은 상담에서 알게 된 개인정보에 대한 비밀 유지, 내담자의 사생활 보장, 상담 기록 및 개인 프로파일을 잘 관리하는 것이다. 상담관계에서 무엇보다 중요한 것은 상담 내용에 대한 비밀보장이다. 비밀보장은 놀이치료 시행지침(APT, 2009)뿐만 아니라 모든 정신건강 윤리규정에서 확인하고 논의하는 근본적인 주제이다. 비밀보장이란 임상을 통해 얻은 사적인 정보로부터 내담자를 보호하는 기준을 의미하며, 치료관계의 특징이자 성공적인 치료의 필수요소이며, 치료적 신뢰의 기반이라고 할 수 있다. 다음의 〈표 8-3〉은 상담 동의서의 기본적인 양식이다.

〈표 8-3〉 상담동의서 양식

상담 동의서

• 상담사는 상담 내용에 대해 내담자(아동)와 내담자 부모의 동의 없이 어떤 내용도 발설하지 않으며, 비밀보장을 할 것을 약속합니다. 내담자(아동)의 이야기는 내담자(아동) 아동의 동의 없이 부모에게 전달하지 않습니다.

• 단, 법원의 법적 정보제공을 명 받았을 때, 위기 상황이라고 판단되는 경우(학대나 폭력의 가해 및 피해의 의심, 자해나 자살의 위험)는 비밀보장이 제한될 수 있습니다. 허락을 구한 후 상담 내용을 보호자나 관련 기관에 전달할 수 있습니다.

• 내담자(아동)와의 상담 내용에 대해 내담자의 동의하에 (녹음, 녹화, 사진 촬영)할 것을 허락합니다. 이는 상담자가 상담회기 중에 기록하는 것에 대한 시간 지체를 막기 위함이며, 추후 상담계획을 세우는 데 있어 더 나은 상담을 위한 수퍼비전 및 사례회의의 목적 외에는 사용되지 않습니다(비밀보장 원칙에 의거하여 연구 목적으로 사용 후 폐기합니다).

• 상담시간은 당일 변경되지 않으며, 만약 내담자가 상담시간에 늦게 된다면, 약속 시간에 한해서만 상담받을 수 있습니다. 내담자의 부득이한 사정으로 인해 상담시간 변경 또는 취소 시, 상담 하루 전 미리 센터로 연락을 해 주셔야 합니다. 그렇지 않을 경우 상담비는 그대로 청구될 수 있습니다.

• 저희 센터 연락처 및 상담 시간은 다음과 같습니다.

　센터 전화 _____

　_____치료: 상담시간 <u>10시 (50분)</u>/　　상담시간_____:___ - ___:_____

　　　　　부모상담 10시50분 (10분)　　부모상담_____:___ - ___:_____

　상담비는 _____입니다.

　　　　내담자_____은 위의 상담 규정 내용에 동의하십니까?
　　　　　　　　□ 동의함　　□ 동의하지 않음

　　　　　　　　　　　　　　　　20____년 _____월 _____일
　　　　　　　　　　　　내담자 성명:　　　　　　(서명)
　　　　　　　　　　　　보호자 성명:　　　　　　(서명)
　　　　　　　　　　　　상담사 성명:　　　　　　(서명)

출처: Smith-Bell & Winslade (1994); Parsi, Winslade, & Corcoran(1995).

2. 사례개념화

사례개념화는 내담자의 심리적·사회적·행동적 문제와 내담자에게 문제를 일으키는 내적·외적 요인, 유지 요인과 더불어 가족의 상황 요인과 적응능력, 대처 자원 및 내담자의 강점을 파악하는 것이며, 파악한 내용에 대한 다차원적인 정보를 포괄적·종합적 이해에 근거하여 문제해결의 방향과 전략, 기법을 계획하는 것을 뜻한다(Berman, 2018). 사례개념화 기술에는 두 가지 특징이 있는데, 첫째, 이론적 관점의 가정에 따라 내담자에 대한 설명적 진술을 핵심적이고 간결하게 분석하는 것이고, 둘째, 이론에 기반한 근거자료의 활용이다. 내담자의 행동에서 관찰되는 정보를 통해 내담자의 강점(긍정적 특징, 성공 경험, 대처전략, 변화를 촉진하는 요소, 지지적인 가족 및 양육자)과 약점(염려, 이슈, 문제, 증상, 결핍, 상담에 대한 장애 요소, 학대 이력)을 철저하게 분석하는 것이 포함된다.

1) 사례개념화 진단 범주

사례개념화를 위해서는 각 발달연령에 맞는 과업 및 성격특성을 확인하고 각 이론 중심에서의 발달단계가 적절한지 종합적으로 알아보아야 한다. 각 이론별 발달단계(홍강의, 2014)의 내용을 반영하고, 연령별로 살펴봐야 할 요소들을 종합하여 재구성한 진단 범주를 〈표 8-4〉에 제시하였다.

2) 심리평가

앞서 접수상담, 관찰 및 놀이 평가와 부모면담을 통해 얻은 정보에 더불어 추가적으로 표준화되고 객관적인 검사를 사용하면 심리평가가 모두 완성된다고 볼 수 있다. 심리평가(psychological asesment)란 행동관찰, 면담, 심리검사 결과, 전문가의 지식 및 경험을 통합하여 한 개인의 특성이나 상태에 대한 광범위하고 적절한 기능을 분석하고, 그러한 특성이 어떻게 발생해서 어떻게 유지되고 있는지 알아보고, 그런 특성이나 상태를 다루기 위한 가장 적합한 방법이 무엇인지 결정하는 종합적인 과정을 뜻한다. 그러나 모든 상담에서 심리검사를 포함한 심리평가가 이루어져

〈표 8-4〉 사례개념화 진단 범주

연구자 \ 연령	영아기 (0~1세)	걸음마기 (1~4세)	학령 전기 (4~7세)	학령기 (7~12세)	학령 후기 (13세 이상)
프로이트 (정신분석적 발달) 발달단계	구강기	항문기	오이디푸스 (남근기)	잠복기	성기기
발달특성	깨물기, 빨기, 삼키는 행위를 통해 성욕을 충족	배설물의 보유와 배설을 통해 성적 충족, 사회적 통제 습득	성기에 관심, 이성 부모를 사랑, 동성 부모를 동일시, 초자아 발생	성욕 잠재, 지적 관심, 동성 친구와의 우정 중시	이성에 관심, 2차 성징
성감대	입, 입술, 혀	항문	성기	성본능 잠재, 성본능과 관계 없는 기술습득	이성에 관심, 2차 성징
갈등의 장	이유(離乳) 음식 섭취	배변 훈련	오이디푸스 콤플렉스, 일렉트라 콤플렉스		성숙한 성적 친밀감
방어기제	투사, 거부, 내면화	지성화, 반동 형성, 격리	억압	반동형성, 합리화	승화
성격특성	낙천 vs 비판 어수룩함 vs 의심 능동적 vs 수동적 감탄 vs 시기 의타심, 논쟁적, 냉소적, 험담	인색 vs 관대 고집 vs 순종 청결 vs 지저분 정확 vs 애매 잔인함, 파괴적, 난폭함, 적개심	허영 vs 자학 자신 vs 소심 저돌 vs 우유부단 모양냄 vs 수수함 순결 vs 음란 남성적 vs 여성적 남성: 경솔, 야심, 과장적 여성: 난잡, 경박, 유혹적	리비도가 잠재되어 성격 유형이 발생하지 않음	성숙 vs 미성숙 적응 vs 부적응 의존적, 반사회적
에릭슨 (정신사회발달) 발달단계	기본적 신뢰감 vs 불신감	자율성 vs 수치와 의심	주도성 vs 죄책감	근면성 vs 열등감	정체성 vs 정체성 혼란
덕목	희망 (hope)	의지 (will)	목표 (purpose)	능력 (competence)	충실 (fidelity)
악덕목	탐식 (gluttony)	분노 (anger)	탐욕 (greed)	시기 (envy)	자만심 (pride)
영향을 주는 관계	어머니	부모	가족	이웃, 학교	동료집단, 또래집단, 외집단, 지도력의 모델들
심리사회적 과업	얻으려 함 (getting)	잡고(holding on) 보냄 (letting go)	추구(go afterthings)	만듦(making things)	자신이 됨 (being oneself)
핵심병리	고립, 위축	강박적 행동	생각, 표현의 억제	비활동, 타성(inertial), 무력감	거부

피아제 (인지 발달)	발달 단계	감각운동기	전조작기		구체적 조작기	형식적 조작기
	특성	대상영속성	상징적 사고, 사고의 중심성, 자아중심성	직관적 사고, 논리적 추론능력 부족, 물활론적 사고	가역적 사고, 보존개념, 서열화, 유목화, 조망수용 능력	추상적 사고
콜버그 (도덕성 발달)	발달 단계	전사회기-공생기	충동기-자기방어기	순종기-자아인식	양심기-개인주의	자율-통합
뢰빙거 (자아 발달)	특성	벌과 복종 지향	이기적 보상 지향	'착한 아이' 지향	권위, 질서 지향	사회적 합의 지향

발달 요인 ＼ 연령	영아기	걸음마기	학령 전기	학령기	학령 후기
발달 과업	• 수유 • 대상영속성	• 배변 훈련 • 도덕성 발달 • 조망수용 • 공감	• 주변 탐색	• 취학 • 또래관계 • 우정 패턴/ 　죽음의 개념 • 시간 조망 • 자기의 분화 • 자존감	• 근대적 의미의 개인으로 다시 태어나기
대근육 운동	• 뒤집기 - 기기 - 　서기	• 걷기, 뛰기, 던지기, 차기, 대소변가림	• 한 발로 뛰기-줄넘기, 가위질, 점프, 신발끈 묶기	• 구기운동(야구, 축구 등) 자전거 타기	
섬세운동	• 장난감 잡고 흔들기, 연필로 끄적거리기	• 끄적거리기 • 동그라미(2세) • 십자가(3세) • 토막 6개 쌓기 　(2세)	• 사각형(4세) • 다이아몬드(6세) • 사람 그림(4세: 　3부분, 5세: 6부 　분)	• 다양한 그림, 모형 제작	
인지 및 언어 발달	• 옹알이 　(3~4개월) • 숨은 물건 찾기 　(8개월) • 말뜻 이해 　(손가락으로 가 　리킴) • 12단어 구사 　가능	• 전초기 읽기단계 　- 말시작: 단어이 　해하고 '엄마, 　아빠' 등 돌 전 　후 첫단어 　- 2세말: 2-3단 　어 문장, 200단 　어, 집중 및 자 　기조절 능력 나 　타남, 상징능력 　나타남	• 형식적 초기 읽 　기 단계 　- 완전하고 복잡 　한 문장 구사 　가능 　- 언어의 급성 　장-의지대로 　이야기, 말장 　난, 상상, 공상	• 능숙한 읽기 출현 • 공부, 운동, 게임, 신체적 기술 연마, 글쓰고 읽기 • 역할, 장래에 대한 관심 생김 • 자존감 및 타인이 보는 자신에 대한 관심 우세해짐 • 숫자 기억 5개, 역숫자 기억 3개 (8세) • 숫자 기억 6개, 역숫자 기억 4개 (10세)	

정서 발달	• 눈맞춤(1개월) • 분리불안-낯가림(6-8개월) • 모와의 애착(6-12개월)	• 특정 정서 상태 구별 빛 분화 가능 • 정서조절 능력 • 신체 상처나 사랑의 상실 등의 불안 및 두려움 나타남 • 우울, 분노, 고집, 질투 • 친밀감 능력 발달 • 기본적 안전감, 낙관적 패턴으로 안정화	• 불안전감과 고집 피우기 감소 • 힘에 대한 흥미 증가 • 다양한 두려움을 꿈이나 현실 아닌 것으로 이해함	• 내면화된 공포 존재하며 이면에 욕망, 욕구, 질투심 있음 • 인정, 성공, 숙달에 대한 즐거움 나타남 • 모욕, 수치심, 인정받지 못함에 대한 두려움, 죄책감 나타남 • 성 차이에 따른 정서 나타남
대인 관계	• 사회성 미소 • (2-8개월) • 모의 눈치를 봄 • 공감력	• 자기주장-부정적 태도 • 모와의 힘겨루기 • 안 되면 떼쓰기, 공격행동 • 능동적으로 주위 탐색 • 판타지 사용 • 복잡한 상호작용 가능	• 아버지-어머니 관계관찰 • 성에 관심, 성 역할 모방 • 또래놀이, 협동 놀이 • 공포-귀신,괴물, 도깨비 • 전통, 습관, 가치관 습득 • 자기와 타인 전달 능력 발달 • 양육자와의 분리에 강한 정서적 손상 나타남 • 공감능력, 사랑 능력발달 • 죄책감 나타남	• 이타심, 배려 • 질서의식 • 단체행동 스포츠 참여 • 또래관계 • 역할에 대한 관심 생김 • 규칙과 구조에 관한 관심 생김 • 동성 부모와의 특별한 관계 성립
발달적 이슈들	• 생물학적 조절 (신체, 중추신경계 성숙) • 조화로운 상호작용 • 효과적인 애착관계 형성 • 기본적신뢰감, 안정감 • 대상영속성	• 자율성-개체성 • 자기주장-융통성 있는 자아통제 • 자아의 분리-개별화 • 환경 속에서 사물 탐색 • 공격성, 충동에 대한 외부 통제에 반응하기 • 도덕성 발달 • 조망 수용 • 공감	• 효과적인 또래관계를 형성하는 자기동일시 및 성개념 • 남녀 성역할 연습 • 주도성-목적의식 • 사회적 역할 학습 • 전통적·문화적 가치관 습득	• 우정, 또래 관계 수립 • 생산성-근면성 • 효능감, 자존감 • 기초학습 능력 습득 • 또래관계 • 시간 조망

놀이의 형태와 내용	• 단독놀이 • 감각운동놀이 • 엄마와의 신체 접촉놀이 • 도리도리,잼잼, 까꿍	• 평행놀이 • 숙달, 탐험놀이 • 반복, 모방놀이 • 토막쌓기, 자동차 놀이 • 손발-신체협응 놀이	• 협동놀이 • 극적 가상놀이 • 상징놀이 가능 • 부부, 가족 모방 놀이 • 소꿉놀이, 상징 놀이 • 또래와 몸싸움-뒹굴기	• 경쟁적 게임 • 컴퓨터놀이 • 또래집단 놀이 • 스포츠 • 책, 만화 읽기	
필요한 환경요인 경험	• 충분한 영양 • 건강증진, 질환 예방 • 충분한 신체 접촉 • 애정에 찬 상호 작용 • 자신 있고 민감 하게 주시 • 영아의 욕구에 반응 • 재미있고 풍부 한 자극과 놀이	• 다양한 탐색놀이 와 운동 • 풍부한 언어 자극 • 일관성 있는 행동 의 통제 • 욕구 충족의 지연 • 포기 훈련 • 옳고 그름 • 깨끗함과 더러움 • 할 일과 하지 말아 야 할 일 가르침 • 개체성의 존중 • 자기주장의 적절 한 수용 • 대소변 훈련	• 부모의 남녀관 계 모델링 • 성차와 성에 대 한 교육 • 또래관계 장려 • 다양한 사회활 동 경험 • 다양한 문화 교 육 활동 • 전통, 습관, 예절 교육 • 문화적 가치관 형성	• 또래집단 활동 • 학교생활 적응 • 지적 호기심의 충 족과 배움의 즐 거움 경험 • 자신감, 효능감 경험 • 다양한 신체활 동(운동, 스포츠 게임)	
정신병리	• 수유장애, 모성 결핍 • 발육부진 • 아동 학대와 방임 • 자폐 스펙트럼 장애 • 지적 장애 • 뇌손상 • 수면장애 • 섭식장애 • 분리불안	• 과잉보호, 과잉통 제, 이식증, 반추, 심한 생떼/공격성 • 적대적 반항장애 • 반응성 애착장애 • 자폐스펙트럼 장애 • 발달지연 • 언어 발달지연	• 분리불안 • 공포증 • 유뇨증 • 유분증 • 악몽, 야경증 • 주의력결핍 과 잉행동장애 • 발달성 언어장애 • 공격성 • 자위 행위 • 사회성 부족	• 열등의식 • 낮은 자존감 • 학습부진 • 불안장애, 우울 장애 • 신체화장애, 강 박장애, 품행장 애 • 반항장애, 학교 폭력(왕따)으로 인한 등교거부 및 대인기피, 아 동기 조현병	

야 하는 것은 아니다.

지금 현 시점에서 개입하지 않을 경우 더 악화될 우려가 있는 심각한 문제들을 아동이 가지고 있다고 생각이 들 때, 이 외에 객관적 검사를 고려해야 한다면, 양적·질적으로 측정하고 평가하여 개인 간 또는 개인 내 차이를 비교하기 위한 심리측정 과정인 심리검사에 근거해서 치료계획을 세울 필요가 있다. 진단이나 그로 인한 낙인은 진단의 이점보다 아동에게 더 큰 피해를 줄 수 있으므로 검사를 하는 이유에 대한 타당성을 갖고 실시하도록 한다. 심리검사를 통해 언어능력, 인지, 정서, 사회성 발달 여부를 객관적으로 평가할 수 있다. 일정하게 정해진 아동용 심리검사 배터리(battery)는 없지만, 일반적으로 인지 및 정서 영역을 총체적이고 종합적으로 평가하고 이해하기 위해 여러 객관적 검사와 투사적 검사로 심리검사 배터리를 실시한다. 그러나 아동이 장시간 검사를 수행하는 것이 어렵기에 꼭 필요하다고 판단되는 몇 가지 검사를 선별해서 실시하기도 한다.

심리검사 반응 해석 시 주의할 점은 같은 반응이라도 연령에 따라 정상적으로 보일 수도 있고 아닐 수도 있기에 아동의 발달수준을 고려하여 해석해야 하는데 그 지표로 지능검사가 유용하다고 볼 수 있다. 그러나 앞서 다룬 아동면담 및 관찰에서 살펴본 발달력, 면담, 행동관찰 및 상담자의 지식을 토대로 종합적으로 평가해야 함을 잊지 말아야 한다.

심리검사 선별 시 중요하게 고려할 점은 실시하는 목적에 부합하는지에 대한 여부이다. 아동의 문제와 관련성이 있는지의 여부, 그리고 검사를 통해 정보를 제공할 수 있는지에 대해 살펴야 한다. 검사의 목적이 명확해지면 표준화된 검사도구인지, 타당성과 신뢰도가 있는 검사인지 고려해야 한다. 또한 검사 실시에서의 시행과 채점이 간단한지, 실시에 소요되는 시간과 비용이 적절한지를 고려한다.

심리검사의 종류는 검사 목적에 따라 영역별로 매우 다양하다. 종합심리평가를 한다면 객관식 검사 및 투사검사와 부모면담이 포함되며, 기본적으로 부모의 현재 정신건강 상태 및 성격특성을 알아보는 다면적 인성검사(MMPI)와 성인용 문장완성검사(SCT)를 실시하게 된다. 만약 종합심리평가를 할 상황이 아니라면 각 영역에 따라 검사를 실시할 수 있다. 다음의 〈표 8-5〉는 각 영역에 따른 검사종류를 대략적으로 제시하였다.

〈표 8-5〉 심리검사의 종류 및 평가 내용

영역	검사 종류	실시 연령	평가 영역 및 범주	대상
지능검사	웩슬러유아지능검사 (K-WPPSI-IV)	만 2세 6개월~ 3세 11개월/ 만 4세~7세 7개월	언어, 시공간, 작업기억, 유동추론, 처리속도, 어휘습득, 인지효율성	아동
	종합인지기능진단검사(CAS)	만 5~12세	영재아동 판별, 특수아동 평가, 계획, 주의집중, 동시처리, 연속처리	
	웩슬러지능검사(K-WISC-V)	만 6세~ 16세 11개월	언어이해, 시공간, 유동추론, 작업기억, 처리속도,	
	라이터 비언어성 지능검사 (Leiter-R)	만 2세~ 7세 11개월	시각화 및 추론검사, 주의력 및 기억력검사	
신경심리 검사	벤더-게슈탈트검사(BGT)	만 5~10세 (Koppitz, 1964)	뇌기능, 시각운동협응능력	아동
	시각운동통합 발달검사(VMI)	만 2세 10개월~	시지각, 운동협응능력	
	스트룹아동색상-단어검사	만 5~14세	주의전략 실행능력	
	아동색-선로검사(CCTT)	만 5~15세	전두엽 실행기능	
	레이-오스테리스 복합도형검사	만 5~14세	계획능력, 조직화능력, 시각적 기억력	
	위스콘신 카드분류검사	만 6세 6개월~	전두엽 실행기능	
학습능력 평가	기초학습기능검사	유치원~ 초등 6학년	정보처리, 셈하기, 읽기, 쓰기	아동
	한국판학습장애 평가척도 (K-LDES)	만 6~11세	학습장애	부모
주의력검사 [연속수행 검사CPT)]	정밀주의력검사(ATA)	만 5~15세	시각, 청각 표적검사로 ADHD 예측	아동
	종합주의력검사(CAT)	만 4~15세	단순선택주의력, 억제지속주의력, 간섭선택주의력	
	주의력장애진단 시스템(ADS)	만 5세~	주의분산, 충동성, 과제처리속도, 주의의 일관성	
투사적 그림검사	집 나무 사람 검사 (HTP/KHTP)	만 3세~	가정환경, 자아상, 대인관계 등 심리,정서적 특성	아동 성인
	운동성 가족화 검사(KFD)	만 3세~	가족관계 역동 및 아동의 가족에 대한 지각	
	운동성 학교화 검사(KSD)	만 5세~	학교 및 유치원 교사 및 또래관계 역동 및 지각	
	새둥지화(BND)	아동~성인	가족관계, 애착유형 및 정도	
	빗속의 사람 그림검사(PITR)	아동~성인	스트레스, 대처자원 수준	
	사과나무에서 사과 따는 사람 그림검사(PPAT)	유아~성인	문제해결력, 에너지 수준	

	이야기 그림검사 (DAS)	아동~청소년	우울, 공격성 및 분노	
	실버그림검사 (SDT)	만 3~11세	인지 및 정서	
	정서행동문제 그림검사 (EBDT)	만 8~만23세	정서행동문제, 사고의 통합 능력, 내재화 및 외현화 공존 문제	
	레빅 정서 및 인지 미술평가법 (LECATA)	만 3~11세	정서와 인지, 방어기제 발달 연령	
	얼굴 자극 평가법 (FSA)	모두 (다문화)	인지능력, 전반적인 발달 수준	
	길 그림검사 (RD)	청소년~성인	진로, 가치관	
	다리 그림검사 (BD)	청소년~성인	연결성 및 관계 맺기	
발달검사	사회성숙도 검사	0~30세	사회적능력,적응행동	부모면담
	부모-자녀관계검사 (K-PRQ-CA)	만 7~18세	애착, 의사소통, 훈육, 관여, 양육효능감, 학교 만족도, 관계 좌절감	부모
	부모양육스트레스검사 (K-PSI-4)	1개월~만 12세	우울, 애착, 역할제한, 유능감, 고립, 배우자, 건강, 적응, 수용, 요구, 주의산만, 과잉행동, 보상	부모
	아동상호작용검사(CIBT)	12개월~ 6세 11개월	사회적 상호작용, 주도적 상호작용, 의도적 상호작용,정서적 상호작용	부모
	아동발달검사(K-CDI)	15개월~ 만 6세 5개월	조기발달문제, 대근육, 소근육, 사회성, 언어이해, 글자, 숫자	부모
	한국판아동기 자폐평정척도 (K-CARS 2)	만 2세~	자폐 범주성 장애 선별	아동관찰, 부모면담
	베일리 발달검사	1~30개월	대근육, 소근육발달, 언어,사회 발달	아동
성격 및 정서 검사	아동용 주제통각검사(CAT)	만 3~10세	대인관계, 사회적 상호작용, 동일시 양식	아동
	한국아동성격검사(KCPI-S)	초등 4~6학년	언어발달, 운동발달, 불안, 우울, 신체화, 비행, 과잉행동, 가족관계, 사회관계, 정신증	
	문장완성검사(SCT-C)	만 3세~ (문장 이해 가능 하면 반응은 상담 사가 적을 수 있다)	전반적인 심리적응	
	로르샤흐 검사	만 2세~	기본적인 성격구조, 무의식적 갈등, 사고 및 정서장애, 현실 검증력	
	MMTIC	만 9~14세	성격유형검사	
	MBTI	만 15세~	성격유형검사	

한국판정서-행동평가시스템 (K-BASC-2) 유아용, 아동용 (전문가 및 부모보고) 초·중·고, 대학생용(자기보고)	만 2~5세 만 6~11세 만 12~14세 만 15~19세 만 19세~	긍정적 적응기술, 아동기 정서 행동 문제 및 정서장애 선별, 내면화, 외현화, 학교문제, 적응기술, 행동증상지표	아동/부모
한국아동인성평가척도(KPRC)	만 3~17세	지적 발달, 정서(불안, 우울, 신체화)행동, 대인관계, 현실 접촉	부모
한국어판 아동우울척도 (자기보고, 부모 및 교사) (K-CDI)	만 7~17세	우울증의 감정적·기능적 특성 및 우울증 선별	아동/부모

정리해 봅시다

　이 장에서는 아동이 상담을 오게 되는 순간부터 치료과정의 절차에 있어서 고려해야 하는 부분을 다루었다. 아동의 세계를 이해하고 아동의 심리적 어려움을 파악하기 위해서는 아동의 놀이를 이해하는 것이 무엇보다 중요하며, 전개되는 놀이를 통해 아동의 문제 행동 및 그 원인을 찾고 치료의 목표와 방향을 설정할 수 있다. 첫째, 접수상담에서는 전화로 예약하는 상황에서 발생할 수 있는 다양한 문제에 대해, 그리고 초기 상담 시 필요한 인적 사항 및 준비 서류에 대해 알아보았고, 아동의 발달수준에 따라 놀이평가의 형태가 상이할 수 있음에 대해 다루고, 행동관찰 범주와 정신상태검사 및 놀이 주제나 형태에 따라 파악할 수 있는 범주에 대해 다루었다. 또한 상담을 하기 위한 오리엔테이션 및 사전 동의서 작성 등 부모면담 시 주의할 점에 대해 알아보았다. 둘째, 사례개념화에 대해 다루었다. 이는 접수상담을 통해 얻은 자료를 토대로 파악한 내용에 대한 다차원적인 정보를 포괄적·종합적 이해에 근거하여 문제해결의 방향과 전략, 기법을 계획하는 것이다. 그리고 심리검사가 필요한 경우 고려할 사항과 심리검사의 종류에 대해 알아보았다. 이 장을 통해 아동상담의 방향을 잡기 위한 토대로서 가장 중요한 부분이라고 볼 수 있는 관찰과 평가에 대한 전문가적 역량을 키우는 데 도움이 되기를 바란다. 그러기에 무엇보다도 상담자는 발단단계를 숙지하며, 내담자의 다양한 상황을 파악하는 민감성을 키워야 할 것이다.

활동해 봅시다

1. 앞서 살펴본 놀이평가 및 관찰평가 목록을 보면서 영유아의 실제 놀이 장면(영상)을 관찰해 보세요. 아동의 놀이(영상)를 보면서 각 항목을 체크해 보고, 서로 다르게 생각한 부분이 있는지 이야기 나눠 봅시다.

_____

_____

_____

_____

_____

_____

_____

_____

_____

_____

_____

_____

_____

_____

_____

_____

_____

_____

_____

_____

참고문헌

홍강의 외(2014). DSM-5 에 준하여 새롭게 쓴 소아정신의학. 서울: 학지사.

Beahrs, J. O., & Gutheil, T. G. (2001). Informed consent in psychotherapy. *American Journal of Psychiatry, 158*(1), 4-10.

Berman, P. S. (2018). *Case conceptualization and treatment planning: Integrating theory with clinical practice.* Sage publications.

Burgess, J. W. (1992). A standardized mental status examination discriminating four major mental disorders. *Psychiatric Services, 43*(9), 937-939.

Erikson, E. (1963). *Childhood and society.* New York: Norton.

Freud, S. (1940). An outline of psychoanalysis. *International Journal of Psychoanalysis, 21,* 27-84.

Greenspan, S. I. (2006). *Infant and early childhood mental health: A comprehensive developmental approach to assessment and intervention.* American Psychiatric Publishing.

Greenspan, S. I. (2008). *The clinical interview of the child.* American Psychiatric Publishing.

Halfon, S. (2017). Play profile constructions: An empirical assessment of children's play in psychodynamic play therapy. *Journal of Infant, Child, and Adolescent Psychotherapy, 16*(3), 219-233.

Hoghughi, M., & Hoghughi, M. S. (1992). *Assessing child and adolescent disorders:* A practice manual. Sage.

Othmer, E., & Othmer, S. C. (2002). *The clinical interview using DSM-IV-TR Vol. 2: The difficult patient.* American Psychiatric Publishing, Inc.

Parsi, K. P., Winslade, W. J., & Corcoran, K. (1995). Does confidentiality have a future? The computer-based patient record and managed mental health care. *Trends in health care, law & ethics, 10*(1-2), 78-82.

Ryan, V., & Edge, A. (2011). The role of play themes in non-directive play therapy. *Clinical Child Psychology and Psychiatry, 17*(3), 354-369.

Smith-Bell, M., & Winslade, W. J. (1994). Privacy, confidentiality, and privilege in psychotherapeutic relationships. *American Journal of Orthopsychiatry, 64*(2), 180-193.

Wieder, S., & Greenspan, S. I. (2003). Climbing the symbolic ladder in the DIR model through floor time/interactive play. *Autism, 7*(4), 425-435.

Wiens, A. N., & Brazil, P. J. (1990). Structured clinical interviews for adults. *Handbook of psychological assessment,* 324-341.

제9장

부모 및 보호자 상담

놀이치료를 진행할 때 종종 내담자에게 부모 및 보호자가 필요한 경우가 있다. 미성년 시기인 영유아 · 아동 · 청소년기를 포함하여, 어떤 경우에는 성인 및 노년기(예: 발달장애를 가진 성인이나 혼자서 거동이 불편한 노인 등)에도 부모 및 보호자가 필요할 수 있는데, 이들은 놀이치료의 전 과정과 그 효과에 커다란 영향을 미칠 수 있다. 그러나 기존 문헌은 아동의 부모 및 보호자에 초점이 맞추어져 있어 생애주기별 부모 및 보호자에 대한 자료가 부족한 실정이다. 이 장에서는 아동기에 초점을 맞춘 기존 문헌을 중심으로 영유아기, 청소년기, 성인기 및 노년기 등을 포함한 생애주기별 부모 및 보호자 상담에 대하여 살펴보고자 한다.

1. 놀이치료에서 부모 및 보호자의 역할

영유아 · 아동 · 청소년 및 보호가 필요한 성인과 노인에게 부모 및 보호자는 개인의 발달을 둘러싼 다양한 사회적 관계 중 가장 밀접한 관계이며, 이들이 개인을 보호하는 역할을 맡고 있는 경우가 많다. 부모 및 보호자는 놀이치료 내담자를 보호하고자 하는 목적에 따라 놀이치료 내담자의 행동과 결정을 통제할 권리와 권위를 가지고 있기도 하며, 이에 따라 놀이치료의 과정과 결과에 있어 매우 중요한 역할을 맡게 된다. 예를 들어, 미성년 아동의 경우 놀이치료를 받으러 올 때 일반적으로 부모 및 보호자와 동행하게 되는데, 아동이 놀이치료를 받기 위해서 부모 및 보호자의 동의가 필수적이다. 치료사는 아동의 놀이치료 전, 치료 중 그리고 치료 후에도 부모 및 보호자와 다양한 경로를 통하여 접촉하고 만나게 되는데, 이때 치료에 대한 적절하고 충분한 설명과 함께 다양한 방식으로 부모 및 보호자의 협조를 구하는 것은 아동의 치료에 큰 도움이 될 수 있다. 이러한 이유로 아동의 놀이치료 전 과정에서 치료사가 부모 및 보호자와 원활한 의사소통을 하며 치료를 진행하는 것은 매우 중요한 일이다.

치료과정에서 부모 및 보호자의 역할은 크게 두 가지로 구분해 볼 수 있는데, 한 가지는 심리사회적 영향을 주고받는 존재로서의 역할이며, 다른 한 가지는 내담자의 보호자로서의 역할이다. 먼저, 심리사회적 역할은 이들이 내담자와 일상생활에서 맺는 관계의 역동과 관련된 것인데, 이러한 역할은 놀이치료의 전 과정에서 고려되어야 할 중요한 역동이다. 이 장에서는 먼저 이러한 역할을 설명하는 대표적인 이론인 생태체계이론과 가족체계이론을 살펴본다.

다음으로, 놀이치료가 원활히 진행되고 성공적으로 이루어지기 위해서는 치료과정에 대한 부모 및 보호자의 동의와 협조가 꼭 필요한데, 내담자의 보호자로서의 역할을 수행하기 위하여 부모 및 보호자가 숙지하고 있어야 할 이들이 내담자의 삶에 대하여 가지고 있는 권리, 권한 및 권위에 대하여 다루고자 한다. 구체적으로는 놀이치료에서 부모 및 보호자, 내담자 그리고 치료사가 맺는 관계에서 부모 및 보호자의 위치와 역할에 대한 이해를 높이고자 한다. 더불어, 내담자의 가장 효과적인 치료를 위하여 치료사가 가져야 할 부모 및 보호자에 대한 태도에 대하여 다루고, 치료사로서 부모 및 보호자와 상호작용하는 방법과 부모 및 보호자의 협조를 구하는 방법 등에 대하여 다룰 것이다.

놀이치료에서 부모 및 보호자의 역할

- 내담자와 심리사회적 영향을 주고받는 존재
- 내담자의 보호자

1) 심리사회적 영향

내담자의 발달과 치료과정에서 부모 및 보호자는 심리사회적 영향력을 가진다. 특히 어린 시절(영유아ㆍ아동ㆍ청소년기)에 부모 및 주 양육자는 내담자의 삶에 가장 큰 영향을 미치는 대상이라고 해도 과언이 아니며, 다양한 이론은 이 시기에 내담자에 대한 부모 및 보호자의 태도, 말, 행동 등이 내담자의 발달을 형성한다는 주장을 지지한다. 특히 생태체계이론과 가족체계이론은 전생애적 발달단계(영유아기, 아동ㆍ청소년기, 성인기 및 노년기)에 걸쳐 놀이치료의 내담자와 부모 및 보호자 사이에 존재하는 관계의 역동과 이에 따른 부모 및 보호자의 역할을 이해하는 데 도움을 줄 수 있다. 이러한 이론적 배경을 숙지하고 있는 것은 어린 시절뿐만 아니라 성인기 및 노년기에도 다양한 관계에 놓인 보호자들이 내담자의 발달과 치료과정에 어떤 영향을 줄 수 있을지 고려하는 데 도움을 줄 것이다.

(1) 생태체계이론

유리 브론펜브레너(U. Bronfenbrenner)가 소개한 생태체계이론(ecological systems theory)에 따르면, 개인은 잉태와 함께 겹겹의 사회적 맥락과 서로 끊임없는 상호작용을 통하여 발달한다(Bronfenbrenner, 1992). 개인을 둘러싼 맥락은 앞 단계의 체계를 순차적으로 포함하는 동심원들로 표현될 수 있는데, 개인과 가장 가까운 맥락을 미시체계(micro-system)라고 한다. 미시체계에는 개인과 가장 가까운 타인이 되는 부모나 가족, 또래집단 등이 있다. 다음으로, 이러한 미시체계들의 관계를 나타내는 중간체계(meso-system)가 있는데, 이는 예를 들어 개인의 가족과 친구들이 맺고 있는 관계를 나타내는 체계라고 할 수 있다. 이러한 관계들의 맥락이 되는 체계는 외체계(exo-system)로, 다양한 관계를 둘러싼 확대가족, 지역사회 기관 등을 들 수 있다. 여기서 더 나아가, 이보다 더 상위체계인 거시체계(macro-system)는 문화 및 시대적 가치 등을 아우르는 것이라고 할 수 있으며, 이 모든 체계는 시간이라는 체계(chrono-system) 안에서 작동한다고 여겨진다. 이와 같이 개인을 둘러싼 다양한 체계 속에서 개인과 가장 가까운 미시체계의 맥락에 가족이 존재하고, 거기에는 가족에 해당하는 부모 및 보호자가 존재한다([그림 9-1] 참조).

놀이치료과정에서 부모 및 보호자와 접촉을 시도하고 상담을 진행할 때, 이와 같이 다양한 맥락을 염두에 두는 것은 커다란 도움이 된다. 그중에서도 생태체계이론에 따르면, 부모 및 보호자는 개인 발달의 가장 밀접한 맥락인 미시체계에 속한다. 이에 따라 내담자의 가장 밀접한 발달환경에 존재하는 부모 및 보호자가 제공하는 정보는 치료사가 치료장면에서 얻을 수 없는 내용을 포함할 수도 있고, 치료 중 얻었던 정보를 더욱 풍성하게 할 수 있다. 더불어, 부모 및 보호자가 치료사를 신뢰하고 치료과정을 이해하며 동의 및 협조하는 것은 놀이치료의 효과가 부모 및 보호자를 통하여 치료실 밖 내담자의 가장 밀접한 일상생활에서도 이어질 가능성을 나타낸다. 반대로, 부모 및 보호자가 치료사를 신뢰하지 못하고 치료과정을 이해하지 못하며 동의 및 협조하지 않으면, 아무리 치료실에서 커다란 변화가 일어났더라도 실제 삶에서 그 변화가 이어지기가 어려울 수도 있다. 이에 따라 놀이치료에서 부모 및 보호자 상담을 진행할 때 전생애에 걸쳐 내담자의 생태체계적 맥락에서 부모 및 보호자의 심리사회적 영향력을 고려할 필요가 있다.

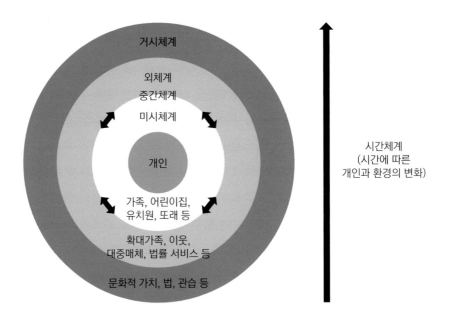

[그림 9-1] 브론펜브레너의 생태학적 체계모델

(2) 가족체계이론

가족체계이론에 따르면, 가족은 그 구성원 한 사람 한 사람이 서로에게 영향을 주고받는 역동적인 체계이다(Bowen, 1985). 이는 종종 모빌에 비유되곤 하는데([그림 9-2] 참조), 이는 다시 말해 내담자의 변화는 부모 및 보호자(보호자가 부모 외 가족 구성원인 경우)의 변화를 끌어낼 수도 있고, 부모 및 보호자의 변화는 내담자의 변화를 끌어낼 수도 있다는 것이다. 그러나 동시에 내담자가 변화하더라도 부모 및 보호자가 변화하지 않으면 내담자는 머지않아 다시 변화 전의 모습으로 되돌아갈 수 있다. 부모 및 보호자 또한 자신이 변화하더라도 내담자가 변화하지 않는다면 이들도 쉽게 이전의 모습으로 돌아갈 수 있다.

　가족체계 내에서 그 구성원들은 서로에게 영향을 주고받기 때문에 같은 가족체계에서 생활하고 발달하는 부모 및 보호자가 놀이치료를 통하여 내담자에게 일어나게 될 긍정적인 변화와 그 과정에 대하여 이해·동의·협조하는 것은 내담자가 변화의 목표지점에 보다 효과적으로 다다를 수 있게 도울 것이다. 내담자의 긍정적인 변화로 부모 및 보호자를 포함한 나머지 가족 구성원들이 모두 긍정적인 변화를 경험하게 될 수도 있지만, 부모 및 보호자를 포함한 나머지 가족 구성원들이 변화에 저항한다면 내담자의 긍정적인 변화 또한 원점으로 돌아갈 수 있기 때문에 내담자의 긍정적인 변화의 방향에 부모 및 보호자가 이해하고 동의하고 조력할 수 있도록 격려하는 것이 필요하다. 이를 통하여 부모 및 보호자를 포함한 가족 구성원들이 같은 방향으로 함께 변화를 시작해 나간다면 내담자의 입장에서도 변화에 대한 저항과 혼란이 줄게 될 것이다. 더불어, 이는 변화로 가는 길에서 돕는 손길이 더욱 많아지는 일이기 때문에 내담자가 놀이치료를 통한 변화를 더욱 수월하게 받아들이고 적응할 수 있게 할 것이다. 따라서 전생애에 결쳐 놀이치료에서 부모 및 보호

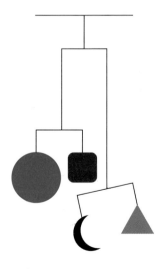

[그림 9-2] 모빌에 비유할 수 있는 가족체계

자 상담을 진행할 때 가족체계적 맥락에서 부모 및 보호자의 심리사회적 영향력을
고려하는 것 또한 중요할 것이다.

생태체계이론 및 가족체계이론과 부모 및 보호자 상담

치료사는 부모 및 보호자 상담을 통해

- 다양한 맥락에서 내담자에 대한 정보를 주고받는다.
- 내담자가 경험하게 되는 놀이치료에 대한 정확하고 친절한 설명을 제공한다.

---

2) 보호자로서의 역할

부모 및 보호자의 또 다른 중요한 역할 중 하나는 내담자의 다양한 권리와 안전
을 보호하는 것이다. 특히 내담자가 본인의 다양한 권리와 안전을 보호하는 판단이
어려운 경우에 부모 및 보호자는 최대한 내담자에게 유익한 방향으로 도움을 줄 수
있어야 한다. 이를 위하여 치료의 전 과정에 걸쳐 치료사는 부모 및 보호자와 상호
신뢰하는 관계를 형성하고 원활한 의사소통을 할 수 있도록 하여야 한다.

(1) 내담자의 보호받을 권리

내담자는 기본적으로 부모 및 보호자에게 보호받을 권리가 있다(제10장 참조). 부
모 및 보호자는 놀이치료를 시작할 때 치료의 목표와 내용 및 방향에 대하여 숙지
하고 동의하며 협조하는 역할을 한다. 독립적으로 결정을 내리고 판단하며, 다양한
신체적·인지적 기능을 수행하기 어려운 성인의 경우에도 부모 및 보호자의 도움
을 받을 수 있는데, 이들도 보호받을 권리가 있기 때문에 부모 및 보호자가 놀이치
료의 내용을 정확히 숙지하고 이해하여 내담자에게 도움이 되는 선택을 하도록 하
는 것이 매우 중요하다.

(2) 부모 및 보호자-치료사 관계의 중요성

부모 및 보호자는 내담자의 놀이치료에서 목표를 설정하고 치료과정의 진행 및
종결을 포함한 전 과정에 걸쳐 개입하고 영향력을 미칠 수 있는 중요한 역할을 한
다. 예를 들어, 치료 시작에 대한 결정과 치료 종결에 대한 결정에도 부모 및 보호

자의 동의 및 협조가 필요하고, 치료의 방법과 방향 등에 대한 다양한 판단을 내리고 진행할 때에도 이들의 동의 및 협조가 필요하다. 더불어, 부모 및 보호자가 제공해 주는 정보는 내담자의 치료에 중요한 자원이 되기도 한다. 이러한 맥락에서 부모 및 보호자가 내담자의 놀이치료에 대하여 잘 이해하고 있는 것은 치료와 관련된 다양한 이슈에 대하여 내담자를 위한 적절한 결정을 내리는 데 꼭 필요하다.

이와 같이 부모 및 보호자가 아동의 놀이치료에 대하여 명확한 이해를 갖기 위해서는 치료사와의 의사소통이 원활하게 이루어져야 할 것이다. 치료사는 특히 상담 초기부터 상호 신뢰하고 존중하는 관계를 형성할 수 있도록 주의를 기울여야 한다.

2. 부모 및 보호자 상담의 두 가지 접근방식

아동을 대상으로 한 놀이치료에서 부모 및 보호자 상담은 크게 두 가지 형태로 구분될 수 있는데(Killough & McGuire, 2008; 박수영, 2016), 이는 다양한 발달단계들에서도 비슷하게 적용될 수 있다. 부모 및 보호자 상담의 첫 번째 접근방식은 치료적 접근으로, 부모 및 보호자 개인의 어려움에 대하여 다루거나 내담자와의 관계를 개선하기 위한 목적을 가지고 이루어지는 상담이다. 이러한 접근에는 구체적으로 부모 및 보호자의 어린 시절과 경험을 다루는 개인적인 상담, 그리고 부모 및 보호자를 내담자의 치료에 포함하여 짝으로 치료를 진행하는 부모-자녀 상호작용 치료 등이 있다.

두 번째 접근방식은 교육적 접근이라고 할 수 있는데, 이는 회기마다 치료 전이나 후에 부모 및 보호자에게 놀이치료에 대한 전반적인 설명과 함께 동의를 구하며, 치료과정을 설명하고 이에 따라 치료실 밖에서 부모 및 보호자가 할 수 있는 협조적인 치료방법에는 어떤 것들이 있는지 등을 소개하고 교육하는 것이다. 우리나라에서는 이 두 가지 방법을 모두 부모상담이라고 지칭하고 있지만, 영어로는 전자를 부모상담(parent counseling)으로, 후자를 부모협의(parent consultation)로 구분하기도 한다(Killough & McGuire, 2008).

두 가지 형태 모두 중요한 접근방식이지만, 여기에서는 치료적 접근에 대한 소개는 간략히 하고, 주로 내담자에게 초점을 맞추고 대상을 부모 및 보호자로 확장하여 접수면담 이후 놀이치료의 초기·중기·말기 그리고 그 이후에 이루어지는 부모 및 보호자 상담의 교육적 접근, 또는 기존에 부모협의(parent consultation)로 알려진 측면에 초점을 맞추고자 한다(놀이치료 전 놀이치료에 대한 설명과 동의를 구하는 과정을 포함한 접수면담에 대하여는 제8장 참조).

이를 위하여 놀이치료의 과정에서 이루어지는 부모 및 보호자 상담에 대하여 설명하고, 각 치료의 진행 단계별로 치료사가 숙지하고 있으면 도움이 될 만한 유의사항에 대하여 알아본다. 구체적으로, 치료과정 초기 · 중기 · 말기, 종결 및 추수 부모 및 보호자와의 상담에서 유의할 점들에 대하여 다룰 것이다.

〈표 9-1〉 부모 및 보호자 상담의 두 가지 접근방식

치료적 접근(또는 부모 및 보호자 상담)의 특성	교육적 접근(또는 부모 및 보호자 협의)의 특성
• 부모 및 보호자의 어린 시절 및 경험을 다루는 개인상담 • 부모 및 보호자를 아동의 치료에 포함하는 부모-자녀 놀이치료(예: 부모-자녀 상호작용 치료 등)	• 치료 전후에 부모 및 보호자에게 놀이치료에 대한 설명과 함께 동의 구하기 • 치료과정에 대한 설명하기 • 치료실 밖에서 부모 및 보호자가 할 수 있는 협조적인 치료방법에 대한 소개 및 교육하기

1) 치료적 접근(부모 및 보호자 상담)

부모 및 보호자의 개인적인 이슈를 다루는 부모 및 보호자 상담이 아동의 성공적인 놀이치료에 도움을 준다는 다양한 연구결과들이 존재한다(Axline, 1947; Landreth, 1991). 그러나 다양한 이유로 이러한 상담이 항상 진행되는 것은 아닌데, 그 이유 중 몇 가지를 들자면 시간적 제한과 비용적 부담, 부모 및 보호자의 상담에 대한 저항, 그리고 놀이치료사가 이러한 저항이나 성인 상담에 준비되지 않아 부담을 느끼는 것 등이 있다. 이에 따라 놀이치료사들은 부모 및 보호자 상담에 어려움을 호소하기도 하였다(박수영, 2016).

그럼에도 불구하고 연구결과에 따르면, 치료사가 부모 및 보호자에게 제공하는 아동과 관련된 치료적 개입은 부모 및 보호자의 심리적 안정감을 높였고, 아동을 대하는 이들의 태도가 더욱 긍정적이게 될 수 있도록 도왔다(기채영, 2006). 이를 위하여 김형숙(2014)은 "부모 개인의 원가족 문제와 과거력, 부부관계 등에 대해 좀 더 장기적으로 다루어야 한다."라고 강조하였다. 특히 부모 및 보호자가 양육 또는 돌봄에 대한 좌절감이나 불안감을 느낄 때나 그 외 개인적인 어려움을 스스로 감당하

기 어려워하고 스트레스 상황에 적응적으로 대처하지 못할 때, 그리고 이러한 부모 및 보호자의 특성이 내담자에게 부정적인 영향을 미치게 될 때, 놀이치료과정에서 부모 및 보호자에 대한 개인적인 이슈를 다루는 상담이 필요할 수 있다.

또 한 가지 특히 부모를 대상으로 강조되고 있는 치료적 접근은 부모-자녀 관계 증진을 위한 개입이다. 놀이치료사는 이 과정을 통하여 아동이 부모로부터 일상 속에서도 수용·지지·격려를 받고 긍정적인 감정 교류가 이루어질 수 있도록 도울 수 있다. 이러한 목적을 위한 다양한 실천방법들이 존재하는데, 대표적인 예로 부모-자녀 상호작용 치료(Parent-Child Interaction Therapy: PCIT)가 있다. 부모-자녀 상호작용 치료는 아이버그(Eyberg, 1979)가 개발한 프로그램으로 부모와 자녀가 짝을 지어 프로그램에 참여하여 치료사의 도움을 받아 관계를 향상 시키는 방법이라고 할 수 있다. 이 외에도 부모를 치료에 포함시키는 다양한 방법으로 부모-자녀 심리치료(parent-child psychotherapy), 부모-자녀 놀이치료(filial therapy), 자녀-부모 관계치료(child-parent relationship therapy), 치료놀이(theraplay) 등이 있다.

부모-자녀 상호작용 치료(PCIT)

- PCIT의 특성
  - 애착이론과 사회학습이론에 기반을 둔 치료법임
  - 아동의 문제행동을 치료하는 것에 목적을 두지만, 치료대상은 아동 혼자가 아니라 부모-자녀로 짝을 이루어 진행됨
  - 부모교육을 제공한 후, 교육을 받은 내용을 실제 부모-자녀 상호작용에서 실천할 수 있도록 코칭을 함(현장 피드백과 훈련을 통한 직접적 경험을 포함함)
  - 매 회기마다 치료 전과 후에 치료의 효과를 평가하여 향후 치료의 방향을 설정하는 데 사용함
  - 두 가지 단계의 접근: 부모가 아동이 이끄는 대로 따르는 아동지시적 접근, 부모 스스로 놀이시간을 운영하는 접근(Gil, 2016)

- PCIT의 효과
  - 부모가 권위 있고 일관된 양육기술을 습득하게 됨(Eyberg, 2005)
  - 아동의 긍정적 행동을 증가시키고 부정적 행동을 감소시켜 사회적 기술을 향상하게 도움(Eyberg, 2005)

- 부모가 보고한 부모-자녀 상호작용, 어머니의 양육 민감성에 긍정적 변화, 치료 종
  료 시 부모의 행동과 아동의 행동 모두 긍정적인 변화를 보임(Eyberg & Robinson,
  1982; Hood & Eyberg, 2003; McNeil et al., 1999)
- 아동과의 개선된 상호작용의 방법을 습득한 부모는 치료를 받지 않은 다른 가족 구성
  원과의 관계에서도 긍정적인 상호작용을 하여 가족관계가 향상됨(Brestan et al.,
  1999; Schuhmann, 1998)

• 적용 가능한 대상
  - 입양부모 대상 입양 초기 적응 프로그램(McNeil et al., 2005)
  - 행동문제(Harwood & Eyberg, 2006)
  - 발달장애 아동과 부모(이승희, 2009)
  - 일반 가정의 부모-자녀 관계에도 적용 가능(진향덕, 박성옥, 2015)

2) 교육적 접근(부모 및 보호자 협의)

놀이치료에서 부모 및 보호자 상담의 또 하나의 측면은 교육적 접근이다. 이는 놀이치료의 전 과정에서 관찰될 수 있는데, 초기 접수와 관련된 전화 면접부터 시작하여 중기, 말기, 종결 및 추수면접 전반에 걸쳐 진행되는 접근이라고 볼 수 있다. 이 과정을 통하여 놀이치료사는 부모 및 보호자와 함께 아동에 대한 더욱 풍성한 정보를 교환할 수 있게 되고, 부모 및 보호자가 아동에 대한 이해를 높일 수 있도록 코칭을 하거나 교육을 하기도 한다. 치료적 접근과 비교하여 교육적 접근에서는 부모를 치료의 대상보다는 치료의 협력자로 여기는 경향이 더 강하다고 볼 수 있다. 앞서 언급하였듯이, 놀이치료에서 부모 및 보호자 상담의 교육적 접근(부모 및 보호자 협의)은 치료의 전체 진행 단계에서 관찰될 수 있는 만큼 각 단계에서의 유의사항을 구체적으로 살펴보고 숙지할 필요가 있다.

3. 부모 및 보호자 상담 시 유의사항

여기에서는 치료과정 초기, 중기, 말기 그리고 종결 및 그 후 이루어지는 추수상

담에 대하여 살펴볼 것이다. 앞서 살펴본 놀이치료에서 부모 및 보호자 상담의 치료적 접근방법(부모 및 보호자 상담)과 교육적 접근방법(부모 및 보호자 협의) 중에서 치료의 전 진행 단계에 걸쳐 적용되는 교육적 접근 또는 부모협의적 측면의 부모 및 보호자 상담에 대하여 보다 자세히 알아본다.

치료사는 부모 및 보호자 상담을 놀이치료의 진행단계에 맞추어 진행할 필요가 있는데(하영례, 김숙희, 2020), 놀이치료의 진행 단계별로 초기ㆍ중기ㆍ말기ㆍ종결, 추수의 단계로 나누어 각 단계별로 부모 및 보호자 상담 시 유의사항에 대하여 살펴본다.

1) 초기 상담

접수면담을 통하여 놀이치료가 필요한 내담자의 부모 및 보호자와 연락하고 첫 회기 일정을 정한 후, 치료사는 해당 일에 처음으로 부모 및 보호자와 내담자를 만나게 된다. 이는 아직 본격적인 놀이치료가 시작되기 이전에 진행되는 단계라고 볼 수 있다. 여기에서는 치료사가 접수면담 이후 치료의 초기에 부모 및 보호자와의 상담 시 고려해야 하는 세부사항들 및 유의사항에 대하여 살펴본다. 접수면담에 대한 구체적인 내용은 제8장에서 이미 다루어졌기 때문에 여기에서는 초기 부모 및 보호자와의 상담 시 세부적인 절차에 대한 설명보다는 전반적인 과정에서 특별히 유의해야 하는 사항을 강조하여 설명한다.

초기 접수면담을 위한 연락을 시작으로 치료사는 부모 및 보호자와의 관계를 맺게 되는데, 이때 이들 사이에 신뢰 쌓기 또는 라포 형성이 시작된다. 이때부터 치료사와 부모 및 보호자 사이에 쌓이고 형성되는 신뢰 또는 라포는 향후 부모 및 보호자가 치료의 협력자로서 효과적인 역할을 하는 데 매우 중요한 영향을 미치게 된다.

이러한 관계 형성을 시작하면서 치료사는 치료를 위한 접수면담에서 부모 및 보호자로부터 치료를 의뢰하게 된 경위에 대하여 듣게 되고, 사례개념화를 진행하게 된다(조미영, 김광웅, 2016). 의뢰한 경위를 알아본 후, 치료사가 본인이 다룰 수 있는 사례라고 판단되는 경우 상담목표를 세우고 치료를 진행하게 되는데, 만약 이때 치료사가 해당 사례가 본인이 다룰 수 있는 영역을 벗어나는 사례라는 판단이 들 경우에는 더욱 적절한 전문가에게 의뢰할 수 있다.

이러한 절차에 따라 진행되는 첫 회기 전 또는 후 부모 및 보호자 상담을 통하여 치료사는 부모 및 보호자로부터 놀이치료에 대한 동기와 이들이 현재 인식하고 있는 문제점들, 그리고 원하는 변화의 방향 등에 대한 자료를 수집할 수 있다. 이를 부모역할 수행이라고도 할 수 있는데(조미영, 김광웅, 2016), 이 과정에서 놀이치료의 대상이 되는 내담자에 관한 중요한 정보가 교환되며, 여기서 교환되는 정보의 질은 부모 및 보호자와 치료사 사이에 치료가 진행됨과 함께 점차 두텁게 쌓여 가는 신뢰의 수준에 따라 달라질 수 있다.

요약하면, 놀이치료 초기 부모 및 보호자 상담의 주요 내용은, 첫째, 사례에 대한 이해와 상담목표를 설정하는 단계인 사례개념화, 둘째, 전반적인 상담과정에 대하여 이해를 도우며 부모 및 보호자와 정서적 연결을 도모하는 라포 형성, 셋째, 부모 및 보호자 역할 수행(때로는 필요에 따라 부모 및 보호자 교육을 통한 양육 및 돌봄 방식 개선과 상담협력자로서의 역할을 수행하도록 도움을 받게 되기도 함) 등으로 정리될 수 있다(조미영, 김광웅, 2016).

2) 중기 상담

놀이치료가 진행되는 중기 과정에서도 부모 및 보호자 상담은 매우 중요한 기능을 한다. 놀이치료과정 중에는 부모 및 보호자 상담이 정기적으로 이루어지곤 하는데, 이는 치료 시작 전에 이루어졌던 면접과 연결이 되면서 동시에 조금은 다른 형태와 목적으로 진행된다.

그러나 여전히 치료사는 지속적으로 부모 및 보호자와의 라포와 신뢰 관계를 쌓아가는 데에 민감성을 유지할 필요가 있다. 여기에서는 본격적인 놀이치료과정 중에서 부모 및 보호자와의 상담이 어떤 내용과 형식으로 이루어지는지, 이때 발달단계별로 내담자를 어떤 방식과 어느 수준으로 참여시킬 수 있는지에 대한 내용을 다룰 것이다.

전반적으로 중기 단계에서는 상담을 통한 변화를 탐색하기 위하여 주 호소문제, 일상생활 및 양육방식 등에 대한 정보 교류를 하며, 초기 단계와 연결하여 부모 및 보호자 교육을 통한 양육 및 돌봄 방식 개선, 상담 협력자로서의 역할 수행, 부모 및 보호자와 개인 내적 문제에 대한 통찰, 부모 및 보호자 문제의 개인상담적 접근을 포함한 부모 및 보호자 역할 수행을 다루고, 부모 및 보호자의 정서를 다루는 상

담동기 유지를 다룰 수 있다(조미영, 김광웅, 2016). 여기에는 부모 및 보호자 상담의
치료적 접근과 교육적 접근이 모두 포함되어 있는데, 이러한 큰 틀을 중심으로 부
모 및 보호자의 개인상담이나 부모-자녀 치료 및 가족상담과 같은 치료적 접근보
다는 치료 협력자로서의 부모 및 보호자의 역할에 집중하여 그 내용을 다루어 보도
록 할 것이다.

(1) 부모 및 보호자와 치료사의 정기적인 상담

이상적으로 치료사가 매회기마다 최소한 한 명의 부모 및 보호자와 만나는 것이
좋다. 이 시간은 내담자의 놀이치료 회기의 시작 전 처음 10~15분이 될 수도 있고,
놀이치료 이후 마지막 10~15분이 될 수도 있다. 그러나 맞벌이 부부 등과 같이 특
정 상황에 처한 부모 및 보호자의 경우 회기마다 정기적으로 시간을 내는 것이 어
려울 수 있다.

영유아·아동·청소년의 경우, 치료를 받을 때 부모 대신 베이비시터나 유모, 조
부모, 부모의 친구 등 다른 사람이 이들의 보호자로 동반할 수도 있는데, 이들이 보
호자로 동반하는 경우에는 미리 부모로부터 이러한 상황에 대한 동의를 받아 두는
것이 필요하다. 부모 대신 누가 내담자의 보호자로 놀이치료에 동반할 것인지, 내
담자 또는 부모 및 보호자와 어떤 관계에 있는 사람인지, 그리고 내담자의 치료 관
련 의사결정에 있어 어느 정도의 권한이 허락되는지 등에 대한 구체적인 내용을 명
시한 허가증과 같은 문서를 미리 마련하고 부모로부터 이에 대한 동의를 받아둘 필
요가 있다(Killough & McGuire, 2008).

더불어 만약 아동·청소년의 경우 부모가 매주 또는 매회기 시간을 만들기 어려
울 때에는 몇 주에 한 번이라도 정기적으로 치료사와 함께 만나서 아동의 치료과정
에 대한 면담을 진행하여 이들이 치료과정에 대해 이해할 수 있도록, 그리고 일상
생활에서도 치료의 효과가 지속될 수 있도록 협조와 동의를 구하는 노력이 필요하
다. 부모가 부재할 경우에는 주 양육자가 되는 보호자가 이러한 역할을 대행할 수
있다. 성인과 노인의 경우에도 내담자의 보호를 담당하는 보호자와 치료사가 이처
럼 라포를 형성하고 내담자의 치료 진행 상황에 대하여 교류하는 정기적인 상담시
간을 갖는다면 치료의 효과가 일상생활에서도 더욱 오래 유지·지속될 수 있도록
하는 데 도움이 될 것이다.

(2) 부모 및 보호자 상담과 놀이치료 내담자의 참여

치료사가 부모 및 보호자와의 상담을 진행할 때 유아기 및 아동기부터 청소년기, 성인기, 노년기에 해당하는 모든 생애주기의 내담자를 배제하지 않도록 주의하는 것이 중요하다. 많은 경우, 아동기부터 청소년기, 성인기, 노년기까지 내담자는 치료사가 부모 및 보호자와 함께 면담을 진행할 때 이에 대하여 인지하고 있고, 신경이 쓰일 수 있으며, 치료사와 부모 및 보호자 사이에 오가는 대화 내용에 대한 관심을 가질 수도 있다. 이에 따라 부모 및 보호자 상담을 진행하기에 앞서 내담자가 이 상담에 대하여 안심할 수 있도록, 그리고 이후 치료과정에서 자신에 대한 정보를 치료사에게 노출하는 부분에 대하여도 안심할 수 있도록 이들의 참여를 적극적으로 고려하는 것은 매우 중요하다.

특히 내담자가 부모 및 보호자 면담에 대하여 편안하게 느끼는 것이 중요한데, 이러한 면담에 대한 편안함은 내담자가 치료사와 치료과정에서 형성하게 되는 신뢰 또는 라포에 의해 영향을 받을 수 있다. 이는 또한 놀이치료과정에서 내담자가 치료사에게 노출한 자신의 비밀이 보호될 것이라는 믿음과도 밀접한 관련이 있다. 내담자가 치료사와 나눈 대화 중 부모 및 보호자에게 비밀로 하고 싶은 사항들에 대해서 치료사가 부모 및 보호자에게 전달하지 않을 것이라는 신뢰를 갖게 하는 것, 그리고 실제로 치료사가 그 비밀보장의 약속을 지키는 것은 필수적이라고 할 수 있다.

이를 위하여 가능한 경우, 치료사는 최대한 부모 및 보호자와 나누게 될 이야기의 대략적인 맥락을 내담자가 이해할 수 있도록 설명해 주고, 내담자가 비밀로 하고자 하는 부분에 대하여는 비밀을 꼭 지킬 것이라고 내담자에게 확인 및 안심을 시켜 줄 필요가 있다. 자신 또는 타인이 위험에 처할 수 있는 경우 등의 이유로 불가피하게 비밀을 지키지 못하는 상황이 발생한다면 이에 대하여도 미리 이해할 수 있도록 설명해 주는 것이 필요하다. 구체적으로, 치료사가 부모 및 보호자와 면담을 진행하기 전에 내담자에게 이에 대하여 미리 설명해 주는 것은 내담자로 하여금 앞으로 일어날 일에 대한 예측을 할 수 있도록 도와주고, 이는 내담자가 부모 및 보호자와의 상담에 대하여 편안한 마음을 가질 수 있도록 한다. 다음은 아동 내담자를 대상으로 부모 및 보호자와의 상담에 대하여 안심하도록 돕기 위해 치료사가 할 수 있는 설명의 예시이다.

> **부모 및 보호자와의 면담에 대하여 아동이 안심할 수 있도록 돕는 치료사의 설명(예시)**
>
> "선생님은 너와의 놀이시간 전이나 후에 매주 엄마와 만날 거야. 선생님은 네가 놀거나 말한 것에 대해서는 엄마에게 말하지 않을 것이지만, 너에게 필요한 것은 엄마에게 이야기할 거야. 선생님은 네가 학교나 집에서 잘 지낼 수 있도록 어떻게 노력해야 하는지에 대해 엄마에게 이야기할 수도 있어. 이것에 대해 궁금한 것이 있으면 물어봐. 그리고 선생님은 엄마를 우리의 놀이시간 전 또는 후 중에서 언제 만날지 네가 결정했으면 좋겠어."(Killough & McGuire, 2008)

더불어, 치료사가 내담자에게 상담을 위해 부모 및 보호자를 언제 만나는 것이 좋은지에 대하여 묻고 이에 대한 선택권을 주도록 할 수 있는데, 이러한 과정 또한 내담자가 편안함을 경험하는 데 도움을 줄 수 있다. 치료 전 10~15분이나 치료 후 10~15분을 선택할 수 있도록 하는 것은 내담자가 전체적인 치료과정과 부모 및 보호자와의 상담에서 배제되지 않고 그 과정에 포함되어 있다고 느끼도록 할 것이다. 그리고 자신이 치료과정 중 치료사에게 노출했던 그리고 앞으로 노출하게 될 다양한 내용들과 관련하여 부모 및 보호자와 치료사가 나누게 될 대화에 대한 걱정을 조금이나마 줄여 줄 것이다.

내담자의 결정에 따라 치료사가 부모 및 보호자와 10~15분간 만날 시간이 결정되면, 치료사와 부모 및 보호자가 만나는 동안 내담자는 다른 장소에서 기다리게 된다. 내담자가 기다리는 장소는 치료가 어디에서 진행되느냐와 관련이 있는데, 만약 치료사의 사무실이나 놀이치료실에 대기실이 있다면, 내담자는 치료사가 부모 및 보호자를 만나는 동안 대기실에 앉아서 기다리도록 할 수 있다. 아동·청소년의 경우 대기실에 장난감 등을 두어 놀이를 하며 안정감을 느낄 수 있도록 할 수 있다. 더불어, 필요할 경우 부모 및 보호자와 치료사가 대화를 나누는 방의 문을 노크하도록 미리 설명을 해 둘 수 있다.

또한 면담 중에 내담자가 부모 및 보호자와 치료사가 이야기 나누는 모습을 볼 수 있도록 사무실 문을 살짝 열어 놓는 것은 괜찮지만, 아동·청소년의 경우에는 부모 및 보호자와 치료사 사이에 오가는 대화를 듣지 못하게 하는 것이 좋다 (Killough & McGuire, 2008). 다음으로, 치료사가 부모 및 보호자와 만나는 시간 동안 아동 또는 기타 내담자들이 놀이치료실에 머물지 않도록 하는 것이 좋은데, 그 이유는 치료시간 이후에 내담자를 놀이치료실에 계속 머물게 하는 것은 치료 효과에 영향을 미칠 수 있으며, 감독이 되지 않은 틈을 타서 장난감 등을 망가뜨리거나 하는 상황이 발생할 수도 있기 때문이다(Killough & McGuire, 2008). 내담자가 어떤 발달단계에 있든 보호나 모니터링이 필요한 경우 잠시 도움을 줄 수 있는 성인의 도움을 받아 상담시간 동안 내담자를 돌보아 주도록 부탁할 수 있다.

성인 내담자의 경우, 내담자와 함께 또는 따로 부모 및 보호자 상담을 진행할 수 있는데 이러한 판단은 치료사가 성인 내담자의 인지적 능력과 치료적 접근 방식 등의 전반적 맥락을 통합적으로 고려하여 내릴 수 있다. 따로 진행할 경우, 아동의 경우와 마찬가지로 성인 내담자에게도 면담 과정과 목적 및 내용에 대해 설명하고, 가능하다면 언제 면담을 진행하는 것이 좋을지 등에 대한 의견을 구할 수 있다. 중요한 것은 내담자가 이 과정에 대하여 배제된 느낌이 들지 않고 편안한 느낌을 가질 수 있도록 하는 것이다.

(3) 부모 및 보호자 면담의 구성

일반적으로 치료 전이나 후에 10~15분 진행되는 부모 및 보호자 면담시간은 세 가지 요소로 구성될 수 있다. 첫 번째는 과제를 포함하여 한 주의 주요 사건을 공유하는 부모 및 보호자, 두 번째는 회기의 주제를 공유하는 치료사, 세 번째는 새로운 과제의 제시이다(Killough & McGuire, 2008).

먼저, 정기적인 부모 및 보호자 상담에서 부모 및 보호자가 내담자와 관련된 그 주의 주요 사건에 대해 함께 나누도록 격려하는 것이 좋다. 이때 이러한 사건의 공유가 내담자의 말과 행동에 대한 고자질을 하거나 내담자에 대해 부정적인 방향으로 보고하여 내담자를 혼내거나 지적하는 시간으로 오해되지 않도록 주의할 필요가 있다. 부모와 함께 놀이치료에 참여하는 영유아·아동·청소년의 경우, 한 주 동안 경험한 부모-자녀 관계에서 나타난 긍정적인 부분과 부정적인 부분을 모두 나눌 수 있도록 한다.

다음으로, 치료사는 놀이치료실에서 내담자가 놀이로 표현하고자 하는 회기의 주제에 대해 이야기한다. 이때 내담자의 상황이나 필요 및 변화 등에 대한 이야기들을 나눌 수 있는데, 치료사는 내담자들의 비밀보장에 관한 규정을 지키며 최대한 비밀보장 관계를 보호해야 한다.

과제는 치료사가 놀이치료실에서 관찰한 것과 부모 및 보호자가 이야기한 집에서의 유사 상황을 바탕으로 하여 부모 및 보호자가 다음 회기 전까지 실천해 볼 수 있는 활동을 제시할 수 있다. 예를 들어, 내담자의 특성을 관찰해 온다거나 회기 중 시도했던 역할 놀이 등을 집에서도 해 볼 수 있도록 안내를 할 수도 있다.

(4) 놀이치료 전 또는 후 상담이 충분하지 않다고 느껴질 경우

만약 이와 같이 구성되는 10~15분간의 면담이 충분하지 않다고 느껴진다면, 그 이유를 탐색할 필요가 있다. 아동의 놀이치료 초반 2~3회기 이후에도 나누어야 할 정보들이 너무 많다면 특히 이 부분에 대하여 더 다루어야 한다.

이때 치료사는 전반적인 가족체계 문제를 살펴보아야 할 수도 있다(Killough & McGuire, 2008). 근원적인 가족체계와 관계 및 패턴을 조망하고 교육하며 다루다 보면 몇 회기 후에는 부모 및 보호자의 통찰력이 증가하고, 저항이 감소될 수 있다. 이러한 상황에서 부모 및 보호자는 자신이 가진 근원적인 문제에 대한 인식이 증가하게 되고, 이에 따라 치료사에게 더욱 이해받는다는 느낌을 갖게 되며, 치료사의 전문성에 신뢰를 느껴 더 편안한 관계가 형성될 수 있다.

더불어 10~15분 동안의 면담이 부족할 경우, 앞서 설명한 것처럼 필요와 상황에 따라 어떤 부모 및 보호자는 치료적 측면에서 부모 및 보호자 개인상담을 진행하여 개인적으로 경험하는 양육 및 돌봄에 대한 불안이나 우울, 어린 시절 경험 등을 다루거나 부모 및 보호자를 내담자의 치료회기에 포함하여 부모-자녀 치료 등을 진행하도록 결정할 수도 있다. 또는 부모 및 보호자 면담의 범위를 넘어서는 문제를 다루기 위해 추가적으로 가족관계나 부부관계를 다루는 가족치료나 부부치료를 병행하는 경우도 있다.

(5) 놀이주제와 부모 및 보호자 면담

내담자의 부모 및 보호자는 진행되는 놀이치료에서 다루어지는 놀이주제와 이에 대한 해석에 대하여 궁금증을 가질 수 있는데, 이러한 주제를 찾고 이를 통하여 근원적인 문제점 또는 이슈를 발견하고 해석하는 일은 간단한 일이 아니다. 더불어 발달 놀이치료사나 아동중심 놀이치료사들을 포함한 어떤 학자들은 특정 주제에 대한 해석을 굳이 강조하지 않는다(Brody, 1997; Carroll & Oaklander, 1997; Landreth & Sweeney, 1997). 해석을 하건 그렇지 않건 간에 여기서 가장 중요한 것은 치료사가 스스로 자신 있게 활용할 수 있는 이론적 틀을 결정하고 이러한 이론적 배경을 기준으로 일련의 결정들을 내리는 것이다.

　이러한 과정으로 놀이주제가 정해진다면 놀이주제를 부모 및 보호자와 공유할 수 있는데, 놀이주제의 공유는 부모 및 보호자 상담에서 교환할 수 있는 중요한 정보이며, 과제를 제시할 때에도 그 방향성을 제시하는 데 도움이 된다. 동시에, 이 시간에 치료사가 기억해야 할 또 한 가지는 놀이주제를 공유할 때 치료사가 일방적으로 부모 및 보호자에게 정보를 전달하기만 하는 것이 아니라, 정보의 교류가 양방향으로 일어날 수 있다는 것이다. 치료사가 놀이주제에 대한 확신이 서지 않을 경우에는 부모 및 보호자의 협조를 얻어 도움이 될 만한 정보를 물어볼 수도 있다.

3) 말기 · 종결 · 추수 상담

(1) 치료 말기 및 종결 시 다루어져야 할 내용

　놀이치료 말기에 부모 및 보호자 상담에 포함될 수 있는 요소에는 처음에 제기되었던 주 호소문제를 점검하고, 일상생활, 양육 및 돌봄방식 등을 점검하여 종결 시기를 결정하는 상담을 통한 변화 탐색, 새로운 양육 및 돌봄방식의 정립과 상담 협력자로서의 지속적인 역할수행에 대한 부모 및 보호자 역할 수행의 부분, 그리고 부모 및 보호자의 정서를 다루어주는 상담동기 유지가 있다(조미영, 김광웅, 2016).

　상담의 종결 시에는 주 호소문제를 점검하는 상담을 통한 변화의 일반화, 부모교육을 통한 장래 양육 계획 및 지속적으로 상담 협력자로서의 역할수행을 포함한 부모역할 수행, 그리고 부모의 정서를 다루며 실생활에 도움을 받을 수 있는 자원과 지원체계를 구축하는 상담종결 후 자립의 요소가 포함된다(조미영, 김광웅, 2016).

　다양한 상황의 점검을 통하여 미리 합의한 치료의 종결 시점이 다가올 때, 치료사는 이 사실을 내담자에게는 물론 부모 및 보호자에게도 미리 알릴 필요가 있다. 정해진 종결 시기가 있는 상황이 아닌 경우, 그리고 갑작스러운 이유로 종결하게 되는 경우를 제외하고 때에 따라 내담자와 부모 및 보호자 그리고 치료사는 종결 시기를 함께 협의를 통하여 정할 수도 있는데, 이때 치료사는 내담자와 부모 및 보호자가 치료의 종결을 갑작스럽게 경험하지 않고 부드럽게 받아들인 후 진행할 수 있도록 치료의 횟수와 목표 및 진행과정 등을 민감하게 숙지하고 안내할 필요가 있다.

　치료사는 내담자가 종결이 다가옴을 알게 되었을 때 이에 대하여 어떻게 느끼고 반응하는지 부모 및 보호자에게 알려 줄 필요도 있다(Killough & McGuire, 2008). 내담자를 포함하여 부모 및 보호자와 함께 치료 목표가 얼마나 달성되었는지, 또는 앞으로 계속 어떤 방향으로 이러한 목표를 달성해 나가거나 유지할 수 있을지에 대하여 이야기를 나누어 보는 것도 좋은 방법이다. 치료과정에서 내담자와 부모 및 보호자 또는 가족이 들인 노력과 이루어 낸 긍정적인 변화에 대하여 인정을 해 주고, 동시에 긍정적으로 기능하는 가족체계가 강화될 수 있도록 돕는 것도 종결 시기에 도움이 될 수 있다. 이를 돕는 방법 중 하나는 부모 및 보호자에게 놀이치료 이후 변화의 지속적인 필요성에 대하여 강조하여 언급해 주는 것인데, 변화가 치료과정에서 시작되긴 했지만 치료 종결 후에도 지속될 것이라는 점을 내담자와 부모 및 보호자가 모두 이해할 수 있도록 명확히 전달하는 것이 중요하다.

종결 이후 일상생활에서의 상황에 대한 이야기를 나누어 보는 것도 변화에 대한 지속적인 노력과 유지에 도움이 될 것이다. 마지막으로, 내담자에게 같은 문제가 반복될 경우 또는 다른 필요가 있을 경우 이후에 언제든 다시 치료를 받으러 올 수 있다는 사실을 알려 주는 것도 필요할 것이다.

(2) 추수면접

치료가 종결된 후 일정 시간이 흐른 뒤 치료사는 내담자와 부모 및 보호자가 일상에 잘 적응하고 있는지 살펴보기 위해 1개월 후 또는 3~6개월 이후 다시 만나거나 전화 등을 통해 추수면접(follow-up interview) 시간을 정할 수 있다(Killough & McGuire, 2008).

이때 다루어질 수 있는 주제는 치료목표를 기준으로 지난 치료과정에 대한 점검과 평가가 될 수 있으며, 치료 후 일상생활에서 적응이 잘 이루어지고 있는지, 놀이치료를 받으러 왔던 주 호소 증상의 재발 여부 또는 가능성에 대하여도 논의해 볼 수 있다. 또한 언제든 필요할 경우 치료를 다시 받으러 올 수 있음을 강조할 수 있다.

정리해 봅시다

놀이치료의 내담자가 미성년자이거나, 성인일지라도 독립적인 결정, 판단 및 활동이 어려운 경우 부모 및 보호자의 협조가 필요하다. 이를 위하여 치료사는 내담자의 부모 및 보호자를 위한 상담을 진행할 수 있는데, 이 장에서는 이러한 유형의 상담에 대하여 살펴보았다. 구체적으로, 이론을 바탕으로 놀이치료에서 부모 및 보호자의 역할에 대하여 알아보고, 이들을 대상으로 진행하는 상담의 두 가지 접근방식인 치료적 접근과 교육적 접근에 대하여 알아보았다. 특히 교육적 접근에 초점을 맞추어 부모 및 보호자 상담 시 유의사항을 놀이치료의 진행 단계별로 다루었다.

전반적으로 부모 및 보호자 상담 시 유의사항은 생애주기별 발달특성에 따라 차이가 있을 수 있는데, 기존 문헌은 주로 아동을 대상으로 정리되어 있다는 점에 주목할 필요가 있다. 이에 따라 이 장에서도 아동의 부모 및 보호자 상담을 중심으로 정리된 내용을 주로 다루었으나, 앞으로는 다양한 생애주기별 발달적 특성과 필요에 더욱 주목하여, 이에 관한 활발한 논의가 이루어지고 이에 대한 지침을 마련하는 것 또한 필요할 것으로 보인다.

✎ 활동해 봅시다

1. 부모 및 보호자가 필요한 놀이치료 내담자의 사례를 하나 떠올려 봅시다(예: 등교를 거부하는 초등학교 4학년 아동, 초기 치매가 의심되며 거동이 불편한 70대 노인).

_____

_____

_____

2. 앞에서 제안한 사례에 등장하는 놀이치료 내담자의 부모 또는 보호자라고 상상해 보고, 놀이치료의 각 진행단계별(초기, 중기, 말기, 종결)로 궁금한 점이나 필요한 정보에 무엇이 있을지 생각해 봅시다.

• 초기:

_____

_____

• 중기:

_____

_____

• 말기:

_____

_____

• 종결:

_____

_____

참고문헌

기채영(2006). 놀이치료에서 부모상담의 치료성과요인 및 과정에 대한 질적 분석. 한국놀이치료학회지, 9(2), 41-58.

김형숙(2014). 부모 훈련 병합 놀이치료가 ADHD-우울증 청소년의 우울증과 가족관계에 미친 영향: 단일사례 연구. 상담학연구, 15(1), 535-554

박수영(2016). 놀이치료 사례연구에 나타난 부모상담 개입에 대한 질적 메타분석. 한국가족복지학, 21(1), 135-158.

이승희(2009). 부모-자녀 상호작용촉진 프로그램을 통한 장애아동 부모 및 자녀지원 사례연구. 재활심리연구, 16(1), 49-74

조미영, 김광웅(2016). 놀이치료 진행단계에 따른 부모상담 내용 연구. 열린부모교육연구, 8(3), 59-86.

진향덕, 박성옥(2015). 유아 대상 부모-자녀 상호작용 치료(PCIT) 프로그램의 효과 검증. 영유아아동정신건강연구, 8(1), 29-51.

하영례, 김숙희(2020). 불안한 아이의 놀이치료 중 부모 상담과정에서 나타난 모의 아이상 변화과정. 놀이치료연구, 24(2), 49-68.

Axline, V. (1947). Nondirective play therapy for poor readers. *Journal of Consulting Psychology, 1*, 61-69.

Bretan, E., Jacobs, J., Rayfield, A., & Eyberg, S. M. (1999). A consumer satisfaction measure for parent-child treatments and its relationship to measures of child behavior change. *Behavior Therapy, 30*, 17-30.

Brody, V. (1997). Developmental play therapy. In K. J. O'Connor & L. M. Braverman (Eds.), *Play therapy theory and practice: A comparative presentation* (pp. 160-181). New York: Wiley.

Bowen, M. (1985). *Family therapy in clinical practice*. New York, NY: Jason Aronson.

Bronfenbrenner, U. (1992). *Ecological systems theory*. Jessica Kingsley Publishers.

Carroll, F., & Oaklander, V. (1997). Gestalt play therapy. In K. J. O'Connor & L. M. Braverman (Eds.), *Play therapy theory and practice: A comparative presentation* (pp. 184-203). New York: Wiley.

Eyberg, S. M. (2005). Tailoring and adapting parent-child interaction therapy to new populations. *Education and Treatment of Children*, 197-201.

Eyberg, S. M., & Robinson, E. (1982). Parent-child interaction training: Effects on family functioning. *Journal of Clinical Child Psychology, 11*, 130-137.

Gill, E. (2016). 가족놀이치료: 가족치료에서 놀이의 활용. (진혜련, 허미정, 최연실 역). 서울 학지사. (원전은 2016에 출간).

Harwood, M. D., & Eyberg, S, M. (2006). *Primary care parent-child interaction therapy.* Florida: University of Florida.

Hood, K., & Eyberg, S. M. (2003). Outcomes of Parent-Child Interaction Therapy: Mothers' reports on maintenance three to six years after treatment. *Journal of Clinical Child and Adolescent Psychology, 32*, 419-429.

Killough, D., & McGuire, D. E. (2008). 놀이치료에서의 부모상담. (김광웅, 강은주, 진화숙 역). 서울: 시그마프레스. (원전은 2008에 출간).

Landreth, G. L. (1991). *Play therapy: The art of relationship.* Bristol, PA: Accelerated Development.

Landreth, G. L., & Sweeney, D. S. (1997). Child-centered play therapy. In K. J. O'Connor & L. M. Braverman (Eds.), *Play therapy theory and practice: A comparative presentation* (pp. 17-43). New York: Wiley.

McNeil, C. B., Capage, L. C., Bahl, A., & Blanc, H. (1999). Importance of early intervention for disruptive behavior problems: Comparison of treatment and waitlist-control groups. *Early Education & Development, 10*, 445-454.

McNeil, C. B. Herschell, A. D., Gurwitch, R. H., & Clemens-nowrer, L. (2005) Traning foster parents in parent-child interaction therapy. *Education and Treatment of Children,* 182-196

Schuhmann, E. M., Foote, R., Eyberg, S. M., Boggs, S., & Algina, J. (1998). Parent-Child Interaction Therapy: Interim report of a randomized trial with short-term maintenance. *Journal of Clinical Child Psychology, 27*, 34-45.

제10장

놀이치료과정

놀이치료과정은 놀이치료사가 어떤 이론적 기반으로 내담자와 만나며 놀이치료를 진행하느냐, 어떤 발달심리적 특성을 보이는 내담자이냐에 따라 다를 수 있다. 즉, 놀이치료과정의 초기·중기·후기·종결 과정의 전체 단계, 놀이치료과정에서 일어나는 치료사와 내담자와의 상호작용, 내담자의 발달심리적 특성, 놀이주제의 표현, 놀이치료 진전의 효과 등이 놀이치료 사례마다 다르다. 그럼에도 불구하고 이 장에서는 놀이치료 전 과정을 첫 회기, 초기, 중기, 후기 및 종결 회기로 구분하여 설명하고자 한다. 강조하건데, 이는 이론적 관점이 아닌 놀이치료사가 내담자와 직접 놀이치료를 진행하는 실행과정에 초점을 맞춘 실천적 관점에서 설명하려는 것임을 다시 한번 강조한다.

1. 놀이치료 첫 회기

놀이치료의 첫 회기는 치료사와 내담자가 처음 만나 놀이치료실에서 상호작용을 시작하는 회기를 의미한다. 치료사와 내담자가 서로를 소개를 주고 받는 시간으로

서로 탐색하며 일시적으로 수용하는 단계이다(유미숙, 2003). 첫 회기는 내담자의 보호자나 의뢰인과 하는 초기 면접이 아니라, 치료사와 내담자가 첫 대면하는 첫 회기를 의미한다. 치료사와 내담자의 관계도 다른 일반적인 인간관계처럼 첫 만남에서는 서로 긴장하게 된다. 그래서 서로의 첫인상과 첫 만남은 서로에게 매우 중요하며, 치료의 성패를 가늠할 수 있는 중요한 회기이다.

놀이치료사의 첫인사나 첫 반응은 본인이 중점적으로 생각하는 놀이치료이론에 따라 조금씩 다를 수 있으나 놀이치료사가 놀이치료센터에 들어오는 내담자를 맞이하고, 놀이치료실로 안내하는 상황이나 절차는 모든 놀이치료의 이론에서 동일할 것이다. 이때 치료사는 밝은 표정으로 부담스럽지 않은 정도의 친절한 반응으로 인사를 한다. 이때 이미 알고 있는 정보(누구인지, 몇 살인지, 어디 사는지 등 초기 면접지에 있는 정보)에 대한 물음은 피하는 것이 좋다. 대인관계에서는 처음 만나 통성명하는 것이 일반적이지만, 치료관계를 맺는 데는 무의미하다. 첫 만남에서 드러나는 내담자의 표정, 행동, 분위기, 동행한 사람과의 상호작용 등을 세밀하게 관찰하고, 이 부분에 대해 내담자에게 진술하는 것이 좋다. 이는 이후 놀이치료의 성패에 크게 작용하는 요인이 될 수 있으므로 염두에 두어야 한다. 그 이유는 놀이치료과정에서 다룰 것이다. 간혹 첫 대면을 너무나 긴장한 나머지 이를 기억하지 못하는 초임 놀이치료사들이 있기에 너무나 당연한 것으로 모두 알고 있는 내용을 다시 한번 강조한다.

내담자가 유아, 아동 및 청소년이라면 보호자와 함께 치료실에 내원할 가능성이 크고, 성인이나 노인이라면 누군가와 동행할 수도 있고 아닐 수도 있을 것이다. 즉, 유아, 아동 및 청소년이라면 상담 의뢰자는 내담 아동이 아닌 보호자이고, 보호자와 동행해서 올 것이다. 반면, 성인이나 노인이라면 상담 의뢰자가 본인이거나 본인이 아닐 수도 있으며, 내담자가 혼자 오거나 보호자나 의뢰자와 함께 올 수도 있다. 이것은 너무나 당연해서 왜 그런지 굳이 설명이 필요하지 않다. 하지만 이 정도의 정보는 첫 회기 이전에 전화로 상담 예약을 받을 때나 초기 면접에서 미리 알 수 있다. 치료사가 첫 대면 이전에 누가 놀이치료를 의뢰했고, 내담자는 놀이치료에 참여하는 것에 동의했는지, 자발적으로 참여하게 되었는지를 미리 기억하고 있다면, 내담자의 첫 회기 반응에 덜 당황하여 상호작용이 더 자연스러울 수 있다.

모든 내담자에게 동일하게 적용하기는 어렵지만, 내담자가 놀이치료에 대해 사전에 미리 알고 의뢰하고 자발적으로 놀이치료에 참여한 경우라면, 첫 회기에 내담자가 긴장은 하겠지만 놀이치료에 대해 예측할 수 있는 심리적 상태이므로, 첫 회기를 큰 부담으로 느끼지는 않을 것이다. 이런 경우라면 놀이치료사도 본인의 치료적 이론과 훈련된 기술을 바탕으로 첫 회기부터 놀이치료를 안정적으로 진행해 갈 수 있다. 사실 유아기나 아동기 초기인 내담자의 경우에는 놀이치료에 부모나 보호자에 의해 비자발적으로 참여했다고 하더라도 대부분 놀이치료 참여를 힘들어하지는 않는다. 이것이 영유아나 아동을 대상으로 심리치료에 놀이를 매체로 사용하는 이유이며, 또한 이것이 '놀이'의 힘(power)이다. 하지만 아동기 후기, 청소년기, 또는 의뢰인과 내담자가 다르거나 서로 관계가 좋지 않은 경우에는 첫 회기부터 내담자가 놀이치료를 거부해서 치료자가 내담자와 관계 맺기가 어렵고, 이후 치료과정에서도 내담자가 꽤 오랜 기간 지속적으로 힘들어할 수도 있다.

내담자가 보이는 놀이치료를 거부하는 치료저항은 놀이치료 초기과정을 더디고 힘들게 할 수 있으니 첫 회기에 내담자의 거부행동을 예측하고 자연스럽게 관계를 맺는 치료적 기술이 요구된다.

2. 놀이치료 초기과정

놀이치료의 초기과정에는 앞서 설명한 첫 회기도 포함된다. 하지만 여기에서는 2회기부터 치료사와 내담자가 치료적으로 안정적인 관계를 맺고 라포를 형성하는 기간으로 정의하고, 치료동맹을 맺는 단계로 구분하여 다루려고 한다. 심리치료의 초기과정은 치료사와 내담자가 서로 탐색하고 신뢰를 구축하는 기간이다. 이때 치료사에게 필요한 것은 전문적인 상담기술뿐만 아니라, 타고난 성격특성, 감정과 상황에 솔직한 정직함과 성실함 등이 내담자에게 영향을 크게 미칠 수 있다(유가효 외, 2014).

놀이치료 초기과정을 명확하게 정의내리는 것은 쉽지 않지만, '놀이치료사와 내담자가 안정적인 치료관계(치료동맹)를 맺는 기간'이라고 볼 수 있다. 놀이치료 전 과정 중 초기과정이 몇 회기인지, 전체 놀이치료과정 중 몇 퍼센트 이내이면 적절한지 규정하는 것은 사실 불가능하다. 그 이유는 놀이치료의 기초 이론이나 접근방법마다 상이하고, 내담자의 심리적 문제나 어려움의 정도에 따라 영향을 받아 일반화하여 규정하기는 어렵기 때문이다. 하지만 놀이치료사와 내담자의 치료관계는 계약에 의한 의무적인 관계만을 의미하는 것이 아니다. 놀이치료에서 치료자와 내담자가 안정적으로 상호작용이 이루어지는 시점은 놀이치료 초기과정이 끝나고 다음 과정으로 진전되는 시점이라고 할 수 있다. 숙련된 치료사라면 회기가 거듭되면서 내담자와 직접적이고 안정적인 상호작용이 이루어지고 있다는 점을 분명하게 인식할 수 있다. 놀이치료 초기과정이 끝나고 중기과정으로 넘어갈 때는 놀이치료의 놀이형태나 놀이주제, 내담자의 언어적 · 비언어적 반응, 그리고 주호소 문제의 양상 등이 확연하게 변화하기 때문이다.

놀이치료의 주 대상인 아동 내담자와의 치료동맹을 평가하기 위해 개발된 척도에서는 치료동맹을 치료적 협력관계, 긍정적 감정관계, 부정적 감정관계 등 세 차원으로 구분한다(노혜숙, 2008). 첫째, 치료적 협력관계는 내담 아동이 자신이 치유되기 위해 치료사에게 자신의 고민이나 어려움을 기꺼이 말하는 관계이다. 둘째, 긍정적 감정관계는 내담 아동이 치료시간을 기다리는 등 치료사에 대한 긍정적인 감정이 있는 관계이다. 셋째, 부정적인 감정관계는 내담 아동이 치료시간을 좋아하지 않고 치료사와의 상호작용을 꺼리는 부정적인 감정이 있는 관계이다. 모든 연령의 내담자에게 해당한다고 보기에는 무리가 있지만, 놀이치료 초기과정에 나타나는 내담자의 반응을 구분해서 놀이치료사가 치료동맹을 스스로 평가하고 놀이치료의 중기과정으로 넘어가는 시점을 예측할 수 있다는 점에서 치료동맹을 평가해 보는 것은 유용할 수 있다.

놀이치료 초기과정에서 주요하게 다루어야 하는 특별한 주제는 허니문 시기와 치료저항이다. 놀이치료 초기과정에 나타나는 이러한 현상에 대해 놀이치료사가 어떻게 받아들이고 놀이치료 회기나 내담자를 다룰 것인가는 놀이치료 초기과정에서 흔히 고민하는 주제이다.

1) 허니문 시기

허니문 시기는 놀이치료 초기과정에 내담자가 놀이치료사에게 몰두하며, 강한 인정의 욕구를 드러내고 관심끌기 위해 노력하는 달콤한 시기이다(유미숙, 2003). 이 시기에는 내담자가 무조건적으로 치료사에게 맞추려는 경향이 있어, 치료사의 가치관, 언어적 특성, 행동 등이 내담자의 반응에 영향을 미치게 되기 때문에 이 점을 주의해야 한다. 치료사가 은연 중에 내담자의 바른 행동에 강화하는 반응을 보이면, 내담자는 치료사가 원하는 바른 행동만 지속하고 내면의 부정적인 감정이나 상태를 탐색할 기회를 잃게 된다. 내담자는 치료사를 만족시켜 줘야 하는 대상이 아님에도 불구하고, 허니문 시기에 놀이치료사와 내담자는 서로의 허용되는 행동을 탐색하고 조율하는 시험 행동(testing behavior)이 강화될 수 있다. 이 시기를 유연하게 보내고 다음 단계로 나아가기 위해서 놀이치료사는 내담자가 제한을 어길 때 내담자의 행동에 초점을 두기보다는 내담자의 감정과 욕구에 반응하는 일관적인 치료적 반응을 유지하는 것이 매우 중요하다.

2) 치료저항

치료저항은 놀이치료 초기과정에 내담자가 치료의 과정, 절차나 목적에 맞지 않게 역으로 나타나는 반응이다(유가효 외, 2014). 이러한 내담자의 반응은 첫 회기나 허니문 시기 이후부터 나타날 수 있어 놀이치료사를 당황하게 만든다. 구체적으로 내담자가 보이는 치료저항은 놀이치료 자체에 대해 거부적으로 행동하기도 하고, 놀이치료에 참여를 하면서도 소극적 · 회피적으로 행동하기, 치료사를 무시하기 등의 거부행동도 포함될 수 있다(김경옥, 김광웅, 2007). 이러한 치료저항이 장기화되고 강하게 나타날수록 치료적 진전을 방해할 수 있지만, 치료저항에 대해 온전히 수용받는 경험을 통해서 내담자 스스로 자신의 내면을 확인하는 기회가 되기도 한다. 내담자가 거부적 · 비협조적 행동이나 반응, 놀이치료에 대한 불만, 놀이치료 거부행동 등을 나타내면, 놀이치료사는 당황하고 불편해 하며, 자신의 능력을 폄하하는 등 부정적인 생각이나 감정이 들 수 있다. 그러나 치료자의 이러한 심리상태 자체가 내담자에게 부정적인 영향을 미칠 수 있으니 주의해야 한다. 치료저항이 나타날 때 놀이치료사는 내담자의 치료저항 반응에 관심을 갖고 유의해서 치료적 반응을 해야 한다(유가효 외, 2014). 또 놀이치료에서 내담자의 치료저항이 흔히 나타날 수 있으니 내담자의 반응을 깊이 수용하고 살피는 것이 필요하다. 놀이치료사가 지나치게 자책하거나 당황하지 않도록 사전에 '치료저항'을 이해하고 예측하는 것은 치료사 자신에게 뿐만 아니라 내담자나 보호자와의 관계를 안정적으로 유지하는 데 매우 중요하다. 치료저항을 이유로 놀이치료 자체가 중단될 수도 있지만, 치료저항을 예측하고 치료적 관계를 잘 유지한다면, 오히려 놀이치료의 진보(progress)에 큰 도움이 된다.

3. 놀이치료 중기과정

놀이치료의 회기가 거듭되면서 놀이치료사와 내담자 간의 관계가 친밀해지고 신뢰감이 형성되었다는 느낌이 시작되는 순간부터 놀이치료 중기과정에 접어든 것이라고 볼 수 있다(유미숙, 2003). 이때 놀이치료사는 내담자의 놀이행동을 주의 깊게 관찰해야 한다. 중기과정에 내담자가 보이는 놀이행동은 이전과는 확연히 다른 변화와 진전이 나타난다. 어떤 놀잇감(놀이매체)을 반복적으로 선택하거나 비슷한 형태의 놀이행동이 반복될 수 있다. 또는 초기과정의 허니문 시기와 대조적으로 놀이치료사를 직·간접적으로 공격하거나 놀잇감을 거칠게 다루는 등 부정적인 감정을 투사한 적대적·공격적 놀이행동이 지속적으로 나타날 수도 있다. 중기과정에서 내담자의 놀이행동을 면밀하게 관찰하는 것은 놀이치료과정의 진전과 전체 과정(process)을 이해하는 데 도움이 된다. 이를 위해서 놀이치료사는 매 회기마다 내담자의 놀이치료 내용을 기록해 둔다. 치료사가 놀이치료과정을 기억하고 치료적 반응에 대해 반성하며 매 회기 놀이치료 내용을 기록하는 놀이치료 기록지 작성은 치료사에게 매우 부담스러운 작업이지만, 내담자뿐만 아니라 치료사 자신의 성장을 위해서도 반드시 필요하다. 〈표 10-1〉은 놀이치료 기록지의 예이다.

놀이치료 전 과정에서 놀이치료사는 내담자의 비언어적·언어적 표현, 놀잇감 선택과 지속시간 등등을 면밀히 관찰하고 기록해 둔다. 놀이치료 시간에 집중하여 관찰하더라도 기억의 한계로 인해 중요한 정보를 유실할 수 있다. 놀이치료 회기를 면밀히 기록하고(〈표 10-1〉 참조), 중기과정에 접어들어 내담자의 놀이주제를 수시로 분석해 보는 자기반성적 과정은 내담자의 변화와 치료적 진전을 이해하기 위해 반드시 필요하다. 이를 통해 놀이치료사는 내담자의 반복되는 놀이행동과 패턴, 놀이주제를 이해할 수 있게 된다. 물론 이 또한 놀이치료의 대상이나 놀이치료의 이론적 접근에 따라 다를 수 있다. 하지만 여기에서는 놀이치료과정에 나타는 표현적인 놀이주제를 이해하기 위한 기준을 살펴본다.

내담자의 심리평가나 치료적 진전을 파악하기 위해서는 내담자가 놀이치료실에서 표현하는 놀이주제를 통해 평가한다. 놀이치료의 이론이나 내담자의 발달특성에 따라 심리평가 도구들도 이용할 수 있지만, 심리평가 자체가 어려운 경우도 있다. 놀이치료자는 심리평가와 별개로 내담자의 놀이치료 효과를 이해하고 관찰하

〈표 10-1〉 놀이치료 기록지

(　 회기) 내담자명:
일시:
내담자의 비언어적 특성: (내담자를 만나는 순간부터 관찰된 내담자의 비언어적 특성을 상황과 함께 객관적으로 기록한다.)
놀이치료과정: (내담자가 선택한 놀잇감이나 놀이행동 순으로 가능한 객관적으로 나열하여 기록한다.)
특이점: (보호자나 의뢰자을 통해 알게 된 내담자를 둘러싼 주변 상황이나 사건을 기록한다.)
치료사의 평가: (놀이치료과정에서 느꼈던 놀이치료사의 느낌이나 감정, 치료적 분위기를 자기평가한다.)

는 능력을 기르기 위해서 내담자의 놀이주제를 이해하고 중요하게 고려해야 한다. 그린스팬과 그린스팬(Greenspan & Greenspan, 2003)은 내담자의 놀이주제를 이해하기 위해 놀이주제의 조직화, 놀이주제의 풍부함과 깊이, 놀이주제의 순서로 구분하여 고려해야 한다고 강조하였다. 내담자의 놀이주제를 표현하는 언어와 의사소통 방식(그림, 행동, 제스처 등)이 발달적으로 적합한가, 놀이주제가 전개되는 순서나 과정을 주의 깊게 살펴 관찰하다 보면, 놀이주제에 따라 놀이치료과정이 어떻게 전개되어 가는지, 내담자가 어떤 심리적 상태인지 알 수 있는 중요한 단서들을 얻는다.

1) 놀이주제의 조직화

놀이주제들 간의 연관성을 의미하는데, 이는 사고의 조직화와 유사하다고 볼 수 있다. 발달적으로 유아기의 비조직적인 사고나 비논리적인 놀이의 전개는 정상적인 발달과정이지만, 아동기 이후에는 놀이주제의 논리적인 전개를 기대할 수 있다. 놀이치료사는 내담자가 보이는 시공간적인 인과관계, 주제와 주제 사이의 연계성 있는 전환 등을 이해해야 한다. 예를 들어, 만 8세의 남아 내담자가 아무 말 없이 강아지 인형과 로봇을 선택해서 텐트 안에 들어가 로봇이 강아지의 잠자리를 마련해 주고 먹이를 먹여 주고 나오는 행동을 반복한다면, 내담 아동이 '돌봄' 관련 놀이주제를 텐트 안에 들어가 강아지에게 먹이를 먹여 주는 놀이행동으로 표현했고, 이는 발달적으로 적합하게 조직화되었다고 이해할 수 있다.

2) 놀이주제의 풍부함과 깊이

놀이의 질적인 측면을 의미하는데, 이는 내담자의 사고와 정서가 얼마나 풍부한지, 신경증적인 위축이나 경직이 있는지를 평가할 수 있다. 내담자가 유아, 아동 및 청소년인 경우 놀이행동이 연령에 크게 못 미치는 수준에서 등장인물의 활동이나 줄거리 전개가 피상적이고 파편화되어 있다면 발달적인 문제를 의심해 볼 수 있다. 그러나 성인이나 노인 내담자라면 높은 불안이나 성격이상을 의심해 볼 수 있다. 특히 상상놀이(fantasy play)는 유아기나 아동기 초기에는 일반적인 놀이형태이지만, 아동기 이후에 나타나는 상상놀이는 주의깊게 살펴봐야 한다. 즉, 판타지적인 놀잇감으로 놀이활동을 표현하고 전개시키더라도 놀이주제 간의 현실적인 수준에서 이해할 수 있는 관련성이 존재해야 한다. 예를 들어, 보드게임을 준비하고 규칙을 살피다가 표정 변화나 설명 없이 옆에 있는 가족인형으로 집을 꾸민다고 할 때, 만 4~5세 내담자라면 한 가지 놀이주제에 몰입하는 시간을 확인하고 주의력 문제인지를 탐색해 보겠지만, 성인 내담자라면 사고의 파편화를 의심해 볼 수도 있다. 놀이치료에서 표현되는 놀이주제를 관찰할 때는 놀이주제와 내담자의 발달특성을 동시에 고려하며 주의 깊게 살피고 분석하는 지속적인 과정이 반복되어야 한다.

3) 놀이주제의 순서

내담자가 보이는 놀이주제의 전개는 내담자의 욕구(need)나 바람(want)을 의미하며, 내담자가 언어로 표현하지 않아도 해결하고 싶어 하는 문제로 이해할 수 있다. 내담자의 어려움이 안전 욕구의 표현인지, 형제나 또래 간의 경쟁관계에서 이기고 싶은 힘의 욕구인지, 또래나 가족에게서 친밀한 관계를 맺고 싶은 바람인지 등을 알 수 있다. 예를 들면, 누가 봐도 작고 돌봄이 필요해 보이는 외형의 인물(강아지나 작은 아이)이 마술이나 진화를 통해 자신을 둘러싼 크고 무서운 대상과의 대결에서 승리하는 놀이주제가 반복된다면, 내담자 스스로 힘의 욕구를 채우고 결핍을 해결하는 과정으로 이해할 수 있다. 간혹 내담자는 놀이주제가 전개되는 과정에서 불안을 크게 느껴서 놀이활동을 중단하고 놀이주제에서 벗어날 수도 있다. 이는 다음에 비슷한 놀이행동이 반복되는지 여부를 확인해 보면 알 수 있다. 예를 들어, 양육자의 거부나 방임에 의한 분노가 높은 내담 아동의 경우, 돌보는 인물(가족인형 중 부모인형)을 죽이는 활동이 전개되다가 놀이실 밖으로 뛰쳐나가는 경우, 이는 아동이 내면의 분노를 표현하는 과정에서 불안에 압도된 경우라고 이해할 수 있다.

놀이치료 중기과정에서 놀이치료사는 놀이치료실에서의 내담자 놀이치료 내용에 대해 기록해 둔 이전 놀이치료의 기록지를 검토하며 내담자의 놀이주제를 분석해 보는 반복적인 작업이 필요하다. 즉, 진행된 놀이치료 회기에서 나타난 놀이주제를 분석해 보며 내담자를 이해하려는 반복적인 시도는 수퍼비전의 일환이건 그렇지 않건 간에 놀이치료사라면 반드시 해야 할 작업이다. 다시 한번 강조하지만, 놀이치료사의 기억에는 한계가 있기 때문에 매 회기 놀이치료의 내용을 가능한 한 자세히 기록지에 작성해 두어야 한다. 누적된 놀이치료 기록지를 바탕으로 내담자의 정서, 놀잇감 선택, 놀이형태, 놀이행동 순서 등으로 분석·정리하며, 초기 사례

개념화에 비추어 내담자의 내면을 깊이 이해하려는 노력은 놀이치료에서 놀이치료
사의 전문성 발달을 위해 매우 중요하고 반드시 필요한 작업이다.

놀이치료는 아무리 동일한 연령대의 내담자이더라도, 그리고 유사한 심리적 문
제로 놀이치료에 의뢰되었더라도 사례마다 그 진행과정이 다르다. 그 이유는 놀이
치료과정에서 얘기치 못한 사고나 사건이 발생할 수 있기 때문이다. 다음에서는 놀
이치료사가 경험할 수 있는 놀이치료과정에서의 고려할 사항을 살펴본다.

4) 놀이치료과정에서의 고려사항

(1) 내담자가 놀이치료사에게 선물을 가져올 때

내담자가 놀이치료사에게 선물을 가져오는 경우에 받아야 할지 받지 말아야 할
지를 판단하는 것을 무의미할 수 있다. 내담자의 여러 상황을 고려하여 선물을 받
을지 여부를 결정하는 것이 필요하다(장미경, 김연진, 윤혜경, 2009). 지나치지 않는
(부담스럽지 않은) 선물을 주고받는 것은 서로에 대한 친밀감 표현의 일반적인 패턴
일 수 있으며, 선물을 받는 것이 내담자에게 도움이 될 수도 있다. 그러나 내담자가
놀이치료사에게 거부될까 봐 두려워서 선물을 하는 것이라면, 내담자에게 선물을
받는 것에 매우 신중해야 한다. 내담자가 선물을 전달할 때 놀이치료사는 선물을
받을지 받지 않을지의 판단에 앞서, 내담자의 상황, 감정과 의도를 파악하고 수용
하는 반영하기를 한 후, 선물을 받을지 여부를 결정하는 것이 필요하다. 그러나 치
료관계에서 내담자의 숨은 의도를 순간적으로 파악하는 것은 매우 어려운 일이므
로, 선물을 받지 않고 내담자의 감정과 의도를 깨닫고 수용해 주는 작업을 먼저 하
는 것이 더 의미있다고 할 수 있다.

(2) 놀이치료에 자주 결석할 때

놀이치료가 어느 단계이냐에 따라 내담자에게 결석이 주는 영향은 다를 수 있다.
또한 예고된 결석이냐 갑작스러운 결석이냐에 따라 그 결석의 의미를 생각해 볼 필
요가 있다. 놀이치료 중기과정에서 내담자가 아프거나 교통사고 등의 사건이 발생
하여 놀이치료에 갑자기 결석을 했다면, 언제 다시 만날 수 있는지를 구체적으로
정하고 결석한 회기의 놀이치료를 보완하여 진행해야 한다. 놀이치료 중기과정에
서 내담자가 내면의 문제에 대해 작업하고 있는 경우의 결석은 내담자에게 불안을

야기할 수 있어 더욱 주의해서 살펴보고, 치료회기 간의 간격도 주기적으로 일치하게 진행해야 한다. 어떤 이유에서든 결손된 회기는 빠른 시점에 보완하여 진행하는 것이 필요하다. 놀이치료사는 그 과정에서 보이는 내담자의 반응을 살피면, 놀이치료사가 놀이치료 결석이 갖는 의미를 파악하는 데 도움이 된다.

(3) 놀이치료사가 만나는 다른 내담자에 대해 질문할 때

내담자 중에는 놀이치료사와 친밀한 관계가 형성된 이후에 치료실과 치료사와의 만남을 공유하는 다른 내담자에 대해 관심을 보이는 경우가 종종 있다. 놀이치료사는 한 기관에서 여러 내담자를 만나기 때문에 치료시간 간의 간격을 둔다고 하더라도, 내담자는 놀이치료 전후에 자신의 놀이치료사가 다른 내담자와 함께 있는 장면을 목격하게 될 수 있다. 이러한 상황에 대해 다른 내담자에 대해 누구인지 묻거나 관심을 보일 수 있다. 그 이유는 타인에 대한 단순한 호기심일 수도 있지만, 놀이치료사의 관심과 특별한 돌봄을 나누는 것에 대한 질투의 표현일 수 있다. 내담자가 다른 내담자에 대해 묻거나 치료실에 누가 오는지를 묻는다면, 단순히 누군지 답변하기보다는 내담자가 질문하는 의도를 이해하고 수용하며 관찰된 상황에 대해 재진술하는 것이 필요하다.

4. 놀이치료 후기과정

놀이치료 후기과정은 놀이치료 시작 단계에서 세웠던 목표가 어느 정도 달성되고 내담자의 심리적 안정감이 유지되는 시기이다. 후기과정에서 내담자는 놀이치료사와 원활하게 상호작용하며 주호소 문제가 감소하거나 사라지고, 발달적으로 적합한 수준의 놀이가 증가한다. 내담자에게는 놀이를 자발적이고 스스로 즐기는 모습이 나타나는 것이 특징이다(장미경, 김연진, 윤혜경, 2009). 놀이치료 후기과정은 개념상으로는 이처럼 명료한데, 실제 놀이치료를 진행하다 보면 놀이치료 초기에 미처 탐색하지 못한 미해결 과제가 새로 나타나거나 내담자의 요청에 의해 좀 더 다루고 싶은 주제가 추가될 수 있다. 그래서 놀이치료사가 후기과정의 기간과 회기를 결정하고 마무리 짓는 것은 쉽지 않다. 하지만 놀이치료사로서 내담자를 만나고 놀이치료 전 과정을 이끄는 입장에서는 놀이치료 초기에 세운 목표가 내담자의 일상생활에서 해결되도록 목표가 달성되었다면, 일단 후기과정으로 판단하고 종결 계획을 수립하는 것이 중요하고 필요한 작업이다.

만약에 놀이치료의 후기과정에서 미해결된 과제나 더 탐색하고 싶은 목표가 있다면 내담자나 보호자와 상의하여 다른 형태의 개입방법을 추가적으로 모색해 볼 수 있다. 예를 들면, 우울감이 주 호소문제였던 아동 내담자가 초기·중기·후기 놀이치료과정에서 점진적으로 우울감이 해소되었는데, 학교에서의 또래와의 극심한 갈등과 미성숙한 대처행동으로 부적응 문제를 탐색하기 위해 목표가 추가될 수 있다. 이 사례에서는 개인을 대상으로 후기과정까지 진행한 놀이치료를 마무리한 후 다른 형태의 놀이치료를 추가적으로 실시할 수 있다. 즉, 놀이치료의 접근방법이나 내담자 구성에 따라 접근방법을 달리하여, 개인, 집단이나 가족을 한 팀으로 놀이치료를 다시 진행할 수 있다. 물론 이러한 놀이치료의 전환은 놀이치료사의 명확한 목표 설정과 효과적인 치료계획을 수립하여, 내담자나 그의 보호자에게 놀이치료 전 과정을 충분히 설명하고 동의를 구한 후에 가능한 작업이다.

5. 놀이치료 종결 회기

놀이치료 종결 회기는 내담자가 놀이치료사와의 놀이치료 전 과정(여정)을 마무리하는 회기이다. 치료사와 내담자가 종결을 예상한 후 치료관계를 마무리하기 위한 최소한의 회기를 함께하는 것이다. 놀이치료를 진행하는 과정에서 치료목표의 달성 여부나 정도를 예측하고 종결 회기를 결정하는 것은 쉽지 않다. 종결 회기의 기간과 간격도 내담자마다 다르기 때문에 일괄되게 정하기는 더욱 어렵다. 다음은 종결이 필요한 경우에 대한 기준이다(West, 2002).

- 내담자의 주 호소문제 개선
- 내담자의 기분 개선
- 내담자의 일상생활 적응
- 가족에 대한 현실적인 이해 반응
- 다른 심리치료사나 다른 형태의 심리치료로 의뢰가 필요한 경우
- 놀이치료가 내담자에게 도움이 되지 않는 경우

● 내담자나 보호자(놀이치료 의뢰자)가 놀이치료를 더 이상 원하지 않는 경우

  실제 놀이치료 사례 중, 앞서 제시한 종결의 기준 외에도 다른 이유로 종결 회기
가 필요한 경우도 있을 수 있다. 어떠한 이유에서건 놀이치료의 종결을 결정할 때
에는 최소한 2회기 이상의 종결 회기가 필요하고(West, 2002), 내담자에게 종결에
대한 의견을 듣고 종결과정에 참여하도록 해야 한다. 유아, 아동 및 청소년 내담자
의 경우, 보호자나 의뢰자에 의해 놀이치료의 지속 여부와 종결이 결정된다. 그래
서 안타깝게도 보호자나 의뢰자에 의해 주 호소문제가 어느 정도 해결되면 후기과
정이 마무리되지 않은 채 성급하게 놀이치료의 종결이 이루어지고, 내담자에게는
일방적인 통보식으로 놀이치료가 중단되는 경우가 종종 있다. 간혹 어린 내담자의
경우 놀이 자체에 대한 흥미나 열정으로 놀이치료를 지속하려는 경우도 있어 주의
를 요하지만(장미경, 김연진, 윤혜경, 2009), 일반적으로 내담자가 치료과정을 종결하
기 원하지 않거나 더 하기를 원한다면 적절한 종결의 시점이라고 보기는 어렵다.
만약 그래도 어쩔 수 없는 상황에서 종결을 해야 한다면, 놀이치료사는 내담자가
종결을 받아들일 마음의 준비를 할 수 있도록 해야 한다. 내담자가 후기과정을 충
분히 경험하지 못한 경우라면 더욱더 예기치 않게 치료관계가 중단되는 것은 피하
는 것이 좋다. 즉, 종결 회기의 횟수는 적어도 2회기 이상 하는 것을 추천한다. 예를
들어, 종결시점을 내담자와 결정한 것이 아니라면 종료 시점을 내담자에게 명확하
게 알려 주고, 남은 결정된 종결 회기를 매 회기가 끝날 때마다 환기시켜 주는 과정
이 필요하다. "우리는 앞으로 2회기 더 만날 수 있습니다." "우리가 앞으로 한 번 더
만나게 됩니다." 또는 "오늘이 우리가 만나는 마지막 날입니다." 등의 회기 시작이
나 끝날 때 남은 종결회기를 알려 준다. 이를 통해 내담자는 치료관계를 종결할 마
음의 준비를 하는 시간을 확보한다. 치료회기를 더 연장할 수 없는 구조화된 사례
라면, 남은 치료회기의 간격을 2~3주 간극을 두어 종결 회기로 진행하는 것도 내
담자 스스로가 치료관계의 종결에 대해 받아들일 마음의 준비를 하는 데 도움이 될
수 있다.
  이상적이고 개념적으로 종결 회기를 설명하면, 놀이치료의 첫 회기부터 초기 ·
중기 · 후기 과정을 마무리하고, 놀이치료사가 초기에 구상했던 치료목표가 달성되
고, 내담자도 자신의 어려움이 해결되었다고 합의하여 마무리하는 회기를 진행하
는 것이다. 내담자가 놀이치료사와 실제적인 접촉이 마무리되더라도 다시 만날 수

있는 대상임을 경험하고 종결과정이 마무리되어야 한다. 이렇게 종결과정이 진행된다면 이 과정 자체가 내담자에게 매우 치료적인 절차이다. 그러나 어떤 대상과의 분리나 상실의 외상이 있는 내담자나 내담자와의 분리를 걱정하고 불안해하는 놀이치료사는 놀이치료의 종결과정을 의식적·무의식적으로 늦출 수 있는데, 이 점에 대해서는 놀이치료사로서 매우 주의해야 한다. 놀이치료의 치료관계는 무기한 지속되는 관계가 아니다. 적절한 시기에 적절한 방법으로 종결되어야 하는 관계이다. 사실 놀이치료의 종결은 내담자보다는 놀이치료사에게 더 큰 결정이고 과제가 될 수 있다. 이는 놀이치료사의 자기이해나 자기성찰이 반드시 필요한 이유이다.

실제로 안타깝게도 놀이치료의 초기 치료목표를 향해 치료과정이 초기·중기·후기로 진행되어 치료목표가 이루어져 종결되는 일련의 수순을 밟는 사례보다 여러 이유에서 중단 되는 사례가 더 많다. 어떤 경우는 치료비 지원 기관의 요청으로, 또는 내담자나 보호자가 이사·진학·이민 등의 이유로 물리적 거리가 너무 멀어져서 놀이치료를 지속하기 어려울 수 있다. 어떠한 이유에서건 종결이 결정된 후 종결 회기를 갖는 것은 반드시 필요하다. 놀이치료사라면 어떠한 경우라도 내담자에게 치료관계를 맺었던 치료사와 갑자기 헤어져 단절되는 경험을 하지 않도록 해야 한다. 모든 내담자에게 일반화하기는 조심스럽지만, 내담자들의 공통점 중 하나는 심리발달적 어려움으로 인해 타인과 관계 맺는 것이 어렵다는 점이다. 내담자가 놀이치료라는 심리치료과정을 통해 심리적인 어려움을 치유한다는 의미는 훈련받은 놀이치료사와의 신뢰할 수 있는 관계 맺기(치료동맹)를 통한 교정 경험이 내담자의 일상적인 생활에서 일반화되어 가는 과정이라고 볼 수 있다. 이것이 놀이치료의 궁극적인 목표라는 점에 동의하는 놀이치료사라면, 놀이치료가 예고 없이(종결 회기 없이) 중단되는 것이 내담자에게 얼마나 부정적인 영향을 미치게 되는지는 더 이상 설명하지 않아도 이해할 수 있을 것이다.

또 다른 경우에 놀이치료사가 이직하거나 놀이치료의 구조적 변화 등의 이유로 놀이치료사가 바뀌는 경우에도 종결 회기를 갖는 것이 좋다. 이러한 경우는 놀이치료사가 사전에 알고 계획을 세울 수 있으므로, 내담자와 보호자에게 충분히 상황을 설명하고 이해를 구한 후 신중한 방법으로 기존의 놀이치료사와 새로운 놀이치료사 그리고 내담자가 함께하는 놀이치료 형태로 3회기의 종결 회기를 갖는 것을 추천한다(유미숙, 2003). 종결 1회기에는 기존의 놀이치료사가 새로운 놀이치료사를 소개하는 회기로, 기존의 놀이치료사가 주도적으로 내담자와 상호작용하며 놀

이치료를 진행한다. 종결 2회기에는 기존의 놀이치료사와 새로운 놀이치료사의 주
도 과정이 반반 정도 나누어 내담자와 상호작용하며 놀이치료를 진행한다. 종결 3
회기에는 기존 놀이치료사가 아닌 새로운 놀이치료사가 놀이치료를 주도하며 내담
자와 상호작용한다. 이때 내담자와 기존의 놀이치료사가 헤어짐의 아쉬움을 표현
할 수 있는 간단한 의식을 할 수도 있다. 예를 들어, 놀이치료 전 과정 중 가장 기억
에 남는 게임이나 놀이활동을 함께하며 추억을 공유하기, 헤어짐에 있어 아쉬움을
그림이나 카드에 표현하여 나누기 등이 있다. 이러한 과정을 통해 내담자는 기존의
치료사가 자신을 버리거나 떠난 것이 아니라 새로운 놀이치료사에게 보내 주는 과
정으로 경험한다. 이러한 경험은 두 번째 치료관계에 더욱 긍정적인 영향을 미칠
수 있다.

정리해 봅시다

　이 장에서는 놀이치료 전 과정을 치료관계에 따라 첫 회기, 초기과정, 중기과정, 후기
과정, 종결 회기 순으로 구분하여 정리하였다. 내담자 특성이나 놀이치료 이론에 따라 놀
이치료 전 과정의 회기나 횟수는 다를 수 있지만, 놀이치료사와 내담자의 치료관계가 전
개되는 과정의 전체를 아우르는 놀이치료과정의 실제적인 틀로 이해하기를 바란다. 이
틀을 모든 내담자와 모든 형태의 놀이치료에 동일하게 적용할 수는 없다하더라도, 초임
놀이치료사가 내담자와 접촉할 때의 고려사항과 유의점을 미리 익히고, 치료관계를 형성
하고, 치료적 진전과 변화를 이해하며, 치료관계를 종결하는 일련의 과정을 이해하는 데
도움이 될 수 있을 것으로 기대한다.

✏️ **활동해 봅시다**

1. 본인이 내담자라고 가정하고, 놀이치료사를 처음 만나서 놀이치료를 소개받았다고 상상해 보시오. 이때 드는 감정과 본인이 취하는 예상되는 행동을 자유롭게 기술해 봅시다.

_____

_____

_____

_____

2. 본인이 내담자라고 가정하고, 놀이치료를 20회기 정도 참여하고, 자신을 힘들게 했던 주 호소문제가 어느 정도 해결되었다고 생각해 보시오. 이때 드는 감정과 본인이 취하는 예상되는 행동을 자유롭게 기술해 봅시다.

_____

_____

_____

_____

3. 본인이 고등학생이라고 가정하고 낯선 구성원들과 2박3일 동안 여름 캠프를 즐겁게 마쳤다고 상상해 보시오. 함께한 구성원들과 헤어질 때의 아쉬움을 달래기 위한 의미 있는 방법이라고 생각되는 활동을 소개해 보고, 그 방법이 어떤 의미에서 적절한지 토의해 봅시다.

_____

_____

_____

_____

참고문헌

김경옥, 김광웅(2007). 놀이치료사의 치료저항 인식과 대처연구. 한국놀이치료학회지, 10(4), 1-15.

노혜숙(2008). 아동용 치료동맹 척도의 개발 및 타당화. 가톨릭대학교 대학원 박사학위논문.

유가효, 위영희, 문현주, 이희정, 김태은(2014). 놀이치료의 이해. 경기: 양서원.

유미숙(2003). 놀이치료 이론과 실제. 서울: 상조사.

장미경, 김연진, 윤혜경(2009). 놀이치료. 서울: 창지사.

Greenspan, S. I., & Greenspan, N. T. (2003). *The clinical interview of the child* (3rd ed.). Washington DC: American Psychiatric Pulishing Inc.

West, J. (2002). *Child-centerd play therapy* (2nd ed.). Arnold: London.

제3부

생애주기별
놀이치료 실제

제11장

영아놀이치료

영아기는 삶의 첫 시작이고 첫 만남이다. 세상에 태어나 삶을 처음 시작하는 아이는 작고 미약해 보이지만 영아기인 생애 첫 두 해 동안 놀라운 성장과 변화를 보여 준다. 영아의 성장과 발달에 가장 큰 영향을 주는 것이 바로 영아가 처음으로 만나는 세상, 최초의 경험인 부모이다. 부모가 영아에게 제공하는 경험과 관계의 중요성에도 불구하고 많은 아이가 삶의 첫 만남에서 어려움을 겪고 있으며, 이것은 결국 영아기뿐 아니라 그 이후까지 영향을 미친다. 그러나 영아기의 가치와 관심의 증가에도 불구하고 놀이치료 현장에는 영아 중심의 구체적인 이해와 자료는 매우 부족한 실정이다. 효과적인 치료접근을 위해서는 영아가 어떻게 자라는지, 무엇을 해 주어야 하는지 알아야 한다. 따라서 이 장에서는 영아기 발달과 성장이 어떻게 이루어지며, 영아를 위한 효과적인 놀이치료 접근은 무엇인지 살펴보고자 한다.

1. 영아기 주요 발달과업과 문제

영아기는 삶에서 가장 눈부신 성장을 보여 주는 시기이다. 혼자서 아무것도 할수 없어 보였던 아기가 신체, 인지, 정서 모든 영역에서 독립적인 하나의 인간으로 성장해 가는 과정이 영아기라고 할 수 있다. 이 시기는 애착 대상과의 상호작용을 통해 기본적인 신뢰감을 형성하는 가운데, 감각운동의 협응과 통합, 자신과 환경과의 구분, 환경에 대한 긍정적 태도를 갖는 것이 주요 목표가 된다. 따라서 영아놀이 치료에 대한 이해에 앞서 영아기 주요 발달과업이 무엇이며, 발달과업을 이루는 데절대적인 역할을 하는 주 양육자의 역할이 무엇인지 살펴보고자 한다.

1) 매일매일 자라는 영아

갓 태어난 작은 아기는 아무것도 할 수 없는 것처럼 무력해 보이기도 한다. 그러나 아기는 인생 전 기간에 비하면 매우 짧은 기간에 해당하는 생후 2년 동안 놀랄만큼 눈부신 성장을 보여, 어느새 '맘마' '엄마' 등 첫 단어를 말하며 스스로 걷기까지 한다. 반사 반응이 전부였던 신생아가 혼자 앉고 기고 걸음마를 하면서 점차 덜의존적이고 독립적인 존재가 되어 간다.

영아기의 발달적 특징은 무엇보다 급격한 성장에 있다. 영아기 신체발달 과정을 살펴보면, 얼마나 짧은 기간에 급격한 변화가 일어나는지 볼 수 있다. 출생 후 몇개월간 매일 30g씩 몸무게가 늘어나고 매월 2~3cm씩 키가 자라며, 생후 1년만 지나도 신생아 때보다 몸무게는 약 3배, 키는 약 1.5배에 이른다(신명희 외, 2017). 영아기 동안 아이는 몸만 크는 것이 아니라, 골격과 근육이 발달하면서 운동 기능도 눈에 띄게 발달한다. 출생 당시 목도 잘 가누지 못했던 아이가 생후 일 년 동안 앉기, 서기, 기기, 걷기까지 할 수 있게 되며, 생후 2년 안에 몸의 균형을 갖고 뛰어다니기까지 가능해진다. 대근육 운동의 발달은 영아를 더욱 자발적이고 독립적으로 만들며, 탐색을 촉진하여 인지발달에도 영향을 미친다. 소근육 운동에서도 현저한변화가 나타나는데, 손바닥 전체로 물건을 움켜쥐던 영아가 손가락으로 물건을 잡을 수 있게 된다. 영아의 소근육 운동 발달은 눈과 손의 협응 기능이 발달함에 따라더욱 정교해지며, 중심 말초 방향의 발달원칙과 전체에서 세분화된 방향으로 진행

되는 발달원리에 따라 팔에서 손, 손가락의 순서로 발달해 간다. 영아기의 운동발
달은 아이의 정상적인 발달을 가늠할 수 있는 대표적인 지표가 된다.

영아기는 뇌와 신경계에 놀라운 변화가 일어나는 뇌 성장 급등기이기도 하다. 영
아의 뇌에서는 시냅스가 급속히 생성되며 수초화가 이루어진다(정미라, 박수경, 권
정윤, 이방실, 2012). 뇌의 전반적인 발달이 이루어지며, 특히 대뇌피질의 발달과 함
께 정서와 관련된 부위가 부모의 애착 자극과 함께 활발히 성장한다(Siegel, 1999).
신명희 등(2017)은 영아기 뇌 발달에 대한 연구를 바탕으로 영아기는 학습보다는
정서적 유대감을 형성하고 신체와 감각을 자극할 수 있는 활동이 뇌 발달에 적합하
다고 주장했다.

여기서 주목할 것은 신체 발달 및 뇌 발달, 정서 발달의 연관성이다. 영아기는 신
체 발달이 곧 심리적 발달, 인지적 발달과 유기적으로 연결되어 있다는 것이다. 쉽
게 설명하자면 마치 톱니바퀴가 맞물려 가는 형태와 비슷한데, 하나의 바퀴를 돌리
면 맞물려 있는 다른 바퀴도 영향을 받아 같이 움직이는 것과 같다. 신체 감각을 통
해 세상을 이해하는 영아에게는 신체적 발달이 단순히 몸이 자라고 운동기능이 발
달하는 것 이상의 의미를 가진다. 그러므로 영아의 몸을 편안하게 해 주고, 몸의 욕
구에 잘 반응해 주는 것이 신체뿐 아니라 인지 및 정서 발달에도 적합한 양육이라
고 할 수 있다. 〈표 11-1〉은 놀이치료사가 영아기 신체발달과 관련하여 주의해야
할 놀이치료 팁이다.

〈표 11-1〉 영아기 신체 발달과 놀이치료 팁

- 영아기 신체 발달은 인지 발달, 정서 발달 등 다른 발달 영역과 긴밀히 연결되어 있다는 것
  을 기억해야 한다.
- 대근육 운동과 소근육 운동의 발달 정도를 체크하고, 현재 기능에 영향을 준 기질적 요인과
  양육환경을 살펴본다.
- 신체 발달을 촉진하기 위해 안전한 환경과 다양한 질감의 놀잇감을 제공하고, 움직임에 대
  한 욕구에 반응한다.

---

2) 감각을 통해 성장하는 영아

영아는 주로 자신의 신체 감각을 통해 자기 주변을 탐색하고 경험한다. 감각 활
동 및 운동을 통해 순수한 즐거움을 얻으며 그 활동을 반복한다. 영아는 이렇듯 감

각운동 놀이를 반복하면서 새로운 행동을 학습하며, 학습된 행동의 인과관계를 이해하고, 시행착오 과정을 거치며 인지 발달수준을 높여 간다(이숙재, 2014). 영아기는 감각을 통해 주변을 탐색하고 상호작용함으로써 양육자와 깊은 유대감을 형성하는 시기이다.

피아제(Piaget)는 출생 후 약 2년 동안의 시기를 감각을 통해 정보를 받아들이는 '감각운동기'라고 명명하고 6개의 하위 단계로 분류하였다. 감각운동기가 시작되는 신생아기는 타고난 반사활동을 보이는 반사운동기(출생~1개월)이며, 1차순환반응기(1~4개월), 2차순환반응기(4~8개월), 2차순환반응의 협응기(8~12개월), 3차순환반응기(12~18개월), 정신적 표상기(18~24개월)를 거치며 다양하고 복잡한 도식이 가능해지고, 영아는 목적이 있는 행동을 보이게 된다.

반사운동기의 영아는 선천적으로 갖고 태어난 반사 도식을 사용하며 외부세계에 적응해 간다. 1차순환반응기가 되면 영아는 외부 대상보다 자신의 신체에 관심을 가지며 우연한 행동이 재미있으면 그 행동을 계속 반복한다. 2차순환반응기는 감각운동기의 3단계로 자신의 신체보다는 주변에 관심을 가지고 행동이 일으키는 변화에 흥미를 가지고 행동을 반복한다. 예를 들어, 누워서 자신의 손과 발을 관찰하던 영아가 2차순환반응기가 되면 딸랑이를 건드려서 소리를 듣고 의도적으로 딸랑이를 흔드는 행위를 반복하는 것이다. 여기서 영아는 인과관계를 배우게 되는데, 자신의 행동과 연결된 결과를 학습하게 되며, 이것은 인지 발달의 중요한 초석이 된다. 이후 2차순환반응의 협응기의 영아는 이전에 획득한 도식을 새로운 상황에 사용할 수 있게 된다. 기존의 도식을 목표성취를 위해 의도적으로 적용하는 것이다.

한편, 이 시기의 또 다른 변화는 대상영속성의 획득이다. 대상영속성은 대상이 눈에서 사라지더라도 계속 존재한다는 것을 인식하는 능력이다. 이전 단계의 영아는 눈에 보이던 것이 사라지면 그 물체가 존재하지 않는다고 생각하지만, 대상영속성을 획득한 영아는 물체가 눈앞에서 사라져도 물체가 존재한다고 생각한다. 대상영속성을 잘 보여 주는 것이 바로 까꿍놀이다. 영아의 앞에서 천과 같은 것으로 얼굴을 숨겼다가 나타나는 까꿍놀이는 눈에 보이지 않아도 존재할 수 있다는 것을 학습하게 도우며, 더 나아가서는 영아의 양육자에 대한 신뢰감 발달에도 영향을 줄 수 있다.

영아는 생후 12개월 정도가 되면 3차순환반응기가 되어, 단순한 목적을 지닌 반복이 아닌 다양한 시도를 하게 된다. 자신의 행동이 어떤 결과를 가져올지를 알아보기 위해 의도적으로 실험하고 상황을 관찰하는 시기이다. 이후 감각운동기의 마지막 단계인 정신적 표상기가 되면 영아의 인지능력은 크게 성장한다. 이제 영아는 눈앞에 보이지 않는 사물이나 상황도 정신적으로 그려 내는 표상을 사용할 수 있게 된다. 감각운동발달의 하위 단계는 〈표 11-2〉와 같이 점진적으로 이루어지며 (Hughes, 2009), 보다 다양하고 정교한 놀이로 발달한다. 〈표 11-3〉은 놀이치료사가 영아기 인지 및 감각 발달과 관련하여 주의해야 할 놀이치료 팁이다.

〈표 11-2〉 감각운동발달 하위 단계와 놀이형태

구분	지적 특성	놀이형태
출생~1개월	단순한 반사가 주요 활동이다.	놀이라고 할 수 있는 것이 거의 나타나지 않는다.
1~4개월	1차 순환반응이 나타난다. 빨기와 잡기와 같은 행동들이 협응되기 시작한다.	순수하게 즐기기 위한 행동을 반복하며 놀고, 그 행동은 자신의 신체를 지향한다.
4~8개월	2차 순환반응이 나타나며, 자기 신체를 지향하지 않은 활동을 반복한다. 자신의 활동이 외부세계에 미치는 효과에 분명한 흥미를 보인다.	종이를 구기거나 탁자를 치거나 하여 생기는 결과를 즐기면서 그 행동을 반복하여 논다.
8~12개월	베개 밑에 있는 장난감을 꺼내려고 베개를 옆으로 치우는 것과 같이 의도적이고 목적을 지닌 활동이 나타난다.	목적을 지향하면서도 단순히 과정 자체를 즐기려고 목적을 포기한다. 예를 들어, 베개를 옆으로 치우는 것이 즐거운 게임이 되고, 숨겨진 장난감은 잊는 듯 보인다.
12~18개월	재미있는 결과를 보기 위해 단순한 행동을 반복하기보다 흥미로운 결과를 얻기 위해 다양한 행동을 의도적으로 한다.	놀이를 더 재미있게 하려고 즉각적이고 의도적으로 놀이를 복잡하게 만들면서 감각운동 놀이를 변화시킨다.
18개월 이상	상징(한 물건을 다른 것이라고 하는 능력)이 나타난다.	감각운동 놀이는 점차 상징놀이나 가장놀이로 바뀌고, 이는 취학 전 시기동안 많이 나타난다.

출처: Hughes (2009).

〈표 11-3〉 영아기 인지 및 감각 발달과 놀이치료 팁

- 놀이치료실에서 아이가 보이는 대상영속성 놀이를 알아차려 주고 반응해 준다. 예를 들어, 영아가 까꿍놀이 형태의 사물 찾기, 그림 그리고 지우기 등의 놀이가 반복될 때 대상영속성 발달을 확인하고 촉진할 수 있다. 대상이 사라져도 존재한다는 신뢰감 발달이 촉진되도록 돕는다.
- 놀이치료사는 한꺼번에 너무 많은 자극을 주거나 복잡한 형태로 놀이를 제시하지 않도록 주의해야 한다. 아이가 관심을 보이고 몰두하는 놀잇감을 오감을 활용하여 충분히 탐색할 수 있게 해 준다.

3) 상호적 언어발달이 중요한 영아

영아는 태어나자마자 울음으로 자신의 소리를 내기 시작한다. 영아의 울음은 언어발달의 첫 단계로서, 처음엔 분화되지 않은 소리였다가 점차 분화된 울음으로 발전하여 자신의 욕구를 표현하는 의사소통으로 발전한다. 울음이 의사소통이 될 수 있는 이유는 양육자가 영아의 울음소리만으로도 아기가 무엇을 원하고 어디가 불편한지 알아차리는 것에서 찾을 수 있다.

영아기 언어 단계의 또 다른 형태는 옹알이이다. 생후 약 4~5개월이 지나면 가장 초보적인 언어인 옹알이가 나타나게 되는데, 점차 억양이나 리듬의 변화가 나타나다가 생후 6개월이 지나면 자기와 타인의 소리를 모방하고 몸짓을 사용하여 의사를 표현한다(곽금주, 2016).

생후 1년이 되면 영아의 첫 단어 발화 이후 언어가 급격히 발달하면서 어휘 폭발이 시작되고, 18개월 후에는 두 단어를 조합할 뿐만 아니라 약 300여 개의 단어를 사용할 수 있게 된다(조성연 외, 2005). 구체적인 영아의 언어발달 과정은 〈표 11-4〉와 같다.

〈표 11-4〉 영아의 언어발달 과정

발달 시기	특징
0~3개월	• 큰 소리에 놀람 • 소리가 나는 쪽으로 눈을 움직이고 말소리에 머리를 돌림 • 2개월 전후에 사람의 말소리에 활동이나 소리를 멈춤
4~6개월	• "아빠 어디 있어?"와 같이 가족의 명칭에 움직임이나 바라봄으로써 반응함 • 성인과 같은 모음을 발성하기 시작함 • "바바"와 같이 고음과 자음을 연합한 옹알이 발성을 시작함

7~9개월	• '아니'의 의미를 이해함 • 억양, 강세 패턴을 이용함 • 타인의 말소리 억양과 패턴을 모방하고 말소리를 다양하게 조합함 • 옹알이의 패턴이 다양해짐
10~12개월	• 10개 이상의 단어 의미를 이해하고 간단한 지시를 이해함 • 자신의 이름을 부르면 머리를 돌려 부른 사람을 바라 봄 • 필요를 충족시키기 위해 몸동작이나 발성을 사용함 • 다양하고 폭넓은 음과 억양을 사용하고 발성 시 음도가 다양해짐 • 모든 자음과 모음을 사용하여 음성놀이를 즐김
13~24개월	• 한 단어를 사용하여 다양한 의미를 전달함 • 18개월 전후 200개의 단어를 이해하고 10~15개 단어를 말할 수 있음 • 한 단어를 한 문장의 의미로 사용하며, 두 단어 사용으로 확장됨 • 화자와 청자를 이해하고 대화의 규칙을 습득함 • 구어와 문어를 구분하고 의도한 바를 전하기 위해서 구어를 사용함

출처: 김정희, 이용주, 조숙영(2019).

영아의 언어에서 주목할 만한 발달특징은 언어가 영아의 가정환경이나 부모와의 상호작용과 관련이 깊다는 것이다. 즉, 부모가 어떠한 언어적 환경을 제공하는가는 영아의 언어능력을 결정하는 데 중요한 역할을 하므로 양육자는 영아의 언어에 민 감하게 상호적으로 반응해야 한다. 특히 영아의 언어발달 수준을 고려하여, 영아에 게는 어조는 높고 다양하더라도 간단하고 짧은 문장으로 천천히 말해야 한다. 단순 하고 구체적인 말을 반복해서 사용하고, 점차 그 말을 확장하여 좀 더 길고 문법적 으로 정확하게 말하는 것이 효과적이다. 〈표 11-5〉는 놀이치료사가 영아의 언어 발달을 촉진할 수 있도록 돕는 놀이치료 팁이다.

〈표 11-5〉 영아기 언어발달과 놀이치료 팁

- 놀이치료실에서 아이의 언어발달을 촉진하려면, 먼저 정확한 언어발달 수준을 파악해야 한 다. 월령에 비해 수용 언어 발달부터 느리다면 전반적인 발달 정도를 파악하고 인지적 어려 움이 있는지 더 면밀히 살펴보아야 한다. 표현 언어의 수준도 정상 월령에 적합하게 발달하 였는지 살피고, 표현 언어 발달이 늦은 영아는 소리부터 많이 낼 수 있도록 불기 활동부터 시작하는 것이 도움이 된다.
- 영아를 대할 때 너무 길고 복잡한 문장을 사용하면 안 된다. 의성어, 의태어를 사용하여 단 순하고 리듬감 있게 높은 어조로 눈을 맞추며 말한다.
- 언어발달 촉진을 위한 환경 구성을 해 보자. 예를 들어, 아이가 원하는 것은 눈에 잘 보이도 록 제시하되, 손에 쉽게 닿지 않게 하여 치료사에게 원하는 것을 표현할 수 있는 환경을 구 성한다.

4) 아이마다 다른 기질

많은 부모가 자녀의 특성이 선천적인 것인지 후천적인 것인지 궁금해한다. 그러나 아동뿐만 아니라 영아의 경우도 선천적인 것이나 후천적인 환경만으로 아이를 특징 지을 수 없다. 영아의 특성은 각 개인이 갖고 태어난 기질적 특성과 환경 요인의 상호적 결과라고 볼 수 있으며, 영아마다 다른 기질과 다른 환경을 갖고 있기 때문에 아이의 특성을 잘 고려하여 양육해야 한다. 아이마다 다른 특성은 여러 가지가 있겠지만, 영아의 경우 가장 대표적인 특성 차이를 만드는 것이 바로 기질과 애착이다.

기질(temperament)이란 한 개인이 갖고 태어나는 내적 특성으로, 영아기 때부터 이미 행동, 반응, 정서 표현 등의 형태로 나타난다. 토마스와 체스(Thomas & Chess, 1977)는 아동의 기질에 대해 연구하여 기질의 9가지 차원, 즉 규칙성, 활동수준, 새로운 자극에 대한 접근-회피, 적응성, 반응의 역치, 기분, 반응의 강도, 산만성, 주의 지속성을 제안하였다(곽금주, 2016). 토마스와 체스(1977)는 〈표 11-6〉과 같이 9가지 차원을 토대로 순한 기질, 까다로운 기질, 느린 기질 등 3가지 유형을 제안하였다.

〈표 11-6〉 기질 유형

기질유형	특징
순한 기질	• 표집의 40% • 차분하고 거의 대부분 긍정적 기분 • 새로운 경험에 개방적 · 적응적 • 규칙적이며 예측 가능한 습관
까다로운 기질	• 표집의 10% • 민감하고 불규칙적 • 변화에 강하게 반응 • 새로운 사람이나 상황에 적응하기 어려움
느린 기질	• 표집의 15% • 활발하지 못하고 수동적 • 새로운 사람이나 상황에서 움츠러드는 경향

출처: 곽금주, 김연수(2014).

영아기 기질을 접근함에 있어 주의해야 할 것은 기질에 대한 태도이다. 영아의 기질과 부모의 양육태도는 서로 영향을 주고받기 마련인데, 자녀의 기질에 대해 이해하지 못한 부모는 그 특성에 대해 혼란스러워하거나 적절히 대처하지 못하기 때문이다. 예를 들어, 까다롭고 예민한 기질의 영아를 키우는 부모는 우울하고 화가날 수 있으며, 순한 기질의 영아를 키우는 부모는 아이가 온순하다 보니 자칫 아이에게 둔감해질 수 있다. 그러나 까다로운 영아를 키우는 부모 중에도 아이의 예민함을 긍정적으로 여겨 알아차림이 빠르다고 생각하거나, 느린 영아에게 신중하다고 긍정적으로 반응해 주는 부모도 있다.

이와 같이 영아의 기질은 부모의 양육태도와 맞물려 변화를 겪으며 발달해 간다. 부모-자녀 상호작용을 통해 영향을 주고받으며, 영아의 기질과 환경의 조화를 이룬다. 이를 조화의 적합성(goodness of fit)이라고 하며, 이는 영아의 기질과 환경이 조화를 이룰 때 가장 적절한 발달이 이루어진다고 보는 개념이다(신명희 외, 2017). 따라서 영아의 기질을 접근할 때는 기질적 개인 차이와 특성을 인정하고 이에 따라 민감하게 반응해야 한다. 〈표 11-7〉은 놀이치료사가 영아기 기질을 다룰 때 주의해야 할 놀이치료 팁이다.

〈표 11-7〉 영아기 기질과 놀이치료 팁

• 영아 놀이치료에서 기질을 다룰 때는 부모를 통해 영아의 섭식과 수면, 새로운 환경에 대한 반응 등을 수집할 수 있다. 이때 놀이치료사는 영아의 기질 발달에 영향을 주는 요인이 무엇인지 찾고, 영아의 기질에 대한 부모의 이해와 태도를 면밀히 살펴보아야 한다.
• 영아 놀이치료는 영아에 대한 직접적인 개입뿐 아니라 부모상담에 대한 비중이 높기 때문에, 영아가 안정 애착을 형성할 수 있도록 돕는 부모 개입이 핵심적이다. 부모가 영아의 기질에 대해 수용하고 긍정적으로 반응할 수 있도록 도와야 한다. 기질과 부모의 양육태도의 조화는 곧 애착과 연결된다.

5) 신뢰감: 사람에 대한 믿음, 세상에 대한 믿음

인생의 첫 단계인 영아기는 양육자의 적절하고 일관적인 돌봄을 필요로 하는 때다. 영아기는 인간으로서 생활하기 위한 가장 기본적인 생리적 습관 이루어지는 시기이며, 일관되고 규칙적인 돌봄을 통해 영아는 안정감과 만족을 제공받는다. 돌전의 영아는 매일 같은 방식으로 먹고 자는 등 규칙적이고 안정감 있는 생활, 즉 잘먹고 잘 자는 것이 무엇보다 중요하다.

배가 고파 울 때마다 엄마가 아이를 안고 먹을 것을 주는 경험, 엉덩이가 축축해지고 불편할 때 바로 엄마가 기저귀를 갈아 주는 경험이 쌓이면 아이는 자신의 행동이 가져오는 결과를 예측하고 부모를 신뢰하게 된다. 그러나 양육자가 영아의 필요를 만족시키지 못하고 안정감을 주지 못하면 영아는 양육자를 신뢰할 수 없게 된다. 그리고 이러한 경험이 반복되면 영아는 양육자뿐 아니라 사람에 대한 믿음을 갖기 어렵게 되고, 결국 이러한 어려움은 세상에 대한 신뢰감에도 영향을 줄 수 있다.

이와 관련하여 에릭슨(Erikson)은 개인이 여덟 개의 심리사회적 발달단계를 거쳐 발달하며 각 단계의 심리적 위기를 만족스럽게 극복해야 건강한 발달이 이루어진다고 하였다. 그는 0세에서 1세 사이의 첫 번째 심리적 위기를 신뢰감 발달로 제안하였으며, 기본적 신뢰감은 건강한 성격의 기초라고 보았다(Erikson, 1980). 따라서 부모에게 전적으로 의존되어 있는 영아가 주 양육자와 맺는 신뢰 관계는 후에 다양한 사회적 관계에까지 영향을 미치며, 나와 타인에 대한 신뢰감 발달의 기초가 됨을 알 수 있다. 이것은 영아기가 인생에 있어 가장 기초적인 발달의 토대이며, 적절한 자극과 돌봄이 필요한지를 의미한다.

영아기 신뢰감 발달이 중요한 또 다른 이유는 신뢰감 발달이 에릭슨이 제시한 두 번째 단계인 자율성 대 수치심 단계로 나아가는 시작점이기 때문이다. 만 1세 전후의 영아는 이전에 비해 자기 몸을 스스로 움직이고 조절할 수 있기 때문에, 궁금해 마지않는 세상을 향해 탐험을 시작한다. 몸만 양육자로부터 분리되는 것 아니라 이 시기의 영아는 마음도 조금씩 분리되기 시작하여 "아니야."라고 이야기하며 엄마와 다른 나, 자아가 있다는 것을 표현하게 된다(신의진, 2007). 이와 같이 영아는 나와 타인에 대한 신뢰감이 형성되어 안정되었을 때 자신에 대한 인식을 바탕으로 주변을 탐색하며 실험하게 된다. 양육자는 이때 영아의 자율성을 격려하여야 하며, 지나친 과잉보호나 도움의 결핍이 일어나지 않도록 주의해야 한다. 〈표 11-8〉은 놀이치료사가 영아기 신뢰감 발달을 촉진하기 위해 할 수 있는 놀이치료 팁이다.

〈표 11-8〉 영아기 신뢰감 발달과 놀이치료 팁

- 놀이치료사는 영아의 신뢰감 발달을 위해 예측 가능성을 높여야 한다. 놀이치료사가 놀이에 반응하고 제안할 때 일관된 언어와 태도를 보여 줌으로써 영아가 반복된 경험을 통해 반응 및 결과를 예측하고 안정감을 갖게 한다.
- 영아가 스스로 주변 세계에 흥미를 갖고 몸으로 탐색할 수 있는 놀이치료 환경을 만들어 주어야 한다. 놀이치료사 자신이 촉진적인 환경으로서의 역할을 제공하며, 몸을 자유롭게 움직이며 자신 몸에 대한 감각과 인과관계를 배울 수 있도록 돕는다.

• 놀이치료실을 찾는 영아 중에 자율성에 대해 지나치게 통제받거나, 경계에 대한 통제를 전
  혀 받지 못한 경우가 있다. 놀이치료실 안에서 적절한 허용과 경계를 경험하여 자율성을 획
  득할 수 있도록 돕는다.

2. 영아를 위한 놀이치료

영아를 위한 효과적인 놀이치료 접근은 영아 놀이 및 놀잇감의 특성을 이해하는
것에서 출발한다. 따라서 이 장에서는 영아 놀이의 특성과 과정이 어떻게 나타나고
진행되는지 먼저 살펴보고, 영아놀이치료의 다양한 접근법에 대해 알아보고자 한
다. 영아놀이치료 접근은 발달적 관점과 수준별로 접근하는 발달놀이치료, 애착안
정성을 중심으로 접근하는 애착기반놀이치료, 부모의 역할을 중심으로 접근하는
부모자녀놀이치료로 살펴볼 수 있다.

1) 영아놀이치료를 위한 영아 놀이 이해

영아기는 감각운동 놀이가 발달하는 시기이다. 아기의 첫 번째 장난감은 자기 몸
이고 두 번째 장난감은 엄마의 몸이라는 말이 있다. 그 정도로 출생 초기의 영아는
자기 몸의 감각에 집중되어 있고, 점차 외부세계인 엄마와 환경으로 관심이 확대된
다. 영아기는 자신의 몸을 갖고 놀며 몸의 감각을 즐기다가 점차 타인 및 외부로 관
심이 확장되어 감각을 통해 사물을 탐색하는 놀이로 옮겨 간다. 즉, 영아기는 감각
운동의 협응과 감각 정보의 통합이 이루어지는 시기로서(서봉연, 이순형, 1998), 오
감을 자극시킬 수 있는 놀잇감이 필요하다. 특히 초기 감각 발달인 촉각과 청각 자
극에 반응하기 때문에, 촉각과 청각 발달 놀잇감이 유용하다. 따라서 놀이치료사가
놀잇감을 선택할 때는 발달연령에 적합한가, 안전한가, 놀이에 자극을 주는가, 영
아가 지속적인 흥미를 보이는가, 놀잇감에 어떻게 반응하는가 등을 고려해야 한다
(이순희, 김미애, 김희동, 2005).

출생에서 생후 6개월까지의 영아는 손과 입으로 사물을 탐색하는 놀이를 하는
데, 자신의 신체를 탐색하다가 점차 손에 잡히는 대로 사물을 입에 집어넣거나 흔
들어서 소리를 내기도 하며 잡아당기기 등의 조작을 할 수도 있다(이숙재, 2014). 그
래서 생애 첫 3개월 동안의 영아에게는 청각을 자극하는 딸랑이나 뮤직 박스, 시각

을 자극하는 모빌 등을 제공해야 하며, 미숙하지만 손으로 잡기 시작하는 영아에게
는 잡고 입에 넣을 수 있는 놀잇감, 천으로 만든 장난감, 다양한 감각을 경험할 수
있는 장난감이 필요하다.

특히 눈-손 협응 및 인과관계가 발달하는 6개월 전후의 영아부터는 아동의 행동
에 반응하는 장난감이 좋다. 예를 들면, 소리 나는 전화기, 누르면 움직이거나 불이
들어오는 장난감, 거울 등이다. 영아는 탐색을 통해 감각을 변별하고, 자신의 움직
임에 대한 결과를 관찰한다. 시각적으로 움직이는 모빌을 보고 즐거워하기도 하고,
모빌을 치면 움직인다는 결과를 발견한 후 같은 행동을 반복하는 영아를 쉽게 발견
할 수 있다. 놀이치료사는 놀이치료의 대상이 인과관계가 발달하는 6개월 전후의
영아기 발달수준이라면 영아가 움직임과 결과의 관계를 연결할 수 있는 놀이를 제
공하고 반응해야 한다.

걸음마기 이후의 영아는 혼자 걷게 되면서 몸을 자유롭게 움직이게 되고 그만큼
관심 영역이 넓어지고 이동 영역도 확대된다. 생각해 보면, 처음 자기 발로 세상을
향해 걸어 나간 영아 입장에서 보면 얼마나 신기하고 놀라운 환경이 많을 것인가?
영아는 이 놀라운 세상을 탐험하며 끊임없이 움직이며 논다. 영아가 걸음마를 하
기 시작하면 끌고 밀고 다니는 유모차나 수레, 던질 수 있는 공, 쉬운 퍼즐 등이 필
요하다. 대근육 운동이 발달하여 공을 굴리고 놀거나 놀잇감을 끌고 잡아 다니기도
하며, 눈-손 협응이 발달하여 쌓기놀이도 하고 상자 안에 상자 넣기 등의 조작놀이
도 할 수 있게 된다.

18개월 이후 수준의 영아에게는 도구를 사용하는 물이나 모래와 같은 감각적 놀
이, 이야기 책, 손 인형, 붓, 물감과 점토 등을 제공할 수 있다(신은수, 김은정, 유영의,
박현경, 백경순, 2001). 이 시기의 영아는 삽이나 체, 컵, 깔때기 등을 활용하여 모래
나 물이 주는 감각적 즐거움과 인과관계를 발달시킨다. 영아는 이러한 운동능력과
조작능력이 점차 발달하고 정교해지면서, 구멍에 모양을 맞추는 놀이나 크레용을
들고 난화 그리기를 즐기며, 2세 가까이의 영아는 사물의 기능에 적합한 대물놀이
를 할 수 있게 된다. 대물놀이는 한 번에 한 가지의 사물을 갖고 노는 대물놀이(약
9개월)에서 사물을 결합하는 대물놀이(약 12개월)로 발달하여 사물의 기능을 알게
되어 적절하게 갖고 노는 단계(약 20개월)로 발달한다(Fenson, 1986).

영아의 놀이치료에서 기억할 것은 영아가 즐겁게 사물을 탐색하고 감각놀이를
즐겁게 할 수 있도록 지지하는 안정된 환경이다. 이 안정된 환경이 곧 놀이치료사

[그림 11-1] 영아의 청각과 촉각을 자극할 수 있는 천 놀잇감

[그림 11-2] 재활용 약통으로 만든 딸랑이

[그림 11-3] 영아의 행동에 반응하여 소리나는 장난감

[그림 11-4] 영아의 소근육 기능에 적합한 크레용

의 역할이 될 수 있는데, 영아는 혼자 놀기도 하지만 성인과 함께 놀이를 하며 대상경험을 통해 성장한다. 영아와의 놀이에서 놀이치료사의 기능은 아동의 흥미와 행동에 맞추어 놀이를 지지하고 놀이강도를 조절하며, 반복과 변화를 적절히 제공하여 발달을 촉진하는 것이다. 따라서 영아기 아동의 놀이욕구를 충족시키고 발달을 촉진하기 위해 놀이치료사가 제공할 것은 즐겁게 주변 사물을 탐색하고 감각놀이를 할 수 있도록 지지하는 것이다. 때로 영아기부터 지나친 인지자극을 강조하는 경우가 있는데, 이때는 신체적 자아가 발달하는 시기이므로 초기 애착 대상과 눈을 맞추고 많이 안아 주는 등 신체적 감각놀이를 충분히 제공해야 한다. 만약 영아가 발달에 따른 적절한 놀이를 경험하지 못했다면 놀이치료를 통해 신뢰할 수 있고 흥미로운 환경에서 발달과업을 이룰 수 있게 된다.

2) 영아를 위한 놀이치료

(1) 발달놀이치료

발달놀이치료는 주로 신체적 접촉과 자극을 통하여 아동의 발달을 자극하는 치료방법을 의미하며 브로디(Brody)에 의해 명명되었다. 발달놀이치료는 치료사와 아동의 관계, 신체적 접촉을 이용해 생애 초기 단계의 발달과업을 재형성하는 접근이다(장미경 외, 2007). 발달놀이치료의 이와 같은 목표는 발달놀이치료 접근이 영아 놀이치료에 매우 유용할 것을 짐작하게 한다.

브로디(1993)는 타인과 돌봄의 관계에서 경험하는 촉감을 통해 핵심적 자기가 발달한다고 주장하였다. 초기 자아의 경험은 신체에 대한 인식으로 시작되며, 이 신체 인식은 친밀한 성인과의 눈맞춤, 안아 주기와 같은 접촉과 놀이를 통해 이루어진다. 놀이치료사를 통해 제공되는 접촉의 돌봄은 영아로 하여금 신체 인식과 함께 자아의 발달을 촉진한다. 놀이치료사가 제공하는 접촉은 영아와 상호작용하는 대화가 되며, 즐겁고 의미 있는 경험으로 제공된다.

브로디(1997)가 발달놀이를 통해 터득한 발달놀이치료의 여섯 가지 원리는 치료사가 영아와 어떻게 접촉을 통해 상호작용할 수 있는지 제시한다. 여섯 가지 원리는 다음과 같다.

첫째, 영아는 접촉을 받음으로써 자아감을 발달시킨다. 영아는 접촉을 받음으로써 자기 자신을 인식하고 접촉을 해 주는 사람, 즉 영아가 감정을 갖게 되는 사람을 타인으로 인식한다. 접촉을 통한 관계 맺기는 나와 너의 자아가 만나는 상호작용을 의미한다.

둘째, 영아가 접촉을 경험하기 위해서는 능력 있는 성인이 영아를 접촉해야 한다. 여기서 능력 있는 성인은 먼저 접촉을 경험한 사람이다. 접촉받을 때의 느낌을 알고 접촉을 해 주는 사람이 무엇을 해 주었는지 알기 때문에 접촉해 주는 사람이 될 수 있다.

셋째, 접촉해 주는 사람이 되기 위해 먼저 기꺼이 접촉받는 것을 배워야 한다. 접촉을 허용하는 것은 쉽지 않지만, 접촉 받은 경험을 바탕으로 치료사는 영아를 접촉할 수 있게 된다. 온정과 애정의 촉감을 제공하기 전에 먼저 치료사가 사랑하는 방법을 배워야 한다.

넷째, 접촉을 느끼기 위해 영아는 스스로 접촉 받는 것을 허용해야 한다. 신체 경험에 대한 외상이 있는 영아는 접촉이 어려울 수 있다. 그러나 치료사가 민감하게 다가간다면 이런 영아도 신체적 자아를 경험하게 될 것이며, 영아는 점차 성인이 자신을 보는 것을 허용하고 마침내 접촉을 허용할 것이다.

다섯째, 영아는 접촉을 통해 상호작용을 경험한다. 우리는 부모가 처음 접촉해 주었을 때 접촉에 대한 경험을 하게 된다. 이 경험은 삶 전체에 걸쳐 정서를 촉진하고 상호작용의 질을 구체화한다. 접촉은 다양한 치료장면에서 치료사의 치료과정을 통해 구체화되며, 치료사는 각 영아에게 맞는 접촉의 방법을 선택하여 발전시켜 간다. 발달놀이치료의 접촉이란 영아로 하여금 자신을 접촉해 주는 성인과의 만남을 통해 관계를 경험하게 하는 것이다.

여섯째, 치료사가 발달놀이치료 회기에서 일어나는 활동을 통제한다. 치료사는 발달놀이치료 세션 동안 영아가 접촉을 느끼고 경험할 수 있도록 만들어 준다. 치료관계가 이루어지고 진전되도록 할 책임이 영아가 아니라 성인에게 있기 때문에 치료사가 책임을 진다.

발달놀이치료의 형태는 부모가 함께 참여하는 회기부터 각각의 영아가 치료사와 짝을 이루어 진행하는 집단치료에 이르기까지 다양하다. 접촉을 시작하는 놀이치료사는 처음에는 '영아를 알아 가는' 단계로 시작하여 점차 영아가 접촉을 허락하고 치료사를 신뢰하는 단계, 영아가 치료사를 자신과 분리된 존재로 여기는 단계를 경험해 간다(장미경 외, 2007). 이때 치료사는 접촉과 관련하여 적절한 신체적 경계를 설정해야한다. 예를 들어, 다리를 만지는 경우에 무릎 위로는 만지지 않는 것이다. 또한 접촉은 직접적인 신체뿐만 아니라 찰흙, 손가락인형과 같은 놀잇감을 통해서도 이루어질 수 있으므로, 놀이치료사는 영아에게 맞는 적절한 접촉을 찾아야 한다.

발달놀이치료는 실제 연령이 아닌 발달연령에 맞추어 개입이 이루어진다(Gallo-Lopez & Rubin, 2012). 따라서 영아기뿐만 아니라 영아의 발달 수준(0~2세)을 가진 아동에게 영아 발달놀이치료를 적용할 수 있다. 만약 생활 연령이 6세인 유아가 발달연령이 1세라면 1세에 맞는 발달과업이 주어지는 것이다. 따라서 발달놀이치료는 현재의 발달정도와 초기 단계에서 결핍된 측면을 고려하여 접근하여야 하며, 발달수준에 맞추어 적절한 자극을 제공하는 것이다.

(2) 애착 기반 놀이치료

애착 기반 놀이치료는 통합적이고 다차원적인 접근으로 애착이론, 대상관계이론, 애착에 대한 신경생물학, 그리고 외상에 대한 신경발달이론 등에 기반을 두고 있다(Clark, 2014). 이 접근은 대상과의 경험과 관계에 초점을 맞추며, 생애 초기 결정적 발달 시기 동안 학대와 방임과 같은 애착 외상으로 어려움이 있는 어린 아동에게 유용한 방법이다.

애착은 출생 후 양육자와 맺는 친밀하고 정서적인 유대관계이다. 영아는 태어난 후 혼자 자립할 수 없기 때문에 누군가의 돌봄을 반드시 필요로 한다. 양육자의 돌봄을 받기 위해 영아는 양육자와 친밀한 관계를 형성해야 하며, 이때 발달하는 것이 애착이다. 애착에도 개인차가 존재하는데, 어떤 영아는 양육자가 주변에 있으면 낯선 환경에서도 잘 적응하는 반면, 어떤 영아는 양육자가 주변에 있어도 매우 불안해한다.

에인즈워스 등(Ainsworth et al., 1978)은 영아 애착의 질을 측정하기 위해 영아에게 스트레스를 주는 장면으로 구성된 낯선 상황 실험을 진행했다. 이는 애착 대상과 분리와 재결합, 낯선 대상을 포함하여 8가지 에피소드로 구성되었으며, 이에 대한 영아의 반응을 토대로 아동의 애착 유형을 안정애착, 회피애착, 저항애착, 혼란애착 등 4가지로 분류하였다. 안정애착 유형의 영아는 양육자와 있을 때 편안함과 안전감을 느끼며 환경을 탐색한다. 양육자와 분리되면 울기도 하지만, 돌아오면 즉각 울음을 멈추고 양육자를 반긴다. 안정애착 형성을 돕는 양육자의 조건은 민감성과 반응성, 일관성이다. 만일 양육자가 영아의 요구에 민감하게 즉각적으로 일관되게 반응한다면 영아는 안정애착을 형성할 수 있다. 회피애착은 불안정 애착의 한

유형으로 양육자와 같이 있을 때나 분리되었을 때 모두 별다른 반응을 보이지 않는 것이다. 양육자와의 관계에서 친밀감을 추구하지 않으며, 낯선 사람에게도 유사한 반응을 보인다. 부모가 강압적이고 지나친 자극을 주는 경우, 영아는 부모와 같이 있는 것이 즐겁지 않아 부모를 피하거나 무시하는 행동을 한다. 부모가 영아에 대해 거부적이거나 무관심한 경우도 회피애착을 형성할 수 있다. 저항애착도 불안정 애착의 또 다른 유형인데, 양가적 애착이라고도 불린다. 이 유형에 속하는 영아는 양육자와 분리될 때 매우 불안해하며 극심한 스트레스를 경험한다. 재결합 상황에서도 양육자와 접촉하려고 시도하지만 화를 내며 밀치는 등 다양한 분노행동을 표현한다. 영아가 양육자를 갈망하면서도 거부하는 양면적 모습은 부모의 비일관적 태도와 연관이 깊다. 일관성 없는 양육태도는 영아를 불안하게 만든다. 혼란애착은 불안정 애착 유형의 가장 심한 형태로 회피애착과 저항애착이 결합된 형태로 표현된다. 혼란애착 영아들은 양육자와 분리되었을 때 가장 불안정하고 혼돈스러운 모습을 보이며, 재결합했을 때도 다가가고 싶지만 두려워 다가가지 않는다.

애착유형과 형태는 양육문화에 따라 차이를 보이기도 하지만, 문화적 다양성에도 불구하고 대부분의 문화권에서 애착의 중요성이 발견되었다(Carlson, & Harwood, 2003). 최근에는 다중양육의 어려움과 아버지와의 애착관계 등 애착 형성에 영향을 미치는 다양한 요인에 대한 관심이 높아지고 있다. 이와 같이 애착 발달은 영아기의 주요한 발달과업이며, 후에 성인기 애착에도 영향을 미치는 사회적 관계의 초석이다. 따라서 영아가 양육자와 어떠한 개별적인 상호작용을 경험하였는가를 살피고, 불안정 애착을 형성한 영아의 경우 건강한 애착을 재형성할 수 있도록 도와야 할 것이다.

애착기반 놀이치료 이론의 핵심 전제는 생애 초기의 중요한 관계가 인간발달의 일차적 동기가 되며, 영아의 애착대상은 함께 상호작용 패턴을 만들어 가고 영아는 무의식적으로 양육자와 인지적 · 정서적 '내적 작동 모델'을 만들게 된다는 것이다(Bowlby & Base, 1988). 이러한 모델은 세계, 타인 그리고 자신을 지각하고 관계를 맺는 아동의 성격 형성에 영향을 준다. 따라서 애착기반 놀이치료에서는 생애 초기 애착관계에 상당한 중요성을 두게 된다. 애착관계는 내적 작동 모델을 형성할 뿐 아니라 탐색을 위한 안전 기반과 스트레스 상황에서 다시 되돌아올 수 있는 안식처도 제공한다. 만약 영아가 양육자가 가까이 있고 이에 대해 안정감을 느끼면 애착 시스템은 비활성화되고 탐색이 촉진된다. 그러나 스트레스를 받으면 공포와 애착

시스템이 활성화되어 탐색은 감소하고 영아는 양육자에게 가까이 가려고 한다. 영아는 이러한 경험이 축적되면서 대인관계 패턴과 스트레스에 대한 반응 패턴을 습관화한다(Schore, 2010).

애착기반 놀이치료사는 초기 발달단계에서 왜곡된 애착관계를 경험한 영아에게 새로운 경험을 제공해야 한다. 놀이치료사는 영아를 대하는 긍정적 태도를 갖고 치료사의 목소리, 표정, 눈빛등과 같은 신체 감각적 통로를 통해 영아에게 자연스럽게 다가갈 수 있다. 치료사는 언제나 안전한 안전기지로서 역할을 해야 하며, 영아가 안정하고 주변을 탐색할 수 있도록 격려하고 지지해야 한다. 또한 애착기반 놀이치료사는 애착 안정성을 갖고 아동을 정확히 관찰하고, 자신의 어린 시절 내적 상태에 대해 일관된 추론을 하며, 아동이 무엇을 필요로 하는지 정확히 알고, 아동의 요구에 맞는 도움을 제공해야 한다(Whelan & Stewart, 2015).

대상관계학자인 위니캇(Winnicott)은 영아의 성장과정을 의존에서 독립에 이르는 과정으로 개념화하여, 절대적 의존기에서 상대적 의존기로 나아간다고 하였다(Greenberg & Mitchell, 1983). 이를 적용하여 놀이치료사는 치료과정에서 절대적 의존기 수준의 영아에게 밀접하고 촉진적 환경으로서의 역할을 제공하며, 영아가 점차 독립적으로 활동할 수 있도록 도울 수 있다. 처음 나와 엄마의 분리를 지각한 영아는 불안을 느끼는데, 이러한 충격을 완화하기 위해 중간대상과 관계한다. 놀이치료사는 놀이치료 상황에서도 분리에 대한 불안을 완화하기 위해 엄마는 아니지만 엄마와 같은 느낌을 줄 수 있는 안정감을 주는 놀이매체(중간대상)를 활용할 수 있다. 이와 같이 애착기반 놀이치료사는 안전기지를 기반으로 영아가 안정된 애착을 형성하고 독립된 자아로 나아갈 수 있도록 촉진하는 역할을 하게 된다.

(3) 부모-자녀 놀이치료

위니캇이 그냥 아기란 없으며, 단지 아기와 돌보는 자 한 쌍이 있을 뿐이라고 주장한 것처럼, 영아에게 있어 주 양육자는 절대적인 존재이다. 특히 몸이 자유롭지 않고 양육자에게 의존성이 높은 영아기의 특성상 놀이치료에 있어 주요한 대상은 부모라고 해도 과언이 아니다. 영아기의 주요 문제가 대부분 애착안정성과 관련되어 있으며, 발달을 위한 촉진적 환경, 적절한 자극의 부재가 원인이기 때문이다. 따라서 영아놀이치료에서는 부모상담을 통해 자녀에 대한 이해를 높이고 양육태도에 대한 개입을 하는 것이 효과적이다. 놀이치료사는 부모가 자녀의 기질과 특성을 이해하도록 돕고, 양육의 어려움이 무엇인지, 부모역할의 효능감을 방해하는 요인이 무엇인지 살펴보아야 한다.

　더불어 부모와 자녀가 함께 하는 놀이치료를 진행하여, 실제적인 부모-자녀 상호작용을 경험하도록 도울 수 있다. 애착 외상에 대한 부모-자녀 놀이치료는 주요 애착 대상인 부모가 치료에 함께 하는 것이며, 무엇보다 아동과 한 명 혹은 그 이상의 주 양육자 간의 외상이 다루어지면서 애착 안정성이 형성된다는 것이 큰 장점이다(Malchiodi & Crenshaw, 2015). 부모-자녀가 함께하는 놀이치료는 부모-자녀의 놀이 상호작용을 통해 정서적 유대감과 양육 효능감을 증진시킨다. 영아는 놀이를 통해 주 양육자와 함께 안전하고 신뢰하고 만족스러운 경험을 하게 될 것이다.

3. 영아놀이치료 사례

　윤수(가명)는 까다롭고 예민한 기질을 가진 만 2세 여아로 어린이집이나 새로운 상황에서 말을 전혀 하지 않아 치료실을 방문하게 되었다. 발달검사 결과, 윤수는 신체 및 언어 발달 모두 또래보다 6~8개월 정도 지연되는 것으로 나타났으며, 소근육 기능도 연령에 맞게 발달하지 못하였다. 어린이집 교사는 윤수가 평소 긴장이 높으며, 경직되고 무표정한 얼굴로 우두커니 있을 때가 많다고 보고하였고, 부모는 윤수가 가정에서도 주로 혼자 놀 때가 많다고 하며 아이랑 어떻게 놀아 주어야 할지 모르겠다고 어려움을 표현하였다.

　윤수의 어머니는 남편의 음주와 늦은 귀가로 부부싸움을 할 때가 많아 지쳐 있는데, 윤수가 자신에게 까다롭게 하며 고집을 피워 자신을 힘들게 한다고 호소하였다. 어머니는 출산 후부터 줄곧 우울한 상태로 지내고 있다고 하며, 윤수가 옷 입는 것부터 자는 것까지 까다롭게 굴 때마다 화가 나 소리를 지르게 된다고 하였다.

　윤수는 치료실에 들어와서도 탐색을 하거나 놀이치료사에게 관심을 보이거나 하는 모습을 찾기 어려웠다. 놀이치료사가 눈을 맞추고 인사를 해도 짧게 눈을 맞춘 후 부끄러워하며 소꿉놀이 장난감만 물끄러미 쳐다보기만 하여, 치료사가 소꿉놀이를 꺼내어 주니 그릇을 일렬로 늘어놓기만 하였다.

　놀이치료사는 윤수에 대한 놀이치료 개입의 방향을 다음과 같이 3가지로 세웠다. 첫째, 전반적 발달의 촉진, 둘째, 자기와 타인에 대한 인식 및 상호 관계능력 향상, 셋째, 주 양육자인 어머니가 자녀의 기질을 이해하고 자녀와 안정된 애착을 형성하는 것이다. 이를 위해 놀이치료사는 윤수와 안전한 신체 접촉놀이를 진행하면서, 윤수의 놀이행동과 욕구에 대해 발달수준에 적합한 언어적·비언어적 반응을 보여 주었다. 치료사의 몸을 활용한 자극과 반응과 함께 윤수가 흥미를 보이고 반응하는 놀잇감에서부터 출발하여 점차 관심이 확대되도록 도왔는데, 놀이매체에 대한 제한적 관심만 보였던 윤수가 점차 다양한 감각놀이를 즐기게 되었다. 윤수는 회기가 진행됨에 따라 목소리가 커지고 말이 많아지며, 때론 도전적이 되었다.

[그림 11-5]는 윤수가 치료사와 진행했던 신체 본뜨기 놀이이다. 놀이치료사는 윤수가 몸에 대한 자기 감각을 갖도록 다양한 신체놀이를 진행했는데, 신체 본뜨기는 수동적이었던 윤수에게 편안하고 흥미롭게 다가갔던 놀이이다. 윤수가 화이트보드이나 도화지 위에 서면 놀이치료사가 윤수의 발의 외곽을 따라 마커로 그려 준다. 그리고 발을 떼고 보면 이전에 없던 형태, 그것도 '나'의 발이 나타난다. 신체 본뜨기 놀이가 반복되면서 윤수는 발 안에 그림을 더 첨가해서 그려 가기 시작했다. 점차 의미가 부여되며 내용이 만들어지고 있는 것을 알 수 있다.

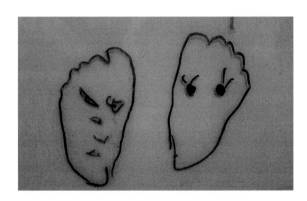

[그림 11-5] 신체 본뜨기 놀이

[그림 11-6]은 쌀을 만지고 뿌리고 모으며 놀이한 후, 자기 손을 찍어 본 것이다. 윤수는 자기 손이 찍힌 것을 바라보며, 감각 놀이를 통해 나를 자각하고 인식해 갔다. 윤수는 [그림 11-7]처럼 자기 손에 미끌미끌한 크레용의 감촉과 색을 느끼며 그림을 그리고, 놀이치료사의 손에도 그림을 그려 주기도 하였다. [그림 11-8]은 치료사가 풍선을 활용하여 종이컵 로켓을 만들어 준 것인데, 자기 손으로 풍선을 당기면 색종이 조각이 날아가는 것을 보며 매우 흥미로워했던 놀이이다. 윤수는 자

기 행동과 그에 대한 결과를 눈으로 확인하며 인과관계, 자기 힘에 대한 인식과 조절을 성취해 갔다. 윤수는 [그림 11-9]처럼 점차 다양한 감각 자극과 놀잇감을 즐기며, 의미 있는 모양을 찾아 명명하기 시작했다. [그림 11-10]처럼 손으로 뭉친 폼클레이에 색 성냥개비를 꽂아 상징화된 형태를 만들었다.

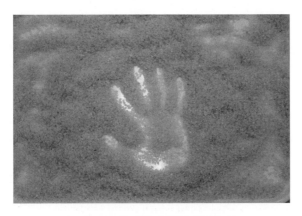

[그림 11-6] 쌀을 이용한 감각놀이

[그림 11-7] 신체 크레용 놀이

[그림 11-8] 종이컵 로켓 놀이

[그림 11-9] 크림 놀이

[그림 11-10] 폼클레이 놀이

윤수가 점차 의사소통이 가능해지고, 일상생활에서 타협하기가 좀 더 수월해짐에 따라 어머니도 이전보다 우울감이 감소되었다고 하였으나, 여전히 윤수는 어머니에겐 힘든 아이였다. 윤수는 치료가 진행되면서 오히려 어머니에게 요구가 많아지고 토라지는 일도 증가하였는데, 어머니는 이러한 윤수의 표현적 행동을 수용하기 어려워하였다. 그래서 치료사는 부모-자녀 놀이치료를 제안하였고, 윤수는 8회기 동안 엄마와 함께하는 놀이치료에 참여하게 되었다. 윤수는 처음 엄마가 놀이치료실에 함께 있게 되자 오히려 긴장하는 모습을 보이며 말이 없어지고 경직되었는데, 마찬가지로 어머니도 어색해하며 어찌할 줄 몰라 하였다. 윤수는 치료사의 "윤수가 선생님과 제일 재밌게 했던 놀이가 무얼까?"라는 질문에 색점토를 선택하였고, 치료사가 윤수와 먼저 놀이를 시작하다가 어머니에게 점토를 주어 자연스럽게 윤수와 점토놀이를 할 수 있도록 진행하였다. 매 회기 동안 놀이가 끝나면, 놀이치료사는 부모상담을 통해 부모-자녀 놀이치료에서 보였던 모녀의 반응과 놀이

활동에 대해 이야기를 나누는 시간을 가졌다. 회기가 거듭되면서, 윤수는 어머니와 함께하는 놀이치료 시간을 즐거워하며 놀이를 주도해 나갔고, 어머니 앞에서 블록을 높이 쌓거나 공을 골인시키며 자신의 성취를 자랑했다. 어머니는 이후 개인상담에 자원하여 6개월간 자신과 부부 문제에 대한 상담을 받았고, 윤수가 어린이집에서나 또래와 잘 적응하게 되면서 치료를 종결하게 되었다.

　윤수의 사례는 정서적 자극과 돌봄, 기질에 대한 부모 양육의 조화가 부족할 때 영아의 발달과 애착 안정성에 어떠한 영향을 미치는지 보여 주는 좋은 사례이다. 무엇보다 신체를 기반으로 한 상호적 감각놀이의 유용성을 보여 주는 좋은 예라고 생각된다.

정리해 봅시다

　영아기는 생애 초기 2년에 해당하는 짧은 순간이지만, 신체와 인지 영역 모두에서 눈부신 성장을 이루는 시기이다. 영아는 신체감각을 통해 자신과 타인, 세상을 인식하고 인과관계를 배우며 매일매일 자란다. 무엇보다 영아기는 양육자와의 일대일 관계를 통해 인간으로서 살아가는 데 기본이 되는 신뢰감, 생리적 습관의 기초를 다지는 시기이다.

　이러한 영아의 성장과 발달에 가장 큰 영향을 주는 것이 바로 영아가 처음으로 만나는 세상인 부모이다. 따라서 영아놀이치료사는 영아를 만나는 것 이상으로 주 양육자인 부모에 대한 상담 개입에 주목하고 기질과 환경의 조화를 촉진해야 한다. 영아놀이치료는 부모에게 영아로서 충분히 제공받아야 할 돌봄과 자극이 부족했던 영아를 돕기 위한 매우 효과적 방법이다.

　영아놀이치료를 위해 치료사는 영아의 발달과 흥미에 적합한 놀잇감을 이해하고 활용할 수 있는 능력을 갖추며, 영아에게 적합한 놀이치료 접근을 적용할 수 있다. 대표적인 영아놀이치료 접근에는 접촉을 통한 자극과 상호작용을 강조하는 발달적 놀이치료와 초기 대상과의 애착체계를 강조하는 애착기반 놀이치료, 부모의 양육 효능감을 높이는 부모-자녀 놀이치료가 유용하다. 치료사는 영아의 발달단계와 결핍을 확인하고, 영아놀이치료과정 안에서 민감하며 일관적인 반응을 제공한다. 놀이치료사가 영아기에 대한 정확한 이해를 바탕으로 치료사와의 대상 경험, 감각적 자극과 정서적 돌봄을 제공한다면 영아는 건강한 성장과 발달을 이루게 될 것이다.

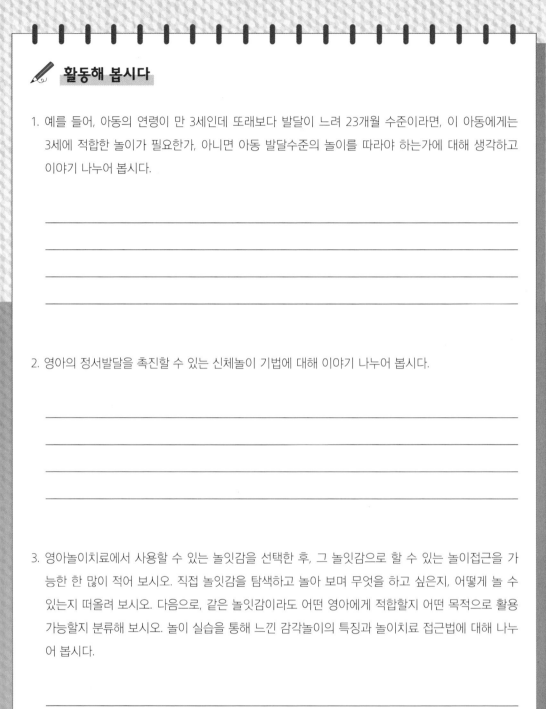

✏️ **활동해 봅시다**

1. 예를 들어, 아동의 연령이 만 3세인데 또래보다 발달이 느려 23개월 수준이라면, 이 아동에게는 3세에 적합한 놀이가 필요한가, 아니면 아동 발달수준의 놀이를 따라야 하는가에 대해 생각하고 이야기 나누어 봅시다.

_____

_____

_____

_____

2. 영아의 정서발달을 촉진할 수 있는 신체놀이 기법에 대해 이야기 나누어 봅시다.

_____

_____

_____

_____

3. 영아놀이치료에서 사용할 수 있는 놀잇감을 선택한 후, 그 놀잇감으로 할 수 있는 놀이접근을 가능한 한 많이 적어 보시오. 직접 놀잇감을 탐색하고 놀아 보며 무엇을 하고 싶은지, 어떻게 놀 수 있는지 떠올려 보시오. 다음으로, 같은 놀잇감이라도 어떤 영아에게 적합할지 어떤 목적으로 활용 가능할지 분류해 보시오. 놀이 실습을 통해 느낀 감각놀이의 특징과 놀이치료 접근법에 대해 나누어 봅시다.

_____

_____

_____

참고문헌

곽금주, 김연수(2014). 영아발달. 서울: 학지사.

곽금주(2016). 발달심리학-아동기를 중심으로. 서울: 학지사.

김정희, 이용주, 조숙영(2019). 영유아 생활지도. 경기: 공동체.

서봉연, 이순형(1998). 발달심리학: 아동발달. 서울: 중앙적성출판사.

신명희, 서은희, 송수지, 김은경, 원영실, 노원경, 김정민, 강소연, 임호용(2017). 발달심리학. 서울: 학지사.

신은수, 김은정, 유영의, 박현경, 백경순(2011). 놀이와 유아교육. 서울: 학지사.

신의진(2007). 우리아이 심리백과. 서울: 웅진씽크빅.

이숙재(2014). 영유아 놀이의 이론과 실제. 서울: 창지사.

이순희, 김미애, 김희동(2005). 영아를 위한 놀이지도. 서울: 교육아카데미.

장미경, 이상희, 정민정, 손금옥, 조은혜, 유미성(2007). 아동상담의 이론과 실제. 서울: 태영출판사.

정미라, 박수경, 권정윤, 이방실(2012). 뇌 발달 이론에 기초한 걸음마기 영아 부모 프로그램이 영아 발달 및 어머니 상호작용에 미치는 영향. 유아교육연구, 32(6), 467-488.

조성연, 이정희, 천희영, 심미경, 황혜정, 나종혜(2005). 아동발달의 이해. 서울: 신정.

Ainsworth, M. D. S., Blehar, M. C., Waters, E., & Wall, S. (1978). *Patterns of attachment: A psychological study of the strange situation*. NJ: Lawrence Erlbaum.

Bowlby, J., & Base, A. S. (1988). *Parent-child attachment and healthy human development*. New York: Basic Books.

Brody, V. A. (1993). *The dialogue of touch. Treasure Island.* Florida: Developmental Play Therapy Associates.

Brody, V. A. (1997). *Dialogue of touch: Developmental play therapy*. Jason Aronson, Incorporated.

Carlson, V. J., & Harwood, R. L. (2003). Attachment, culture, and the caregiving system: The cultural patterning of everyday experiences among Anglo and Puerto Rican mother-infant pairs. *Infant Mental Health Journal: Official Publication of The World Association for Infant Mental Health, 24*(1), 53-73.

Clark, K. M. (2014). *Play therapy: A comprehensive guide to theory and practice*. New York: Guilford Publications.

Fenson, L. (1986). The developmental progression of play. *Play interactions*, 53-66.

Gallo-Lopez, L., & Rubin, L. C. (Eds.). (2012). *Play-based interventions for children and adolescents with autism spectrum disorders*. Routledge.

Greenberg, J., & Mitchell, S. R. (1983). *Object relations in psychoanalytic theory.* Harvard University Press.

Hughes, F. P. (2009). *Children, play, and development.* Boston: Allyn & Bacon.

Malchiodi, C. A., & Crenshaw, D. A. (Eds.). (2015). *Creative arts and play therapy for attachment problems.* New York: Guilford Publications.

Schore, A. N. (2010). *Relational trauma and the developing right brain: The neurobiology of broken attachment bonds.*

Siegel, D. J. (1999). *The developing mind: Toward a neurobiology of interpersonal experience.* New York: Guilford Press.

Whelan, W., & Stewart, A. L. (2015). *Attachment security as a framework in play therapy.*

제12장

유아놀이치료

전생애에 걸쳐 놀이치료가 유용함은 일반적으로 확인된 사실이다. 그중 놀이치료가 가장 많이 확대되어 있는 것은 유아와 아동일 것이다. 놀이를 통해 유아는 발달을 촉진하고, 사고를 발달시키며, 언어를 확장시킨다(Fergus, 2003). 세상의 중심이 자신에서 다른 것이 중심이 될 수 있다는 사실을 받아들이게 되는 순간이 오기 전까지의 이 시기는 놀이라는 상징을 통해 자신의 감정이나 사고를 표현하게 되고 성장하게 된다. 이 장에서는 유아에게 나타나는 주요한 발달과업과 문제들에 대해 살펴보고, 이러한 부분들이 놀이치료 안에서 어떻게 드러나는지를 알아보고자 한다.

1. 유아기 주요 발달과업과 문제

유아기는 신체, 운동기능, 지능, 사고, 언어, 성격, 정서, 사회성과 같은 모든 능력들이 발달하게 되는 중요한 시기이다. 어린 시절의 환경과 경험이 이후 발달의 기초가 되기 때문에 유아는 시기에 맞는 적절한 자극을 경험하는 것이 필요하다. 정해진 시기에 발달이 적절하게 이루어지지 않으면 다음 단계로 이행하는 데 어렵기 때문에 유아의 발달과업들을 잘 살펴보고 제때에 필요한 도움을 제공해야 한다. 이 장에서는 유아의 많은 발달과업 중에 의사소통, 주도성, 사회성, 자기조절력 등 중요한 발달 4가지를 대표적으로 살펴보고자 한다.

1) 의사소통 발달

유아기는 문장과 어휘가 폭발적으로 증가하면서 의사소통이 더 활발하게 이루어지는 시기이다. 상징과 심상을 다양한 방법으로 표현하는 능력이 발달하기 때문에 유아는 그림책과 같은 것을 좋아하고 지어서 말하는 것을 좋아한다. 유아기 초기에 사용하는 단어의 수가 200~300개였다면 5세경이 되면 2,500개 정도로 증가한다(문혁준 외, 2018). 그만큼 언어의 발달이 급속도로 이루어지는 중요한 시기이다.

유아는 이 시기가 되면 궁금한 것이 많아지고, 특히 언어에 대한 궁금증이 매우 폭발하게 된다. 새로운 단어나 개념을 이해하기 위해 끊임없이 질문하고 대답을 들으면서 이해하는 과정이 수없이 이루어지게 되고, 이는 학습의 기본적 수단이 된다. 유아기는 '언어의 폭발기'라고 할 만큼의 폭발적인 언어의 증가가 나타나면서 점차 자신의 표현이 증가하고 의사소통의 확장이 이루어진다.

유아는 몇 가지 의사소통을 위한 기술을 획득하는데, 2세경이 되면 의사소통에 필요한 사회적·상황적 요인들을 알 수 있게 된다. 의사소통에서 한 사람이 말을 하면 자신은 멈춰야 한다는 것을 알게 되고, 말을 할 때는 상대를 쳐다봐야 한다는 것을 인식하게 된다. 2세 반이 되면, 멀리 있는 사람에게는 좀 더 크게 말해야 한다는 사실을 알게 되고, 다른 사람에게 요구를 할 때는 예의바르게 해야 한다는 사실을 구별할 수도 있게 된다(Baroni & Axia, 1989; Garton & Pratt, 1990; Johnson & Smith, 1981). 또한 3세 유아는 말하는 사람의 진정한 의미가 표현된 말과의 차이가 있다는 것을 이해한다(Shartz & Gelman, 1973). 물론 의사소통의 더 세밀한 부분들을 아직 완전하게 이해하지는 못하지만, 어느 정도의 의사소통은 가능해진다는 것이다.

이 시기의 언어발달이 부진한 경우는 발달적으로 주요하게 살펴봐야 한다. 인지적·정서적 소통은 언어를 통해 이루어지기 때문에 유아기의 언어발달 체크는 필수이다. 언어발달은 지적 능력의 발달과도 연관되는 경우가 많기 때문에 이 시기의 언어적 문제들은 인지적 발달의 기준점이 되기도 한다. 언어발달이 늦은 유아는 자신의 감정이나 욕구를 언어화시키지 못하게 되는데, 이로 인해 소리를 지르거나 때리는 등의 공격적 모습의 행동 문제가 나타날 수 있다. 자신의 감정을 언어적으로 표현할 수 있는 의사소통의 발달이 이루어지지 않으면, 감정을 처리할 도구가 없기 때문에 자신의 생각이 받아들여지지 않게 될 때 공격적인 형태로 표현되는 것이다. 또한 다른 또래들과의 관계 안에서 자신의 언어적 표현이 부족하게 될 때 유아의 심리적인 부분에서도 자존감의 영향을 줄 수 있기 때문에 언어적 발달의 체크가 중요하다.

〈표 12-1〉은 유아의 의사소통 발달을 체크하기 위해 놀이치료 장면 안에서 놀이치료사가 확인해 보면 좋을 내용들이다.

〈표 12-1〉 유아기 의사소통과 놀이치료 팁

- 유아의 놀이에서 발화되고 있는 언어적인 양을 파악한다. 유아의 연령에 따른 표준적인 언어적 이정표를 확인하고, 유아의 발화 안에서 이루어지고 있는 단어, 문장의 조합 등을 확인한다.
- 자신의 감정이나 생각에 대해 언어적으로 표현하는 능력이 어느 정도 발달하였는지를 놀이 과정 안에서 파악한다. 언어발달이 늦은 아동은 놀이치료 중에 발화량이 적고, 문장의 조합이 적절히 이루어지지 않고, 자신의 의사표현을 단어로만 표현하는 경우가 많다. 또한 자신의 사회적·심리적 상황을 언어로 표현하는 능력이 부족하기 때문에 관계를 유지하는 데 언어를 사용하지 못하고 비언어적인 표현들을 많이 나타낸다.
- 자신의 친밀감을 표현하고 싶지만 언어적 발달이 미흡하게 될 때 신체적으로 접촉을 과도하게 하려는 행동들을 보이기도 한다. 또한 자신의 의사표현을 위해 거절이나 거부에 대한 부분들을 공격적이거나 폭력적인 형태로 나타내는 경우들이 나타날 수 있다.
- 유아의 언어적인 문제는 사실 매우 다양한 문제로 나타날 수 있기 때문에, 놀이치료사는 기본적으로 유아가 나타내는 언어발달의 문제들에 대해서는 습득하고 있어야 한다.

2) 주도성 발달

유아기는 경험을 통해 자신의 신체를 통제하는 기술을 발달시키고, 자신이 할 수 있는 일들이 점차 많아짐에 따라서 자율성이 현저하게 발달하는 시기라고 볼 수 있다. 유아는 다양한 운동 기술을 발달시키고, 자신의 몸을 사용하는 활동을 통해 성취감을 충분히 경험하는 것이 필요한 시기이기도 하다. 또한 에릭슨의 심리사회이론 중 3단계인 주도성 대 죄책감의 발달시기이다(Erikson, 1963). 이 시기는 호기심, 탐색의 방법으로 세상을 향해 나아가게 되는데, 주도성은 유아가 새로운 일을 스스로 완성하고 성공 경험을 하는 것으로부터 발달하게 된다. 에릭슨은 이 시기에 유아가 놀이나 탐색적 활동을 시도할 때 성공하는지, 실패하는지, 또는 유아의 주도적 행동에 양육자가 어떻게 반응하는지에 따라 심리사회적 위기의 극복 여부가 달려 있다고 하였다(문혁준 외, 2018). 즉, 유아가 새로운 일을 받아들이고 스스로 해 낸 경험을 하게 되면 주도성이 발달하지만, 실패를 경험하거나 비난이나 처벌 등과 같은 양육방식을 받게 된다면 수치심과 죄의식이 생기게 되어 자신에 대한 부정적 자아개념을 형성하게 된다.

따라서 이 시기의 성공 경험은 매우 중요한데, 따라서 실패할 수 있지만 도전해 보는 유아의 시도를 막아서는 안 된다. 성공 경험보다 더욱 중요한 것은 시도해 보는 것인데, 시도할 때의 용기와 격려를 통해 유아는 힘을 얻게 되고, 실패했을 때의 에너지를 회복하게 된다.

바쁜 현대 사회를 살면서 유아를 키우기 위해 어머니들은 많은 시간이 필요하다. 어머니가 먹여 주어야 밥을 빨리 먹을 수 있고, 옷을 입혀 주어야 시간이 절약될 수 있다. 아직 서툴고 잘 못하는 유아가 하는 것을 지켜봐 주는 것에서 어머니들은 조급하다. 하지만 이러한 시도의 기회를 얻지 못한 유아는 성공 경험을 할 기회가 적어질 수밖에 없다. 이것은 유아의 주도성 발달을 저해하는 중요한 요인이 된다.

〈표 12-2〉는 유아의 주도성 발달을 체크하기 위해 놀이치료 장면 안에서 놀이치료사가 확인해 보면 좋을 내용들이다.

〈표 12-2〉 유아기 주도성과 놀이치료 팁

- 놀이치료실 입실에 대한 부분에서 부모와의 분리가 어려운지를 살펴봐야 한다. 분리 불안이 있는 경우, 부모로부터 분리되어 스스로 놀이치료실을 선택하여 들어오는 것이 어려운 경우에 자율성과 주도성 발달의 어려움을 가지고 있는 가능성이 있다.
- 놀이치료실에 입실하여 놀잇감을 선택하지 못하는 유아들이 있다. 놀이치료사가 놀이치료실에 대한 안내와 더불어 유아가 스스로 선택하는 것에 대한 중요성을 이야기하지만, 유아는 스스로 선택해 본 경험이 없기 때문에 어떤 것을 선택해야 할지 난감해하며 가만히 치료실에 앉아 있거나 무기력한 모습을 보이는 경우가 있다.
- 어떤 놀이를 할 때마다 치료사에게 어떤 걸 해야 하는지를 물어보는 유아가 있다. 이런 유아들 대부분의 생육사를 살펴보면, 주도성을 경험하고 성취 경험을 충분히 해야 하는 유아기에 스스로 성취해 본 경험이 없는 경우들이 매우 많은 것을 볼 수 있다. 조모가 아동이 뭘 할 수 있겠냐고 하면서 초등학교 5학년 손자의 양말도 신겨 주고, 학교도 혼자 갈 수 없을 것 같아 실내화 가방과 책가방을 모두 들어다 주는 방식으로 양육한 아동은 초등학교 5학년이 되었으나, 놀이치료실에서 자신이 원하는 놀이를 선택하지 못하였다. 스스로 무언가를 결정하고 주도해 본 경험이 없기 때문이다.

예) "선생님은 뭘 하고 싶어요?"

　　"저는 아무거나 해도 되는데, 선생님은요?"

　　"모르겠어요."

• 놀잇감 선택과 마찬가지로 놀이 전반에 대한 주도를 하지 못하는 경우가 있다. 어떤 놀이를 해야 하는지 주저하며 선택을 하지 못할 뿐 아니라 어떻게 놀아야 할지 몰라 당황해한다. 놀이치료사가 놀이를 주도해 주고 자신은 따라가기를 원하며, 스스로 놀이를 주도해 나가지 못하고 의존적인 모습들이 나타난다. 이런 상황들이 반복되게 될 때 놀이치료실에 가고 싶지 않다고 하는 방어적인 모습을 보이기도 한다. 스스로 선택하고 책임지는 것에서 불안을 경험하기 때문이다.

3) 사회성 발달

유아기는 부모와의 분리가 서서히 일어나면서 또래와의 상호작용에 점차 활발해지는 시기이다. 그러면서 유아는 다른 사람과의 관계를 시작하게 되고, 주변 환경에 대처하는 행동을 발달하게 된다. 그러나 가장 중요한 부분은 부모와의 애착관계를 기반으로 사회적 관계를 확장하게 된다는 것이다. 영아기에 안정애착을 형성한 유아는 모-자, 부-자 관계에서 벗어나 친구와 다른 성인들과도 안정적인 관계를 시작하지만, 불안정애착을 형성한 유아는 분리불안이나 낯가림, 공격성 등 정서적이고 행동적 문제들이 발현되게 된다. 그렇기에 여전히 유아기도 양육자와의 안정적인 애착을 기반으로 한 사회적 관계의 확장이 중요하다.

〈표 12-3〉은 유아의 사회성 발달을 체크하기 위해 놀이치료 장면 안에서 놀이치료사가 확인해 보면 좋을 내용들이다.

〈표 12-3〉 유아기 사회성과 놀이치료 팁

• 유아의 사회성은 안정된 애착을 기반으로 하는 경우가 많기 때문에 유아와 부모가 대기실에 있는 상황들을 관찰하는 것이 필요하다. 유아와 부모와의 상호관계가 자연스럽게 이루어지고 있는지를 객관적으로 파악할 수 있다. 예를 들어, 유아와 멀찍이 떨어져 앉아서 유아가 하는 행동에 대해 매우 지시적으로 이야기하는 모습이 어떤지, 유아가 부모를 대할 때의 스킨십이 자연스럽게 나타나는지, 부모도 자녀와의 상호작용이 적절한지를 관찰할 기회가 된다.
• 유아의 사회성 발달은 놀이치료사와의 관계로부터 살펴봐야 하는데, 처음 만났을 때 유아의 반응을 관찰하는 것부터 시작이다. 너무 과하게 놀이치료사에게 애착을 표현하는 경우가 있는데, 이러한 경우 애착의 문제를 나타낼 수 있기 때문에 발달력을 살펴보는 것이 중요하다. 또한 놀이치료사에게 관심을 전혀 보이지 않거나, 매우 낯설어하면서 거부적인 태도를 보이는 것을 관찰한다면 이 역시도 사회적 상호작용의 어려움을 가진다고 볼 수 있다.

- 놀이치료과정 안에서 놀이치료사의 상황이나 자신의 상황을 파악하고 이에 적절한 행동을 보이는지 살펴봐야 한다. 때로는 놀이치료사가 어디 있는지도 관심이 없고 놀잇감에만 몰두하여 언어적인 의사소통을 전혀 하지 않고 자신의 놀이만을 하는 경우가 있을 수 있는데, 이러한 경우 사회성 발달이 미숙할 수 있다. 또는 자신이 알고 있는 지식적인 부분에 대한 이야기를 계속 늘어놓는 경우도 있는데, 이 경우도 사회적 대화가 미숙하기 때문에 나타날 수 있다.
- 유아의 사회성 발달은 완성형이 아니기 때문에 다소 미숙하고 부적절한 행동을 나타낼 수 있다는 것을 치료사는 늘 염두해 두어야 한다.

4) 자기조절력

유아기의 가장 중요한 발달과업은 자기조절력의 초석을 다지는 것이라고 할 수 있다. 유아기의 정서는 지속 시간이 짧고 자주 바뀌며, 기복이 심하다. 그래서 쉽게 친구와 싸웠다가도 다시 친하게 지내고, 화가 났다가도 작은 사탕 하나에 기분이 좋아지기도 한다. 점차 연령이 증가하면서 직접적이고 외적인 표현은 줄어들겠지만, 구체적이고 내적인 표현들은 증가하게 된다.

이 시기의 유아는 화가 나면 분노의 감정을 떼쓰는 행동으로 표현하게 되는데, 울고, 소리 지르고, 발을 구르는 등의 떼쓰기는 3~4세경에 심하게 나타난다. 하지만 언어가 습득되면서 유아는 자신의 감정을 언어로 표현할 수 있게 되고, 자신의 정서를 조절하려는 노력을 기울이게 된다. 친구 때문에 화가 났지만, 꾹꾹 참으며 '쟤랑 안 놀 거야.'라고 생각하거나, 장난감이 가지고 싶지만 떼쓰던 행동을 조절하고 다시 어머니의 말을 듣는 모습들을 보면, 유아도 자신의 정서를 조절하기 위한 능동적인 노력을 하고 있다는 것을 볼 수 있다.

만 3세의 경우 아직 정서조절 능력이 미숙하고 언어적 표현능력이 제한되어 있기 때문에 화가 나면 친구를 밀거나, 장난감을 뺏는 등의 공격적 행동이 나타날 수 있다(Kopp, 1982). 그러나 4~5세가 되면서 유아는 감정을 언어로 표현할 수 있게 되면서 공격적 행동을 보이기보다는 말로 이를 표출하는 변화를 보이게 된다(양옥승, 2006). 또한 자신의 감정을 조절하는 능력이 더욱 발달하면서 고집을 부리거나 떼를 쓰는 행동도 서서히 줄어들게 되고 타협하는 모습들이 나타나게 된다.

자기조절력이란 자신의 행동을 통제하고 주어진 상황과 조건에서 자신의 감정을 조절하고 욕구를 다스리는 능력이다(Kopp, 1982). 자아가 확고해지고 자신의 의지가 중요해지는 유아기가 자기조절력 발달의 적기이다. 자기조절력의 발달은 2가지의 선행조건이 필요한데, 그중 하나가 바로 안정된 애착의 기반이 마련되는 것이고, 다른 하나는 감정을 적절하게 표현하는 법을 배우는 것이다. 이것은 일상생활 안에서 수용받는 경험과 모델링을 통해서 체득되게 된다. 부모 스스로가 자신의 감정을 자녀에게 올바르게 표현하게 되면 자녀도 그것을 체화시켜 혼란스러운 감정 상황에서 올바른 방법으로 표출하게 된다. 하지만 갑자기 버럭 소리를 지르거나 예측하기 어려운 방식으로 표현하게 되면, 자녀는 감정을 어떻게 표현해야 하는지 모르고, 자신도 감정을 조절하지 못하고 같은 방식으로 표출해 버리게 된다.

유아는 놀이치료실 안에서 자신이 표현하는 정서를 놀이치료사가 알아차려 주는 경험을 하게 된다. 또한 자신이 보여 주는 긍정적이거나 부정적인 감정들을 그대로 수용받는 경험을 하게 된다. 이러한 과정 안에서 유아는 자신이 지금 나타낸 감정을 인식할 수 있게 되고, 이를 언어화하는 기초가 된다. 자신이 보인 감정이 무엇인지 몰라 소리를 지른 유아에게 치료사는 "네가 너무 속상해서 그랬구나. 선생님도 그 마음이 뭔지 알 거 같아. 하지만 속상하다고 해서 나를 때릴 순 없어. 그 대신 이 인형을 때릴 수는 있단다."라고 감정을 수용하게 되면 유아는 '내가 속상한 거였구나.'라고 인식하게 되고, 치료사가 나의 마음을 알아주는 것에 대해 깊은 공감을 받게 된다. 그리고 시간을 부여해 줌으로써 유아가 감정을 조절하도록 돕고, 느낀 감정을 적절한 방식으로 표현하도록 도와주는 것이다. 이러한 과정은 내담 아동으로 하여금 감정을 조절하도록 돕고 적응적인 행동으로 이끌도록 한다.

〈표 12-4〉은 유아의 자기조절을 체크하기 위해 놀이치료 장면 안에서 놀이치료사가 확인해 보면 좋을 내용들이다.

〈표 12-4〉 유아기 자기조설과 놀이치료 팁

- 자기조절이 어려운 유아는 놀이치료실에서 제한을 잘 받아들이지 못하는 모습들을 대표적으로 나타낸다. 놀이치료실에서 다양한 제한에 대해 거부하는 모습을 보이며 공격적으로 놀잇감을 던지거나 놀이치료사를 때리는 등의 행동을 나타내는 경우들이 있다. 자기조절력의 발달은 행동을 구조화하면서 해서는 안 되는 행동과 해도 되는 행동을 구분하고 상황에 맞게 자신의 행동을 조절해야 하는데, 자기조절의 어려움을 겪는 유아는 이러한 경계선이 허물어져 있거나 너무 느슨한 모습들을 나타내는 경우가 많다. 그렇기 때문에 이러한 유아에게는 놀이치료실 안에서의 구조화가 매우 중요하며, 안정된 기반을 바탕으로 한 일관성 있는 놀이치료사의 태도가 무엇보다 필요하다.

- 제한되는 상황인 것을 알면서도 끊임없이 제한하는 행동을 일부러 유발하기도 한다. '이렇게 하는데도 나를 수용해 줄 것인가?'에 대한 시험이기도 하다. 대체로 자기조절의 문제를 가진 유아는 자신이 보이는 행동에 대한 제한만 당해 왔지, 감정을 수용받아 본 경험이 적은 경우가 많다. 그렇기 때문에 늘 자신의 행동을 제한하는 상황이 오게 될 때 반응적으로 거부감을 표현하게 된다. 따라서 놀이치료사의 일관성 있는 태도와 감정을 수용하는 행동에 대해 의구심을 갖게 되면서 자신을 계속 수용할 수 있는지에 대한 시험을 하고자 한다. 이러한 상황들이 반복될 때 놀이치료사는 지속적으로 "네가 이렇게 행동하면 내가 어떻게 반응하는지가 궁금하구나. 내가 너를 좋아하지 않을까 봐 걱정하는 것 같아."라고 반응해 주면서 유아를 기다리는 과정이 필요하다.
- 유아의 자기를 조절하는 능력은 계속 되어 가는 과정이므로 치료사는 유아가 제한을 받아들이지 못하는 것에 유연한 태도를 갖는 것이 필요하다. 또한 감정을 조절하는 것은 한순간에 이루어지지 않기 때문에 치료사 역시도 의연한 태도를 나타내야 하며, 인내심을 가져야 한다. 예를 들어, 화가 난 유아에 대해 감정을 수용하면서 유아가 화를 가라 앉을 때까지 감정을 계속 수용하면서 기다릴 수 있어야 한다. 그리고 유아가 할 수 있을 거라고 믿음을 가지고 지켜봐 주는 태도가 필요하다.

2. 유아를 위한 놀이치료

유아를 위한 놀이치료의 접근방법은 다양한 심리적 이론을 바탕으로 한 접근을 사용할 수 있지만, 그중 가장 유용하게 사용할 수 있는 기법은 아동중심 놀이치료이다. 유아는 놀이를 통해 즐거움을 경험하고 자발적으로 움직이게 된다. 본능적으로 놀이하려는 욕구를 가지고 있기 때문에 누가 가르치지 않아도 놀이할 수 있는 것이 유아이다. 따라서 유아는 아동중심 놀이치료가 가장 잘 맞는 연령의 대상이라는 데는 의심할 여지가 없다. 또한 부모를 놀이치료사로서 훈련받도록 하여, 훈련받은 부모가 실제 놀이치료를 자녀에게 적용하는 부모놀이치료를 유아에게 적용하는 방법도 매우 유용하게 사용할 수 있는 기법으로 활용되고 있다. 부모놀이치료는 유아뿐 아니라 유아를 양육하고 있는 부모도 대상이 되기 때문에 양육의 질을 높일 수 있다는 장점을 가진다.

1) 아동중심 놀이치료

(1) 정의

아동중심 놀이치료는 1940년대 칼 로저스의 인간중심상담치료의 이론에 근거한다. 인간에게 자신의 잠재력을 실현하려는 경향이 있고, 내담자가 스스로 자신의 문제를 해결해 나갈 힘이 있으며, 긍정적인 회복력을 가진다는 인간관에 근거한다(Rogers, 1951). 액슬린(Axline)은 이를 아동치료에 근거하여 아동중심 놀이치료를 발전시켰고. 아동은 성장과 성숙을 향해 나아가는 잠재적인 경향성을 가지고 있고, 스스로 문제를 해결해 나갈 수 있는 능력이 있기 때문에 치료의 방향을 아동에게 둔다.

아동중심 놀이치료는 아동과 치료사와의 인간적 관계를 매우 중요시하며, 치료사는 아동이 자신의 방식으로 성장할 수 있도록 안전한 장소와 기회를 제공해야 한다(Axline, 1969). 아동을 향한 치료사의 태도는 매우 중요한 치료적 요인이 되고, 치료사는 아동 내담자와 치료관계를 형성하고 아동의 내적 자원을 촉진하기 위해 '진실성' '무조건적 긍정적 관심과 수용' '민감한 이해'의 태도를 지녀야 한다(Rogers, 1951).

아동중심 놀이치료사의 목표는 아동의 내재된 욕구를 자극하고 아동이 자신의 잠재된 능력을 발견하도록 도우며 이러한 능력을 자기 실현을 이루는 데 사용하게 하는 것이다.

(2) 유용성

유아는 놀이실이라는 특별한 공간에서 신뢰관계가 치유적 매개가 되어 자신의 문제들을 놀이로 보여 주고, 주제가 있는 놀이를 반복적으로 되풀이하면서 스스로의 치유과정을 시작하게 된다.

유아에게 아동중심 놀이치료가 가장 효과적이며 유용한 이유는 다음의 3가지로 설명할 수 있다.

첫째, 유아기는 이들의 상상력이 가장 발달하면서 환상적인 놀이에 매우 몰입하는 시기이기 때문이다. 이 시기의 유아의 놀이는 상상력과 상호작용을 바탕으로 개인적 소망과 욕구를 만족시키기 위해 상상적인 상황을 내용으로 다루어지게 된다(Kevin, Charles, & Lisa, 2018). 가장놀이, 상상놀이는 유아기의 가장 많이 나타나는 놀이로서 유아가 하고자 하는 의사소통의 맥락을 그대로 보여 주게 된다.

둘째, 유아기의 놀이는 의사소통의 수단이 된다. 유아는 놀이를 통해서 자신의 생각과 감정을 표현한다. 언어로는 표현하기 어려운 감정들을 놀잇감을 통해 자신의 언어를 은유적으로 표현하게 된다. 따라서 유아의 놀이를 잘 살펴보면, 유아의 욕구와 사고와 감정을 파악할 수 있는 경우들이 많다. 부모에게 통제적이며 억압받았던 유아는 집모형에 가족들을 구성해 놓고, 부모를 나타내는 인형들을 창고에 가두어 두고, 자신은 집안 곳곳을 다 돌아다닐 수 있는 강아지로 표현하기도 한다. 또한 좌절을 많이 경험하여 위축된 유아가 자신이 스파이더맨이 되어 부서진 성과 도로를 복구하고 영웅이 되어 가는 스토리를 만들어 낸다. 이러한 놀이를 하고 있는 유아를 보면, "난 정말 누구에게나 사랑받는 영웅이 되고 싶어요."라고 말하고 있는 것과 다름이 없음을 알게 된다. 이것이 유아들이 놀이에서 보여 주는 의사소통의 표현이다.

셋째, 유아의 발달적 과업인 언어발달이나 정서, 사회성 발달이 놀이 안에서 촉진된다. 유아의 자유놀이는 놀이 안에서 상상적 역할에 참여하게 되고, 함께 놀이하는 과정을 함으로써 사회성을 발달하도록 도우며, 놀이과정에서 결정하고 문제를 해결하면서 타협하고 협동하는 기술들을 습득하게 된다. 놀이의 안전감은 유아가 복잡한 사회적 상호작용을 연습하고 협상하는 데 유용한 도구가 된다. 실제 놀이하는 과정 안에서 엄마 역할을 하면서 엄마의 입장에서 이해하는 과정을 습득하게 되고, 자녀 역할을 하면서 자신에게 필요했던 욕구나 하고 싶었던 부분들을 표출하게 된다. 또한 친구와의 놀이를 통해 다양한 상황의 사회적 주제들을 연기하게 되고 이를 통해 사회적 행동과 관습에 대해서도 학습하게 된다.

유아는 아동중심적인 접근 안에서 자신이 안전하다고 느끼게 되고, 특별한 놀이실에서 그들이 원하는 것을 할 수 있다고 신뢰하게 되는 태도 안에서 이루어지게 된다(Kevin, Charles, & Lisa, 2018). 신뢰관계는 치유적인 매체가 되고, 관계를 바탕으로 하여 유아는 자신의 성장을 방해하고 있는 문제들을 놀이를 통해 상징적으로 표현해 주며, 주제가 있는 놀이를 반복적으로 되풀이하는 과정을 나타내면서 스스로의 치유과정을 보여 준다.

2) 부모-자녀놀이치료

아동중심 놀이치료와 긴밀하게 연결되어 있는 치료적 기법으로 부모-자녀놀이
치료는 유아에게 적용할 때 효과적이다. 물론 부모-자녀놀이치료가 꼭 유아에게만
유용한 치료적 기법은 아니지만, 유아기가 자녀들이 가장 많은 놀이의 욕구를 가지
고 부모와 상호작용을 할 수 있는 시기이기 때문에 이를 잘 활용한다면 유아들과
그들을 양육하는 부모에게 커다란 도움이 될 수 있다.

(1) 정의

부모-자녀놀이치료는 부모에게 아동중심 놀이치료 기술을 가르치고 그 기술
을 사용하게 하여 자녀의 정서, 행동 문제를 직접 돕도록 하는 데 있다(Vanfleet,
Sywulak, & Sniscak, 2013). 즉, 부모를 치료사로서 훈련시키는 교육이 필요하며, 자
녀의 문제를 극복하도록 돕는 데 있어 심리치료의 주체가 되도록 하는 것이다.

실제적으로 놀이치료에서 필요한 직접적인 설명과 시범을 보여 주는 접근방법인
부모-자녀놀이치료는 아동중심 놀이치료의 치료기술, 기본 원칙, 반영적인 청취,
아동의 감정을 인식하고 표현하기, 치료적인 제한, 자녀를 격려하기와 같은 핵심적
내용을 가르치고, 부모가 일주일에 1회의 특별하게 구성된 놀잇감을 가지고 자녀
에게 놀이회기를 구조적으로 실시하게 된다(Landreth & Bratton, 2008). 부모-자녀놀
이치료의 목적은 부모-자녀 관계를 증진하고 가족 사이의 애정과 따뜻함, 신뢰를
증진시킴으로써 이해하고 수용하는 환경을 마련하는 데 있다. 그럼으로써 아동과
부모가 모두 함께 성장하고 변화하도록 하는 것을 목적으로 한다.

특별한 놀이회기의 목표는 자녀를 이해하고 수용하기, 자녀의 감정에 민감하기,
자녀가 지닌 자기 책임감 및 자기 신뢰감을 격려하기, 부모의 통찰력을 얻기, 자녀
에 대한 인식의 변화, 아동중심 놀이치료의 기술과 원칙을 배우는 것이다.

(2) 훈련과정

랜드레스는 부모-자녀놀이치료를 10회기의 프로토콜로 구성하였고, 이를 부
모-자녀 관계치료라 명명하고 소집단으로 실시하는 체제를 만들었다. 소집단으로
진행할 때의 장점은 부모가 자녀와 어려움을 겪을 때 혼자가 아니라는 것을 알게
하고, 집단원이 서로에게 지지체계가 된다. 또한 다른 부모가 치료기법을 활용하는

모습을 보게 되고, 자신도 이를 통해 이득을 얻게 될 수 있으며, 다른 부모의 성취를 관찰함으로써 도움을 받게 된다.

그러나 개별 상담센터에서 이처럼 집단으로 활용하지 못할 때에는 개별 가족을 대상으로 진행할 수도 있다. 또한 가정에 직접 방문하여 개입하는 방식으로 이루어지기도 하며, 이때에 치료사가 놀잇감 키트를 가지고 방문하여 치료를 진행하기도 한다(VanFleet, 2005).

가장 유용한 치료적 방법은 작고 지지적인 집단을 구성하고, 함께 교육과 수퍼비전을 받는 집단 형식이다. 6~8명의 부모집단이 두 시간씩 일주일에 한 번 만나게 된다. 부모-자녀 관계치료 집단 형식은 부모가 부모-자녀 관계치료 기술을 성공적으로 습득하고 적용할 수 있도록 하기 위해 교육적 요소와 지지적 요소의 섬세한 균형을 필요로 한다. 초기 치료목표는 안전감과 수용감 및 격려가 있는 환경을 만들고 그 환경 안에서 부모들이 자신의 경험을 다른 구성원들과 공유하는 과정에서 일반화하는 것이다. 후기 목표는 실제적인 아동중심 놀이치료에서 활용되는 치료적 기술들을 습득하고, 수퍼비전을 통해 피드백을 받음으로써 부모-자녀 관계의 변화를 가져오게 하는 것이다.

부모-자녀 관계치료의 가장 중요한 요소는 30분 놀이회기 동영상을 보며 전문가와 집단 구성원들에게 피드백을 받는 수퍼비전 요소이다. 놀이회기 동안 부모는 가정의 정해진 장소에서 특정 놀잇감을 이용해 일주일에 한 번 아동이 주도하는 놀이회기를 실시한다. 이 놀이회기 동안 부모는 좀 더 조율되고 공감적인 부모-자녀 관계를 만들기 위해 아동중심 놀이치료의 태도와 기술을 적용한다.

① 1~3회기: 부모-자녀 관계치료 원리와 기술 배우기

1회기는 부모들을 위한 안정된 환경을 조성하며, 부모들이 서로 자녀를 양육하면서 겪는 어려움을 개방적으로 나누는 회기로 진행된다. 치료사는 훈련 목적에 대한 개요를 안내하고, 부모-자녀놀이치료의 유용성과 필요성에 대해 안내한다. 그리고 반영적인 반응을 하는 것에 대한 개념을 이해시키고 감정을 반영하는 것을 연습하는 시간이 된다.

2회기에는 놀이회기의 기본적인 원칙과 지침, 목표를 소개한다. 특별한 놀이시간에 사용하게 될 놀잇감의 목록을 제공하여 특별 놀잇감을 만들 수 있도록 준비한다. 또한 놀이회기를 어떻게 하는지에 대해 진행하는 치료사가 시범을 보이거나,

실제 놀이치료의 장면이 있는 비디오를 함께 보며 기술들을 관찰하게 한다.

3회기에는 가정에서 첫 번째 놀이회기를 준비하도록 하는 것이다. 그리고 1~2명의 부모들을 선정하여 그들이 특별 놀이시간을 비디오 녹화하게 한 후 다음 주 회기에서 집중적인 수퍼비전을 받을 수 있도록 해야 한다.

초기 3회기 동안 가장 중요한 일은 안전하고 수용적이고 격려하는 분위기를 만드는 것이다. 특히 자신의 경험을 공유하고 일반화하는 기회가 필요한 부모들에게는 더욱 중요하다. 성공적인 기술을 습득하기 위해 역할놀이를 매우 많이 사용한다. 초기 기술은 아동의 리드, 감정 반영, 아동 놀이 내용의 언어적 · 비언어적 반영 등이 포함된다.

② 4~10회기: 놀이회기에 대한 집단 수퍼비전

부모-자녀 놀이회기에 대한 수퍼비전을 통해 기술을 습득하게 되는 중요한 회기이다. 각 회기는 모든 부모가 아동과 특별한 놀이 시간을 보낸 경험에 대해 공유하는 것으로 시작한다. 대부분의 시간은 한두 명의 부모가 특별 놀이시간을 찍어 온 비디오를 함께 보고 피드백을 주게 된다. 또한 4~8회기까지는 수퍼비전 후에 아동중심 놀이치료의 치료기법들을 하나씩 배우게 되는 교육의 시간도 갖게 된다. 제한설정에 대한 기술을 습득하게 되고, 자아존중감을 형성하는 반응, 격려하는 반응들을 습득하도록 도우며, 이러한 기술들을 일반화하고 일상 안에서 기술을 적용하도록 도와주는 내용이 9회기에 다루어지게 된다. 마지막 10회기에는 부모 자신과 자녀가 함께 이루어 낸 발전된 모습을 인식하도록 도와주면서 집단을 종결하게 된다. 〈표 12-5〉은 실제 부모-자녀 관계치료의 10회기 프로그램의 구성을 보여 주고 있다.

〈표 12-5〉 부모-자녀 관계치료 10회기 프로그램 내용

회기	내용과 과정	배우는 기술
1	• 인사 • 양육의 어려움 집단에서 서로 나누기 • 서로 친숙해지기 : 부모 소개와 집중할 아동 선택하기	• 반영적으로 반응하기 • 감정을 반영하기

2	• 숙제 검토
	• 부모-자녀 놀이회기
	  : 기본 원칙과 놀이회기 구조화하기
	  (시간, 공간, 놀잇감)
		• 역할놀이하는 방법
		• 기본적인 부모-자녀 놀이회기 기술 시범

3	• 숙제 검토 • 지난 시간에 배운 기술 훈련	• 놀이회기에서 하지 말아야 할 행동과 해야 할 행동에 대한 기술 습득
4	• 숙제 검토 • 부모-자녀 놀이회기 보고와 비디오 비평	• 제한 설정 : ACT 방법, 제한 설정의 이유
5	• 숙제 검토 • 부모-자녀 놀이회기 보고와 비디오 비평	• 제한 설정에 대한 복습, 비디오 및 역할놀이
6	• 숙제 검토 • 부모-자녀 놀이회기 보고와 비디오 비평	• 선택권 주기 • 제한 설정 복습 • 자기존중감 형성하기 반응
7	• 숙제 검토 • 부모-자녀 놀이회기 보고와 비디오 비평	• 자기존중감 형성하기 반응
8	• 숙제 검토 • 부모-자녀 놀이회기 보고와 비디오 비평	• 격려하기 vs. 칭찬하기
9	• 숙제 검토 • 부모-자녀 놀이회기 보고와 비디오 비평	• 진보된 제한 설정 : 순종하지 않은 결과에 따른 선택권 주기 • 놀이회기 밖에서의 기술 일반화하기
10	• 숙제 검토 • 부모-자녀 놀이회기 보고와 비디오 비평 • 수퍼비전 : 아동과 부모의 변화, 부모의 경험 평가	

출처: Landreth & Bratton (2008).

3. 유아놀이치료 사례

1) 5세 남아, 부모의 이혼이 자기 때문이라고 생각한 유아

[내담자 정보]

유아가 5세 때 부모가 이혼하였고, 이혼하는 것에 대해 유아는 매우 거부적인 모습을 보이며, 자기가 말을 잘 들으면 아빠가 오는지를 여러 번 묻는 행동이 잦았다. 평소에 아빠에게 자주 혼이 났었는데, 아빠가 오지 않는 것에 대해 자신이 말을 듣지 않아 오지 않는 거라 생각하고 매우 우울해하는 모습들이 나타났다.

[놀이과정]

해적선과 해적들을 다 꺼내어 해적을 배에 싣고 난 후 배트맨, 슈퍼맨을 고르고
는 배를 쳐서 해적들을 많이 떨어뜨려야 한다고 이야기한다. 배트맨과 슈퍼맨은 착
한 아이만을 구해 줄 거라고 한다. 해적들은 착하지 않기 때문에 엄마, 아빠도 버린
아이들이라면서 배트맨과 슈퍼맨은 해적을 절대 구해 주지 않아야 한다는 놀이를
반복적으로 보여 준다.

또 다른 놀이에서는 스머프 가족이 존재하고, 이 가족은 모두 착한 가족인데, 아
주 나쁜 고양이가 이 집에 들어오게 된다. 고양이는 계속 나쁜 행동을 하고, 말을
듣지 않자 스머프 가족은 나쁜 고양이를 내쫓아 버린다. 나쁜 고양이는 계속 스머
프 가족에게 와서 밥을 달라 하고 말을 잘 듣겠다며 용서를 빌지만, 스머프 가족은
모두 용서해 주지 않으며 매를 때려서 더욱 먼 곳으로 던져 버린다.

[그림 12-1] 10회기 놀이-해적을 구하지 않는 배트맨과 슈퍼맨

[놀이해석]

유아는 슈퍼맨과 배트맨이라는 영웅이 나쁜 아이를 처벌하는 것을 놀이과정 안
에서 보여 주고 있다. 나쁜 해적의 모습은 자신의 모습을 놀잇감을 통해 표현하고

있고, 자신의 잘못으로 인해 부모가 이혼을 했다고 생각하기 때문에 자신은 처벌받아야 한다는 것을 놀이 안에서 상징적으로 표현하고 있는 것이다.

스머프 가족 역시 비슷한 맥락과 주제를 나타내고 있다. 나쁜 고양이는 말을 듣지 않았기 때문에 집에 머무를 수 없다. 용서를 빌지만 용서받지 못한 고양이는 현재 아빠를 만날 수 없는 자신으로 표현되고 있다.

2) 4세 여아, 부모의 잦은 다툼으로 분리불안을 보이는 유아

[내담자 정보]

부모는 매우 잦은 부부싸움을 나타내었고, 부부싸움 도중 모가 화가 나 집을 나갔고, 약 2일간의 가출하는 사건이 발생되면서 유아의 분리불안이 촉발되기 시작하였다. 이전에도 유아는 모와 떨어지는 것에서 불안감을 가지고 있었는데, 이 사건을 통해 불안감이 더욱 증폭하게 되면서 모가 화장실을 가거나 다른 방으로 가기만 해도 계속 찾는 등의 행동이 있고, 어린이집에 등원하지 못하는 상황이 발생되었다.

[놀이과정]

모래상자에 집과 울타리, 다리를 가져와 놓는다. 집을 지어야 한다고 하고는 몇 개의 집을 놓는다. 그러고는 이곳은 위험한 곳이라고 이야기한다. 엘리베이터를 부수고, 차들을 모래에 떨어뜨리는 등의 놀이를 한다. 집이 엉망이 되었다면서 모래를 뿌리고 작은 칩들을 가져와 집 위에 붓는 놀이를 한다.

또한 다른 놀이에서는 텐트 안으로 들어가 그곳에 있던 인형과 담요를 모두 밖으로 꺼내 놓는다. 이 집에는 난로가 필요하다고 하면서 모닥불 모형을 가져가 텐트 안에 넣고, 더 큰 난로가 필요하지만 여긴 없다면서 벽돌을 가져와 이게 난로라고 하고는 집안에 놓는다.

[놀이해석]

유아에게는 집은 안정감 있는 곳이 아님을 보여 준다. 늘 부모의 잦은 다툼을 목격하였던 유아는 집은 언젠가 파괴될 수 있는 것, 안전한 곳이 아니라 위험한 곳임은 그대로 놀이에서 표현하고 있다. 그리고 이러한 상황 안에서 자신이 놓여 있다

[그림 12-2] 22회기 놀이-파괴된 집

는 것을 놀이치료사에게 그대로 드러내어 표현한다.

텐트 안에 있던 인형과 담요를 꺼내고 난로가 필요하다면서 불을 피우는 것은, 이 유아에게는 집안의 따뜻한 온기가 필요함을 알려 준다. 그러면서 더 많은 난로가 필요하다는 것을 이야기하고, 더 많은 난로를 설치한다. 하지만 이곳에 난로는 사실 따뜻함이면서 또는 위험한 불씨이기도 하다. 언제 어떻게 타 버릴지도 모르는 불이다. 이 또한 유아가 가지는 집이라는 공간에 대한 양가적인 표현이라는 생각이다.

3) 5세 남아, 부모의 강한 통제로 인해 위축되어 있는 유아

[내담자 정보]

부모는 완벽주의적 성향이 매우 강하며, 자녀가 조금이라도 어지럽히는 것을 참지 못하기 때문에 유아에게 늘 정리할 것을 강요한다. 아이가 말을 듣지 않으면 체벌을 하기 때문에 유아는 늘 엄마를 무서워하고 매를 드는 것에 공포를 보이기도 한다. 밤에 야뇨증상을 보이면서 악몽을 꾸는 등의 행동들이 나타나기 시작하였다.

[놀이과정]

유아는 동물들을 꺼내어 바다에 사는 것, 땅에 사는 것, 새끼들, 어미들을 구분한다. 매번 놀이치료 장면에서 이것들을 분류하는 것부터 시작된다. 새끼들은 어미들로부터 분류하여 다른 곳에 놓아둔다. 놀이 초반에는 이러한 분류가 주를 이루면서 중반으로 갈수록 분류된 것들 간의 싸움이 일어나기 시작한다. 작은 것들끼리 싸움, 큰 것들끼리의 싸움, 서로 절대 침범을 하지 않는 싸움들이 일어난다. 그리고는 결국에는 분류가 없이 마구잡이식의 싸움들이 일어나면서 모두 죽게 되고, 모래에 파묻힌다. 파묻혀진 동물들은 모래에서 에너지를 얻게 되고, 다시 탄생하는 놀이를 한다.

[놀이해석]

아기들을 어미들로부터 분리시키는 놀이가 주를 이루게 된다. 모의 강압적인 양육방식에 대한 아기들을 분리함으로써 현재 자신이 느끼는 감정으로부터 분리하고자 하는 유아의 표현으로 보인다. 하지만 분리되어 있어도 늘 불안함은 존재한다. 언제든 자신을 공격할 수 있기 때문이다. 하지만 초반의 놀이치료 장면에서 유아는 이를 잘 통제하지 못한다. 불안하지만 보호하는 것밖에는 자신이 할 수 있는 것이 없기 때문이다. 중반으로 진행되면서 싸움이 일어나게 되고, 작은 싸움에서 시작되어 모두가 죽게 되는 커다란 싸움으로 진행되면서 자신에게 억압되었던 부정적인 감정들을 놀이를 통해 표현하게 되는 것이다.

4) 5세 남아, 식이문제를 가지고 있는 위축된 유아

[내담자 정보]

유아는 해야 할 일을 제때에 끝마치지 못하고, 자신감 없으며 위축되어 있고, 음식 섭취를 거부하는 등의 문제로 의뢰되었다. 애착관계를 형성할 시기에 양육자인 모는 자신의 심리적 문제로 인해 유아를 잘 돌보지 못하였고, 유아를 사랑으로 양육하기보다는 본인 마음대로 되지 않는 것에 대한 원망이 많아 지속적인 비난으로 관계를 맺어 왔다. 이로 인해 유아는 심리적으로 위축되고, 정서적으로 억압되면서 자신의 감정을 표현하지 못하고 매우 무력한 상태를 보였다. 또한 구강기 시기의 불만족감으로 인해 유아는 결핍의 욕구가 채워지지 않고 있으며, 정서적인 욕구의 결핍이 실제 식이문제까지 나타내었다.

[놀이과정]

유아의 초반 놀이과정은 왕괴물을 처단하는 놀이가 주를 이루었다. 왕괴물은 성을 차지 하고 있고, 왕은 탱크를 타고 가서 공격하지만 왕괴물은 끄떡도 하지 않는다. 로봇들도 가지만 여전히 소용이 없다. 이제는 로봇들이 모두 힘을 합쳐 왕괴물을 죽이지만, 계속 살아나는 왕괴물을 처단하기 위해 싸움놀이를 반복한다. 결국에 로봇들이 모두 왕괴물을 죽이고 모래에 파묻게 된다.

중기로 들어서면서 유아는 음식들을 만들어 쓰레기통에 넣는 놀이들을 하였다. 자신이 엄마가 되어 클레이로 음식을 만들기도 하였고, 그릇에 모래를 담아 만들기도 하였다. 치료사에게 아이라고 하고는 이러한 음식들은 먹을 필요가 없다고 하며 쓰레기통에 넣어 버리라고 요구한다.

치료사: 이건 만들었지만 먹을 필요는 없구나.

아　동: 그렇죠. 만들었다고 다 먹으면 안 돼요.

치료사: 난 이걸 다 먹는 줄 알았네.

아　동: (작은 목소리로) 먹기 싫은데 억지로 먹으면 안 돼요.

치료사: (작은 목소리로) 아~ 그렇구나. 억지로 먹었다가 탈이 날 수 있지.

아　동: 맞아요. 그러니까 이제부터 엄마 몰래 이걸 쓰레기통에 버리는 거예요.

(유아는 이렇게 만든 음식을 쓰레기통에 버리는 놀이를 하면서 매우 즐거워하였다.)

[놀이해석]

유아는 자신 안에 억압시켰던 부정적인 자신의 측면인 왕괴물을 처단하게 된다. 왕괴물은 자신을 늘 억압했던 모성의 상징이기도 할 수 있다. 계속 되는 위기가 있지만, 회기를 거듭할수록 위기 상황에서 점차 에너지를 얻고 이를 발휘하면서 결국에는 왕괴물을 처단하게 되는 놀이를 나타냈다. 죽음을 상싱하는 놀이를 통해 유아가 가지는 부정적인 감정들을 해소하게 되는 것이다.

이후 나타나는 놀이는 아마도 모가 주는 음식에 대한 거부감을 이렇게 놀이를 통해서 표현한 것으로 보인다. 자신에게 필요한 것은 배를 채워 주는 음식이 아니였다는 것이다. 정서적인 모성이 부족하고 이것을 음식에 투사함으로써 먹는 것을 거부하고 있다고 보인다. 또한 먹는 것으로 인한 대화가 양육자와 가장 많은 부분을 차지하고 있어 모자 간의 유일한 관계의 다리 역할을 하고 있는 것으로 보여 이러한 부정적 상호관계를 지속시키는 매개체가 되는 것으로 볼 수도 있다. 원하지 않는 음식을 억지로 먹으니 탈이 나게 된다. 유아는 그동안 억지로 먹으면서 들었던 생각과 감정을 쓰레기통으로 넣어 버리며 통쾌한 표정을 짓는다. 버리는 놀이를 통해 억지로 먹어야 할 때의 수치감과 부정적 감정들도 함께 해소하게 되는 것이다.

정리해 봅시다

놀이치료는 전생애적으로 접근할 수 있는 매우 유용한 심리치료적 기법이다. 놀이치료가 유아에게 가장 유용한 이유는 상상적 사고가 유지되고 있고, 아직은 놀이라는 본능이 매우 충만할 시기이기 때문이다. 유아는 자신의 내면세계를 언어로 표현하는 데 한계가 있다. 아직 그렇게 할 수 있을 만큼의 어휘력과 추상적인 사고능력이 부족하기 때문이다. 하지만 자연적이며 본능적인 놀이는 자신의 생각, 감정, 소망 및 욕구를 너무나 쉽게 표현하도록 돕는다. 상징적인 표현을 통해 고통스럽고 힘든 감정의 경험과 심리적 거리를 두면서 표현하게 될 때 유아는 안전감을 느끼며 부정적 감정들을 모두 방출하게 된다. 이 장에서는 유아에게 나타날 수 있는 발달적인 주요한 문제인 의사소통, 주도성, 사회성, 자기조절의 발달에 따라서 이를 살펴보고, 놀이치료 장면 안에서 이 부분을 어떻게 살펴볼 수 있는지에 대한 것을 다루었다. 이를 통해 놀이치료사가 유아에게 더 주의깊게 살펴봐야 하는 부분들을 공부할 수 있기를 바란다. 그리고 유아에게 많은 접근방식으로 활용되고 있는 아동중심 놀이치료와 부모-자녀놀이치료에 대한 안내도 덧붙였다. 또한 다양한 사례들을 보고 유아의 놀이치료의 흐름과 유아가 어떻게 자신의 어려움을 놀이로 표현하는지를 알 수 있도록 살펴보았다.

✎ 활동해 봅시다

1. 유아들의 놀이들을 관찰해 보세요. 연령별로 의사소통, 주도성, 사회성, 자기조절의 측면에서 놀이를 관찰해 보고, 특징에 대해 생각해 봅시다.

_____
_____
_____
_____
_____
_____
_____
_____

2. 부모-자녀놀이치료를 소규모의 집단으로 진행할 때 치료사가 유의해야 할 부분에 대해 논의해 봅시다.

_____
_____
_____
_____
_____
_____
_____
_____

참고문헌

문혁준, 서소정, 이주연, 정지나, 하지영, 김민희, 박경선(2018). 아동생활지도. 서울: 창지사.

양옥승(2006). 3-6세 유아의 자기조절력 측정척도 개발. 미래유아교육학회지, 13(2), 161-187.

Baroni, M. R., & Axia, G. (1989). Children's meta-pragmatic abilities and the identification of polite and impolite requests. *First Language, 9*, 285-297.

Erikson, E. (1963). *Childhood and Society* (2nd ed.). New York: Norton.

Garton, A. F., & Pratt, C. (1990). Children's pragmatic judgements of direct and indirect requests. *First Language, 10*, 51-59.

Hughes, F. P. (2003). 놀이와 아동발달. (유가효, 유미숙, 박영애, 방은령, 장현숙, 천혜숙 역) 서울: 시그마프레스. (원전은 1991에 출간).

Johnson, M. H., & Smith, L. B. (1981). Children's inferential abilities in the context of reading to understand. *Child Development, 52*, 1216-1223.

Kevin, J., Charles, E. S., & Lisa, D. B. (2016). 놀이치료 핸드북(제2판). (송영혜, 김귀남, 강민정 역). 서울: 시프마프레스. (원전은 2016에 출간).

Kopp, C. B. (1982). Antecedents of self-regulation: A developmental perspective. *developmental psychology, 18*(2), 199-214.

Landreth, G. L., & Bratton, S. C. (2006). 놀이치료를 통한 부모-자녀 관계치료. (김양순 역). 학지사. (원전은 2005에 출간).

Rogers, C. R.(1951). Client-centered therapy. Boston: Houghton Mifflin.

Shartz, M., & Gelman, R. (1973). The development of communication skills: Modifications in the speech of young children as a function of listener. *Monograghs of the Society for Research in Child Development, 38* (5, Serial No. 152).

VanFleet, R. (2005). *Filial therapy: Strengthening parent-child relationships through play* (2nd ed.). Sarasota, FL: Professional Resource Press.

VanFleet, R., Sywulak, A. E., & Sniscak, C. C. (2011). 아동중심 놀이치료. (권윤정 역). 서울: 학지사. (원전은 2010에 출간).

제13장

아동놀이치료

아동기는 점차 성숙해지면서 합리적이 되어 가고 논리적인 사고가 가능해지는 시기이다. 물론 유아보다는 덜하지만 학령 전기까지는 놀이가 여전히 아동의 삶에서 매우 중요한 요소이다. 아동은 놀이와 게임을 통해 카타르시스를 일으키고, 자아를 발견할 수 있으며, 스스로 동기를 부여하고 무엇보다 재미있음을 느끼게 된다. 놀이와 게임을 통해 아동은 상당히 즉흥적이 되고, 그 안에서 해방감을 맛볼 수 있고, 자신의 행위를 시험해 봄으로써 즐거움을 느낀다. 점차 체계적인 사고가 발달하면서 놀이에서는 더 실제적이며 규칙에 기초한 놀이들이 나타나기 시작한다. 유아기의 놀이가 환상의 세계가 지배적이었다면, 아동기는 현실적인 놀이들이 나타난다. 그래서 규칙이 있는 게임이나 보드게임 등과 같은 놀이에 아동들이 선호를 나타내게 된다. 이 장에서는 아동에게 나타나는 주요한 발달적 주제들과 더불어 아동놀이치료 안에서 놀이가 어떻게 드러나는지를 살펴보고자 한다.

1. 아동기 주요 발달과업과 문제

아동기는 인지적, 사회적, 정서·성격 발달에서 절대적으로 중요한 시기이다. 아동기에 이루어져야 하는 발달과업들은 이후 삶에 큰 영향을 줄 수 있기 때문에 아동은 시기에 적절한 자극을 경험하는 것이 필요하다. 아동의 사고는 질서 있고 체계화되며 의사소통이 정교화되고 확장된다. 또한 자아개념이 확장되면서 자신의 다양한 측면을 이해하게 되고 사회적 관계도 넓혀 나간다. 이 장에서는 아동의 많은 발달과업 중에 의사소통, 자기이해, 사회성 등 중요한 발달 3가지를 대표적으로 살펴보고자 한다.

1) 의사소통의 확장

아동기의 언어발달은 언어적 유능성에 있는데, 이는 많은 단어를 학습하게 되는 것뿐 아니라 복잡한 문장을 이해하고 사용하며 의사소통 기술의 상당한 확장이 이루어진다는 것이다(정옥분, 2018). 아동기 언어의 보편적 발달은 대상과 맥락에 따라 세분화된 의사소통 기술을 적용할 수 있게 되며, 상대방이나 자신의 메시지가 분명하지 않을 때, 어느 부분이 모호한지를 인식하고 그 부분을 분명하게 만드는 참조적 의사소통 기술을 발달시키게 된다(정옥분, 2018). 따라서 아동기 언어발달은 양적인 성장뿐 아니라 의사소통의 질적인 부분에서의 성장이 더 중요하게 된다.

아동의 의사소통 기술이 필요로 하는 능력에는 3가지의 중요한 능력이 발달되어야 한다(송명자, 2008). 첫째, 상대방의 말에 주의를 기울여 듣고 상대방이 하는 말의 뜻을 이해하는 능력이 있어야 한다. 둘째, 상대방의 성, 연령, 사회적 지위 또는 상황적 조건에 맞게 자신의 언어적 표현을 조장하는 능력이 필요하다. 셋째, 자신이 하는 말을 상대방이 이해하고 있는가의 여부를 상대방의 반응으로부터 감시하고 조정해 나가는 능력이 필요하다.

또한 의사소통에서 효과적인 대화가 일어나기 위해서는 듣기, 말하기 외에도 또 다른 여러 가지 사회적 기술이 요구된다(Shartz & Gelman, 1973). 예를 들면, 말을 할 때의 차례를 지키는 것, 자신의 차례를 인지하는 것, 청취자의 의사소통의 능력에 따라 다른 언어를 사용하는 것, 상대방의 이야기를 중지시키는 것 등과 같은 기술들이 필요하다. 피아제는 그의 저서 『언어와 사고』에서 유아는 자아중심성이 강하기 때문에 상대방이 자신과 다른 견해를 가지고 있다는 사실을 이해하지 못하기 때문에 의사소통 능력을 보유하기 어렵다고 하였다(Piaget, 1926, 1960). 하지만 아동기에 들어서게 되면 초기의 자기중심적 언어에서 점차 사회화가 된 언어로 발전하게 된다는 것이다(Krauss & Glucksberg, 1977). 즉, 유아기의 대화는 사실 의사소통이라고 하기는 어렵다. 자신의 욕구와 다른 사람의 욕구가 다름을 이해하지 못하고 자기에게만 사고가 집중되기 때문이다. 하지만 아동은 의사소통이 가능한 사회화된 언어의 발달이 가능해지게 되는데, 학령기 초기에 이것이 현저하게 발달한다는 것이다.

따라서 아동의 의사소통에서 치료사는 이러한 부분들의 발달이 적절하게 이루어지고 있는지를 살펴볼 필요가 있다. 만약 놀이치료과정 안에서 이러한 의사소통에서의 결함을 보인다면, 이 아동은 사회적 상호작용에서의 어려움을 겪을 가능성이 있다.

〈표 13-1〉은 아동의 의사소통 발달을 체크하기 위해 놀이치료 장면 안에서 놀이치료사가 확인해 보면 좋을 내용들이다.

〈표 13-1〉 아동기 의사소통과 놀이치료 팁

- 아동의 놀이에서 발화되는 언어의 질 그리고 문장을 구성하는 부분에서 어순이나 어휘의 적절성에 대해 파악해 보는 것이 필요하다. 지적인 기능이 저하되어 있는 아동의 경우, 매우 유아적인 언어를 사용하기도 하며, 문법의 구조들이 발달되지 않았을 수 있다.
- 아동기의 의사소통에서 적절한 사회적 상황에서 이를 활용하는지에 대한 화용론적 관점에서 살펴보는 것이 필요하다. 특히 놀이치료 장면에서 상호작용은 매우 중요한데, 언어를 상호작용의 하나의 도구로 사용하고 있는지를 파악해 보는 것이 필요하다. 그저 알고 있는 지식을 전달하는 데만 사용하고 있다면 이는 사회적인 의사소통에서의 제한점을 시사하게 된다.
- 놀이치료에서 학령기 중기가 지나가고 있는데도 불구하고 자기중심성에서 벗어나지 못하고, 타인의 입장에서의 사고가 이루어지지 않는 의사소통을 하고 있다면, 이 아동의 경우는 유아기 수준의 발달을 보이고 있거나, 심리적인 문제로 인해 유아기에 고착되어 있을 가능성이 있다.
- 놀이치료에서 자신이 알고 있는 지식을 전달하는 데에만 언어를 사용하고, 자신의 감정이나 정서를 교류하는 데 있어서는 언어를 사용하지 못하는 경우가 있을 수 있다. 특히 자폐적 성향을 가진 아동의 경우 이러한 패턴들이 매우 잘 나타난다.
- 놀이치료 장면에서 치료사와의 대화를 회피하거나, 상대방의 눈을 바라보지 않고 이야기하거나, 상황을 고려하지 못하는 의사소통을 보인다면, 이를 위한 언어적 촉진을 위한 의사소통에서의 모델링을 놀이치료사가 보일 필요가 있다.

---

2) 자기이해의 발달

자기이해는 자기 인식에서 출발하게 되는데, 영아는 다른 대상과 구별되는 하나의 독립된 실체로 자신을 인식하게 되면서부터 긍정적 또는 부정적인 자아 개념을 발달시키게 된다. 자아 개념이란 신체적 특징, 개인적 기술, 특성, 가치관, 희망, 역할, 사회적 신분을 포함한 '나'는 누구이며, 무언인가를 깨닫는 것을 의미한다(정옥분, 2018). 아동기는 자아 개념이 좀 더 확장되면서 자신을 여러 가지 측면에서 바라보게 된다. 따라서 유아는 '난 키가 커.' '난 얼굴이 동그랗다.' '난 달리기가 빨라.'와 같이 자신을 구체적으로 관찰 가능한 특성에 의해 기술하게 되지만, 학령기의 아동은 자신을 심리적 특성이나 다른 사람과의 관계로 기술한다. 즉, 아동은 '난 다른 사람들보다 용기가 있어.' '난 사람들과 금방 사귈 수 있어.'와 같이 좀 더 관계적인 의미로서 자신을 지각하게 된다.

자아개념이 자신의 존재에 대한 인지적인 형성이라면, 자기 존재에 대한 감정적인 측면은 자아존중감이라 할 수 있다. 자아존중감이란 자신을 존중하고 바람직하게 여기며 가치 있는 존재라고 생각하는 것을 말하며, 여기에서의 핵심은 '내가 생각하는 나에 대한 판단'이라는 것이다. 내가 인정하는 나의 가치는 상대방의 평가, 그리고 외부적 환경의 변화에 따라 달라지는 것이 아니다. 오만 원짜리 지폐가 깨끗해도, 구겨져 있어도, 사람들이 밟아 더러워졌어도 오만 원의 가치는 사라지지 않는다는 것이다.

그렇다면 자아존중감은 어떻게 형성되는가? 자아존중감은 자신에게 중요한 사람과의 상호작용으로부터 형성되게 된다. 학교에서의 긍정적 또는 부정적 경험, 성공과 실패의 경험, 부모, 교사, 친구들의 평가, 또래와의 상호작용, 외모, 신체적 능력 등이 자아존중감을 형성하는 데 중요한 영향을 미친다. 그래서 나에게 중요한 보호자, 양육자, 중요한 성인으로부터 긍정적인 반응들을 경험해야 한다.

"네가 할 수 있지." "너는 끝까지 노력해 보는구나." "네가 그걸 해낼 거라 믿었어."와 같은 메시지를 충분히 받고 성장한 사람과 "네가 그럴 줄 알았다." "너는 왜 그렇게 밖에 못하니?" "네가 뭘 할 줄 안다고 이래?"와 같은 메시지만을 받고 성장한 사람은 다를 수밖에 없다.

대체로 자기중심성이 강한 유아기까지는 그래도 자아존중감이 비교적 좋은 방향으로 성장한다. 하지만 학령기가 되면 아동은 자기중심성에서 벗어나면서 자신과 타인의 비교가 시작되고 자신의 능력에 대한 객관적 판단이 가능해지기 때문에 자아존중감이 점차 낮아질 수 있다. 특히 학업에 대한 경쟁이 심한 우리나라의 경우 아동기에 접어들게 되면서부터는 학업에 대한 평가로 인해 학업능력이 뛰어나지 못한 아동은 자아존중감이 함께 저하되는 부분들이 생겨나게 되기도 한다.

아동기에 자신에 대한 긍정적인 피드백을 많이 받은 아동은 자신에 대해 긍정적인 자아개념과 자아존중감을 갖게 되기 때문에 이후에 나타나는 다양한 어려움에 있어서도 이를 견디어 나가는 힘을 얻게 된다. 하지만 부정적인 피드백을 많이 받아온 아동은 '나는 원래 못하는 아이야.' '내가 해 봤자 또 혼날 거야.'라는 내적인 사고들로 인해 자아존중감이 낮아지고, 사소한 어려움에도 이를 견디어 나갈 힘이 없어 회피하거나 도전하지 않게 된다.

따라서 놀이치료실 안에서 자신의 능력을 시험하고, 일상 안에서의 좌절을 통해 맛보았던 실패감을 보상하고자 하는 행동들이 아동에게 매우 많이 나타난다. 아동은 자신의 유능감을 경험하는 것이 중요한데, 일상에서 좌절과 실패가 많았던 아동은 자신에 대해 자아존중감이 낮기 때문에 놀이에서 매우 소극적으로 표현하며, 자신이 지는 것을 회피하고자 하고, 부정적인 평가를 받는 것이 두려워 시도를 하는 것을 어려워하게 된다. 놀이치료는 이러한 아동의 자아존중감을 향상시킬 수 있도록 끊임없이 격려하며, 용기를 북돋는 과정이다. 이러한 과정을 통해 아동은 자신을 회복하고, 작은 성취에서 자아존중감을 회복하고, 자신의 결정을 받아들이면서 자신을 신뢰할 수 있게 된다.

〈표 13-2〉는 아동의 자기이해 발달을 체크하기 위해 놀이치료 장면 안에서 놀이치료사가 확인해 보면 좋을 내용들이다.

〈표 13-2〉 아동기 자아이해와 놀이치료 팁

- 자아존중감이 낮은 아동은 놀이치료실에서 자신이 지는 것을 잘 받아들이지 못하는 경향을 보인다. 따라서 자신이 해 본 적 없는 놀이를 시작하는 것을 꺼려 하거나, 질 것 같은 놀이를 선택하지 않는 모습을 보인다. 자신이 또 지게 되어 실패감을 맛보고 싶어 하지 않기 때문이다. 특히 놀이치료의 초반에 이러한 모습들이 매우 많이 나타나는데, 이러한 부분들이 관찰될 때 놀이치료사는 아동이 실패감과 좌절에 대한 두려움이 있다는 것을 인지하고 충분한 수용과 격려를 통해 스스로 이를 극복하도록 도와야 한다.
- 자아존중감이 낮은 아동은 선택에 대한 두려움을 가지는 경우들이 있다. 즉, 의사결정에 대한 책임감이 부족한 경우인데, 스스로 뭔가를 책임지고 선택하고 이에 대해 책임을 지는 경험을 많이 하지 못한 것이다. 따라서 놀이치료실에서 "여기서는 네가 여러 가지 방법으로 놀

이할 수 있단다."라고 치료사가 안내를 하여도 "선생님, 저는 뭘 할지 모르겠어요. 선생님이
정해 주세요."라고 이야기하며 자신의 의견을 표현하지 못하고 의존적인 모습을 보이게 된
다. 이는 자신의 선택으로 인해 그 뒤에 일어날 결과에 대한 책임을 자신이 지고 싶지 않기
때문이다. 또한 자신의 생각이 무엇인지조차도 파악하지 못하는 경우들도 있다. 늘 다른 사
람의 의견만을 따라왔기 때문에, 나의 의견을 표현해 본 적이 없어 낯설고 불안을 느낀다.
따라서 이런 경우에 놀이치료사는 천천히 아동의 감정을 받아들이고 수용하는 것부터 시작
해야 한다. "너는 뭔가 네가 결정하는 것이 힘이 드는구나. 무얼 해야 할지 몰라 당황스러운
가 보네."라며 아동의 감정을 수용하는 과정이 필요하다. 그렇다고 얼른 놀이치료사가 다시
금 선택을 가져오게 된다면 아동은 자신이 가진 패턴에서 벗어날 수 없게 된다. 천천히 아동
이 할 수 있게끔 기다리고 불안을 함께 견디는 과정이 필요한 것이다.

- 자아존중감이 성장하는 것을 놀이에서 발견할 수 있게 되는데, 점차 다양한 놀이로의 확장
  이 이루어진다거나, 놀이에서의 실패를 받아들이는 것이 가능해지는 것, 실패가 두려워 도
  전하지 못하는 행동들이 줄어드는 것, 자신에 대한 긍정적인 평가들이 증가하는 것을 보면
  알 수 있다.

3) 사회성의 발달

에릭슨에 따르면, 아동기는 근면성 발달이 중요한 시기인데, 이 시기의 아동은
생산적인 일에 에너지를 쏟으며, 도전을 스스로 극복해 나가면서 기술을 쌓고 의미
있는 일을 해 나가게 된다. 학교와 가정에서 주어지는 과제를 열심히 하고 성공하
는 경험을 통해 인정받게 되면, 아동은 더 열심히 하려는 동기 부여가 되면서 근면
성이 발달한다. 하지만 과제 수행의 실패 경험이 많고, 자신의 기술이나 능력이 열
등하다고 지각하고, 주변에서 인정을 받지 못하게 되면, 열등감이 발달하게 될 수
있다(Erikson, 1963).

이 시기의 아동은 점점 또래 지향적이 되고, 학교에서의 또래들과 어울림이 많아
지면서 가족 중심에서 또래 중심으로 삶의 무게가 점차 이동하게 된다. 또래집단은
아동기의 매우 중요한 사회적 매개체가 되고, 아동기의 문화에 대해 배우게 된다.
성인들과는 다른 특정의 도덕적 질서를 구축하게 된다(Hartup, 1992). 예를 들어, 부
모는 자녀에게 누가 잘못된 행동을 하는 것인지 알려 주고자 하지만, 또래문화를
받아들이지 않고 다른 행동을 하는 것은 '따돌림, 왕따'가 되는 요인이 되기도 한다.

이때의 또래집단에 소속되는 것은 매우 중요한데, 일반적인 사회에서 통용되는
이상의 가치관이 서로 공유되며, 구성원이 서로에게 가져야 할 태도를 지지하는 구
조가 만들어지게 된다. 이 집단 안에서 지도자, 추종자가 있게 되고, 모든 구성원이

받아들여지게 되는 규칙과 규범이 존재한다. 또한 공동의 목표를 위해 함께 노력하고자 하며, 다른 집단 간의 경쟁을 통해 집단의 응집성을 높이기도 한다.

또래관계에 영향을 주는 것은 가정 안에서의 사회적 기술들의 습득과 많은 연관이 있다. 부모와의 관계를 통해 안정된 사회적 기술들을 습득한 아동은 또래관계에서 이를 확장해 나가면서 관계를 점차 공고히 하게 된다. 또래관계에서 반응적이 되고, 또래와 더 잘 어울리며, 또래관계의 폭이 넓으며, 따뜻한 우정 관계를 형성하게 된다. 이는 안정애착을 형성하게 하는 민감하고 따뜻한 애착 대상, 즉 부모와의 관계가 또래와의 상호작용에 실행 모델로서 작용되기 때문이다.

하지만 부모와의 안정된 관계를 형성하지 못할 경우에는 또래관계에서 어떻게 행동해야 하는지 잘 알지 못하고, 관계를 시도하고 유지하는 데 있어서의 기술들을 발달시키지 못할 수 있다. 영유아기 부모와의 관계가 매우 중요함을 다시 한번 기억해야 할 것이다. 이러한 안정된 기반이 있어야 관계에서의 어려움이 조금은 완화될 수 있다. 따라서 학령기 초반에는 좀 더 가정 안에서 충분한 안정된 경험을 지속하는 것이 무엇보다 중요하다. 또한 사회적 기술을 습득할 수 있는 기회를 많이 만들어 주는 것 또한 학령기 초반에 다루어져야 할 부분이다. 학령기 중반 이후부터는 부모가 만들어 줄 수 있는 친구에는 한계가 있기 때문이다.

〈표 13-3〉은 아동의 사회성 발달을 체크하기 위해 놀이치료 장면 안에서 놀이치료사가 확인해 보면 좋을 내용들이다.

〈표 13-3〉 아동기 사회성 발달과 놀이치료 팁

• 놀이치료 장면에서 아동의 사회성 부분들은 다양한 방식으로 드러나게 된다. 친구관계에서 어려움을 가지는 아동은 대부분 놀이치료사와의 사회적 상호작용에서의 부자연스러움을 나타낸다. 예를 들면, 눈맞춤이 원활하지 않은 경우가 대표적인데, 사회적 상호작용에 있어서 상대방과의 눈맞춤은 가장 기본적인 사회적 기술이 된다. 눈맞춤에 어려움을 겪는 아동은 다른 사람과의 정서적 교류에 대해 불편감을 느끼거나 사회적 기술이 부족한 경우이다. 따라서 놀이치료실에서 놀이치료사와 이야기를 하면서 치료사를 쳐다보지 못하고 다른 곳을 쳐다보며 눈맞춤을 회피하는 경우에는 사회성 부분에서 어려움을 가질 가능성이 있다.
• 사회성이 부족한 아동은 자신의 감정을 잘 표현하지 못하는 경우가 많다. 솔직하게 감정을 표현하는 경험이 부족했고, 이러한 수용적 경험이 부족하다 보니 자신의 감정을 잘 인식하지도 못하는 경우가 많고, 이를 어떻게 표현해야 할지 알지 못하기 때문에 부적절한 방법으로 표현하게 된다. 놀이치료사와의 게임놀이에서 자신이 져서 속상한 마음에 대해 치료사가 감정을 반영해 줄 때, 그러한 감정을 인식하지 못하거나, 거부적으로 표현하는 경우들이 있다. 자신의 감정을 그러한 언어로 표현하는 방법을 모르거나, 자신의 감정이 이렇게 수용받지 못했기 때문에 거부적인 표현을 나타내는 것으로 보인다.

• 사회성이 부족한 아동은 놀이치료 장면에서 승패에 집착하거나, 자신이 지는 것에 분노하거나, 게임을 할 때 거짓말이나 속임수를 쓰는 등의 행위가 나타난다. 물론 이러한 행동들이 나타난다고 해서 사회성이 부족하다고 단정지을 수는 없다. 대체로 사회성이 부족한 아동은 사회적 상황에서 자신이 어떻게 행동해야 하는지를 잘 훈련받지 못했고, 사회적인 센스가 부족하여 적절한 방법을 찾아내지 못한 것이다. 놀이치료가 진행되면서 사회성이 촉진되면서 아동은 자신이 지는 것을 점차 받아들이게 되고, 게임에서 자신의 유능감을 경험하게 되면서 점차 배려하는 태도를 배우게 된다.

2. 아동을 위한 놀이치료

아동을 위한 놀이치료의 접근방법을 단 한 가지로 설명할 수는 없다. 대부분의 아동을 위한 접근으로는 아동중심 놀이치료를 근간으로 하지만, 다양한 매체를 통해 접근하기 때문에 아동만을 위한 놀이치료 접근이 따로 정해져 있지는 않다. 그중 아동중심 놀이치료는 유아와 마찬가지로 아동에게도 매우 유용한 치료기법의 하나로 볼 수 있다. 그 외에도 미술이나 음악, 동작 등과 같은 다양한 예술매체를 활용한 치료적 접근이 있으며, 또한 인지행동놀이치료와 같은 접근들도 활용할 수 있다.

그중에서도 게임은 아동들이 많이 선택하는 놀잇감 중의 하나이며, 유능감과 성취감을 위해서 아동에게 좋은 기회를 제공하는 매체가 된다. 놀이와 게임은 카타르시스를 불러 일으키고, 자아를 발견할 수 있으며, 스스로 동기를 부여하고 무엇보다 재미있음을 느끼게 된다. 게임을 함으로써 아동은 상당히 즉흥적이 되고, 그 안에서 해방감을 맛볼 수 있고, 자신의 행위를 시험해 봄으로써 즐거움을 느끼게 된다. 따라서 놀이치료에서 게임은 중요한 놀잇감이 되며, 게임놀이치료에 대한 이해를 하는 것은 아동의 놀이치료를 이해하는 데 매우 중요하다.

1) 게임놀이치료

게임놀이는 기본적인 계열과 구조, 시간 제한, 승부욕이라는 게임구조를 가지고 있다. 거기에 놀이가 지니는 자율성을 합하게 되는 것이며, 게임놀이는 놀이의 한 형태이고, 아주 오랜 역사를 지니며, 또한 아동의 환경 적응에 있어 의미 있는 역할을 해 왔다고 볼 수 있다(Sutton-Smith, 1961). 게임은 놀이보다 더 목표 지향적인데, 대부분의 게임은 참가자의 역할, 제한 설정, 기대 행동, 게임 방법을 결정하는 규칙이 있기 때문이다(Schaefer & Reid, 2010). 따라서 게임놀이는 고유의 사회적 요소를 포함할 뿐 아니라 사회화의 필수적인 구성요소들인 학습, 규칙, 문제해결, 자기훈련, 정서적 통제, 지도자의 조정자 역할의 적응 등을 포함하게 된다(Serok & Blum, 1983).

2) 게임놀이치료의 치료적 요소

게임놀이치료에는 다양한 심리치료적 요소가 존재한다.

첫째, 게임은 치료동맹의 중요한 요소가 된다. 아동들이 상담실에 오지 않겠다고 울고 불며 들어와서는 놀이치료실을 한번 쓱 보고는 언제 들어가냐고 묻는 경험들을 놀이치료사들은 많이 한다. 놀이실에서의 게임은 성인과 아동의 경계를 희미하게 만들고 아동을 쉽게 접근할 수 있도록 만든다.

둘째, 즐거움이다. 게임놀이는 그 자체로 재미와 즐거움을 느끼도록 하며, 이는 위축되어 있는 아동에게 정서적인 반응을 촉진하며 흥미를 유발하게 한다.

셋째, 진단 및 평가를 할 수 있다. 게임에는 구조와 규칙이 존재하고, 경쟁적 특성을 가지기 때문에 아동의 자기 강화를 반영하는 행동을 야기시킨다. 놀이과정에서 자아존중감, 신뢰감, 무력감, 공격성들이 드러나므로, 게임은 아동의 자아적 기능을 평가하는 데 매우 유용하다. 또한 아동이 게임 전략에서 사용하는 행동들을 보고 인지적인 강점과 약점을 파악할 수 있으며, 자신이 질 때 이를 해결하고자 하는 감정의 조절능력, 통제의 결여와 집중력 등과 같은 부분들을 판단할 수 있다.

넷째, 의사소통의 요소이다. 게임놀이는 치료사와 아동 간의 의사소통 자체를 촉진하는 경향이 있다. 게임놀이 안에서 아동과 치료사는 협력하기도 하고, 목적을 함께 공유하면서 상호관계를 형성하기도 한다. 또한 경쟁을 기반으로 하기 때문에 분노나 적의, 갈등과 같은 부정적 감정들을 경험하게 되는데, 이것을 게임이라는 안전한 놀잇감을 통해 표출할 수 있다.

다섯째, 통찰이다. 치료사는 아동이 게임놀이에서 보여 주는 행동을 통해 자기를 통찰하도록 도울 수 있다. "너는 나에게 진 다음에는 그 게임을 선택하지 않는구나." "너는 지고 나면 놀이하기가 싫어지는구나."와 같은 반응들을 통해 아동이 실제 게임에서 보여 주는 패턴을 알게 하고, 일상생활에서도 이것이 일반화되는지에 대해 알 수 있도록 도와준다.

여섯째, 자기강화이다. 게임놀이를 하기 위해서는 집중해야 하며, 자신이 하고 싶은데로 마구잡이로 할 수 없게 한다. 졌지만 이기기 위해 도전하는 법을 배우고, 더 잘 조직화할 수 있는 능력을 키우며, 불안하고 예측하기 어려운 상황에서 이를 견디는 능력을 향상시키게 된다. 또한 이러한 과정을 통해 성공의 경험을 반복하면서 자아존중감을 향상시키게 된다.

일곱째, 사회화이다. 이 시기의 아동은 규칙을 배우는 것이 중요하며, 사회적 관계를 발달시키는 과업을 해 나가야 한다. 게임놀이는 이러한 발달적 요구를 충족시킬 수 있는 매우 중요한 도구가 된다. 협동, 의사소통, 규칙의 준수를 기본으로 하는 게임은 사회적 활동의 축소판이 될 수 있으며, 게임놀이의 과정을 통해 사회적 상황에서 필요한 기술들을 습득하게 된다. 게임을 하면서 이긴 사람은 어떻게 행동해야 하는지, 진 사람을 어떻게 배려해야 하는지, 게임에서 반칙을 쓰거나 속임수와 같이 받아들여지지 않는 행동의 결과도 배울 수 있는 기회가 제공되는 것이다. 또한 아동에게 제한된 경계 내에서 경쟁하고 주장하게 하므로, 통제된 공격성의 표현을 연습해 볼 수 있게 한다(Schaefer & Reid, 2010).

3) 게임놀이치료에서 게임 선택 시 고려사항

학령기 초기의 아동은 특히 게임을 선호하는 경향을 보인다(Bellinson, 2001). 잠복기 이전 시기에 해당하는 유아기는 오이디푸스적인 갈등을 해결하는 과정에서 마술적 사고에 대한 강력한 욕구가 생기며 상징놀이에 집중한다. 하지만 학령기에 들어서 잠복기에 접어들게 되면 좀 더 인지적이고 논리적인 사고가 발달하여 현실적이고 목표 지향적인 놀이를 추구하게 된다(Piaget, 1962). 발달과정에서 아동은 점차 상징놀이에 대한 관심이 줄어들고, 게임과 같은 규칙이 있는 구조적인 놀이에 관심을 두게 된다(Bellinson, 2000; Dee, 2016).

게임놀이치료에서 어떤 게임을 둘 것인가는 사실 놀이치료사의 선호에 달려 있는 경우가 많다. 어떤 놀이치료사는 게임놀이 자체가 놀이치료의 상징을 나타내는 데 방해가 된다고 생각하기 때문에 놀이치료실에서 게임을 모두 배제하는 경우도 있다. 또 다른 놀이치료사는 게임의 유용성에 대해 긍정적으로 바라보고 다양한 게임놀이를 놀이치료실에 구성하기도 한다. 게임의 유형들은 매우 다양하며, 치료와 상담에서 사용되도록 특별하게 고안된 게임들도 있지만, 대부분은 상업적으로 판매되는 게임들이 훨씬 많다. 하지만 이를 잘 활용하게 되면 게임놀이치료 장면에서 유용하게 사용할 수 있다.

게임놀이치료에 유용한 게임도구들을 선택할 때는 몇 가지 고려해야 할 점들이 있다.

첫째, 연령에서 발달적 선호성을 고려해야 한다. 어린 아동의 경우 우연게임을 선호하며, 학령기 중기 이후의 아동은 보다 복잡한 게임을 선호하는 경향을 보인다. 유아가 게임놀이를 선택하는 경우에는 사실 규칙을 알고 이를 놀이에서 활용하기보다는 그것을 가지고 상상놀이를 전개하는 경우도 매우 많이 관찰할 수 있다. 개조심 게임을 선택하지만, 규칙대로 하기보다는 개에게 먹이를 주는 놀이로 변형한다거나, 스머프 사다리게임을 꺼내 오지만 스머프 가족놀이로 수정되는 모습들을 보이기도 한다. 하지만 좀 더 큰 아동은 복잡하고 흥미를 유발하는 게임을 선호하게 되고, 돈이 오고 가는 게임에 대해 흥미를 가지게 된다. 이제는 극놀이에서 벗어나게 되면서 보드게임에 좀 더 흥미를 느끼며 자신을 더 잘 드러내는 경우들을 보게 된다. 따라서 아동의 연령을 고려하여 게임의 종류와 다양성을 다르게 접근할 필요가 있다.

둘째, 아동이 보이는 문제를 고려할 수 있다. 현재 문제나 치료목적이 분명한 경우 구조화된 게임을 사용할 수 있다. 최근에는 문제해결력을 위한 보드게임, 자아존중감을 향상시키기 위한 보드게임과 같이 상담을 목적으로 하는 게임놀이들이 많이 개발되어 있다. 이러한 도구들을 아동의 문제에 따라서 사용할 수 있다.

셋째, 활용성을 고려해야 한다. 아무리 재미있는 게임이라 하더라도 놀이치료실에서 이것을 활용하는 데 유용한지를 파악해 봐야 한다. 아동에게 너무 많은 공포반응을 유발하거나, 오랜 시간이 걸려서 놀이치료 시간 안에 이 게임을 도저히 할 수 없다면 이는 활용성에서 적합하지 않다. 놀이치료 시간에 여러 번 게임을 할 수 있는 것이 유용한데, 그 이유는 쉽게 승부가 정해지면서 놀이 안에서의 승패에 대한 반응이나 행동들을 관찰하고 파악하는 데 용이하기 때문이다.

4) 게임놀이치료의 유형

게임놀이의 유형은 그 기준에 따라 다르게 분류된다. 승부를 어떻게 결정하는지에 따라 게임의 유형을 신체기술 게임, 전략게임, 우연게임으로 분류할 수 있으며, 치료적 효과에 따라 의사소통 게임, 자아강화 게임, 문제해결 게임, 사회화 게임으로 구분된다(Schaefer & Reid, 1986).

(1) 신체기술 게임

신체기술 게임에는 대근육 운동게임과 소근육 운동게임으로 나뉠 수 있고, 대근육 운동게임에는 공게임, 릴레이 경주, 농구게임, 트위스터과 같은 게임들이 있다. 대근육 운동게임을 하기 위해서는 충분한 공간이 필요하다는 한계가 있고, 아동을 과하게 행동하거나 흥분하게 만들기도 한다(Charles, Schaefer, & Steven, 2010). 소근육 운동게임에는 젠가, 낚시게임, 다트게임, 픽업스틱, 퍼펙션, 오퍼레이션, 유경게임, 고양이와 쥐, 피사의 탑, 배터져 주방장, 퍼니버니, 텀블링 몽키 등이 있다.

신체기술 게임의 특징은 게임이 단순하게 때문에 누구나 쉽게 사용하고 설명할 수 있다는 장점이 있다. 경쟁을 유발하고 아동의 과잉행동이나 충동성 등을 평가하는 데도 유용하다. 특히 대근육 운동을 적절하게 포함하는 게임은 활발한 신체활동을 일으켜 긴장감을 해소할 수 있다. 또한 게임의 체계화와 구조화를 통해 보다 자기통제감을 발달할 수 있도록 도울 수 있다.

[그림 13-1] 신체기술 게임

(2) 전략게임

전략게임이란 게임 안에서 전략을 사용하여 문제를 해결하는 게임으로 참여자들의 인지능력에 의존하게 된다. 바둑과 장기, 체스가 전략게임의 대표적인 예이다. 놀이치료실에서 자주 사용하는 전략게임들은 우노 카드게임, 블로커스, 다이아몬드게임, 부르마블게임, 라비린스, 젬블로, 러시아워, 쿼리도와 같은 게임이 있다.

전략게임은 최소 인원이 2명이기 때문에 개인치료에서 활용할 수 있다는 장점이 있으며, 아동의 인지적인 강점이나 약점을 관찰할 수 있는 기회를 제공해 준다. 전략을 다양한 방식으로 사용하고 있는지, 아니면 상대방의 입장에서 잘 보지 못하고 자기 것에만 치중하는지 등의 방식들을 관찰할 수 있어 아동의 심리적인 문제들을 살펴볼 수 있다. 또한 게임 안에서의 집중력이나 인지적인 노력, 어려운 상황에 놓였을 때 도전하려는 동기가 있는지 등도 살펴볼 수 있다. 전략게임을 선택할 때 고려할 점은 게임이 너무 복잡한 것은 피하는 것이 좋다. 그 이유는 게임을 한 번 하는 데 많은 시간과 에너지를 소모할 수 있어서 실제 놀이치료 장면에서의 역동을 파악하기 어려울 수 있기 때문이다. 가능하다면 전략게임들 중에서도 너무 오랜 시간이 걸리거나, 너무 복잡한 규칙이 있어 연령이 어린 아동에게 적합하지 않을 수도 있으므로 이는 내담 아동과 아동의 문제행동에 따라 구성을 달리 할 수 있다.

[그림 13-2] 전략게임

(3) 우연게임

우연게임은 전략보다는 주사위나 카드와 같은 확률에 의해 승부가 결정하는 게임을 말한다. 빙고, 해적룰렛, 캔디랜드, 사다리게임, 트러블 게임, 트럼프, 주사위

놀이, 윷놀이와 같은 게임이 대표적인 우연게임이다.

　우연게임은 대부분 구성이 간단하고 단순한 것이 많고, 게임의 시간이 짧은 경우가 많아 놀이치료 시간에 활용하기가 유용하다. 또한 집단놀이치료 시에 시작하는 게임으로 활용하기에도 좋다. 우연게임은 성인인 치료사의 지적 능력이나 전략, 경험과 같은 역량이 필요하지 않기 때문에 능력 차이가 있는 사람들 간에 게임을 진행하여도 게임의 승패에는 영향을 주지 않는다는 장점이 있다(Charles, Schaefer, & Steven, 2010).

[그림 13-3] 우연게임

(4) 의사소통 게임

　의사소통 게임은 경쟁을 최소하면서 자기 표현을 격려하는 게임으로서 다른 게임들에 비해 덜 위협적이다. 종류로는 말하기 느끼기 행동하기(Talking, Feeling, Doing) 게임, 의사소통 기술향상 게임, Touch of my heart, 이웃사귀기 게임, 하트하트게임, 감정카드게임, 딕싯, 텔레스트레이션 등이 있다.

　의사소통 게임은 다른 치료게임보다 덜 구조화되고, 비위협적으로 진행할 수 있으며, 따라서 좀 더 허용적인 분위기를 촉진한다. 당면하고 있는 문제에 대해 자기 표현할 때 불안과 방어 감소시켜 촉진할 수 있도록 도와준다.

(5) 자아 강화 게임

자아 강화 게임은 경쟁과 전략에 초점을 두어 자아 기능을 높이는 것으로, 자아 조절, 공간능력, 학습과 관련된 인지적 기술을 강화하는 데 도움이 된다. 자아 강화 게임의 종류로는 메모리 게임, 게스후, 치킨차차, 우봉고, 커넥트 포, 다빈치코드, 도블, 배고픈 하마 등과 같은 게임이 있다.

(6) 문제해결 게임

문제해결 게임은 고도로 구조화되어 있고, 일반적인 구체적인 문제를 직접 다루는 것으로 해결방법을 훈련할 수 있는 기회를 제공해 주는 게임을 말한다. 가족계약 게임, 이혼에 대처하도록 돕는 '우리가 변하고 있어요', 괴롭힘을 당하는 아동들을 위한 '더 이상 괴롭힘은 없어요' 등과 같이 게임이 있다(윤자영, 2008).

3. 아동놀이치료 사례

1) 9세 남아, 이긴 게임만을 선택하는 아동

[내담자 정보]

아동은 자신감이 없고 위축되어 있으며, 또래관계 안에서 먼저 다가서지 못한다. 친구들과의 관계에서 자신에게 나쁜 말을 해도 가만히 있거나, 대처하지 못하는 모습들을 보인다. 부모는 매우 통제적인 편이고, 아동에게 친구를 마음대로 사귀지 못하게 하였으며, 자신이 정해 준 친구하고만 놀도록 한다. 놀이를 하는 과정에서 아동이 잘못된 행동을 하거나, 다른 친구들에게 치이는 것 같을 때 모는 아동을 불러 혼을 내거나 그 자리를 피하도록 지시하는 행동들을 한다.

[놀이과정]

놀이치료실에 들어온 아동은 자신이 해 본 게임이 있다며 텀블링 몽키 게임을 선택하였고 매우 자신 없는 태도를 보였는데, 게임에 이기게 되었다. 그때부터 아동은 지속적으로 이 게임을 반복하였다. 그리고 몇 회기 후에 자신이 지게 되자 그 게임을 곧바로 중단하였다. 다음 회기에 와서는 "저 게임은 내가 졌던 게임이에요."

라고 이야기하고는 다른 게임을 하고 싶다고 하였다. 다른 게임에서 다시 자신이 지자 덮어 버리고는 새로운 게임을 선택하였고, 그 게임에서 이기자 계속 반복하는 모습을 보였다. 아동에게 치료사는 "너는 나에게 지게 되면 그 게임을 더 이상 하고 싶지 않은 것 같네."라고 반응해 주자, "전 게임만 하면 지잖아요."라는 반응을 보였다.

[놀이해석]

아동은 일상 안에서 매우 위축되어 있고, 자신의 목소리를 내어 보지 못했다. 자신의 생각을 말하면 묵살당해 왔고, 자신의 감정을 표현하면 부정당해 왔던 아동이었다. 성장해야 할 자아는 성장하지 못하였고, 작은 실패에 큰 두려움을 표현하였다. 자신이 지는 것을 자기 존재를 부정당하는 것처럼 여겼으며, 이를 통해 아동은 매우 분노하는 감정들을 경험하였다.

놀이에서 아동은 자신이 지는 것을 받아들이기 어려웠기에 자신을 지게 만드는 게임을 선택하지 않음으로써 자신에게 성취 경험만을 주는 게임을 선택하게 된다. 작은 성취감을 가지고자 하는 것, 자신도 할 수 있다는 유능감을 갖고 싶은 아동의 욕구가 이긴 게임만을 반복함으로써 채우고자 했던 것으로 보인다.

2) 11세 남아, 게임 방법을 계속 바꾸는 아동

[내담자 정보]

아동은 ADHD로 진단을 받았고, 작은 일에도 걱정이 많으며, 불안감이 매우 높으며, 사회적 기술이 부족하다. 부모는 엘리트에 매우 통제적인 사람이고, 아동의 행동 하나하나를 세세하게 감독하는 경우들이 많다. 아동 행동에 대해 하지 말라는 부정적인 반응들이 많고, 모든 스케줄을 확인하고 작은 것이라도 잘못되면 주의를 받는 경우가 많다.

[놀이과정]

아동은 대체로 돈을 주고받는 놀이, 주사위를 던져서 말이 이동하는 게임을 선호하였다. 놀이치료실에서 게임을 선택하고는 방법에 대해 설명서를 읽는 모습을 보인다. 그러나 끝까지 읽어 보지 않고 다시 놀이치료사에게 자신이 이해한 대로 게임을 설명하고 진행한다. 놀이치료사의 게임 말이 앞으로 가게 되면, 갑자기 게임의 규칙을 바꾸는 행동을 보인다. 놀이치료사의 주사위가 여러 번 6이 나오게 되자, "선생님, 이제부터 6이 나오면 1칸 가고, 5가 나오면 2칸, 4는 3칸, 3은 4칸, 2는 5칸, 1은 6칸이에요." 라면서 규칙을 변경했다. 자신이 더 앞으로 가고 싶은데 치료사가 앞으로 가는 것에 대해 불편감을 느끼는 것이다. 이에 대해 치료사가 "너는 내가 앞으로 가는 것이 싫었구나."라고 반영하자, 절대 아니라면서 손사래를 치는 모습을 보인다. 자신의 행동이 들켰다고 생각했는지 정말 아니라는 이야기를 여러 번 치료사에게 하는 모습을 보였다.

[놀이해석]

아동은 자신이 지는 것을 받아들이는 것뿐 아니라, 치료사의 게임 말이 자신의 앞으로 나가는 것조차도 받아들이는 것이 힘들었다. 그렇기 때문에 계속 자신이 이길 수 있는 방식으로 게임의 규칙을 변경하는 행동들을 나타내고 있다. 또한 그러한 행동들을 반영할 때, 이를 거부하는 행동들을 보인다. ADHD로 진단을 받은 아동은 무언가를 끈기있게 마무리하는 경험이 적으며, 기대치가 높은 부모는 아동이 하는 행동에 대해서는 늘 부족하다고 느끼며 긍정적인 반응이 매우 적었다. 아동은 늘 부족하다는 반응을 받으며 긍정적 자아존중감을 형성하지 못하였고, 실패하는 것에 대한 두려움을 크게 지각하는 모습이 많았다. 그렇기에 조금이라도 치료사가 앞서 나가게 되면 게임의 룰을 바꾸면서 자신이 승리하는 상황을 만들어서라도 성취하고 싶었던 부분들을 표현하였다.

3) 10세 남아, 게임에서 의사소통이 확장되는 아동

[내담자 정보]

화와 짜증이 많고, 분노를 조절하지 못하여 집에서 부모와의 갈등이 잦은 아동이다. 부정적인 감정이 경험될 때 잘 조절하지 못하기 때문에 매우 심하게 소리를 지르거나 물건들을 던지면서 감정을 표출하는 경우가 많다.

[놀이과정]

아동은 게임을 하는 동안 매우 몰입하는 모습을 보였다. 보드게임을 하면서 자신이 질 것 같으면, "뭐야. 정말 재수 더럽게 없어."라고 표현하거나, "이거 뭐야!"라며 보드를 뒤집어 버리는 등의 행동들이 초기 회기에 나타났다. 아동은 점차 놀이치료 과정을 통해서 자신의 감정을 분출하는 놀이들이 나타났고, 끊임없이 기차 놀이에서 사고를 내고, 모두가 죽어 버리고 살아나는 놀이들이 반복되었다. 그러고는 중반이 넘어서부터는 게임놀이에서 점차 이완되면서 자신에게 중요한 감정이나 생각에 대해 이야기하는 모습을 보이기 시작하였다. 개조심 게임을 하면서 놀이치료사에게 "선생님, 저 이거 우리 아빠랑 했거든요. 그런데 우리 아빠는 일부러 저 놀래키려고 건드려요. 난 진짜 뼈다귀를 다 빼고 싶었는데 정말 짜증났어요."라고 이야기하였다. 놀이치료사는 "너는 그걸 같이 다 빼고 싶었는데, 아빠는 네 생각을 몰라주고 마음대로 하셔서 짜증이 난 거구나."라고 반영해 주자, 그렇다면서 선생님은 절대 건드리지 말라고 이야기하였다. 그리고는 아빠가 평소에 자기가 말한 것을 잘 듣지 않는 것, 그럴 때마다 자신이 얼마나 화가 나는지 모르겠다는 이야기를 함께 나누었다.

[놀이해석]

아동은 초반에 게임에서 자신이 지는 것에 매우 분노하는 모습을 보였다. 그저 받아들이지 못하는 것뿐 아니라, 보드게임을 던져 버리거나, 돈을 찢어 버리는 등의 돌발 행동이 나타나기도 하였다. 내적으로 쌓여 있던 분노와 적개심의 감정들이 불쑥불쑥 튀어나오면서 아동은 이에 대해 지속적으로 표출하였다. 부정적인 감정들이 어느 정도 쏟아 나오고, 점차 성장해 나가는 아동은 동일한 게임을 하면서도 이전처럼 분노의 감정을 행동으로 표출하지 않게 되었다. 자신의 감정에 대해 언어를 사용하였고, 자신에게 생기는 감정들에 대해 조절하는 능력을 발휘하였으며, 그런 상황에서 어떻게 자신이 대처해야 하는지에 대해서도 학습하였다. 이 아동은 아빠가 자신의 마음을 몰라주고 자기 마음대로 한 행동에 대해 들었던 부정적 감정에 대해 치료사와 소통하면서 평소의 아빠에게 들었던 부정적 생각들과 감정을 표현하고, 이를 편안하게 다루게 되었다. 이렇듯 게임은 감정, 사고, 욕구를 좀 더 편안하게 다룰 수 있는 도구로서 가치가 있다.

4) 만 9세 남아, 부모의 이혼으로 심한 분노표현과 감정을 폭발하는 아동

[내담자 정보]

부모가 이혼하면서 부모가 갈등하는 모습을 자주 지켜보았으며, 이혼이라는 부분에서 아동에게 다른 설명 없이 부를 보지 못하는 상황이 된 것에 대한 부적절감, 불안감이 내재되어 있다. 현재 모가 양육하고 있는데, 모는 심리적으로 취약하여 아동에게 일관된 양육을 하지 못하고, 자신의 기분 상태에 따라 반응하고 있어 아동은 더욱더 심리적인 혼란감을 가지고 있다. 아동은 언제든 모도 부처럼 자신을 떠날 수도 있다는 불안감을 가지고 있어 모와의 분리에 어려움을 가지고, 과도하게 신체적으로 접촉하고자 하는 근원적인 욕구충족을 나타낸다.

아동은 자신의 감정에 대한 수용받아 본 경험, 긍정적인 상호작용에 대한 경험이 부족하고 자신을 온전히 이해받지 못하였다. 자신에 대한 부적절감으로 인해 심리적으로 매우 무력함을 나타내었다. 자아존중감이 매우 낮고, 자신은 쓸모없고 필요없는 사람으로 인지하고 있다.

[놀이과정]

(1) 초기 단계(1~6회기)

초기 단계에 아동은 모래상자에서 화산을 만들고 보트와 탱크를 화산 주변으로 놓고 화산이 폭발하였다고 했다. 주변에 사람들을 놓아 누군지 묻자, 엄마, 아빠, 여자아이이고, 화산이 폭발하여 이 모든 사람들은 다 죽을 것이라고 이야기하였다. 초기 회기 동안 계속적으로 모래상자에 화산을 만들고, 다음에는 동물, 공룡, 사람들을 모두 죽이는 놀이들을 반복하였다.

[놀이해석]

초기 단계에서 아동은 분노의 감정들을 표현하는 데에 치중된 놀이들이 나타났다. 화산이 계속 폭발하고, 죽음을 나타내는 놀이를 통해 아마도 급한 불을 끄는 아동처럼 초반 1~3회기에 수많은 죽음을 만들어 내는 놀이였다. 자신이 가지고 있는 분노를 먼저 덜어 내는 것이 아동에게는 더욱 중요했던 것으로 보인다.

(2) 중기 I단계(7~18회기)

중기 I단계에서 아동의 놀이는 공격성이 표출되면서, 자신이 게임에서 지는 것에 분노하며 욕설을 하거나 게임을 중단하는 등의 행동들이 나타났다. 여러 개의 보드게임을 선택하지만 자신에게 유리하게 게임을 조정하고, 치료사가 절대 이기지 못하도록 규칙을 바꾸는 등의 행동들이 주를 이루었다. '배고픈 하마' 게임에서 하마의 배가 터질 지경으로 채워 나가는 놀이를 통해 욕구를 가득 충족했다. 또한 치료사의 '돈'과 '재산'을 다 몰수하고 자신만 승리하는 놀이를 보여 주었다. 그러면서 자신에게 부족했던 욕구들을 충족시켜 나가고 조금씩 밝아지는 모습들이 나타나기 시작하였다.

[놀이해석]

중기 I단계에서 아동의 놀이는 자신에게 결핍된 욕구와 실패한 자신에 대한 부정적인 신념을 드러내었다. 자신에게 애정을 주지 않았던 부에 대한 부정적 감정, 부모의 문제로 이혼하게 되면서 모 역시도 언젠가 사라질지 모른다는 불안들을 놀이에서 표현하는 모습들이 나타났다. 또한 도전에 두려움을 가지고 실패를 두려워하여 시도하지 못하는 모습들과 실패에 대해 큰 의미를 부여하고, 자신은 늘 실패하는 사람으로서 인식하면서 놀이치료 시간에 낮은 자아존중감을 보여 주었다.

또한 게임놀이에서 규칙을 지키지 못하고, 불안을 잘 견디지 못하며, 감정을 통제하기 어려워하는 모습들이 주로 나타났다. 자신에게 부정적인 감정이 인지되면 매우 크게 인식하면서 분노의 감정들을 행동화하는 부분들이 있었고, 치료사는 이러한 부분들에서 감정을 충분히 수용하면서 대안 행동을 제시하고, 아동은 이를 수용해 나가면서 자신의 감정을 통제하는 노력을 조금씩 하기 시작하였다.

(3) 중기 II단계(19~30회기)

중기 II단계에서 아동은 게임에서 이기고 싶은 마음을 솔직하게 표현하기 시작하였고, 치료사에게 자신이 이길 수 있도록 도와달라는 요청을 하기도 하였다. 또한 실패하는 자신에 대해 긴장하는 모습을 보이기도 하였다. 아동은 조금씩 실패를 견뎌 나가게 되고, 이를 바라보는 부분에서 여유가 생기기 시작하였다.

아 동: 어떤 때는 실패할 수도 있고 성공할 수도 있어요.

치료사: 그렇지. 실패할 때도 성공할 때도 있는 거지.

아　동: (치료사에게 주며) 선생님, 실패하면 안 돼요.

치료사: 실패하면 안 되는구나. 선생님이 실패할까 봐 걱정되는구나. 나도 실패할까 봐 떨린다.

아　동: 아니에요. 실패해도 괜찮아요.

치료사: 정말 내가 실패해도 괜찮은 거야?

아　동: 그렇죠. 이건 그냥 게임일 뿐이에요.

치료사: 너는 이제 게임에서 지는 것에 화가 덜 나는 것 같구나.

아　동: 당연하죠. 선생님도 그냥해요. 할 수 있어요.

치료사: 네가 그렇게 말해 주니 나도 안심이 되네.

아　동: 헤헤. 제가 선생님을 상담해 준 거예요.

치료사: 그러네. 너의 말이 나에게 힘이 되었어.

[놀이해석]

　아동은 긴장되는 마음에 대해 치료사와 소통하고 싶어 했으며, 치료사의 긴장하는 마음을 알아차리면서 감정을 표현해 주고 용기를 주는 모습을 보였다. 또한 게임의 실패를 자신의 실패로 귀인하지 않는 모습을 나타내었다.

　중기 II단계에 와서 아동은 점차 규칙의 제한들을 받아들이기 시작하였다. 원래의 규칙대로 게임을 하고자 하는 욕구가 강해지면서 점차 성취감을 쌓아 가기 시작하였다. 감정을 공유할 때의 기쁨에 대한 표현들이 많아지면서 협동하는 것에 대한 의미를 알아가기 시작하였다. 점차 치료사와의 언어적인 의사소통의 횟수가 증가하면서 자신의 감정을 교류하기 시작하였고, 치료사에게 긍정적인 관심을 나타내기도 하였다.

(4) 종결단계(31~36회기)

　종결단계에 와서 아동은 점차 적응적인 놀이들을 하기 시작하였다. 이제 게임에서 자신이 지는 것을 충분히 받아내었고, 자신이 졌을 때 부정적 감정을 부적절한 행동으로 외현화하지 않고, 자신에게 든 감정들을 언어적으로 표현하였다. 또한 제한해야 하는 상황들에서 고집을 부리며 자신의 행동을 고수하기보다 다른 대안들에 대해 제시하기도 하고 이를 수긍하는 모습들을 보였다. 또한 이전보다 부정적인 감정들을 처리하는 시간이 줄어들면서 감정을 조절하는 모습들을 나타내었다.

정리해 봅시다

아동의 놀이는 상당히 은유적으로 표현된다. 언어처럼 직접적으로 자신의 힘듦을 호소하는 것이 아니라 놀이 안에서 자신의 삶을 보여 주고, 경험에 대한 것은 은유적 표현을 통해 드러낸다. 놀이로써 자신의 전후 사정이 있는 세계가 드러나는 것이다. 유아의 놀이는 좀 더 상징적인 가장놀이로 자유롭게 표현되는 반면, 아동의 놀이는 규칙이 있는 게임에 더욱 흥미를 느끼게 된다. 그렇다고 해서 아동이 모두 게임에만 몰두하는 것은 아니다. 아동은 이전에 자신에게 결핍되었거나 부적절한 부분들을 여전히 가장놀이를 통해 표현하기도 하고, 놀이의 상징을 통해 나타내기도 한다. 그렇기에 우리는 여전히 상상적인 놀이의 표현을 잘 알아야 한다. 아동기는 상상놀이와 게임놀이와의 공존이 함께 존재하기 때문이다.

아동기는 자아존중감을 형성해 나가는 데 중요한 시기이며, 사회성 발달을 확장해 나가는 중요한 시기이다. 따라서 중요한 아동기의 발달에 따라서 이를 살펴보고, 놀이치료 장면 안에서 이 부분을 어떻게 살펴볼 수 있는지에 대해 다루었다. 이를 통해 놀이치료사가 아동의 놀이치료 장면에서 좀 더 주의깊게 살펴봐야 하는 부분들을 알아차릴 수 있다면 좋을 것이다. 또한 다양한 사례에서 아동들이 보여 주는 놀이의 표현과 게임놀이에서 어떻게 자신을 드러내고 있는지를 살펴볼 수 있을 것이다.

🖊 활동해 봅시다

1. 보드게임을 한 가지 정하여 실제로 해 보고, 그 게임을 놀이치료에서 하게 될 때 드러날 수 있는 아동들의 역동이나 패턴들은 무엇일지 생각해 보세요. 또한 그 보드게임이 어떤 아동들에게 더욱 유용할 것인지에 대해 이야기 나눠 봅시다.

_____

_____

_____

_____

_____

_____

_____

2. 아동들이 놀이치료 장면에서 속임수를 사용하고 규칙을 자주 바꾸는 행동들을 할 때 치료사는 어떻게 반응하는 것이 적절할지에 대해 이야기 나눠 봅시다.

_____

_____

_____

_____

_____

_____

_____

_____

참고문헌

윤자영(2008). 게임놀이치료가 우울 아동의 우울 및 생활 만족도에 미치는 영향. 석사학위논문. 명지대학교 일반대학원.

송명자(2008). 발달심리학. 서울: 학지사.

정옥분(2018). 아동발달의 이해(제3판). 서울: 학지사.

Bellinson, J. (1991). Group psychotherapy with psychiatrically hospitalized children. In J. D. O'Brien, D. J. Pilowsky, & O. W. Lewis, *Psychotherapies with children and adolescents: Adapting the psychodynamic process* (pp. 313-335). Washington, DC: American Psychiartric Press.

Bellinson, J. (2000). Shut up and move: The uses of board games in child psychotherapy. *Journal of infant, Child, and Adolescent Psychotherapy, 1*(2), 23-41.

Ray, D. C. (2016). 고급놀이치료. (이은아김, 민성원 역). 서울: 시그마프레스. (원전은 2011에 출간).

Charles, E. S., & Stenven, E. R. (2010). 게임놀이와 아동심리치료. (박성옥, 이정숙, 김윤희 역). 서울: 창지사. (원전은 1986에 출간).

Erikson, E. (1963). *Childhood and Society* (2nd ed.). New York: Norton.

Hartup, W. W. (1992). Friendships and their developmental significance. In H., McGurk (Ed.), *Childhood social development: Contemporary perspectives.* Hove, England: Erlbaum.

Krauss, R. M., & Glucksberg, S. (1977). Social and nonsocial speech. *Scientific American, 236*, 100-105.

Serok, S., & Blum, A. (1983). Therapeutic uses of games. *Residential Group Care and Treatment, 1*, 3-14.

Shartz, M., & Gelman, R. (1973). The development of communication skills: Modifications in the speech of young children as a function of listener. *Monogragbs of the Society for Research in Child Development, 38* (5, Serial No.152).

Schaefer, C. E., & Reid, S. E. (1986). *Game Play: Therapeutic Use of Childhood Game.* New York: Wiley.

Sutton-Smith, B. (1961). Cross-cultural study of children's games. *American Philosophical Society Yearbook*, 426-429.

Piaget, J. (1926). *The language and thought of the child.* New York: Harcourt, Bruce & World.

Piaget, J. (1960). *Psychology of intelligence.* Paterson, NJ: Littlefield, Adams.

제14장

청소년놀이치료

청소년은 아동기에 비하여 자신의 감정과 사고를 더 잘 표현할 수 있는 언어 및 인지발달을 이루게 된다. 그러나 실제 상담과정에서 청소년의 상담에 대한 저항이나 동기의 부족으로 인해 상담이 순조롭게 진행되기 어려운 경우가 있다. 이러한 이유로 청소년상담에서는 '놀이'를 긴장감이나 저항을 줄이는 용도로 주로 활용하고 있다. 이는 '놀이'의 치료적 요인이 상담의 초기과정에 작용한 것이다. '놀이'의 다양한 치료적 요인은 이미 경험적 연구에 의해 밝혀졌으나 청소년 상담과정에서 놀이를 체계적으로 적용하는 사례는 많지 않다. 청소년놀이치료는 주로 게임놀이치료나 모래놀이치료를 활용한 시도들이 주를 이루고 있다. '놀이'는 인간의 삶에서 중요한 요소인 만큼 청소년에게 적합한 놀이치료의 다양한 접근과 시도가 필요하다. 이 장에서는 청소년의 주요한 발달과업과 문제들, 그리고 청소년에게 적용할 수 있는 놀이치료에 대하여 살펴보고자 한다.

1. 청소년기 주요 발달과업과 문제

청소년기는 신체, 정서, 역할에서 가장 큰 변화를 겪는 시기로 정서적으로 불안정하고 심리적인 혼란감을 경험한다. 이러한 과정에서 부정적 정서가 내면화되면 정서를 억압하거나 부적절한 행동으로 표현하게 되면서 대인관계에도 부정적인 영향을 줄 수 있다(강차연 외, 2010). 이는 청소년의 건전한 발달과 적응적인 사회화를 막는 악순환으로 이어지게 된다. 따라서 청소년놀이치료에 대한 이해에 앞서 청소년의 주요 특성과 문제행동에 대하여 살펴볼 필요가 있다.

1) 청소년의 주요 발달과업

(1) 자아정체감 형성

자아정체감(self identity)은 전생애를 통해 계속해서 획득하는 것이며, 특히 청소년기에 중요한 발달과업이다. 청소년기에 인생의 가치관을 정립해 가면서 도덕적 문제와 미래에 대하여 이전보다 폭넓게 사고할 수 있게 된다. 청소년은 자신과 자신을 둘러싼 모든 환경과의 상호작용을 통해 자기 자신의 정체감을 찾기 시작한다. 자신을 통합하여 자기 자신을 정립하고 분명한 자기 인식을 갖게 되면서 점차 자아정체감이 확립된다. 이로써 청소년은 자아정체감을 형성하여 타인에게 신뢰감을 주고, 심리적인 안정감을 가지며, 삶의 가치를 명료화할 수 있게 된다.

청소년이 정체감 형성에 따른 위기를 극복하지 못하면 자신을 있는 그대로 수용하지 못하며 미래의 전망에 대여 불안해지고 이에 대처할 수 있는 자신의 잠재력에 스스로 자신을 갖지 못하게 된다. 이렇게 되면 청소년은 자신에게 주어진 역할을 회피하거나 때로는 반발하는 것으로 자신의 갈등을 해소하려고 한다(정영윤, 1992). 청소년기에 자아정체감이 적절히 형성되지 못하면 일탈이나 비행과 같이 부적응 행동을 보일 수 있고, 이러한 방황이 계속되면 건전한 성인으로의 성장이 어려울 수 있다. 이처럼 중요한 발달과업임에도 청소년들이 자아정체감을 형성하고 개별화하는 과정에서 자신의 삶을 스스로 선택하여 자율적으로 통제하는 것은 제한적이기 때문에 치료사는 청소년의 자율성에 대한 딜레마를 이해할 수 있어야 한다(김계현 외, 2000).

(2) 청소년의 신체적·정서적 특성

청소년기는 전생애에서 영아기 다음으로 급격한 신체발달이 이루어지는 시기이다. 청소년은 신체상과 호르몬의 변화로 인해 심리적인 영향을 받기 때문에 청소년의 심리적 특성을 이해하기 위해서 신체 발달을 이해하는 것이 필요하다. 이 시기의 신체적·생리적 발달은 호르몬의 변화에 의한 것으로 제2차 성징이 나타나게 된다. 신체적으로 마치 성인과 같은 체격을 갖추게 되고 성과 관련하여 성인과 같은 기능이 가능해진다.

청소년기는 급격한 신체 발달과 사회적으로 요구되는 과업으로 인해 정서적으로 불안정한 상태이다. 청소년기에 보이는 정서적 특성이 청소년의 심리 및 행동에 미치는 영향들이 다음과 같다(홍봉선, 남미애, 2013).

- 감정의 기복이 심해지고 예민해진다. 사소한 일에 예민해지고 쉽게 우울하고 낙담에 빠지게 된다. 화를 잘 내고 불안정하게 보인다.
- 수줍음이 많아 남을 지나치게 의식하며 마음과 행동에 대해 자유롭지 못하고 특히 이성의 앞에서 많은 부끄러움을 느낀다. 하지만 종종 수줍음을 감추어 보이기 위해 외부적으로는 과장된 행동을 보여 주기도 한다.
- 열성적이고 호기심, 모방성이 강해진다. 어떠한 일에 쉽게 흥분하고 현실감을 잃어버리고 곧잘 열중하여 그 일에 빠지게 된다. 또 자신의 관심사가 가정에서 지역사회로 확대가 되기 시작함으로써 귀가 시간이 늦어지고 외출이 잦아지며, 특히 우상을 만들고 맹목적으로 추종하는 경향도 있다.

(3) 청소년의 사회적 관계

청소년은 인지와 정서가 한층 더 발달함에 따라 사회적 이해력이 증가하여 자신이 경험하지 않은 타인의 느낌과 감정을 더 정확하게 파악하고 상대방의 느낌과 감정을 그대로 느끼기도 한다. 이로 인해 사회적 상호작용이 활발하게 이루어질 수 있게 되며, 동시에 부모와 가정의 가치관을 논리적으로 분석하고 평가함으로써 부모와의 갈등이 나타나기도 한다(노혁, 2007).

청소년은 부모로부터 분리되려고 하며, 반대로 또래집단에 몰두하는 특성을 보이기도 한다. 또래로부터 지지와 이해를 받기 원하며, 그들과의 놀이를 통하여 직접적인 상호작용 및 관찰을 하게 된다. 또래집단으로부터 새로운 규범과 행동의 준거를 갖게 되며 이를 따르면서 소속감을 갖게 된다. 청소년의 사회적 관계에 대한 특성은 다음과 같다(홍봉선, 남미애, 2013).

- 청소년은 부모로부터 개별화되고자 노력한다. 개별화란 부모와 정서적 유대는 유지하면서 자신을 부모와는 다른 특별한 한 인격체로 인식하고 경험하는 심리적 과정이다. 이 과정에서 애착 대상이 부모에서 또래로 바뀌게 되며, 부모와는 다른 가치관이나 생각을 하게 되고 그것을 내면화한다. 이러한 개별화 과정은 청소년이 성인으로 독립하는 데 있어 중요한 요소이다. 하지만 부모가 이 과정을 자연스러운 성장과정으로 인정하지 않고, 부모에 대한 반항으로 인식하게 되면 부모-자녀의 불화가 심화될 수 있다.
- 청소년은 동성이나 이성 친구 등 자신과 비슷한 또래집단(peer group)에 몰두한다. 청소년기 이전부터 또래관계는 지속되지만 청소년기에는 또래 간에 심리적으로 관여하는 정도가 매우 깊어져 중요한 비밀을 털어놓는 등 더욱 친밀한 관계를 형성한다. 같은 발달단계에서 유사한 경험을 하는 또래와의 관계를 통해 청소년은 자신의 정체감을 형성하고 유지하는 데 필요한 심리적·사회적 지지를 얻을 수 있다. 청소년기에 또래에게 충분한 심리적·사회적 지지를 받지 못하면 부정적인 자아상을 갖게 되고 사회적 거부와 배척 감정을 갖거나 고립감을 경험하게 된다.

2) 청소년기의 주요 문제

청소년기는 발달과정에서 오는 불안과 긴장 등으로 인해 스트레스에 취약하며 정서적 문제가 증가할 가능성이 크기 때문에 비행에 노출되기 쉽고(강진아, 2009) 여러 가지의 위험 행동(risk behavior)에 참여할 가능성이 크다. 일부 청소년들은 폭력이 포함되는 비행에 가담하거나 약물 남용 혹은 비정상적인 성적 행동과 같은 위험한 행동을 한다. 청소년기 특유의 지적 호기심과 에너지는 위험 행동을 자극하지만 대부분의 청소년은 스포츠와 같은 놀이나 건설적인 일에 이 에너지를 사용한다. 그러나 청소년기의 위험 행동을 포함한 문제 행동은 청소년의 부적응 및 이후 발달과정에도 부정적인 영향을 미치므로 이에 대한 이해와 개입은 청소년을 대상으로 하는 심리치료과정에서 중요한 부분이다. 청소년이 위험행동을 하게 되는 특성 및 이유는 다음과 같다(장휘숙, 2007).

- 자신의 행동이 초래할 위험을 인지하지 못하거나 합리적인 판단을 내리지 못하기 때문이다.
- 위험에 관한 정보를 갖고 있지 않기 때문이다.
- 위험을 인지하고는 있지만 그것을 무시하고 있기 때문이다.
- 자신의 행동에 의해 발생될 부정적인 사안을 과소평가한다.
- 개인적 우화 현상으로 청소년은 자신을 불사신으로 생각하고 약물중독이나 임신이 될 리가 없다고 생각한다.

(1) 청소년의 비행

비행이란 대표적인 위험 행동으로 범죄보다 더 포괄적인 개념이다. 청소년 비행은 「형법」에는 저촉되지 않는 지위비행(status offender)과 범법 행동이 포함된다. 지위비행이란 청소년이라는 사회적 지위 때문에 일탈 행위로 간주되는 것으로 청소년기에 빈번하게 나타나는 부모나 교사에 대한 반항, 무단결석 및 음주나 음란물 접촉 등이 있으며, 범법 행동은 형법에 저촉되는 폭행, 살인, 절도, 상해 등을 말한다(김재엽 외, 2012; Siegel & Welsh, 2011).

미국 청소년들의 경우, 또래의 거부에 대한 가장 강한 공포를 느끼게 되는 15~16세 경에 가장 높은 비행률을 보여 준다. 그러나 우리나라 청소년들은 고등학생 시기 정도인 18~19세 청소년들의 비행률이 가장 높게 나타난다. 성별에 있어서 여자 청소년의 비행보다 남자 청소년의 비행률이 현저하게 높다. 최근에는 여자 청소년의 비행이 급격히 증가하고 있다(김지연 외, 2018; 윤혜미, 2005; Flannery, 2003). 비행과 관련된 특정한 성격유형은 존재하지 않으며, 일반적으로 충동적·파괴적·적대적이며, 의심 많고, 화를 잘 내며 자기 통제능력이 결여된 사람들이 비행을 저지른다(Ashford & LeCory, 1990). 청소년 비행은 때로 불안, 공포, 적대감 혹은 신경증의 표현이기도 하며, 성장기 동안의 애정 결핍은 비행의 중요한 원인이 된다(Walsh & Beyer, 1987).

부모의 감독은 청소년이 비행행동을 할 것인지 아닌지 결정하는 중요한 요인이 되며, 가족의 불화와 일관성이 없는 부적절한 훈육방법 역시 비행과 연결된다(최윤정, 이시연, 2006; Feldman & Weinberger, 1994; Patterson, Reid & Dishion, 1992).

적대적인 형제자매 관계와 손위 형제자매의 비행은 동생의 비행과 연결되어 있다
(Slomkowski et al., 2001). 비행을 일삼게 되는 또래의 존재가 비행을 저지를 확률을
증가시킨다 (Henry, Tolan, & Gorman-Smith, 2001).

(2) 청소년의 물질사용

청소년의 물질사용(substance use)은 또 하나의 위험 행동이다. 전 세계적으로 청
소년들의 물질사용은 증가 추세에 있으며, 우리나라도 예외는 아니다. 청소년들에
게 담배와 알코올은 가장 최초로 빈번하게 사용되는 물질이기 때문에 주의가 필요
하다. 음주나 흡연 외에 환각물질도 사용하지만 상대적으로 비율은 적은 편이며,
더 심각한 대마초나 필로폰 같은 마약류를 사용하는 청소년도 일부 있다. 그러나
모든 물질 사용자들이 흡연과 음주 후에 환각물질이나 마약류를 사용하기 때문에
담배와 알코올은 통로 약물(gateway drugs)로 인식된다. 실제로 대부분의 물질사용
이 비밀리에 자행되기 때문에, 학교와 가정은 실상을 제대로 알지 못할 수 있다.

청소년의 물질사용 이유는 다양한데, 첫째, 대부분 호기심에 의해 물질을 사용
한다. 청소년은 사회적으로 수용되는 물질(담배, 알코올)뿐만 아니라 또래가 수용하
는 물질(각성제, 환각제, 마약류 등)에 대해서도 강한 호기심을 갖는다. 둘째, 부모나
또래가 물질을 사용할 때 청소년의 물질사용 가능성은 증가한다(Doherty & Allen,
1994). 특정 집단의 구성원으로 수용되기를 원하면서 청소년은 쉽게 또래들의 행동
을 모방하게 된다. 때로는 물질을 사용하는 또래의 압력 때문에 물질을 사용하기
도 한다. 셋째, 청소년은 성인에게 반항하고 사회적 규범과 법률에 대한 도전으로
서 물질을 사용하기도 한다. 넷째, 부모나 대인관계 및 학교생활에 문제가 있을 때
스트레스나 심리적 어려움(외로움, 긴장, 좌절, 공포)으로부터 도피하기 위하여 물질
을 사용한다. 다섯째, 물질사용은 청소년에게 흥분과 스릴을 경험하는 수단이 된다
(Kohn & Annis, 1979). 소수의 청소년은 자신에 대한 인식을 증가시키고 신비한 경
험을 하려고 물질을 사용한다. 청소년의 물질사용을 해결하기 위해서는 또래에게
동조하거나 압력에 저항하고 자신의 심리적 어려움과 스트레스에 대처하여 건전한
발달을 할 수 있도록 하는 것이 필요할 수 있다(Fitzgerald, 2005).

이와 같은 청소년들의 다양한 문제행동을 감소시킬 수 있는지에 대한 연구결과,
위험한 환경을 접할 기회를 차단하려는 가족의 노력뿐 아니라 청소년 개인의 자아
존중감, 능력에 관한 자신감, 가족 및 사회집단에 대한 소속감 등이 위험 행동의 발

생 가능성을 감소시킨다(Jessor, 1993). 따라서 청소년의 문제 행동 감소를 위해서는 심리적·정서적·사회적 발달에 긍정적인 접근을 시도하는 것이 중요하다. 청소년 의 문제해결을 돕는 데 있어 심리치료에 대한 저항이나 거부감을 줄이고 심리적 치 유와 성장을 돕는 놀이의 치료적 요인을 적용하는 접근을 시도해 볼 수 있다(박희 현, 2006).

2. 청소년을 위한 놀이치료

놀이치료는 아동을 위한 심리치료라는 인식이 강하여 비교적 나이가 든 청소년 에게는 적용할 수 없다고 생각하는 경향이 있다. 실제로 청소년 내담자와 보호자 또는 청소년을 상담에 의뢰하는 교사나 관련 분야 종사자들도 이들을 놀이치료에 연계하는 경우는 매우 드물다(Gallo-Lopez & Schaefer, 2005). 그러나 실제 청소년 심리치료 분야에서 놀이가 많이 활용되고 있으며, 관련 문헌도 점차 증가하는 추세 이다(Cerio, 2000). 실제로 청소년을 상담하는 청소년상담사들도 상담과정에서 '저 항 극복'이라는 놀이의 치료적 요인을 통해 치료동맹을 형성하기(Schaefer, 2011) 위 하여 놀이를 종종 활용한다. 놀이는 치료과정에서 관계 형성에 도움이 될 뿐만 아 니라 다양한 치료적 요인을 가지고 있으므로 놀이치료를 청소년에게 적용하는 것 은 치료성과를 효과적으로 이끄는 훌륭한 접근이 될 것이다. 그러나 청소년을 위한 놀이치료실의 환경 구성 및 준비에 대한 정보가 충분하지 않을 수 있기 때문에 우 선 청소년에게 적합한 놀이치료실의 환경 구성에 대하여 살펴보고, 이어서 청소년 에게 적용 가능한 놀이치료 접근에 대하여 살펴본다.

1) 청소년과 놀이치료

놀이는 청소년의 욕구를 발산하고 스트레스를 풀어 주며, 자아발견의 기회를 갖 게 하고, 성격 형성에 도움을 줄 뿐 아니라 대인관계 회복 및 정서 순화 기능이 있 기 때문에 인간에게 없어서는 안 되는 것이다(김경철, 1993). 민감한 시기에 스트레 스를 많이 받는 청소년에게 놀이는 스트레스 해소와 더불어 놀이활동을 통해 자 신감 향상 및 자아강도를 증진시키는 경험을 할 수 있다(Lendreth, 2002; O'Connor,

2000; Schaefer, 1985). 이처럼 놀이는 청소년의 억압되고 내면화하는 정서를 활성화시켜 정서를 표현하게 하고 자발성을 유도하며 긍정적 정서, 욕구 발산과 스트레스 해소라는 치료적 요인을 지니고 있다(Schaefer, 1993).

청소년을 대상으로 놀이를 활용한 프로그램을 실시한 결과 청소년의 부적응 행동과 자기통제, 매체 중독 및 스트레스 감소에 긍정적인 효과가 나타났다(김지현, 2010; 김현숙, 2008; 이선미, 2008). 이와 같이 놀이는 청소년의 발달 및 문제해결에 도움을 줄 수 있을 것이다. 놀이를 통해서 전체적인 정서가 활성화되어 자신을 드러내면서 정서가 표현되고, 표현된 놀이활동에서는 자신과 타인의 정서를 인식하게 될 뿐 아니라 놀이를 통해서 정서와 사고가 함께 작용하며, 자신과 타인이 함께 공유할 수 있는 감정과 활동이 이루어지면서 보다 자신의 감정과 정서를 조절할 수 있는 능력을 배우게 되고, 타인의 정서에 자신의 정서를 함께 조절하는 능력이 집단 안에서 집단 구성원들과의 상호작용을 통해서 이루어진다. 이렇듯 놀이는 정서적 안정감과 긴장감을 완화해 준다(Schaefer, 1993).

근본적으로 놀이는 즐거운 경험 그 자체로, 청소년과 관계를 형성하기 위한 이상적인 도구가 된다. 특히 성인의 권위와 간섭에 저항감을 가지고 있는 청소년과의 관계 형성에 유익하며, 비자발적인 청소년의 경우 언어적으로 상담을 진행하는 것보다 놀이치료가 훨씬 덜 위협적이다. 특히, 행동 문제를 가진 청소년의 놀이는 성인과의 긍정적 상호작용 경험을 극대화할 수 있고, 역기능적 행동 양식을 수정하는 도구가 될 수 있다. 또한 보호적 관계의 관점에서 놀이치료는 삶을 고통과 상실로 여기는 청소년에게 특별한 추억과 경험을 만들어 줄 수 있다(Gallo-Lopez & Schaefer, 2005).

2) 청소년놀이치료의 준비

청소년놀이치료의 긍정적 치료의 성과가 예측됨에도 불구하고 실제 청소년에게 놀이치료를 적용하는 것이 제한적일 수 있다. 임상현장의 놀이치료는 아동을 주 대상으로 보고 이들에게 적합한 놀이치료실을 세팅하기 때문에 청소년에게 적합하지 않은 경우가 많다. 또한 국내에 널리 보급된 아동중심 놀이치료로 훈련받은 놀이치료사들은 치료과정에서 최소한의 구조인 치료실과 세팅에 익숙하기 때문에 청소년을 위한 다양하고 새로운 방식의 놀이치료 접근에 대해 익숙하지 못한 것도 이유가

될 수 있다.

최근 심리치료의 경향은 치료사가 익숙한 이론을 모든 내담자에게 적용하는 것이 아니라 근거에 기반하여 내담자들의 욕구와 특성에 적합한 치료이론과 기법을 적용하는 것으로 나아가고 있다. 이러한 관점에서 청소년과 놀이치료를 시작함에 있어서 몇 가지 중요한 내용과 세팅을 갤로로페즈와 셰퍼(Gallo-Lopez & Schaefer, 2005)와 청소년상담복지센터의 프로그램을 참고하여 살펴본다.

(1) 청소년과 놀이치료 시작하기

청소년과 보호자에게 '놀이치료'라는 용어를 사용한다면 어린아이에 대한 처치로 여겨 그들에게 적합하지 않다고 생각할 것이다. 이는 이미 놀이치료가 널리 알려져 있어 아동기에 놀이치료를 경험해 본 청소년들이 있고, 놀이를 치료에 활용하는 것에 대한 기존의 고정관념이 형성되어 있기 때문이다. 따라서 청소년에게 상담 초기에 '놀이치료'라는 용어의 사용은 신중할 필요가 있다.

일반적으로 놀잇감이 세팅된 치료실에서 치료가 진행되고 있으나, 청소년이 치료실에 오는 것을 어려워한다면 초기에는 청소년이 편안하게 느끼는 '장소'에서 만남으로써 참여를 촉진할 수 있을 것이다. 기존의 내담자가 상담실에 찾아와 진행되었던 전통적인 방식의 심리치료에서는 치료실 밖에서 진행되는 과정이 새로운 도전으로 여겨질 수 있다. 실제로 스트라우스(Straus, 1999)는 이것은 '나들이 치료'라고 하여 내담자의 욕구에 맞게 중요한 장소에서 만나도록 하는 하였다. 예를 들어, 치료사가 청소년의 집으로 가거나, 차를 마시며 만나거나, 밖에서 스포츠를 하며 만나거나, 또는 차에서 드라이브나 이야기를 하며 만나는 것 등이 해당된다. 국내에서도 청소년상담복지센터에서는 2005년 시범사업을 시작으로 '찾아가는 상담' 서비스를 제공하고 있는데 청소년의 거주지로 직접 찾아가는 상담사를 '청소년동반자'라고 지칭한다(여성가족부, 2019). 실제로 심리치료가 필요함에도 전문적인 도움을 받는 청소년의 비율은 0.1%에 불과한데(통계청, 2013), 이것은 위기 청소년들이 도움을 청하지 않을 수 있기 때문이다. 이처럼 자존감이 낮거나 사회적 도움에 대한 동기가 부족한 위험군에 해당하는 청소년들이 심리치료를 받지 못하고 있다(정숙경, 2007). 특히 '은둔형 외톨이'라고 불리는 청소년들이 증가하고 있는데, 이들이 상담실에 첫발을 내딛는 것이 쉽지 않을 수 있다. 이러한 비자발적인 청소년 내담자에게 자신의 치료과정에 어떤 방식으로 참여할 것인지를 스스로 결정할 수 있도록 하는 것은 매우 중요하다. 따라서 그들이 심리치료에 대한 거부감을 줄이고 참여할 수 있도록 하는 접근을 고려하는 것이 필요하다.

(2) 청소년을 위한 놀잇감

아동을 주 대상으로 하는 놀이치료실은 놀잇감을 사용하여 아동이 숙달감을 느끼거나 역할극을 통해 새로운 행동을 연습하고 타인의 입장을 경험해 볼 수 있도록 하는 등 아동의 발달에 적합한 놀잇감을 선별하여 치료실을 구성한다. 그러나 놀잇감을 조작하는 데 익숙한 청소년은 자신이 이미 경험했던 놀잇감을 가지고 놀이하는 것에 대해 유치하다고 여겨 놀이치료에 대해 거부적인 태도를 취할 수 있다. 따라서 청소년을 놀이치료에 참여할 수 있도록 하기 위해서는 그들에게 적합한 놀잇감을 제공할 필요가 있다. 그렇다고 해서 완전히 새로운 영역의 놀잇감을 준비하는 것이 아니라 같은 영역에서도 청소년에게 적합한 놀잇감으로 대체하고 몇 가지 추가하는 것으로 청소년의 저항을 줄이는 데 도움이 될 수 있다. 참고로, 유아기에 주로 사용하는 크레용을 세팅하기보다 오일파스텔로 대체하는 것이 좋은 예이다. 또한 포켓볼이나 미니 야구 등 스포츠 관련 놀잇감을 준비하는 것도 청소년에게 유익할 수 있다.

- 미술과 공예: 연필, 사인펜, 물감, 파스텔 등 다양한 채색 도구, 종이, 투명 접착제, 점토, 아이스크림 막대기, 펠트, 스티로폼, 실 및 비즈 장식품, 자수, 뜨개질, 십자수, 목공 등. 앞서 언급한 나들이 치료의 접근을 활용하여 특별한 작품을 만들기 위하여 시간과 예산이 가능하면 준비물을 사기 위한 쇼핑을 가는 것도 청소년에게는 흥미로운 작업일 수 있다. 실제로 여자 청소년의 경우 시내에 갔을 때(열심히 돌아다녔을 때)의 상황을 '잘 놀았다'고 평가하기도 했다(배미랑, 박희현, 2011).
- 다양한 스티커: 스티커는 미술이나 공예작품이나 콜라주를 할 때 사용하기도 하며, 실제로 여자 청소년들이 다이어리를 꾸밀 때(줄임말로 '다꾸세트'라고 한다) 스티커를 사용한다. 따라서 청소년의 호기심을 불러일으킬 수 있는 수준의 스티커를 준비하는 것이 좋다.
- 모래상자와 피겨: 자동차, 트럭, 기차, 비행기, 군인 인형과 캐릭터 피겨, 애완동물, 가축, 야생동물, 공룡 등

● 바비인형 또는 애니메이션 주인공 인형: 국내에서 여아들이 주로 접하는 미미인형
　이 아동기의 놀이에 대한 기억을 자극할 수 있으나, '미미'의 소녀 이미지로 인
　해 다소 유치하다고 느낄 수 있다. 그에 비해 바비인형은 성인 여성과 유사한
　모습을 하고 있을 뿐 아니라 실제로 청소년이나 성인들이 바비인형, 애니메이
　션 주인공 인형, 구체관절인형 등을 수집하며 성인의 놀이로도 여겨지는 만큼
　청소년에게도 적합하다.
● 인형의 집: 사람과 동물, 가구나 가전 포함
● 다양한 인형: 동물인형, 아기 인형과 아기용품 등
● 간단한 요리가 가능한 기구: 아동기 놀이나 아동기에 가지지 못한 소망에 대한
　기억을 해낼 수 있도록 자극할 수 있으며, 관계 활동 놀이치료 집단에서도 사
　용할 수 있다.

[그림 14-1] (청소년을 위한) 놀이치료실의 애니메이션 주인공 인형

● 보드게임과 카드: 청소년은 아동보다 더 철학적인 보드게임을 하며 놀 수 있는
　능력이 있지만, 어린 아동을 위해 고안된 게임을 하면서 숙달감과 유능감을
　얻는 것을 즐기기도 한다. 아동을 위한 보드게임 외에 청소년이 할 수 있는 보
　드게임을 더 마련하는 것을 추천한다.
● 스포츠 장비: 야구, 탁구, 포켓볼, 축구, 농구, 줄넘기, 테니스, 원반 던지기와 같
　은 스포츠 놀이는 관계 형성을 위해 매우 훌륭한 방법이다. 언어적 기술이 부
　족한 청소년이나 부끄러움을 많이 느끼는 청소년과 작업할 때 더욱 좋다. 배

미랑과 박희현(2011)의 연구에 따르면, 남자 청소년들은 '잘 놀았다'고 느끼는 상황을 묻는 질문에 '운동을 했을 때'라는 응답이 가장 많았으며, 그 다음으로 '시합(경기, 게임)에서 이겼을 때'로 응답하였다. 이처럼 청소년에게 스포츠는 중요한 놀이이므로 '나들이 치료'와 같이 실외에서 진행되는 경우 외에는 실내 용으로 변경하거나 유사한 (보드)게임으로 대체하는 것도 바람직하다.

[그림 14-2] 실내에서 즐길 수 있는 스포츠 관련 놀잇감

● 스마트폰: 스마트폰의 카메라와 음악을 듣는 기능을 활용할 수 있다. 치료실 에서 스마트폰을 사용하는 것은 논란의 여지가 있다. 따라서, 반드시 치료사 와 내담자의 사생활이 노출되지 않도록 조작한 뒤 사용할 것을 추천한다. 카 메라 기능은 청소년의 일상에 대한 책을 만들기 위해 사용할 수 있으며, 또는 '나들이 치료' 동안 사용할 수 있다. 더불어 음악을 듣기 위하여 스마트 폰은 유용한 기기이다. 일반적으로 음악은 청소년 삶의 중요한 일부이다. 스마트 폰을 사용하여 청소년이 좋아하는 음악을 찾아서 들어 보고 감상을 나누거나 관련된 이야기하며 그들의 문화를 이해하는 것은 청소년과의 치료에서 매우 유용하다. 그러나 스마트폰 과다 사용의 우려가 있는 청소년과의 작업에서는 주의하여 사용할 필요가 있으며, 이 경우 치료실 내에서 스마트폰의 용도를 미리 약속하거나 또는 카메라나 CD 플레이어 등으로 대체하는 것도 바람직 하다.

● 반주가 가능한 악기: 청소년과의 놀이치료에서 그들이 좋아하는 음악을 연주하

거나 함께 부르는 것은 매우 유용할 수 있다. 여자 청소년의 경우 노래를 불렀을 때 '잘 놀았다'고 느끼는 경우가 있다.

이 밖에도 치료실의 환경은 청소년을 놀이로 끌어들이고 의미 있는 과정이 나타날 수 있도록 하며, 어떠한 퇴행도 충분히 가능할 수 있도록 세팅되어야 한다.

3) 청소년을 참여시키기 위한 기법

청소년을 놀이치료에 참여시키기 위하여 창의적이고 효과적인 치료방법을 고안하는 것은 매우 중요할 수 있다. 많은 수의 청소년이 타인에 의해 의뢰되어 비자발적으로 치료실에 방문하기 때문에 청소년의 저항을 줄이고 치료적 관계를 형성하며 내담자 스스로 변화에 대한 주도권을 가질 수 있도록 돕기 위한 다양한 전략을 고려할 필요가 있다.

(1) 의사소통 기술

치료 초기 관계 형성에 중점을 두는 것은 중요하다. 아동의 경우 치료자의 따뜻함과 친절함 등을 보여 주는 것이 관계형성에 도움이 되나 청소년은 이 외에도 저항을 줄이기 위한 치료자의 태도나 방법을 창의적으로 강구할 필요가 있다. 저항적인 청소년과의 치료과정에서 기존에 경험했던 성인들과 다른 방식으로 접근하는 것은 그들의 방어를 줄이는 데 도움이 된다. 그야말로 청소년에게 치료자가 '꼰대(자기의 구태의연한 사고 방식을 타인에게 강요하는 이른바 꼰대질을 하는 나이 많은 사람을 가리키는 은어)'처럼 느껴지지 않도록 노력할 필요가 있다.

치료자의 자질인 '유머'를 적절히 활용하거나 청소년이 사용하는 은어나 비속어를 함께 사용해 주는 것도 도움이 될 수 있다. 놀이 중 청소년이 사용하는 은어로 된 감탄사를 치료자가 자연스럽게 사용하거나 청소년이 말하는 단어를 동일하게 사용하는 것이다.

청소년이 사용하는 은어나 비속어를 적절히 사용하면서 바람직한 단어를 병행하여 그들의 감정과 사고를 반영해 주는 것을 추천한다. 본 저자의 경우 청소년에게 치료자의 자기 노출을 활용하여 저자의 경험을 전달할 때 '꼰대 같니?'라고 물어보면 청소년들이 '피식'하고 웃으며 고개를 가로젓는 경우가 종종 있다. 청소년이 치료 초기 미소를 짓거나 웃게 되는 것은 그들이 가진 긴장과 방어를 낮추는 데 매우 도움이 된다.

(2) 치료자의 자기 노출

청소년을 처음 접하는 치료자들은 청소년들이 반항적이고 거부적인 태도를 취하는 것에 대한 두려움을 가질 수 있다. 물론 모든 청소년이 성인에게 반항적인 태도를 취하는 것은 아니다. 그러나 청소년이 자신에게 위해를 가하지 않는 성인에게도 거부적인 태도를 보이는지를 생각해 볼 필요가 있다. 아마도 대부분의 청소년은 성인들이 자신을 이해하지 못하거나 성인의 생각을 그들에게 강요했던 경험들이 성인에 대한 반감을 갖게 된 이유일 것이다.

치료자는 청소년들에게 이러한 태도를 보이지 않음에도 단지 성인이기 때문에 청소년들이 선입견을 가질 수 있다. 따라서 치료자는 자기노출을 활용하여 청소년들에게 공감한다는 것을 보여 주는 것이 필요하다. 치료자 스스로의 청소년기에 대해 탐색하여 현재 청소년이 가진 감정이나 생각과 유사한 경험에 대해 이야기하는 것이다. 치료자는 자신이 가지고 있던 고민이나 좌절감 등에 대해 말하는 것이 청소년의 동조하는 것처럼 느낄 수 있도록 해야 한다. 주의할 것은 치료자가 힘든 상황이나 감정을 이겨 냈던 경험까지 나누는 것은 위 단락에서 언급한 '꼰대'로 보여 오히려 치료적 동맹을 형성하는 데 방해가 될 수 있으므로 신중할 필요가 있다. 치료자가 고군분투하여 이겨 낸 경험을 공유하는 것이 필요하다면 청소년이 이것을 받아들일 수 있는 관계가 형성된 뒤에 전달하는 것이 적합하다.

(3) 청소년을 위한 놀이치료 기법

① 관찰놀이

이 놀이는 놀잇감의 탐색을 시도하지 않는 청소년들에게 추천하는 기법이다. 개별이나 집단치료에서 모두 활용 가능하나 저자는 사회적 관계향상을 목표로 하는 집단치료에서의 사용을 더욱 추천하다. 개별치료에서는 어린 아동들이 하는 물건을 숨기고 찾는 놀이(숨바꼭질)처럼 느껴질 수 있으므로 주의해야 하며 또한 도벽 문제로 의뢰되는 내담자에게는 추천하지 않는다.

우선 치료실에 있는 사물의 위치를 이동하거나 살짝 바꾸어서 변화된 것을 찾아내는 것에서 시작한다. 놀잇감이 많이 비치되어 있는 경우 어떤 영역의 것을 변경할지 정한 뒤에 시작하는 것이 좋다. 놀잇감이 유치하다고 여기며 놀잇감의 탐색을 하지 않는 청소년의 경우 청소년에게 적합한 놀잇감을 바꾸어 놓고 찾도록 하는 것이 좋다. 예를 들면, 청소년이 관심 가질 만하나 아직 발견하지 못한 보드게임이나 놀잇감의 부속품 또는 피겨 등의 위치를 바꾸어 둔다. 한 사람이 눈을 가리고 다른 한 사람이 놀잇감을 변경해 둔 뒤에 찾아내도록 한다. 시간 제한을 두고 약 1분 내외의 시간을 정하여 그 안에 찾도록 한다. 치료자와 청소년이 번갈아가며 활동하며 청소년이 물건을 변경하는 동안 치료실의 놀잇감을 자연스럽게 탐색하게 된다. 집단의 경우 한 사람이 눈을 가리고 여러 사람이 말없이 소통하여 결정하도록 하는 것도 집단원간의 상호작용을 증가시키는 데 도움이 된다. 저자의 경우 때로는 한 명이나 여러 명의 집단원을 선정하여 놀잇감이나 집단원들을 충분히 관찰한 뒤 퇴실하여 약속된 장소에서 짧은 시간(1분 이내) 대기하고 치료실에 남은 집단원들이 의논하여 놀잇감이나 사물 또는 사람을 변경한 뒤 대기했던 집단원이 입실하여 찾아보도록 한다.

이와 같은 방식이 익숙해지면 사람이 변화된 것(자세나 표정 및 옷 매무새 등)을 찾아보도록 한다. 이를 통해 상대방과(치료자나 집단원) 자연스럽게 눈맞춤이 증가하게 된다. 집단치료의 경우 타인에 대한 관심을 갖고 관찰하는 계기가 될 수 있다.

② 캐릭터 고르기

이 활동은 코트만(Kottman, 1996)이 소개한 동물사진치료에서 착안한 활동이다. 코트만은 잡지의 동물 사진을 활용하여 감정을 탐색하고 표현하며 방어기제를 확인시키고 관계 역동을 표현할 수 있도록 하였다. 그러나 최근에는 잡지를 찾아보기 어려워 콜라주 활동을 실행하기 위한 재료를 준비하는 쉽지 않다. 따라서 잡지가 아닌 피겨로 대체할 수 있다. 너무 많은 피겨가 선택을 망설이게 하는 경우 미리 동물 피겨만 따로 담아 둔 뒤 그 안에서 선택하도록 할 수도 있다. 치료실에 모래상자가 있다면 모래상자에 놓도록 해도 되며 모래상자가 없는 경우 종이를 제시하고 그 위에 두도록 할 수 있다.

치료자가 소개한 주제에 기초하여 피겨를 선택하도록 한다. "네가 친구들 주변에서 어떻게 행동하는지를 가장 잘 나타내는 피겨를 골라라" 또는 "네가 가족들 주변에서 어떻게 행동하는지를 가장 잘 나타내는 피겨를 골라라" 또는 "네가 너의 아버

지와 어머니에 대해 어떻게 느끼는지에 대해서 가장 잘 표현된 피겨를 골라라"와
같이 안내한다.

　　이 활동을 통해 청소년들은 자연스럽게 자기 노출을 할 수 있다. 이 활동은 개별
치료와 집단치료에서 모두 활용가능하다. 집단의 역동과 응집력이 형성된 뒤라면
청소년이 선택한 피겨에 치료자나 다른 집단원들이 놓아 주고 싶은 피겨를 선택하
여 놓도록 하는 것도 도움이 될 수 있다. 예를 들어, 늑대를 선택하여 외로움을 표
현한 내담자에게 치료자나 집단원이 다른 늑대 한마리나 따뜻한 차 한잔을 놓아 줌
으로서 공감과 위로의 메시지를 전달 할 수 있을 것이다.

4) 청소년을 위한 활동집단치료

　　슬래브슨(Slavson, 1944)은 청소년의 문제에 적용하기 위하여 활동집단치료
(Activity Group Therapy: AGT)를 권장했다. 어린 아동에게 적용하는 일반적인 놀이
치료를 청소년에게 그대로 적용하면 청소년 내담자는 치료를 유치한 것으로 생각
할 수 있다(Ginott, 1961). 놀이치료사는 청소년들이 즐길 수 있는 AGT의 과정을 계
획하고 시행하는 방법을 배울 필요가 있다. 따라서 AGT의 의미와 원리를 이해하고
AGT의 준비와 과정을 살펴보도록 하겠다.

(1) 활동집단치료의 역사와 근거

　　슬래브슨(1944)이 아동을 대상으로 시작한 치료법으로 슬래브슨 모델은 7~8명
의 청소년을 집단 구성원으로 선정하여 만들기나 게임을 하면서 자유시간을 갖고
회기 마무리에는 간식시간을 가졌다. 시퍼(Schiffer, 1952)는 활동치료센터(Activity
Therapy Center)의 소장이 되면서 Slavson과 함께 협력하게 되었고, 1940~1950년
대에 공립학교에서 슬래브슨의 모델을 시행하였다. 1960년대에는 기노트(Ginott,
1961)가 대표적인 활동가였는데, 10~13세 아동을 위해 AGT를 놀이치료와 전통적
인 대화치료의 절충안으로서 권장하였다. 기노트가 AGT가 발전하는 데 주요하게
기여한 바는 집단 구성원 선정과 치료적 제한설정에 대해 구체적 지침을 제공한 점
이다. 1970년대에 셰이들링거(Scheidlinger, 1977)는 AGT를 확산시키기 위해 노력하
면서 AGT의 허용적인 환경이 놀이와 활동을 통해 감정과 판타지를 표현할 수 있게
하고 교정적 정서 경험을 가능하게 한다고 믿었다. 1980~1990년대에는 많은 치료

사가 다양한 집단을 대상으로 한 사례연구들을 내놓았다(Sweeney, Baggerly, & Ray, 2014; Sweeney & Homeyer, 1999).

AGT가 효과적이라는 첫 번째 근거는 경험적 연구를 통해 놀이치료가 청소년에게 효과적이었음을 보여 주는 연구들(Gallo-Lopez & Schaefer, 2005)이다. 두 번째 근거는 AGT가 청소년의 다양한 발달적 욕구를 충족시킨다는 것이다. 청소년의 신체적 욕구는 에너지를 방출하는 대근육 활동을 통해 충족된다. 치료적으로 상호작용을 통해 집단 구성원들이 동질감을 경험하고 그들의 신체적 변화(키와 몸무게 증가, 여드름, 사춘기 등)를 수용할 수 있다. 신경생리학적 관점에서도 AGT는 불안을 조절하는 데 특별히 영향을 미치는 신경 경로를 강화할 수 있다. AGT는 청소년에게 흥미로운 환경 안에서 직접적인 상호작용을 촉진한다. 따라서 놀이치료사는 청소년이 안전과 위협의 단서를 적절히 해석하도록 도울 수 있고, 이를 통해 불안이 완화된다. 또한 놀이치료사는 추론, 통찰, 그리고 집단 구성원의 안전한 행동을 촉진하는 역할을 하게 된다(Sweeney, Baggerly, & Ray, 2014).

청소년은 문제해결, 조망 수용, 반영적 통찰과 같이 추상적 사고를 요구하는 AGT의 활동과정에 참여하면서 인지 발달 욕구를 충족할 수 있게 된다. 또한 집단에서 이루어지는 현실검증 과정을 통해 청소년의 사회적으로 적합한 행동의 발달에 대한 욕구가 실현되기도 한다. 청소년이 충동적 · 공격적이거나 위험한 행동을 할 때 또래와 치료사의 반응은 사회적으로 수용되는 방식으로 그들의 행동을 수정할 수 있도록 동기 부여하기도 한다. 이러한 과정을 통해 AGT는 긍정적인 환경에서 또래와 상호작용하고자 하는 청소년의 사회적 정서적 발달 욕구를 충족시킬 수 있다. 또한 또래와 함께 즐겁게 활동하면서 우울감이 감소될 수 있다. 트로이스터(Troester, 2002)에 따르면, 또래와의 우정을 통해 청소년은 정체성을 형성하여 자기 가치감을 세우고 정서적 적응을 다루는 기술을 발달시켜 사회정서적으로 성장할 수 있다. 성인기 대인관계의 질과 심리적 건강과 같은 장기적 발달 성취에 영향을 미치는 중요한 요소이다(Sweeney, Baggerly, & Ray, 2014).

마지막 이론적 근거는 AGT가 청소년에게 바람직한 성격특성인 놀이성(playfulness)을 촉진한다는 것이다. 때때로 아이처럼 굴다가도 어른처럼 행동하고자 하는 청소년의 욕구가 놀이를 통해서 자유롭게 허용될 수 있다(Gallo-Lopez & Schaefer, 2005). AGT는 자극 추구가 많은 청소년에게 흥미로운 환경을 제공해 주어 청소년은 성인에게서 분리될 수 있고 또한 또래집단 안에서 성인의 역할을 해 볼 수 있다(Sweeney, Baggerly, & Ray, 2014).

(2) 집단 구성원의 선정

기노트(1975)는 집단 구성원에 대한 신중한 선별의 중요성을 강조하면서 AGT의 장점을 강조하였다. 집단 구성을 위한 주요 기준은 집단에 의해 수용 가능한 적합한 자아 강도와 사회적 관계 추구를 얼마나 보이는가이다. 어떤 유형의 집단놀이치료든 간에 집단 구성원을 선별하기 위하여 사전에 예비 구성원을 대상으로 초기 면접을 진행해야 한다.

베르그(Berg et al., 2006)에 따르면, AGT를 적용할 수 있는 청소년의 문제는 다음과 같다.

● 사회적인 그리고 또래 관계의 어려움
● 충동 통제와 행동 문제
● 낮은 자아존중감
● 동기의 결여
● 삶에 적응할 수 있는 대처기술의 빈약함

AGT를 적용하기 어려운 청소년은 심각한 인지적 한계, 편집증, 지나친 자기애, 정신증, 지나친 공격성, 성적 행동화, 애착장애 또는 빠르게 변화하는 환경을 견딜 능력이 부족한 경우이다(Slavson & Schiffer, 1975). 기노트(1975)는 성격특징, 호소문제, 대처방식이 서로 보완적인 집단 구성원으로 구성하도록 추진하면서 그들의 편견 없는 시각이 서로에게 교정적인 영향을 줄 것이라고 하였다. 또한 집단치료 시간 외에 만나기 어려운 집단 구성원을 선정한다. 이를 통해 과거의 역할, 태도, 행동이 보다 빠르게 새로운 것으로 대체될 수 있다고 여긴다. 집단 구성원은 동일한 성별이어야 하고, 생활연령과 발달연령이 1년이상 차이가 나지 않는 게 좋으며, 또한 치료적인 방식으로 서로 보완이 될 수 있는 성격을 가지고 있는 집단 구성원을 선발해서 균형을 맞춰야 한다(Slavson, 1945). 선동자인 청소년은 중재자와 추종자인 청소년과 짝을 하면 좋다. 스미스와 스미스(Smith & Smith, 1999)는 놀이치료사에게 청소년들과 개별 회기를 진행한 후 집단에 참여시킬지 결정하기 위해서 치료사의 직관을 활용하라고 권장한다(Sweeney, Baggerly, & Ray, 2014).

(3) 치료실 환경

　환경은 자기표현 및 서로 간의 상호작용을 이끌고 자극할 수 있어야 한다. 활동실은 과잉행동을 자극하지 않도록 '너무 크지 않게' 하고 분노와 공격성을 야기할 수 있기 때문에 너무 작지도 않은 5명의 청소년당 $27.87m^2$(약 8.4평)가 적당하다. 그러나 놀이치료사가 이만큼 큰 공간을 마련하기 어렵기 때문에 $18.58m^2$(약 5.6평) 규모의 잘 설계된 공간이 4명의 청소년에게 적합하다.

〈표 14-1〉 AGT의 재료

표현적인 미술과 공예매체	• 진흙, 템페라 물감, 핑거페인트, 색점토 목탄, 파스텔, 분필, 크레용, 매직, 다양한 잡지, 딱풀, 테이프, 접착용 총, 총채, 배관솔, 티슈, 색종이, 그리기에 쓸 수 있는 다양한 종류의 종이, 기름종이와 신문지 묶음, 깃털, 조개껍질, 자갈, 다채로운 콩, 구슬, 단추, 장식, 털실, 펠트, 천조각 등 • 깨끗한 장소에 정리하고 개방형 선반에 놓음
상징적인 행동화를 위해 유용한 놀잇감	• 중요한 사람들, 실생활에 관련될 수 있는 모든 종류의 물품: 각양각색의 퍼펫들(사람, 동물, 환상세계), 가면, 의상과 상상의 복장, 다양한 장난감과 총, 과도, 검, 휴대용 칼, 펀치백, 바비인형과 캔인형, 해부학적 인형들(소년과 소녀만), 구부릴 수 있는 가족인형을 포함한 다양한 모래놀이 모형 등
조작적인 기술로 만드는 활동 가능한 재료 및 비품	• 레고와 다른 형태의 건설적 놀잇감들, 목재와 목공용 도구, 스스로 만드는 프로젝트 용구 세트, 재봉틀과 재료, 뜨개질 세트와 재료, 토스터와 기본적인 측정 및 요리용 보관함 등 • 분리할 수 있고 함께 넣을 수 있는 재활용 가구들 좋아함
대근육 사용 촉진하는 게임	• 야구, 볼링 세트, 부드러운 야구방망이, 다양한 소프트볼, 탁구채와 탁구대, 고리 던지기, 플라스틱 다트 세트 등 • 다양한 게임을 전환해서 할 수 있는 작은 활동탁자 유용
시중에서 판매하는 보드게임	• 체커, 체스, 인생게임, 얼음깨기 등 • 말하기 · 행동하기 · 느끼기 게임, 재결합 게임과 같은 치료적 목적으로 고안된 게임들

● AGT의 필수 준비물: 퍼펫극장, 목공 테이블, 모래상자와 피겨, 다용도 게임 테이블(당구, 에어하키, 탁구), 연령에 적절한 게임과 장난감들을 보관하는 선반들, 공예재료, 이젤, 물감, 변장 도구들, 악기, 스포츠장비, 그리고 여러 명의 청소년이 동시에 작업할 수 있는 충분히 커다란 테이블(Ginott, 1975; Slavson, 1944)

(4) 활동집단의 형태: 세 가지 주요한 접근(Sweeney, Baggerly, & Ray, 2014)

활동집단은 비구조와와 구조화 및 이 둘을 통합한 접근으로 구분된다. 먼저, 비구조화 집단은 회기 내에 청소년에게 놀잇감과 공예 재료들을 가지고 자유롭게 놀이하는 것을 허용한다(Slavson, 1944). 다음으로, 구조화된 집단은 계획적이고 지시적인 형태이며, 구조화된 접근에서 놀이치료사는 청소년이 무엇을 할지 언제 그것을 할지 계획하여 지시한다(Schaefer & Reid, 1986). 마지막으로, 통합적 접근은 지시적 집단활동인 구조화된 시간에는 집단 구성원들의 불안을 감소시키고 신속한 상호작용 시작을 촉진하며, 자극을 제공한다. 책임감을 갖게 하기 위해 집단 구성원이 돌아가면서 구조화된 활동 시간의 리더 역할을 함으로써 리더십 기술의 향상이 가능하다. 비구조화된 자유놀이 시간에는 탐색하고, 실험하고, 다른 구성원들과 의견 나눌 수 있다. 자유놀이 시간 동안 집단 구성원들이 상호작용할 수 있도록 앞서 제시한 다양한 놀잇감을 마련해 두어야 한다. 간식과 대화 시간을 마련하여 놀이치료사는 이 시간에 집단토론, 집단 역동인식, 자기와 다른 집단 구성원들에 대한 통찰, 친사회적 기술의 발달, 긍정적 변화에 대한 지지를 촉진한다. 청소년은 간식과 대화 시간에 자신의 이야기를 공유할 수 있는 기회가 있으며, 긍정적인 사회적 상호작용을 하는 내적 힘이 활성화된다(Gil, Smith, & Smith, 1999).

치료 초기단계에서 일반적으로 집단 구성원은 구조화된 활동 시간이 많은 것을 편안해한다. 작업단계로 치료가 진행되면서 충분히 개방성과 응집력이 형성되면 비구조화된 활동과 간식시간을 더 선호하게 된다. 놀이치료사는 문제가 발생하면 집단의 형식에 관계없이 이러한 문제를 다룬다. 감정을 반영하고 구성원들이 문제를 해결할 수 있도록 격려한다. 치료사는 꼭 필요한 경우에만 문제해결 전략을 제안하고, 친사회적 해결방법을 지지해야 한다. 치료적 제한설정은 사람과 물건, 집단역동에 잠재적인 피해를 끼칠 경우 감정 반영, 제한과 관련한 의사소통, 대안 제시로 이루어져야 한다.

(5) 표현적·창의적 예술활동의 치료적 사용(Sweeney, Baggerly, & Ray, 2014; Sweeney & Homeyer, 1999)

모든 연령의 내담자에게 창조적 예술 활동은 치료적 가치가 있으며(Rubin, 1984), 다양한 창조적 활동을 통한 자기표현의 기회를 제공하는 것은 내적 자원에 더 깊이 다가가고, 미래의 도전을 더 효과적으로 다룰 수 있게 돕는다. 청소년을 위한 표현적·창의적인 예술활동에는 그리기, 색칠하기, 조각, 음악, 율동, 드라마, 글쓰기, 사진 찍기, 콜라주, 모래놀이, 상상하기, 판타지, 즉흥시(즉흥화), 퍼펫놀이, 목공 등이 있다(Smith & Smith, 1999). 놀이치료사는 콜라주와 같이 조금 덜 위협적이고 담아 주고 조절할 수 있는 활동들로 시작하여 점차 드라마치료와 같은 좀 더 개방적인 표현활동으로 전환할 필요가 있다. 직접 만들어 보는 프로젝트(DIY), 나무작업, 목걸이 구슬 꿰기, 다른 예술 활동, 만들기 등은 자기 탐색적 작업들이다.

① 집단 형성 단계

이 단계에서 집단 구성원은 상호작용을 시작하기 전에 집단에서 어울릴 수 있을지 판단하기 위해 다른 집단 구성원의 성격과 행동, 힘을 탐색하며 주저하는 경향이 있다. 이 과정에서 놀이치료사의 역할은 안전감을 증진하고 집단 정체성을 형성하고 역할을 정리하고 규범을 만들어 내면서 불안을 완화시키는 것이다.

집단의 응집력을 촉진하기 위해 규칙에 대한 토론과 구조화된 활동으로 들어가기에 앞서 초반의 어색함을 완화시키는 활동(아이스브레이킹)을 할 수 있다. 이 활동의 목적은 집단 구성원의 불안을 감소시키고, 라포를 형성하고, 에너지를 발산하며, 활동에 집중할 수 있는 분위기를 형성하도록 하는 것이다. 각 회기마다 아이스브레이킹 활동으로 시작하면 치료 회기의 진행과정이 예측 가능하다. 예를 들면, 배걸리(Baggerly)의 '원을 그리며 달리기'라고 불리는 활동을 통해 집단 구성원은 서로 간에 공통점을 발견하게 된다. 놀이치료사는 개인과 가족 성격에 대한 질문, 취미에 대한 질문, 경험에 대한 질문, 기분에 대한 질문에 '예/아니오'라고 쓰인 목록을 준비한다. 놀이치료사가 항목을 읽을 때 집단구성원은 여러 다양한 방식으로 원을 그리고 걷거나 달린다. 아이스브레이킹 활동을 통해 청소년은 신체적 에너지를 발산하고 유대감을 얻을 수 있다. 때로는 넌센스 퀴즈나 '몸으로 말해요'와 같이 집단 구성원끼리 간단한 퀴즈를 내고 맞히는 활동을 활용할 수 있다.

AGT의 안전한 환경을 유지하기 위한 비밀보장이 요구되기 때문에 집단 회기를 '규칙' 활동으로 시작하는 것이 필요하다(Riviere, 2005). 규칙은 현실적이고 실현 가능한 것으로 정한다. 또한 '떠들기 않기'보다는 '다른 사람의 말을 잘 듣기'와 같이 긍정적인 말로 표현되는 것이 좋다. 집단 구성원에게 하나의 규칙을 카드에 적고 뒷면에 그 규칙을 표현할 그림을 잡지에서 찾거나 그림으로 그리라고 한다. 놀이치료사는 이 활동에 함께 참여하면서 비밀지키기, 안전하게 하기, 격려하는 방식으로 이야기하기 등의 치료적으로 중요한 규칙을 쓴다. 집단 구성원들은 카드의 이미지가 있는 면이 앞으로 향하도록 보여 주고 다른 집단구성원들이 규칙이 무엇인지 맞히도록 한다. 그리고 집단 구성원 전체는 규칙에 대해 토론하고 그것을 규칙으로 정할지 결정한 뒤 선정된 규칙을 새 종이에 쓴다. 그리고 규칙 종이에 서명하면서 함께 정한 규칙들을 잘 지킬 것을 약속한다.

② 작업단계

이 단계에서 집단 구성원은 서로 협력하고, 도전하고, 책임을 질 수 있을 만큼 응집력이 생기고 편안함을 느낀다. 이때 놀이치료사는 안내자의 역할을 하며 집단 구성원 간의 상호작용이 더 깊어질 수 있도록 집중해야 한다. 청소년들이 지지적인 분위기를 지속적으로 경험하면 좀 더 개방적으로 나눌 수 있게 되면서 자신의 정체성을 탐색하고 새롭게 발견하는 '우리의 정체성'을 확인할 수 있다. 집단에서 사용할 수 있는 몇 가지 예술적 활동을 요약하여 제시하면 다음과 같다.

[구조화된 표현적 미술활동]
- 집단 구성원 격려하고 상호작용 촉진을 위해 고안됨
- 상징·은유의 사용한 창조적인 미술활동이 또래들과 함께 표현하고 공유하기 위한 비위협적인 방식 제공하여 정서적 정화를 증진하고 불안을 조절함
- 개별 구성원이 다루기 어려워하는 사고와 감정을 잘 이끌어내는 활동 선택과 구조화 시 신중한 고려와 민감성이 필요함
- 추천 도서: 『Windows to Our Children』(Oaklander, 1988)

[그리기와 칠하기 활동]
- 창의적 과정에 접하기 위해 처음에는 친숙한 매체인 종이, 크레용, 물감과 같은 기본적 미술매체 사용 제안(Rubin, 1984b)
- 미술작품들은 집단의 회기 시간과 장소 이외에서는 전시하지 않음

〈표 14-2〉 그리기와 칠하기 활동 예시

물리치기	• 큰 폭풍 속의 작은 보트에 관한 치료사의 묘사를 듣고 상상하여 그려 보는 활동 • 자신의 세계에서의 입장에 대한 지각과 외부 현실의 폭풍들에 대처하는 각자의 방식을 드러내기 위해 고안됨

거미줄	• 거미줄 그림을 보고 난 후, 각자 힘든 상황에서 거미줄을 만드는 거미가 된 것처럼 상상하여 그려 보는 활동 • 집단 상호작용 촉진을 위해 사용 가능함. 커다란 종이나 신문지 위에다 함께 그림
장미덩굴 상상	• 이완 후 눈을 감거나 휴식을 취하며 상상을 발전시키도록 도움을 주기 위해 고안된 질문들을 포함한 유도된 상상을 통하여 장미덩굴이 된 것처럼 상상한 후 그려 보는 활동
색깔, 모양, 선에서- 여러분의 세계	• 눈을 감거나 휴식을 취하며 자신의 세계를 상상한 후 색깔, 모양, 선만을 사용하여 종이에 자신의 세계 꾸미고, 다른 구성원들에게 그림을 묘사하며 이야기 나눠보는 활동 • 집단 구성원이 자신의 세계를 어떻게 바라보는지에 대해 치료사가 통찰할 기회를 제공함
협력적인 집단미술	• 대화를 하지 않으면서 하나의 그림을 함께 그리고 작품 이름을 정한 후, 서로 대화하며 또 하나의 그림을 함께 그리고 제목을 붙여 보는 활동 • 잠재적인 집단 구성원 선별, 상호작용 촉진, 집단역동 사정평가, 집단 구성원의 통찰을 촉진하기 위해 사용 가능함 • 치료사는 질문에 최소한의 반응만 하며 관찰자로서 참여함
난화 그리기	• 난화를 활용하는 방법 • 종이 위에 같은 낙서가 되어 있는 종이 한 장씩을 제공한 후 더 그리도록 요청함 • 신체 움직임과 그리기 모두 사용함 • 각자 한 가지 색의 매직을 선택하여 순서대로 커다란 종이 한 장에 함께 작업 → 덧그리는 동안의 생각, 감정 변화에 대한 이야기 나누기 • 미술과 그리기 소개에 효과적임
보석구슬 놀이	• 다양한 크기와 색의 보석구슬을 자유롭게 선택하여 도화지에 붙이고 그리기와 종이 구겨 찢기를 하여 나의 보석구슬이 자라는 모습을 표현하는 활동 • 자신에 대해 소중한 존재(보석과 같은)로 미래에 대해서 자신감과 희망적인 의욕이 있음을 충분히 생각하고 표현하는 기회를 제공함

[집단 사진치료와 콜라주]

• 개인적 의미가 있는 이미지를 선택하기 위해 잡지를 보면서 쉽게 창조적인 과정에 들어가게 하며, 결과보다는 과정에 초점을 두게 함
• 재료: 폴라로이드 사진기, 필름, 매직, 크레용, 유화파스텔, 다채로운 색깔의 티슈 묶음, 다양한 색의 만들기용 종이, 잡지, 가위들, 각양각색의 리본과 실, 하얀 풀 또는 딱풀, 흰색 포스터보드 등
• 집단 초상화 활동
 - 자신이 표현한 포즈로 사진을 2장 찍고 한 장을 선택하여 자기 초상화를 만들고, 나머지 사진

은 집단 초상화 그리기에 사용함
- 의사소통 기술 관찰, 사회적 기술과 개별적·집단의 진전에 대한 사정평가로서 활용이 가능함

[진흙]
• 정서의 인식과 표현을 촉진시킬 수 있는 감각적 경험 제공
• 융통성, 가단성 가짐: 자기감을 강화할 필요 있는 청소년에게 적합함
• 재료: 도예용 진흙, 튼튼한 종이판, 물, 종이수건, 물휴지, 고무망치, 진흙용 철사, 칼, 치즈 칼, 마늘까기 도구 등
• 진흙이 편안해진 후 구조화된 진흙 활동을 시작함
• 동물 조각 활동
  - 닮고 싶거나 잘 나타내는 동물을 생각하여 만듦
  - 개인적인 의미가 있으며 이후의 집단 회기에서 사용할 수 있게 해 주도록 권함('집 잃은' 자신의 동물을 위해 이상적인 집을 만들도록 함)

③ 종결 단계
AGT 후기에 진행되는 마무리 활동은 치료에서 형성된 관계의 가치를 확인하고, 청소년이 자기와 타인에 대한 새로운 작동 모델을 일반화시키는 데 필수적이다. 놀이치료사는 청소년에게 종결까지 4회기 남았다고 미리 알려 준다. 놀이치료사가 종결에 대한 건강한 슬픔을 표현하는 것은 집단구성원들에게 모델링이 되며, 집단구성원들의 치료적 진전에 대해 축하해 줄 수 있다(Riviere, 2005). 다음은 집단의 종결단계에서 활용할 수 있는 활동을 소개한 것이다.

[시]
• 시나 영감을 주는 메시지는 청소년들 간에 좀 더 깊고 솔직한 의사소통을 가능하게 함
• 희망적인 종결을 촉진하기 위해 놀이치료사는 청소년에게 마지막 만남에서 다른 집단 구성원에게 선물로 줄 영감을 주는 이야기나 긍정적인 시를 창작하거나 찾아달라고 요청함. 놀이치료사는 애벌레가 나비가 되기 위해 애쓰는 이야기처럼 희망과 관련해 영감을 주는 이야기나 시를 이야기하면서 모델링할 수 있음

[손 내밀기]
- 집단 구성원은 자신의 이름을 종이 상단에 쓰고 중간에 손을 대고 손 모양을 그림. 집단 구성원은 그 종이를 동그랗게 앉아 있는 집단 구성원에게 전달하면서 각자 종이에 그려진 집단구성원의 손에 감사의 메시지를 남김. 각자 자신의 종이를 받은 후 집단구성원들은 스스로 감사의 마음을 언어적으로 표현함

3. 청소년놀이치료 사례

1) 심리치료를 거부하는 남자 청소년

[내담자 정보]

중학교 2학년에 재학 중인 남자 청소년으로 자기의 신변을 관리하지 않고 무기력한 태도를 보이며 오로지 게임만 하려고 하여 내방하였다. 상담실에 오는 시간도 "게임을 하지 못해 아깝다."고 표현하며 치료에 거부적인 태도를 보였다. 심리치료를 시작하면 게임 시간을 더 주기로 부모와 약속하고 상담실에 내방하였다. 원하는 것이나 놀이를 물어보면 "(게임을 하기 위해)집에 가고 싶다."는 말만 반복하였다. 심리검사 결과 주의력 문제 및 우울증 소견으로 약물치료를 하였으나 약복용 후 호전된 것을 느끼지 못한다며 약물치료를 중단하였다. 어렸을 때 똑똑한 편이어서 기대를 하였으나 부모의 기대에 부응하지 못하여 가정에서 핀잔을 자주 들었으며, 모가 자녀에 대해 "바보 같다."고 표현하였다. 부모의 지시와 강압으로 학습과제를 수행하고 있으나 자발적으로 공부를 하는 경우는 전혀 없으며, 게임 외에는 부모의 지시 없이 기본적 신변처리(식사, 씻기)를 비롯한 다른 활동을 전혀 하지 않으려고 하였다.

[놀이과정]

심리치료에 대한 거부로 인하여 라포 형성이 제한적이었던 내담자로 치료사의 물음에 침묵하거나 인상을 쓰며 "몰라요."라고 대답하는 경우가 대부분이었으며, 빠르고 단조로운 어조로 단답형으로 대답하거나 무반응으로 언어적인 상호작용은 거의 나타나지 않았다. 모래놀이치료를 제안하였으나 모래를 만지는 것을 거부하

여 손끝으로 털어 내며 피겨를 한 가지만 선택하여 툭 던지듯 놓는 회기가 반복되었다. 모래상자에 대한 설명도 피겨의 이름만 말하며 방어적인 태도를 보였다. 모래상자를 꾸민 뒤 보드게임을 제안하였으나 청소년 스스로 게임을 선택하는 경우는 없었으며, 치료사가 제안하는 보드게임에 대부분 "재미없다."라고 반응하였다. 놀이를 하며 항상 무표정하게 정서 변화가 거의 나타나지 않았으나, 인지적 게임(루미큐브, 다빈치 코드, 잼블로)은 비교적 오랜 시간 동안 놀이를 유지하였다. 청소년의 정서와 신체의 활성화를 돕기 위해 위하여 스포츠 관련 놀잇감을 새롭게 마련하고 난 뒤 첫 시간의 청소년의 반응이다.

청소년: (새롭게 마련된 농구 게임을 만지며) 이거 뭐예요?

치료사: 처음 보는 놀잇감이지. 새로 생긴 걸 알았구나.

청소년: 처음 봐요.

치료사: 다른 곳에서 본 적이 없구나.

청소년: 할래요.

…(중략)…

청소년: (손을 빠르게 움직이며 하였으나 골인이 잘 되지 않자, 치료사가 하는 쪽을 가리키며) 바꿔서 해 볼래요.

치료사: 골을 넣어 보고 싶구나. 그래. 이쪽으로 해 봐. 평소에 농구에서 골을 넣어 본 적 있니?

청소년: 몸으로 하는 거 싫어해요. 축구 같은 거. (말하면서 손을 빠르게 움직여 골을 넣었으나 정서표현은 없이 계속해서 골을 넣으려고 시도함)

[놀이치료]

아마도 청소년을 만나는 치료사들은 심리치료에 매우 비협조적인 청소년 내담자를 한번쯤은 만나 보았을 것이다. 치료실에 와서 침묵하거나 집에 가고 싶다고 하는 등 부모에 의해 의뢰된 많은 청소년 내담자는 치료에 거부적인 태도를 보인다. 이 청소년의 경우도 허공을 바라보고 무응답으로 일관하였으며, 인상을 찌푸리는 것 외에는 다른 정서 표현이 거의 없었다. 치료사가 제안하는 놀이들 중 가정에서 해 본 적 있는 인지적인 보드게임을 선호하는 경향을 보였다. 그러다가 처음 본 농구게임을 선택하여 놀이를 하면서 몸을 함께 움직이면서 정서적 변화와 언어표현이 증가하기 시작했고, 점차 자신의 생활이나 좋아하는 음식 등에 대해 치료사에게 자세히 말해 주며 목소리 톤의 변화가 나타났다.

처음부터 이 놀잇감이 마련되어 있었으면 어땠을까 하는 생각이 들기도 하지만, 치료실에 모든 놀잇감을 미리 준비하는 것은 불가능하다. 기본적인 놀잇감 외에 청소년의 선호나 특성을 파악하여 놀잇감이나 활동을 제안하는 것을 고려해 볼 만하다. 이 청소년의 경우 컴퓨터 게임을 좋아하기 때문에 새롭게 마련한 농구와 축구 게임 모두 마치 키보드나 오락기의 스틱을 조작하는 것과 유사하게 움직이는 놀잇감으로 준비하였다.

이 놀잇감들에 관심을 보이며 치료자에게 위치를 바꿀 것을 요구하는 등 처음으로 자신이 원하는 것을 표현하는 계기가 되었다.

정리해 봅시다

청소년기는 '질풍노도'의 시기로 알려져 있으며, 이 시기는 청소년이 성장을 위해 자극을 추구하는 시기이기도 하다. 놀이치료사는 사춘기의 신체적·신경-생리적 특성, 추상적 사고의 인지적 특성, 감정적인 특성, 위험행동과 관련된 행동적 특성 및 또래 상호작용을 선호하는 사회적 특성을 포함한 청소년기의 독특한 발달을 이해할 필요가 있다. 놀이치료사는 청소년의 특성을 이해하고 공감하여 그들의 발달적 욕구를 충족시키는 활동을 준비해야 한다.

놀이치료사는 자신의 청소년기에 대한 자기 이해와 최신 유행 의상, 헤어스타일, 음악, 청소년 문화 등을 찾아보면서 자신을 준비하고, 청소년들이 거부하거나 저항하더라도 일관적으로 따뜻하고 신뢰할 만하며 예측 가능한 태도를 유지해야 한다. 또한 놀이 및 예술 활동 등을 제공하는 것은 수많은 잠재적 장점들을 통해 청소년에게 발달적으로 적합한 치료양식일 수 있다. 이는 언어적으로 표현하기 어려운 사고와 감정들을 나타내는 효과적인 수단이 될 수 있다. 또한 집단치료에서 집단 구성원 간 상호작용을 촉진할 수 있고, 청소년들 개인에게 내적 자원을 제공해 주며, 종결 후에도 영향을 미칠 수 있다.

활동해 봅시다

1. 자신이 청소년기에 유행하던 것에 대해 이야기 나누어 보세요. 그 당시 주변 또래와 성인들의 반응에 대해 이야기해 보면서 청소년들이 느끼는 감정에 대해 생각해 봅시다.

2. 청소년 내담자와의 소통을 위해 청소년들이 사용하는 최신 줄임말을 찾아서 퀴즈를 내어 보고 맞춰 봅시다.

참고문헌

강지예(2013). 놀이 중심의 정서지능 프로그램 개발 및 효과: 청소년 스트레스를 중심으로. 대구대학교 대학원 박사학위논문.

강차연, 손승아, 안경숙, 윤지영(2010). 청소년 심리 및 상담. 서울: 교문사.

강진아(2009). 학대 경험 청소년의 비행요인에 관한 연구. 덕성여자대학교 대학원 석사학위논문.

김경철(1993). 여가와 레크리에이션. 서울: 보경문화사.

김계현, 김동일, 김봉환, 김창대, 김혜숙, 남상인, 조한익(2000). 학교상담과 생활지도. 서울: 학지사.

김재엽, 이동은, 정윤경(2013). 학업스트레스가 청소년 비행 행동에 미치는 향과 우울의 매개효과, 한국아동복지학, 41, 101-123.

김지연, 이유진, 정소연, 박선영(2018). 위기청소년 교육적 선도제도 운영실태 및 실효성 제고방안 연구. 한국청소년정책원구원.

노혁(2007). 청소년복지론. 경기: 교육과학사.

배미랑, 박희현(2011). 청소년이 지각하는 놀이의 의미와 놀이 후 변화에 대한 내용분석. 인간발달학회, 18(3), 93-113.

여성가족부(2019). 2019년 청소년사업안내.

장휘숙(2007). 전생애 발달심리학. 서울: 박영사.

전윤경(2018). 시설여자청소년의 자립의지 향상 집단미술놀이치료 프로그램 개발 및 효과. 명지대학교 대학원 박사학위논문.

정숙경(2007). 학교 부적응 학생에 대한 청소년동반자 활동의 효과성 분석. 대전대학교 대학원 석사학위논문.

정영윤(1992). 청소년연구의 동향과 과제-심리학 분야에서의 청소년연구 동향과 과제. 청소년연구정보자료, 37-55.

통계청(2013). 2013 청소년 통계.

홍봉선, 남미애(2013). 청소년복지론. 경기: 공동체.

Cerio, J. (2000). *Play therapy: A Do-It-Yourself guide for practitioners*. Alfred, NY: Alfred University Press.

Gallo-Lopez, L., & Schaefer, C. E. (2014). 청소년놀이치료. (최명선 역). 서울: 학지사. (원전은 2005에 출간).

Ginott, H. (1961). *Group psychotherapy with children: The theory and practice of play therapy*. NY: McGraw-Hill.

Ginott, H. (1975). Group psychotherapy with children. *Journal of Projective Techniques,*

26(1), 3-10.

Landreth, G. L. (2015). 놀이치료 치료관계의 기술. (유미숙 역). 서울: 학지사. (원전은 2012에 출간).

O'Connor, K. J. (2003). 놀이치료 입문. (송영혜, 윤지현 역). 서울: 시그마프레스. (원전은 2000에 출간).

Riviere, S. (2005). Play therapy techniques to engage adolescents. In L. Gallo-Lopez & Schaefer (Eds.), *Play therapy with adolescents* (pp. 121-142). Lanham, Jason Aronson.

Schaefer, C. E. (Ed.). (1993). *The therapeutic powers of play*. North vale, NJ: Jason Aronson.

Schaefer, C. E. (2011). *Foundations of play therapy*. John Wiley & Sons.

Siegel, L. J., & Welsh, B. C. (2011). *Juvenile Delin quency: The Core* (4th ed.). MA: Wadsworth.

Slavson, S. (1944). Some elements in activity group therapy. *American Journal of Orthopsychiatry, 14*, 578-588.

Sweeney, D., & Homeyer, L. (2009). 집단놀이치료 핸드북. (유미숙, 유재령, 우주영, 전정미 역). 서울: 시그마프레스. (원전은 1999에 출간).

Sweeney, D., Baggerly, J., & Ray, D. (2019). 집단놀이치료. (이은아김, 한희영, 서인숙 역). 서울: 학지사. (원전은 2014에 출간).

제15장

성인놀이치료

놀이치료는 주로 아동을 대상으로 하는 심리치료 기법이라고 여겨지는 경향이 있다. 성인놀이치료가 잘 발달하지 않은 이유 중 하나는 문화적인 금기 때문이다. 놀이는 때로 유치하고 경박하며, 성인에게 요구되는 생산적인 일과 반대되는 것이라고 여겨진다(Schaefer, 2003). 그러나 놀이는 아동뿐 아니라 성인에게도 즐거움과 평안함의 원천이며, 놀이를 통해 자신의 내면을 안전하게 표현하고 탐구할 수 있다. 이 장에서는 성인기의 주요 발달과업 및 문제와 성인놀이치료의 특성을 살펴보고, 대표적인 성인놀이치료 기법에 해당하는 모래놀이치료를 소개하고자 한다.

1. 성인기 주요 발달과업과 문제

발달과업이란 인생의 어떤 시기에 각 개인이 성취해야만 하는 특정한 활동이나 목표로서 해비거스트(Havighurst, 1952)에 의해 제안된 개념이다. 인간 발달은 단계적으로 이루어지며, 각 단계에는 성취해야 할 특정한 과업이 존재한다. 해비거스트는 전생애를 영아기, 아동기, 청년기, 성인전기, 성인후기, 노년기의 6단계로 나누어 제시하였다. 여기에서는 해비거스트의 구분에 따라 6가지 발달단계 중 성인기에 해당하는 성인전기와 성인후기의 발달과업을 살펴보고자 한다.

〈표 15-1〉 해비거스트의 발달과업

성인전기의 발달과업	성인후기의 발달과업
• 배우자를 선택한다. • 결혼 후 배우자와 결혼생활 하는 방법을 배운다. • 가정생활을 준비한다. • 자녀를 양육한다. • 가정관리를 학습한다. • 직업생활을 안다. • 공민적 책임의 부담을 갖는다. • 적절한 사회집단에 참여한다.	• 성인으로서 사회적 책임을 수행한다. • 생활의 경제적 수준의 확립을 유지한다. • 자녀가 신뢰할 수 있는 부모로서 자녀들과 협력한다. • 성인의 여가생활에 적극적으로 참여한다. • 배우자와 하나의 동등한 인격체로서 관계를 맺는다. • 중년기의 생리적 변화를 인정하고, 이에 적응한다. • 연로한 부모를 공경한다.

해비거스트(1972)는 인간의 전생애주기에서 특정 시기에 직면하여 성취해야 할 과업를 중심으로, 성공적으로 과업을 수행할 경우 만족과 행복을 얻고 후기 발달과업의 성취에 도움을 얻지만, 성공적으로 과업을 수행하지 못했을 경우 불행, 사회적 부적응, 장애를 겪을 수 있으며 후기 과업수행에도 어려움이 있을 수 있다고 하였다.

1) 성인전기 주요 발달과업

에릭슨(Erikson, 1968)에 따르면, 성인전기 동안 해결해야 하는 심리사회적 위기는 친밀감 대 고립감이다. 성인기가 되면 다른 사람에 대해 개인적으로 깊이 관여하기를 바라며 친밀감을 원한다. 자신의 정체감과 다른 사람의 정체감을 융합시킬 수 있는 능력을 의미하는 친밀감은 타인을 이해하고 깊은 공감을 나누는 수용력에서 발달한다. 자신의 정체감을 확립한 후에야만 다른 사람과 진정한 친밀감을 형성할 수 있다(정옥분, 2004).

레빈슨(Levinson, 1978)은 성인전기의 발달과업이 부모로부터 독립해서 꿈을 형성하고, 인생구조의 설계를 준비하는 것이라고 했다. 성인기의 첫 설계를 위해 자아를 탐색하고 내가 누구인지에 대한 정체감을 형성하는 것은 선행조건이 된다. 성인기 초반에는 안정적인 삶을 위해 노력하며, 일, 가족, 기타 인생의 중요한 측면들에 대해 더 깊이 관여한다. 즉, 가족, 직업, 사회적 지위 등 자신의 활동 범위를 구축하며 탐색의 시기가 지나고 개인의 생활양식이 어느 정도 확립되면, 자기 성찰의 시기를 보내고 만족스러운 인생의 기초를 마련할 기회를 가지게 된다.

(1) 직업 선택

성인에게 직업은 경제적 자립을 위한 필수 요건이며, 개인의 정체감과 자기효능감 형성에 주요한 영향을 미치는 요인이다. 성인전기는 직업적 안정의 시기이며, 직업적 안정을 이루려면 개인의 정체성을 확립하고, 소속된 조직에서 사회적 정체성을 확립해야 한다(Vaillant, 1977). 성인의 경우, 직장에서 보내는 시간이 일과의 상당한 부분을 차지하므로 직업에 대한 만족도가 인생의 행복감을 결정하는 데 지대한 영향을 주기도 한다. 자신의 성격에 적합한 직업선택은 업무수행 과정에서 즐거움과 흥미를 높이고 쉽게 적응하도록 돕는다. 이는 높은 직업 만족도로 이어지며, 결국 그 직업에서 성공할 수 있을 가능성을 높인다(Holland, 1992). 따라서 자신의 성격에 적합한 직업을 선택하는 것이 바람직하다.

그러나 통계청(2021)의 '2020년 12월 및 연간 고용 동향'에 따르면, 전년 동월 대비 실업률이 20대(0.9%p), 30대(1.1%p), 40대(0.5%p)로 증가했으며, 체감상의 실업률은 더 높게 나타난다. 최근 우리나라의 경제위기와 고용 악화로 인해 성인전기에 구직 활동을 단념하는 경우가 늘어나고 있으며, 미취업으로 인한 문제가 날로 더 심각해지고 있다. 취업에 실패한 경우 경제적 어려움과 더불어 우울, 불안 등 심리적 고통을 경험하게 된다(장재윤 외, 2004). 자아실현의 기회와 소속감이 박탈되기 때문에 자신과 환경에 대한 통제력이 감소하고 고립감을 느끼게 되며 역할 수행 실패라고 생각하게 됨으로써 자아존중감이 저하되기도 한다.

(2) 사랑과 배우자 선택

성인전기는 이성 교제를 통해 인격 형성을 도모할 수 있고, 사회적 기술과 예의를 배우는 시기이다. 즉, 교제를 통해 사랑의 본질과 기쁨을 알며, 예의에 벗어남이 없이 이성에 대한 관심을 표현하고, 상태의 인격을 존중하며, 나아가 배우자 선택이나 앞으로의 가정생활을 원만하게 이어가는 기초적 자질을 키울 수 있다.

성인전기의 이성 교제는 여러 사람과 자유롭게 교제하는 것이 특징이며, 즐거움을 목적으로 하는 경우가 많다. 그러다가 점차 한 사람에게 열중하게 되어 두 사람만의 시간을 가지게 되기를 원한다. 그러나 반드시 결혼을 목적으로 하거나 배우자선택의 언질을 포함하지는 않는다.

이성 교제 경험은 배우자 선택에 있어서 여러 가지 영향을 줄 수 있다. 성인은 자신에게 가장 적합한 배우자를 선택하기 위해 복잡한 심리적 의사결정 과정을 거치게 된다. 배우자를 선택하는 의사결정 이론으로는 연령, 교육수준, 사회적 계층, 종교 등의 요인이 유사할수록 배우자로 선택할 가능성이 높다는 동질성이론, 반대로서로를 보완해 줄 수 있는 특성을 가진 상대를 선택할 가능성이 높다는 보완욕구이론이 있다. 결혼은 일종의 교환과정이라고 설명하는 교환이론의 경우에는 비용보다 더 많은 이득을 얻으려 결혼하는 경향이 있으며, 그 결과 자신에게 가장 많은 보상을 주는 사람을 배우자로 선택하게 된다고 설명한다(정옥분, 2005).

사랑과 배우자 선택은 성인전기의 주요한 발달과업이나 최근의 불안정한 사회경제적 조건은 청년들의 발달과업 수행을 위협하고 있다. 우리나라의 많은 젊은 세대들은 생활비 증가, 불안정한 직업, 불안정한 취업 준비, 내 집 마련의 어려움 등의문제를 떠안고 있으며, 이에 따라 연애와 결혼, 출산을 포기한다는 '삼포세대'라는신조어가 생겨나기도 하였다. 이는 우리 사회 청년들이 당면한 과제를 상징적인 용어로 보여 주고 있다.

2) 성인후기 주요 발달과업

에릭슨(1968)에 따르면, 성인후기 동안 달성되어야 할 발달과업은 생산성 대 침체성을 포함한다. 생산성은 다음 세대를 이끌어 가는 관심사이다. 이 단계에서는 사회적으로 직업과 훈련(discipline)에 가치를 두게 된다. 이 시기 동안에는 일반적으로가족을 돌보거나 사회에 도움이 되기 위한 일을 하며, 기여자는 생산성에 대한 성취감을 얻게 된다. 다른 한편으로 자기중심적이고 무능력하거나 사회에 기여하고자하는 의지가 없는 사람은 침체감이나 불만 및 생산성의 결핍을 경험하게 된다.

레빈슨(1978)은 중년이 참다운 욕망과 가치, 재능 등이 실현될 수 있는 삶을 지향한다고 하였다. 중년은 젊은 세대보다 나이 들었다고 느끼지만, 자신이 중년이라는사실을 받아들이지 못하는 태도를 보이기도 한다. 중년기는 성격의 측면에서도 '남성적' 부분과 '여성적' 부분의 통합을 위해 노력해야 하는 시기이다. 새로운 선택을 수반하는 새로운 인생 구조를 설계하기 위해 직업적 재구성, 이혼, 재혼 등의 요소들을 토대로 하여 인생 구조를 재설계한다.

(1) 변화와 위기

성인후기는 인생의 반환점을 도는 터닝포인트의 시기이다. 인생의 전반부에 외부로 향했던 정신 에너지가 내부로 향하면서 중년기에는 변화와 위기가 찾아온다. '중년기 위기'라는 용어는 자크(Jacques, 1967)와 융(Jung, 1966)같은 정신분석학자들에 의해 처음 소개되었는데, 중년기의 우울증, 혼외정사 또는 직업전환에 대한 설명으로서 급격히 대중화되어 유행어가 되었다. 이러한 사건은 외부 지향, 즉 사회에서 자리를 찾는 데 대한 관심으로부터 내부 지향, 즉 자기 안에서 의미를 찾으려는 변화의 신호로 여겨진다(Jung, 1966). 이러한 내부 지향적 변화는 불안한 일로서 사람들이 그들의 인생 목표에 의문을 가질 때 일시적으로 중심을 잃게 할 수 있다. 자크(1967)에 따르면, 위기를 가져오는 것은 죽음에 대한 인식이다. 성년기가 끝나면 이 시기의 과업은 대체로 완수된다. 사람들은 가정을 이루고 어느 정도의 성공도 이룬다. 자녀가 부모로부터 독립하여 부모는 이제 거꾸로 그들에게 도움과 조언을 구한다. 그들은 인생의 절정에 있으면서도 그들의 시대가 얼마 남지 않았고, 젊은 시절의 모든 꿈을 다 이룰 수 없다는 것을, 또는 그 꿈을 이루었다 해도 기대한 만큼의 만족을 얻지 못했다는 것을 깨닫는다.

(2) 건강과 갱년기

성인후기에 접어들면서 신체적·정서적 건강의 변화가 두드러진다. 체력 및 운동의 기능이 성인전기와 다르다는 것을 실감하게 되고 서서히 진행되는 노화에 대한 인식으로 정서적으로 침체된다. 여성의 경우 일반적으로 갱년기, 다른 말로 완경기에 해당하는데, 이는 난소 기능의 전반적이고 점진적인 저하가 일어나 생리적 기능 및 성 기능이 저하되는 과도기를 의미한다. 폐경기는 완경기 과정 중에서 1년 이상 월경이 멈추는 과정이 지속되는 것을 의미한다. 이는 기후, 유전, 체질, 영양 상태, 환경 등에 따라 개인차가 있다.

갱년기의 증상은 난소 기능의 쇠퇴와 관련된 내분비 변화로 인한 일련의 증세뿐 아니라 노화과정에 적응하는 변화로 인한 심리사회적 요인이 복합된 다양한 증상을 말한다(Morse, 1980; Willson & Carrington, 1987). 에스트로겐 결핍으로 인해 나타
나는 심리적 증상으로는 불안, 긴장감 고조, 우울 정서, 초조감 등이 있으며(권숙희
외, 1996; 최혜원 외, 1998), 자아존중감, 사회적 지지, 정신건강이 폐경 증상에 간접
적으로 영향을 주어 삶의 의미에 영향을 준다. 남성의 경우 여성의 폐경과 같이 중
년에 갑자기 호르몬 생산이 중단되지는 않지만, 테스토스테론의 수준이 점차 감소
한다(Asthana et al., 2004; Whitbourne, 2001). 남성은 노인이 될 때까지 생식능력을
유지하지만, 개인차는 존재한다. 심리사회적 측면에서 남성도 여성이 폐경기에 경
험하는 것과 같은 변화를 경험하는데, 이는 전업과 승진 기회의 감소, 퇴직 준비에
대한 압박감, 젊은이들과의 경쟁에 대한 두려움 등과 관련된 영역에서 두드러진다
(이권해 외, 1998).

(3) 직업적 전문성과 불안정성

성인후기에 나타나는 점진적인 지적 능력의 감소에도 중년의 경험은 그들의 판
단능력과 문제해결 능력을 더 높일 수 있다. 하지만 사회에서 중요한 역할을 맡은
사람은 모든 중년기의 사람들이 아니라 아주 소수의 성공한 사람들이라고 보는 입
장도 있다. 대부분의 중년기 사람들은 직업에서 은퇴하거나 병들거나 활동을 줄이
지만, 중년에 사회의 리더로 일하는 사람들은 중년의 사람들 중 특별한 소수 집단
일 수 있다. 사회에서 리더로 살아가는 데에는 인지능력보다 경험을 통해 발달 된
문제해결 능력과 판단력이 중요하다.

직업 만족은 자신의 일에 대한 평가 결과에 대해 느끼는 긍정적 느낌으로 중년
이후 꾸준히 증가하는 경향이 있다(Hochwarter et al., 2001). 대체로 중년기에 직업
만족도가 높은 이유는 자신의 직무 계획과 직무 활동을 통제할 수 있는 가능성이
높고, 합리적인 작업량과 좋은 물리적 작업조건 등을 가지기 때문이다. 또한 중년
은 다른 직장으로 옮겨 갈 수 있는 대안이 상대적으로 적기 때문에 실제 성취에 대
한 지각의 차이가 줄어 직무 수행이 증가한다(Warr, 1994). 그러나 성인후기에 직업
적 적응 실패로 인한 이직, 조기 은퇴, 사업 실패 등의 불안정성은 경제적 어려움과
함께 우울감 등의 정서적·정신적 문제를 초래할 수 있다.

(4) 가족관계

결혼 만족도는 일반적으로 중년 초기에 바닥을 치는데, 이는 중년 초기가 직업

적으로 자신의 경력을 개발하는 데 매진하는 때이며, 사춘기 자녀를 두는 시기이기 때문이다. 많은 연구들도 중년기가 위기의 시기임을 뒷받침한다. 이 시기에 결혼 만족도는 최저점에 이르고(Pineo, 1961), 정신질환 및 신경증의 발병률이 최고에 이른다(Weintraub & Aronson, 1968). 남성의 경우 자살률이 급격하게 증가하는 것을 볼 수 있고, 이혼이나 별거, 불륜이나 도피 등의 문제가 중년기 결혼생활에서 드물지 않게 나타난다(Stevens-Long, 1979).

이후 자녀가 성인이 되고 자신이 직장에서 은퇴하며 평생 동안 모은 재산으로 어느 정도 경제적 안정을 경험할 때 부부 만족도는 다시 증가한다(Orbuch et al., 1996). 성적 만족도가 높을수록(Yeh, Lorenz, Wickrama, Con-ger, & Elder, 2006), 의사소통 방식에서 건설적 대화를 많이 할수록 이 시기의 결혼 만족도가 높게 나타난다(박영화, 고재홍, 2005).

중년기 동안 대부분의 부모는 자녀와 관련된 변화를 겪는다. 자신의 역할을 주로 자녀의 어머니로 규정하는 경우에는 자녀가 떠나면 우울감이나 부정적 정서를 경험하는 경향이 있다. 약 20%의 부모는 막내가 집을 떠났을 때 매우 슬프고 불행하다고 느끼는 빈 둥지 증후군을 겪는 것으로 보고된다(Lewis & Lin, 1996).

그러나 우리나라 중년의 부모는 빈 둥지로 인한 외로움보다는 계속적인 자녀교육과 결혼 지원으로 인해 부담감을 갖는 것으로 나타난다. 우리나라 베이비붐 세대 4,674명을 대상으로 한 한국의 베이비부머 패널연구조사(한국노동연구원, 2008)에서, 우리나라의 베이비붐 세대가 은퇴 후 가장 큰 부담으로 생각하는 것은 자녀의 결혼자금(29.2%), 자녀의 교육자금(26.9%)과 함께 본인의 은퇴 후 자금(26.9%)인 것으로 나타났다.

한편, 현대 사회의 사회적 변화로 맞벌이 가족이 급격하게 증가하면서 조부모의 손자녀 양육이 늘어나고 있다. 자녀 양육을 마치고 자유로울 수 있는 시기에 조부모로서 다시 양육자 역할을 담당한다는 것은 심리적으로 높은 부담이 된다. 이는 특히 신체적 노화가 일어나는 성인후기의 발달적 변화와 맞물리며 육체적 피로, 정신적 부담을 증가시킬 수 있어 삶의 질을 떨어뜨린다는 연구결과도 있다(Leder, Grinstead, & Torres, 2007). 무질 등(Musil et al., 2011)에 따르면, 손자녀를 양육하고 있는 조모들은 그렇지 않은 조모에 비해 극심한 스트레스와 긴장감을 경험하고 있다. 성인 자녀와의 갈등을 겪고 있을 경우 양육 스트레스는 더욱 높은 것으로 보고되었다(Conway, Boeckel, Shuster, & Wages, 2010). 그리고 양육 스트레스는 조부모의 신체적 · 심리적 건강뿐만 아니라 사회적 건강에 좋지 않은 영향을 미치는 것으로 보고되었다(Leder et al., 2007).

손자녀뿐 아니라 독립하지 못하는 자녀에 대한 스트레스 또한 성인 후기의 문제로 급부상하고 있다. 성인이 된 후에도 자립하지 못하고 부모에게 경제적으로 기대어 사는 자녀들을 '캥거루족'이라 부른다. 캥거루가 자신의 배 주머니에 새끼를 넣고 키우는 것을 빗댄 말이다. 부모가 현역에 있을 때는 캥거루족 자녀에 대한 부담이 상대적으로 적지만, 퇴직 후 '연금 생활자'가 되면 그 부담이 가중된다. 성인이 된 자녀를 부양하면서 성인후기 부모는 경제적 부담과 노후에 대한 불안이 커질 수밖에 없다.

2. 성인을 위한 놀이치료

전형적으로 놀이는 영아기에 단편적인 방법으로 시작되고, 유년기에 절정에 달하며, 청소년기에 서서히 감소한다. 그러나 치료사들이 성인을 다시 놀이의 세계로 안내해야 하는 데는 많은 이유들이 있다(Frey, 1994).

놀이, 즐거움, 자발성은 우리 마음속에 뿌리를 두고 있다. 아동은 본능적인 호기심에 이끌려 자신의 몸 전체와 주변 환경, 온 우주를 장난스럽게 탐구한다. 그리고 그것을 바탕으로 내면의 세계를 만들어 간다. 놀이를 통해 세상을 탐구하며 만들어진 내면의 자아와 외부 세계 간의 관계를 조작해 나가는 것은 성장을 위한 주요한 도구가 된다. 이렇게 성장한 성인들에게도 놀이는 창의성, 역할 연습, 마음과 몸의 통합을 위한 수단 등 수많은 적응적 행동들을 육성하기 위한 중요한 수단으로서 계속된다(Schaefer, 2003).

놀이는 자존감을 높여 주며, 즐거움뿐만 아니라 행복과 평온의 상태에 접근할 수 있게 한다. 놀이를 통해 긴장이 풀리면 종종 공감과 친밀감에 대한 능력이 증가하는 것을 느낄 수 있다. 놀이를 성인의 치료에 접목하는 것은 어떤 언어로든 내면을 안전하게 탐구할 수 있는 자연스럽고 온화한 환경을 만들어 주는 것이다(Schaefer, 2003).

1) 성인놀이치료의 필요성

놀이는 나이에 상관없이 많은 이점을 가지고 있다. 놀이는 재미있고, 교육적이며, 창의적이며, 스트레스를 완화시켜 긍정적인 사회적 상호작용과 의사소통을 촉진한다(Schaefer, 2011). 놀이치료에서 성인은 놀이활동에 몰입하며 단순한 언어를 통해서는 얻을 수 없는 여러 가지 인식을 얻게 된다. 인형의 집, 모래상자, 다트, 페인트, 보보인형 등 일반적인 놀잇감들은 성인에게도 매우 촉진적인 도구가 될 수 있다(Landreth, 2012).

놀이치료는 성인이 정서 영역과 긍정적인 관계를 형성하는 데 도움을 준다. 놀이치료를 통해 알아차려지는 감정은 그렇게 위협적으로 보이지 않는다. 성인이 정서 영역과 긍정적인 관계를 형성하고 발전시켜 나가면, 깊은 통찰력이 발전될 수 있다. 몇몇 성인들은 게임놀이, 환상, 예술작품 등을 통해 그들이 경험하지 못했던 부드러움, 애정, 유머 능력 등을 기를 수 있다(Frey, 2015).

2) 성인놀이치료의 이점

놀이치료의 이점은 널리 알려져 있으나, 성인을 대상으로 하는 성인놀이치료의 이점은 잘 알려지지 않았다. 아동 대상의 놀이치료와 마찬가지로 성인놀이치료는 다음과 같은 이점을 가질 수 있다. 첫째, 놀이는 스트레스를 해소하게 한다. 미국의 주요 회사들은 스트레스의 신체적 해소 방식에 대한 이해를 바탕으로 직원들이 헬스 시설을 이용할 수 있도록 지원하기도 하고, 직원들의 가장 진실한 반응을 이끌어 내기 위해 유희적인 방식으로 일하곤 한다(Schaefer, 2003/2011). 최근 국내에도 몇몇 기업들은 업무로 인한 스트레스를 감소시키고 재충전시키는 놀이의 힘을 발견하고 업무 중간에 놀이할 수 있는 공간과 시간을 허락하고 있다. 이는 놀이의 치료적 접근이 성인의 정신적인 스트레스 감소에 도움이 된다는 것이다.

둘째, 놀이는 숙달감을 경험하게 한다. 치료적인 맥락에서 놀이에는 실패가 없다. 아동과 마찬가지로 성인도 숙달을 경험하고자 하는 욕구가 있으며, 자아는 실패가 없을 때 암묵적으로 양육된다. 위니캇(Winnicott, 1971)은 "그것은 놀이이고, 놀이에서만이 아동이나 성인 개인이 창조적이 되어 전체 인격을 활용할 수 있다. 그리고 창조적일 때만 개인은 자기(self)를 발견할 수 있게 된다."(p. 54)라고 하였다

(Schaefer, 2003/2011).

셋째, 놀이는 말할 수 없는 것을 말하도록 도와준다. 성인은 어린 아동에 비해 언어적 능력이 뛰어나다. 그러나 성인일지라도 자신의 감정과 생각을 언어로 표현하는 것은 쉽지 않다. 더구나 예상치 못한 사고와 재난, 학대와 같은 트라우마를 경험한 경우에는 더욱더 그러하다. 어린 시절 의붓아버지로부터 성폭행을 당했던 한 여성 내담자는 40대 중반의 나이가 될 때까지 한 번도 그 일을 다른 사람에게 이야기한 적이 없었고, 자신도 그 일을 떠올리지 않고 살아왔다. 그러던 어느 날 갑자기 불안장애와 대인기피 증세가 심해져 직장도 다니지 못하게 돼 상담을 받게 되었다. 내담자는 사자를 모래에 묻는 작업을 계속하였다. 상담 회기 내내 사자에 모래를 쏟아 부었고 사자의 몸이 조금이라도 모래 밖으로 나오지 못하도록 하였다. 모래 무덤을 만든 후에도 계속 불안해했으며, 사자 무덤 주위에 울타리를 몇 겹으로 두르는 작업을 몇 회기 동안 계속 반복하였다. 사자 무덤 주위에는 두려움에 떨고 있는 작은 소녀가 있었다. 모래놀이를 통해 내담자와 치료사는 이러한 놀이가 과거의 학대 경험과 두려움을 나타낸다는 것을 알게 되었으며, 트라우마를 언어화하지 않고도 충분히 안전한 방법으로 표현하고 다룰 수 있었다.

넷째, 놀이는 통찰을 경험하게 한다. 어린 시절 어려운 가정에서 자라났지만, 자신의 힘으로 일찍 독립했고 현재는 완고함과 경직된 성격으로 대인관계에 어려움을 겪고 있던 내담자가 있었다. 내담자는 치료실의 놀잇감 주변을 서성이다가 커다란 미끄럼틀 장난감을 가져왔다. 처음 치료실에 들어왔을 때부터 눈에 띄었는데 너무 어린아이들 장난감 같아서 망설여졌다고 하였다. 그런데 오늘은 모래상자에 꼭 가져오고 싶었다고 하였다. 내담자는 말없이 오랜 시간 동안 아이 인형이 미끄럼틀을 타고 내려오는 놀이를 반복하였다. 회기가 끝나갈 때쯤 내담자는 너무 재미있고 기분이 좋다고 하면서 서서히 어린 시절 이야기를 풀어놓았다. 자신의 어린 시절을 반복해서 말하는 동안 돌봄을 받지 못했던 과거의 자신을 만나서 위로해 줄 수 있었고, 현재 자신의 문제에 대한 해답을 찾을 수 있었다.

다섯째, 놀이는 치료적인 힘들의 결합을 가능하게 한다. 모든 놀이는 숙달을 가져오며, 신체적 동작은 배출을 가져오고, 창조성은 통찰을 키운다. 성인놀이치료에는 무한한 활용 가능성들이 있으며 아동처럼 성인도 상징 속에서 치유될 수 있다. 트라우마 치료사들은 수년간 치료에 다양한 놀이 기법들을 사용해 왔으며(Pynoos & Nader, 1988; Shelby & Tredinnick, 1995), 샤피로(Shapiro, 1988)는 최면놀이치료의 활용을 놀이치료와 결합한 연령 퇴행을 사용하는 기법으로 설명하였다. 이는 단순히 자아의 강화를 하는 것이라기보다 자아를 재형성하는 것이라고 할 수 있다 (Schaefer, 2003/2011).

3) 성인놀이치료의 환경

성인이 경험하게 되는 놀이치료 환경은 놀이가 이루어지는 놀이치료실과 그 시간에 함께 하게 되는 놀이치료사로 나누어 설명할 수 있다. 먼저, 놀이치료실은 성인의 유희성을 이끌어 낼 수 있으나 유치해 보이지 않는 것이 중요하다. 놀이치료실의 구석에 작은 소파나 편안한 의자를 두어 성인의 공간(grown-up area)으로 만들 수도 있다. 사무실이라면 한쪽에는 장난감과 게임들을 쌓아둘 수 있다. 무엇보다 존중하는 태도를 보여야 한다. 특히, 특정 장난감은 어떤 외상적 기억을 불러일으킬 수도 있다는 것을 인식하고 중립적인 공간을 마련할 필요가 있다. 많은 성인 내담자들이 좀 더 천천히 자신만의 방식을 찾을 수 있도록 도와야 한다. 놀이는 종종 우리를 아주 열광적인 상태로 만들기에, 적절한 방음 장치 또한 필요하다. 다수의 성인들은 자신의 그런 모습이 외부에 드러나게 되는 것에 당황할 수 있고, 대기실에 있는 사람들을 겁주길 원하지 않기 때문이다(Schaefer, 2003/2011).

다음으로, 성인들이 놀이치료실에서 자신의 놀이를 편안하게 이어갈 수 있기 위해서는 치료사의 역할이 중요하다. 우선, 치료사 자신부터 놀이성이 있어야 한다. 놀이의 힘과 그 효과에 대한 믿음이 있어야 하며, 무엇보다도 놀이를 즐길 수 있어야 한다. 치료사가 도달하지 못하는 곳에 내담자가 가기를 기대할 수 없기 때문이다. 성인놀이치료사는 유머를 가지고 즐겁고 편안하게 내담자와 작업해야 한다.

또한 놀이치료사는 말하는 것뿐 아니라 비유와 침묵에도 익숙해야 한다. 성인에게 있어 놀이를 치료에 활용하는 것은 새로운 영역이기 때문에 치료사는 용기를 가지면서도 매우 조심해야 한다. 내담자에게 기꺼이 귀를 기울이고, 치료계획에서 그들의 지혜를 받아들여야 한다. 이는 치료과정에도 깊이를 가져다준다. 놀이에 몰두하는 동안에는 과거의 경험이 치료실 안으로 들어온다. 점토를 깨부수는 놀이는 단지 한 사람의 기억이 아닌 그 순간의 진실을 보게 할 수 있다(Schaefer, 2003/2011).

4) 성인놀이치료 시 고려사항

성인은 일반적인 놀이치료의 대상이 되는 아동과는 차이가 있기 때문에 성인에게 놀이치료를 실시할 때에는 고려해야 할 몇 가지 사항들이 있다. 놀이는 대화치료와 병행하는 것이고, 누군가로 하여금 '그것에 대해 말해 보도록' 하는 수단이 아니다. 무엇이 일어났는지를 탐색하는 것은 핵심이 아닐 수 있다. 놀이치료사는 언제, 어디에 인지적 대화를 삽입할 것인지 주의 깊게 알아차리고 있어야 한다(Schaefer, 2003/2011).

치료는 평가를 요하며 놀이를 통한 평가는 때로는 꽤 단순한 과정이지만 어떤 때는 규정하기 힘든 과정일 수 있다. 특히 법적 상황에서 놀이평가가 심리 외상의 관련 증거로 채택되기 위해서는 훨씬 더 복잡해질 수 있다. 그러나 개인이 그림, 모래상자, 상징 퍼즐 등을 통해 평가되었을 때 스스로 자신의 주장을 증명하지 못하는 것과 별개로, 심리 외상의 근거가 되기에는 충분할 수 있다(Schaefer, 2003/2011).

성인 내담자는 치료사를 꾀어내거나 무장해제 시키기 위해 놀이를 이용할 수 있다. 어떤 성인은 더 큰 치료목표로부터 치료환경과 치료사를 통제하고 조작하는 방법으로 놀이를 사용하기도 한다. 예를 들어, 성인 내담자는 주호소와 관련된 이슈를 회피하고자 하는 방식으로 치료사와 체스를 두자고 주장할 수 있다. 이러한 역학들은 치료의 진행을 늦춘다(Frey, D., 2015).

몇몇 성인은 놀이에 중독되는데, 이는 그들이 자신의 가족들을 완전히 무시한 채 끊임없이 인터넷 게임을 하는 데서 근거를 얻을 수 있다. 놀이에 중독되기 쉬운 내담자들에게는 놀이치료를 주의 깊게 사용해야 한다. 이런 유형의 내담자는 놀이치료가 놀이와 관련된 자신의 이슈를 극복하는 데 도움을 얻을 수 있다고 주장할 수 있다. 그러나 이러한 내담자와 상담할 때는 대화로 진행하는 기법에서 시작하여 내담자가 준비되었을 때 점차적으로 놀이기법을 도입하는 것이 일반적으로 바람직하다고 여겨진다. 이러한 내담자와 함께 놀이치료를 할 때는 상당한 주의가 필요하다(Frey, 2015).

5) 성인놀이치료 사례

다양한 놀이치료기법은 성인에게 통상적으로 활용이 가능하다. 심지어는 치료사 또는 내담자가 많은 놀이치료 기법들을 창조할 수도 있다. 자발적이고 창조적인 개입은 종종 매우 생산적이다. 장난감을 이용한 놀이, 카드게임, 보드게임, 동물 피겨를 활용한 놀이, 역할극 등 다양한 접근이 성인놀이치료에 활용될 수 있다(Frey, 2015).

그중에서도 모래놀이치료는 성인 내담자가 말로 표현하기 어려운 감정과 경험을 묘사할 수 있는 기회를 제공한다. 일반적으로 언어를 통해 상담하는 것이 익숙한 성인은 상담에서 아동처럼 장난감이나 다른 물건들을 활용하는 것을 어색하게 느낀다. 그럼에도 불구하고 놀이를 활용하는 것은 언어로는 부분적으로만 이해할 수 있었던 강렬한 감정, 영향, 긴장 등 내적 경험을 성공적으로 전달할 수 있게 돕는 과정이 된다. 그리고 내담자는 깊이 묻힌 상처들을 만질 수 있는 길을 찾게 된다. 성인과 함께 모래놀이를 하는 것은 창조적인 놀이를 하며 그들 자신을 자연스럽게 표현할 수 있는 기회를 제공한다(Mitchell & Friedman, 2003).

성인놀이치료기법으로 대표적인 모래놀이치료의 정의 및 주요 개념, 모래놀이치료가 지닌 가치를 살펴보고자 한다. 그리고 실제 모래놀이치료를 진행한 사례연구를 통해 모래놀이치료가 성인놀이치료의 한 기법으로서 현장에서 어떻게 활용되고 있는지 알아볼 것이다.

(1) 모래놀이치료의 정의 및 주요 개념

모래놀이는 비언어적이고 이성을 사용하지 않는 치료 형태로, 마치 어린아이가 말을 하기 이전의 상태와 같은 정신의 깊은 수준에 도달할 수 있게 하는 치료적 접근이다. 이 심리치료 양식에서 내담자는 모래, 물, 다수의 피겨를 이용하여 특정한 크기의 모래상자에 3차원의 장면, 그림 또는 추상적인 디자인을 만든다. 내담자는 모래상자에 모래와 피겨를 배치하여 자신의 내면 상태에 해당하는 세계를 지을 수 있다. 이러한 방식의 자유롭고 창조적인 놀이를 통해 무의식적 과정이 입체적인 형태와 회화적 세계로 가시화된다.

호메이어와 다니엘 스위니(Homeyer & Sweeney, 2011)는 모래놀이치료에 대해 "내담자가 이끌고 훈련된 치료사에 의해 촉진되는, 의사소통의 비언어적 매체로서 특정한 모래상자의 특별한 사용을 통해 내담자의 개인 내적 및 개인 간의 문제를 전개하고 처리하는 데 관여되는 심리치료의 표현적이고 투사적인 양식"(p. 4)이라고 정의하였다.

모래놀이치료는 분석심리학에 근거하고 있으며, 모자일체성, 개성화 과정, 전이와 역전이 등의 분석심리학적 개념에 대한 이해가 필요하다.

① 모자일체성

모자일체성(mother-child unity)은 치료사와 내담자의 관계를 나타내는 것이다. '모자'라는 말처럼 치료사와 내담자는 어머니와 아이처럼 서로 온전하게 신뢰하고 깊게 사랑하는, 전폭적으로 믿는 관계가 되어야 한다. 이 관계가 성립되어야만 그것을 기본 토대로 내담자가 모래놀이를 시작할 수 있게 되며(김보애, 2001), 내담자 스스로 자기 치유력이 나타나고, 전체성의 상징을 표현할 수 있으며, 자기실현 과정이 촉진된다(권미선, 2010). 내담자에게 모래상자를 만들게 하는 것은 간단하지만 내담자가 자신의 내면을 표현하는 것은 안정된 기반이 없으면 불가능하다. 그 기반이 되는 것이 바로 치료사와 내담자의 관계이고, 모자일체성이라고 할 수 있다. 치료사는 마음을 비우고 내담자의 무의식 안에 존재하는 자기 치유력을 전적으로 신뢰해야 한다. 이는 내담자가 스스로를 이끌어 무의식 세계의 문을 열 수 있도록 돕는 방법을 부여하는 것을 의미한다(김보애, 2001).

② 개성화 과정

모래놀이과정은 자아, 사회성 등을 발달시키며, 내담자 자신에게 잠재되어 있는 자기 치유적인 능력을 발현시킨다. 내담자는 자신의 고통과 두려움을 경감시키고 통합시켜 주는 모래놀이치료를 통해 심리적으로 전체적인 개인이 되는 개성화 과정을 경험한다. 개성화 과정은 다르게 말하면 자기실현을 의미한다(이부영, 2013). 모래놀이치료를 통한 개성화 과정은 스스로 그림자의 측면을 받아들이고 경험하기 시작할 때 시작된다. 모래상자는 내담자가 많은 상징 중에서 원하는 것을 자유롭게 선택하고 상징을 응축하여 자기를 표현할 수 있도록 돕는 '통로'가 된다. 즉, 모래놀이치료 시 이 과정을 지켜 주는 치료사와 통로로서의 모래상자가 존재할 때 내담자는 스스로의 자율적인 힘을 발휘할 수 있다(김보애, 2004).

내담자가 온전한 자기 자신이 될 수 있도록 하는 인간 무의식 존재의 근본적 가능성을 자기 원형이라고 한다. 근본적인 가능성과 연결해 볼 때, 자기실현은 자기 원형을 자아의식이 수용하여 실천에 옮기는 적극적 행위라고 할 수 있다. 개성화 과정은 바로 그 사람 전부, 자신의 전부가 되어 간다는 의미이다(이부영, 2013).

③ 전이와 역전이

모래놀이치료는 내담자와 치료사가 함께하는 공간이며, 그대로 있어 주고 그곳에 존재하는 공간이다. 함께 머무른다는 것 자체가 내담자에게는 치료사의 힘을 받는 과정이다. 내담자가 소품을 선택하여 가져와서 모래상자 안에 놓으면 치료사의 마음속에서 파동이 일어나 내담자에게 다시 전해진다. 내담자가 자신의 무의식을 새롭게 연관해 나갈 때 치료사에게 힘을 받으면 내담자에게 전이가 일어나고, 이것은 다시 치료사에게 역전이를 일으킨다(김보애, 2003). 일반적인 상담의 형태에서 전이와 역전이는 종종 상담의 진행에 방해 요소로 작용하지만, 모래놀이치료에서 치료사와 내담자 간의 깊은 전이와 역전이는 서로의 세계를 이해하는 데 도움을 주기도 한다.

(2) 모래놀이치료의 목적 및 치료적 가치

분석심리학적 관점에서 융(Jung)은 인간의 목적이 통합이라고 하였다. 통합은 개성화의 과정이며 자기실현이고, 이것이 바로 모래놀이치료의 목적이라고 할 수 있다. 자기실현은 자아가 자기의 그림자를 뚫고 나가 심층에 숨어 있는 아니마와 아니무스의 긍정적인 부분을 경험하고 아니마와 아니무스의 초대를 통해 자기를 만나게 되는 것이다. 자기를 만난 후 다시 의식으로 오르게 되면서 외부 세계로 실현하는 것이 바로 자기실현이다(김보애, 2003).

심리치료의 일종인 언어적 꿈 분석에서의 관습과는 달리, 모래상자가 완성될 때 치료사의 해석은 제공되지 않는다. 치료사는 수용적이지만 최소한의 언급을 하며 내담자의 자아가 어느 정도 안정에 도달할 때까지 해석을 늦춘다(Weinrib, 2004). 모래놀이치료에서는 내담자가 창조하는 것과 의미를 부여하는 것이 가장 중요하기 때문에 치료사는 내담자의 인도를 따라간다. 융의 관점에서 이미지는 곧 의미를 뜻하기 때문에 이미지가 모래상자 안에서 형태로 나타나면 의미가 전달되어 해석이 따로 필요하지 않다. 모래상자를 통해 내면의 목소리가 표현하는 것을 구체화하여, 외부 현실을 자기 자신과 연결시키고 무의식을 드러내는 것이다(Boik & Goodwin, 2000/2012). 구체화된 이미지를 통해 융이 묘사한 개성화 과정은 결실을 맺을 수 있다. 이는 인간의 전체성을 의식하는 과정으로 이해할 수 있다.

자기실현을 목적으로 하는 모래놀이치료과정의 치료적 가치에 대해 보다 자세히 살펴보면 다음과 같다.

첫째, 모래놀이는 개인의 자아가 튼튼하게 한다. 모래놀이치료에서 내담자는 치료사로부터 충분한 지지를 받으며 자신의 내면을 마음껏 표현한다. 특히 모래라는 치료 매체를 사용하여, 내담자 스스로 숨겨 놓았던 감정과 정서적 상처를 표현하고 알아차리며 자기 자신과 소통해 나간다(Grubbs, 1995).

둘째, 모래놀이는 내면의 사고나 감정을 보고, 만지고, 경험할 수 있게 한다. 모래놀이치료과정에서 내담자는 모래상자 안에 자신의 세계를 자신의 손으로 직접 꾸미고 관찰한다. 그리고 내면의 이미지는 상징적으로 표현된다. 이에 의식적 · 무의식적으로 표현된 세계를 객관적으로 바라보게 되며 내담자 스스로 치유 및 성장을 도모할 수 있다(김보애, 2004).

셋째, 모래놀이에 사용되는 소품과 모래는 그 자체로서 언어가 된다. 소품들은 환상의 여러 가능성을 표현해 내며, 무의식과 연관된 체험을 현실에 반영해서 나타낼 수 있도록 돕는다. 내담자가 자신의 이야기를 언어화하지 않더라도 모래상자를 통해 이야기하고 있기 때문에 그 자체로 치료적 효과를 가진다. 따라서 말하고 싶지 않아 하거나 언어적 능력이 제한적인 내담자들에게도 효과적인 치료기법이다.

넷째, 모래놀이는 내담자를 안전하게 보호해 준다. 장면에서 어색한 분위기로 무슨 말부터 해야 할지, 어떻게 개입을 할지 고민할 필요 없이 내담자와 치료사는 모래상자를 통해 편안하고 안전한 분위기 속에서 이야기할 수 있다. 또한, 치료사는 내담자와 함께 있으며 내담자의 자유로운 표현을 받아들인다. 이를 통해 치료사와 내담자는 모자일체성을 느끼고 내담자는 온전한 신뢰감 속에서 내적 평화를 얻게 된다(김광웅 외, 2004).

다섯째, 모래놀이치료는 심리적 재탄생을 돕는다. 모래놀이치료는 이전에 경험했던 망가지고 부서진 어머니의 이미지를 변화시키고 수정할 수 있도록 인큐베이터의 안전한 공간을 제공하는 것과 같다. 이러한 공간에서 자신을 찾아내고 부활시키며 정서적 상처가 스스로 치유될 수 있게 하는 심리적인 재탄생을 돕는 것이다(weinnb, 2004).

여섯째, 모래놀이는 다양한 삶의 사건들을 다룬다. 모래는 좀 더 깊은 초기 수준의 정신에 접근하게 해 주어 내담자의 외상, 관계문제, 개인의 성장, 자기와의 통합과 변형 등 다양한 문제들을 다루게 한다. 내담자 스스로가 선택한 이미지에서, 숨어 있던 심리적 외상과 내적 무의식의 세계가 반영되고 내담자 자신에 대한 이해력이 확장되며 치유와 통찰의 경험이 일어난다(김보애, 2003).

(3) 치료사의 역할

마치 놀이의 일환에서 동적으로 진행되는 아동의 모래놀이치료와 달리 성인 대상의 모래놀이치료를 진행할 때에는 보다 구분되어 강조해야 할 치료사의 역할이 있다. 무의식의 에너지가 누적되어 내적인 에너지가 적절히 순환하지 못하는 대다수의 성인 내담자들은 우울감을 경험하는 경우가 많다. 이러한 성인 내담자에게는 무의식을 시각화하며 자신의 내면과 접촉할 수 있도록 하는 모래놀이치료가 특히 큰 도움을 줄 수 있다. 성인 내담자를 만나는 모래놀이치료사에게 강조되는 역할은 다음과 같다.

첫째, 내담자가 창조한 모래상자를 눈으로 보고 내적으로 경험하게 한다. 내담자는 자신의 세계를 창조하고 시각적으로 바라보는 과정을 통해 무의식의 세계를 경험한다. 치료과정에서 언어를 활용하기에 앞서 이미지에 집중하는 과정을 통해 자신의 무의식을 들여다보고 내적으로 체험하는 작업을 내담자가 스스로 이루어 나갈 수 있도록 돕는다.

둘째, 모래상자에 대해 언어화하는 과정을 통해 내담자가 통찰할 수 있도록 돕는다. 내담자가 창조한 세계에 대해 충분히 머무르며 눈으로 경험한 이후, 치료사는 존재론적 질문을 던지거나 주제에 대해 묻는 과정 등을 통해 내담자가 시각화한 것을 말할 수 있게 한다. 치료사는 내담자의 언어화된 표현을 명료화하며 내담자가 자신이 창조한 세계를 바탕으로 통찰할 수 있도록 돕는다.

셋째, 치료사는 침묵할 수 있어야 한다. 내담자가 자신의 세계를 창조하는 과정 동안 치료사는 자신 안에 있는 창조성에 대해 숙고하면서도 외부적으로 침묵할 수 있어야 한다. 내담자가 자신의 창조과정에 온전히 몰두할 수 있도록 치료사는 가만히 앉아 내담자의 정신에 진정으로 집중된 의식을 가지고 함께한다.

넷째, 내담자가 모래상자를 창조할 수 있도록 돕는 힘의 기반이 되어 준다. 모래상자를 창조하고 무의식에 접촉하는 과정은 두렵고 괴로움을 견디는 과정이 된다. 치료사는 창조의 과정에서 내담자가 경험하는 공포를 담아 주고 함께 견디는 방식으로 존재하며 내담자가 스스로 치유의 과정을 이끌어 나갈 수 있도록 따뜻하게 품어 줄 수 있어야 한다.

다섯째, 치료사는 내담자를 품어 주는 따뜻한 그릇이 되어야 한다. 얼어 있던 내담자의 무의식적 에너지가 다시 흐르기 위해서는 따뜻한 성질과의 접촉이 필요하다. 치료사는 내담자가 창조하는 세계에 불을 가하는 역할을 제공하는 따뜻한 용기가 되어야 한다. 내담자의 창조 작업을 지원하고 내담자를 온전히 품어 주기 위해 치료사에게는 자신의 개성화 과정을 위한 노력 또한 필요하다.

(4) 모래놀이치료의 유형

모래놀이치료는 대상에 따라 개인 내담자 한 사람과 진행하는 개인 모래놀이치료, 가족을 포함하여 다수의 내담자들이 함께하는 집단 모래놀이치료, 연인 및 부부가 함께하는 커플 모래놀이치료로 이루어진다. 여기서는 각 유형의 모래놀이치료에 대한 자세한 내용을 실제 사례들과 함께 살펴본다.

① 개인 모래놀이치료

각각의 내담자들은 모래놀이치료에서 개인 특유의 모래상자를 만든다. 어떤 상자를 만들지는 내담자의 선택이고 자유이지만 치료에서 한 회기를 진행하는 과정에는 일정한 순서가 존재한다. 이는 내담자가 만드는 정적인 세계에는 적용되지만, 내담자가 계속해서 장면을 바꾸는 동적인 세계에는 적용되지 않는다. 보익과 굿윈(Boik & Goodwin, 2000/2012)은 모래놀이치료에서 드 도메니코(de Domenico)가 제안한 '1단계 제작단계, 2단계 첫 번째 경험단계, 3단계 두 번째 경험단계, 4단계 촬영단계, 5단계 치우는 단계'라는 5단계 과정에서 한 단계 발전시킨 6단계 모델을 소개하였다. 6단계 모델은 '1단계 세계 창조하기, 2단계 경험하기와 재배치하기, 3단계 치료하기, 4단계 기록하기, 5단계 전환하기, 6단계 세계 치우기'로 구성된다.

- 1단계-세계 창조하기: 모래놀이치료에 대한 안내를 받고 자신의 세계를 만드는 과정이다. 드 도메니코에 따르면, 이 시기의 내담자는 자신이 원하는 세계를 창조하고 내적인 격려에 의해 나아간다. "모래놀이를 하는 것은 정신을 초대해 무의식을 활성화하고 자아가 협력해 흐름을 일으키거나 움직이게 해서 내면의 작업을 하는 단계이다."(Signell & Bradway, 1995, p. 20).
- 2단계-경험하기와 재배치하기: 내담자의 내면 작업 영역을 넓히고 더 깊이 내려가도록 하는 단계이다. 내담자는 조용히 세계를 경험하고 호흡하며, 필요에 따라 자신의 세계를 재배치한다. 그리고 자유로운 연상을 통해 일어난 사고와 감정을 치료사와 공유한다. 치료사는 '반영해 주는 거울'로서 내담자를 지지한다. 모래놀이치료의 처음 두 단계는 최면 동안 의식이 바뀌는 것처럼 대개

무의식에서 작업하고 깊은 수준에서 과정을 경험하게 한다. 따라서 초기 치료사의 소개와 설명 이후, 이 단계는 조용히 이루어진다. 상자를 꾸미는 동안 끊임없이 언어적으로 표현하고자 하는 내담자의 경우, 잠시 언어적 표현을 멈추고 자신이 꾸민 상자를 감상함으로써 무의식과 접촉하여 내면을 들여다보는 시간을 갖도록 격려한다. 상자를 감상하는 시간은 내담자가 자신의 무의식과 접촉하는 시간이자, 치료사가 내담자의 무의식과 연결되는 시간이 된다.

● 3단계-치료하기: 치료사와 내담자가 더 많이 상호작용하는 단계이다. 드 도메니코(1989, p. 21)는 내담자가 여행의 안내자가 되어 치료사를 데리고 가는 것이라고 표현하였다. 모래상자는 내담자의 무의식에 이르는 통로이며 동시에 모래상자를 사이에 두고 앉아 있는 치료사와 내담자를 연결하는 통로이기도 하다. 이때, 치료사는 내담자의 정신을 통해 상자를 경험하고 관찰해야 한다. 이는, 경험이 깊어지도록 질문은 하되 자신의 감상을 끼워 넣지 말아야 한다는 것이다. 이 단계는 여러 가지 치료적인 개입으로 탐색이 더해지는 시기이며, 문제를 해결하고 현재의 문제를 다루고 치료하며 무의식과 의식이 협력하게 되는 시기이다.

● 4단계-기록하기: 내담자가 자신이 만든 세계를 사진에 담을 기회를 갖게 되는 단계이다.

● 5단계-전환하기: 치료사는 내담자가 자신이 창조한 세계와 자신의 삶을 연결하도록 도와준다. 치료사와 내담자는 함께 창조한 세계에 내담자의 문제가 있는지와 내담자가 배운 것을 어떻게 적용할 수 있는지 탐색한다.

● 6단계-세계 치우기: 치료사는 내담자가 치료실을 나간 후 상자를 정리하는 충분한 시간을 갖는다. 치료사는 바둑기사가 복기하는 시간을 가지듯, 내담자가 피겨를 놓은 순서대로 혹은 역순으로 상자를 정리한다. 세계 치우기 단계는 단순히 상자를 정리하는 시간을 의미하지 않는다. 세계를 정리하는 과정을 통해 치료사는 흘러나오는 것을 깊이 생각하고 기록하며 내담자의 무의식을 이해하기 위한 작업의 시간을 갖는다. 종종 치료사는 내담자에게 첫 번째 소품을 치우게 하여 '손대지 않은 창조된 세계의 에너지를 부술 것'을 제안할 수도 있다.

지금까지 살펴본 6단계 내용을 바탕으로 진행한 개인 모래놀이치료 사례를 [그림 15-1], [그림 15-2]를 통해 살펴볼 수 있다. 일반적으로 아동이 진행하는 모래놀

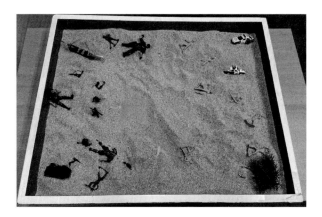

[그림 15-1] 아동의 모래상자

[그림 15-2] 성인의 모래상자

이치료의 형태와 성인의 모래놀이치료가 어떻게 다른지 살펴보고 그 차이점을 비교해 볼 수 있다.

② 집단 모래놀이치료

가족이나 아동의 집단에서뿐만 아니라 성인의 집단에서도 모래놀이치료는 치료기법으로 활용될 수 있다. 모든 참가자들이 동시에 작업하고 치료사는 관찰하는 형태로 진행되기도 하고, 참가자들이 2명씩 짝을 지어 작업하면서 한 사람은 만들고 한 사람은 바라보거나 듣는 형태로 진행되기도 한다. 각 회기에서 참가자들이 자신의 세계를 집단원들과 공유하는 동안 모두 함께하는 시간을 갖기도 한다. 집단 형태이지만 각 참가자들은 자신의 개별적인 세계를 창조할 수 있는 기회를 가진다

(Sweeney & Homeyer, 1999/2009).

모래상자 집단모임은 동질성에 대한 강제나 이질성에 대한 소거에 토대를 두지 않고, 애정 가득한 축하, 인간의 다양성과 개별적인 독특함의 건설적인 사용에 토대를 둔다. 이를 통해 집단 구성원은 자신이 타인들과 다르지만, 타인과 연결될 수 있음을 경험한다. 일반적으로 모래놀이는 고립이나 위축, 극심한 내향성을 감소시키는 경향이 있다. 동시에, 반사회성을 가지거나 지배적인 특성을 지닌 구성원은 자기 반성적이 되고, 타인의 현실에 관심을 보이게 되기도 한다. 구성원 각자는 타인을 더욱 존중하며 다른 구성원들의 능력에 놀라기도 하고 다양한 관점을 깨닫는다. 집단 구성원은 모래놀이치료 안에서 상자를 자유롭게 나누고, 벽을 만들고, 영역 차지나 침범에 관한 규범을 만들 수 있다. 모래상자 안에서 나타나는 인간 문명의 역사는 일탈, 전쟁, 갈등, 평화, 협력으로의 초대 등을 거치며, 각 구성원이 집단창조에 대해 자동적으로 배울 수 있게 돕는다. 그리고 마침내 지나친 개인주의(individualism), 영역 차지(territorialism), 폭력주의(terrorism)는 집단에 해가 됨을 깨닫게 된다(Sweeney & Homeyer, 1999/2009).

이와 같이 집단을 대상으로 모래놀이치료를 진행하기 위해서는 환경과 재료의 준비가 중요하다. 각 참가자가 자신의 모래상자에 접근할 수 있도록 상자를 배치하고, 모든 참가자에게 충분한 피겨가 제공될 수 있도록 다양한 범주의 광범위한 피겨들을 준비해야 한다. 모두가 자신의 세계를 작업하면서 타인을 방해하지 않아야 하며, 너무 무리 짓지 않으면서 모래상자 선반에 쉽게 접근할 수 있어야 한다. 치료사는 이동 가능한 모래상자 세트를 활용할 수도 있다. 작은 바구니나 통 안에 유형별로 피겨들을 모아 놓고 바퀴 달린 여행 가방에 넣어 쉽게 이동할 수 있게 한다. 너무 작은 공간에서는 내담자의 정신이 온전히 표현되기 어렵기 때문에 20×24×3인치 이하의 모래상자는 사용하지 않도록 한다(Sweeney & Homeyer, 1999/2009).

집단 모래놀이 후 뒷정리를 할 때는 집단원과 세계를 공유하고 사진을 찍은 후, 각 구성원에게 모형들을 선반이나 바구니에 다시 넣어 뒷정리를 돕도록 요청할 수 있다. 각 구성원이 자신만의 모래상자를 꾸몄을 때, 어떤 구성원은 자신의 세계에서 모형을 치우는 것을 어려워하거나 세계를 정리하고 싶어 하지 않을 수 있다. 치료사는 이러한 소망을 존중하고, 구성원이 모래놀이치료실을 떠난 후에 정리하여야 한다. 청소는 정중한 의식이며, 집단의식의 종료에 관한 것이기 때문이다(Sweeney & Homeyer, 1999/2009).

③ 커플 모래놀이치료

모래와의 관계는 땅과의 관계를 나타내며, 개인이 자신의 무의식과 어떻게 관련이 있는지를 나타낼 수 있다. 일반적으로, 어떤 사람이 모래상자에서 무언가를 만지고 창조하기 시작하면, 심신의 더 깊은 층들과 더 많이 접촉하기 시작한다. 커플이 모래상자에서 함께 작업하면 떠오르는 이미지를 담고 탐색할 수 있는 '관(vas)'이 생기게 되는데, 이 치료과정은 상대방이 그들만의 독특한 관계 구성에 대해 더 잘 이해할 수 있도록 하는 가능성을 제공한다(Albert, 2015).

휴이슨(Hewison, 2003)는 부부관계는 두 사람의 정서적 삶의 산물이며, 그 자체로 하나의 실체로 볼 수 있다고 지적하였다. 부부간의 갈등과 그들의 모든 영향은 무의식적인 수준에서 부부 정신에 영향을 미친다. 따라서 커플 모래놀이치료를 활용하여 언어적 수준과 비언어적 수준에서 모두 발생할 수 있는 변화를 통해 새로운 부부관계를 구축하는 데 도움을 얻을 수 있을 것이다.

치료사가 커플과 모래놀이치료를 할 계획이라면 커플과의 치료경험은 물론, 기본적으로 관계의 발달과 의사소통에 관한 이론적인 지식이 필요하다. 보익과 굿윈(2000/2012)이 제시한 커플 내담자가 지니는 특성을 살펴보면 다음과 같다.

첫째, 커플은 함께 올 때 각각 원가족에게서 물려받은 것을 가지고 온다. 두 사람을 각자 원가족의 일부로 보고, 각자 어떤 관계에서 어떤 것을 가져왔는지 고려하는 것이 중요하다. 원가족 문제를 치료하고 이해하는 것은 개인을 도와 자신과 상대방에 대해 더 잘 알게 해 주고 능력을 키워 객관적으로 행동하게 해 준다.

둘째, 상대방을 이해하고 세계에서의 존재 방식을 수용할 수 있을 때, 서로 협동할 수 있다. 자신과 상대방의 성격, 사고방식, 세계와 관계 맺는 방식을 알고 이해하게 돕는 것은 관계를 돈독히 하고 개인을 성장시킨다. "우리가 타인의 유형이 무엇인지 안다면 장점과 단점이 무엇인지 알 것이다. 유형의 차이를 안다면 친구나 연인과 잘 지낼 수 있다."(The Education Center, 1995, p. 46)

셋째, 사람들은 타인과의 관계에서 서로 다른 기대를 가지고 관계를 맺는다. 많은 경우, 커플 치료에서는 각자가 서로를 위해 헌신하고 있다고 여긴다. 그러나 그들은 신념과 바람을 입 밖으로 표현하지 않아 서로의 기대와 다르게 행동하곤 한다. 치료사는 내담자들이 자신들의 기대를 드러내어 서로 개인적인 소망과 바람을 볼 수 있도록 해준다. 가정이 아닌 아는 것에 근거하여 행동할 수 있도록 도와주는 것이다.

넷째, 커플은 서로 다른 관점에서 상호작용한다. 연인으로서의 역할이 아닌 다른 역할이 부여될 때 외부의 역할이 관계를 채워 버릴 수 있다. 그리고 파트너 중 한 사람은 상대방의 역할이 자신들의 온전한 관계를 방해하는 것으로 생각할 수 있다. 예를 들어, 아내가 밖에서 일을 하게 되어 자신의 관심과 에너지를 일에 쏟을 때 남편은 버려진 느낌을 받을 수 있다.

다섯째, 커플과의 작업에는 삼각관계의 가능성이 있다. 보웬은 "가장 불편한 참여는 두 사람의 관계에 스트레스가 있을 때 제삼자가 둘 사이에 들어가는 것"이라고 했다(Hall, 1991, p. 23). 따라서 치료사는 역전이나 관계의 역동에 말려들지 않도록 주의해야 한다. 한 가지 방법은 내담자를 각자 보지 않고, 커플을 한 내담자로 보는 것이다. 치료사가 커플을 개인별로 치료하면 비밀 보장에 문제가 생길 수 있다. 치료사는 커플의 한 사람씩 따로 진행하는 개인 치료 회기가 어떻게 이루어지는지 미리 설명할 필요가 있다.

커플은 모래놀이치료에서 하나의 공동 모래상자를 함께 만들거나 각자 다른 모래상자를 만들 수 있다. 만약 두 사람이 서로 사이가 멀거나 의사소통이 어려운 경우에는 공동 모래상자에 세계를 만드는 것이 관계에서의 문제해결을 도울 수 있다. 이것을 '의사소통 모래상자'라고 부르기도 한다. 한 상자에서 작업할 경우 치료사와 내담자 커플은 의사소통 기술과 양식, 관계의 역동에 대한 정보를 얻을 수 있다(Boik & Goodwin, 2000/2012).

반면, 커플이 서로 밀착되어 있거나 지나치게 공생적인 경우에는 모래상자를 따로 만드는 것이 좋다. 개별 모래상자는 모래세계를 자율적으로 만들게 할 뿐 아니라 서로 만든 것을 보고 설명을 들으면서 개별화를 촉진하기 때문이다. 이를 '개별화 모래상자'라고 부른다. 개별화 모래상자는 각자에게 상대방이 자신과는 다른 정체감을 가지고 있다는 것을 알게 해 준다(Boik & Goodwin, 2000/2012).

의미 있는 분리나 밀착이 없는 경우 커플은 하나의 상자 또는 두 개의 상자를 선택할 수 있다. 초기 평가 동안 커플이 상의하여 한 상자를 만들 것인지 개별 세계를 꾸밀 것인지 결정하도록 한다. 커플의 선택은 치료사에게 그들의 정체감을 드러내 주기도 한다(Boik & Goodwin, 2000/2012).

3. 성인놀이치료 사례

1) 개인 모래놀이치료 사례

　여기서는 성인 내담자의 개인 모래놀이치료 사례를 살펴본다. 내담자는 만 41세의 중년여성이며 전업주부이다. 내담자는 우울감, 자존감의 저하, 양육에 대한 불안감, 이혼에 대한 고려를 주호소로 상담받고자 하였다. 내담자는 내면의 욕구와 갈등을 인식하고 자신을 탐색하며, 에너지를 회복하고 자아를 강화함으로써 개성화 과정으로 나아갈 수 있도록 개별 모래상자를 꾸미는 치료적 작업을 진행하였다.

　내담자의 치료적 작업은 총 39회기 동안 진행되었으며 무의식으로의 퇴행, 깊은 무의식과의 조우, 치유와 성장, 재탄생과 통합의 단계를 거치는 변화과정이 이루어졌다. 작업 초기 단계에는 혼돈 속에서 무의식으로의 하강이 일어나고, 과거를 인식함으로써 내적 상처 및 고착의 치유와 의식이 확장되는 과정이 진행되었다. 후기 단계에서는 자아가 새롭게 재탄생하여 일상에 적응하는 모래놀이 치료과정이 이루어졌다.

　1회기에서 7회기의 과정은 무의식으로의 퇴행을 보이는 초기 단계이다. 내담자는 물개, 아기, 놀이기구 등의 소품을 선택하면서 무의식으로의 퇴행을 한다. 회전목마는 아동들의 소품으로 자주 등장하는 것이지만, 무의식에서 해결되지 못한 애착의 문제를 다루기 위해 내담자는 어린아이의 장난감을 소품으로 사용한다. 내담

[그림 15-3] 3회기

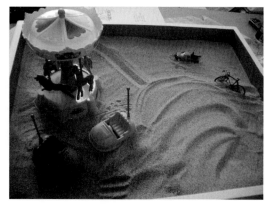

[그림 15-4] 6회기

자는 무의식의 탐색을 위해 서서히 준비해 나가고 있으나 아직 텅 비어있는 보석상자처럼 그의 내면은 비어 있다. 상자 안에서 아기는 심연 속으로 빨려 들어가고, 내면에서 울려오는 전화는 받지 못하며, 떠나가는 배를 이글루 속에 앉아서 바라보고만 있다.

　8회기에서 19회기의 과정은 무의식과 조우하는 중기1 단계이다. 내담자는 좀 더 깊은 무의식과 만나면서 자신의 내면을 탐색하고자 시도한다. 내담자의 모래상자에서 거북이는 알을 깨고 나오면서 출발을 시도한다. 오토바이, 자전거, 자동차, 비행기 등의 운송수단이 소품으로 등장하며 변화와 이동이 시작된다. 내담자는 모래에 글씨를 쓰며 손 놀이를 하거나, 바닷가에서 휴식을 취하거나 확성기를 통해 크게 소리를 질러 보기도 하는 등 자유로운 상상을 하며 상자를 꾸민다. 내담자는 자신의 내면과 외면이 만나는 작업을 위해 거울을 보며 개성화 과정으로 이행하기 위한 준비를 시도한다.

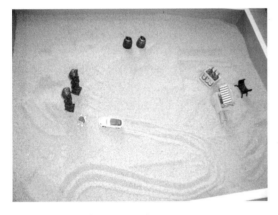

[그림 15-5] 13회기

[그림 15-6] 19회기

　20회기에서 32회기의 과정은 치유와 성장의 중기2 단계이다. 내담자는 성장의 원동력인 음식을 요리하고 제공하며 배설을 통해 창조성을 발휘한다. 요리사가 되어 아기들의 주문을 받아 가며 맛있는 음식을 요리하고 제공하는 작업에 몰두한다. 모래놀이를 통해 내담자는 딸들에게 동화책의 이야기를 읽어 준다. 신랑과 신부는 결혼식을 하며 새로운 세계로 출발하고, 비어 있던 보석상자는 비로소 가득 찬 보물로 채워진다. 이러한 작업을 통해 내담자는 상처받았던 내면을 치유하며 에너지를 얻고 잃어버린 여성성과 모성성을 점차 회복해간다.

[그림 15-7] 27회기

[그림 15-8] 32회기

33회기에서 39회기의 과정은 재탄생과 통합이 이루어지는 후기 단계이다. 내담
자는 소품을 사용하지 않고 손으로 모래를 만지며 쌓아 올리는 손 놀이를 진행한
다. 이제는 밭에 씨감자와 버섯을 심으며 농사를 짓고 가축을 돌보면서, 단순히 음
식물을 공급하는 수준을 넘어 에너지원을 생산하게 된다. 생산된 에너지원은 무의
식과 연결된 신선한 물로 깨끗해진다. 마침내 내담자는 진정한 여성의 기능을 하는
자궁을 통해 아이를 임신하고 재생산하는 동시에 진정한 자기로 다시 태어나고자
한다.

39회기의 상담 과정을 통해 내담자는 모래상자 안에서의 표현뿐 아니라 일상생
활에서도 많은 변화를 보였다. 정서적 측면에서 무력감과 우울감을 극복하고 자존
감을 회복하였으며, 자아가 강화되어 평소 자신이 하고 싶어 하던 일을 적극적으로

[그림 15-9] 36회기

[그림 15-10] 38회기

수행하게 되었다. 내담자의 치료적 작업은 대인관계 측면에서도 긍정적 영향을 미쳐 남편 및 자녀와의 상호작용을 이전보다 효과적으로 할 수 있는 힘이 생겼으며, 양육 스트레스를 덜 느끼게 되었다. 그 결과, 자녀의 야뇨증 및 학교 적응과 같은 문제행동도 사라지게 되었으며 남편 및 친구나 이웃과도 원만한 관계를 형성하게 되었다.

정리해 봅시다

　이 장에서는 성인기 주요 발달과업과 문제, 성인놀이치료의 특성, 대표적인 성인놀이치료 기법인 모래놀이치료의 주요 개념 및 실제에 대해 알아보았다. 요약해 보면, 발달적으로 성인기는 직업 및 가족 영역에서 선택에 따른 어려움과 위기를 경험하는 시기가 되며, 성인놀이치료는 성인을 놀이의 세계로 다시금 안내하는 치료과정을 통해 성인기에 경험할 수 있는 크고 작은 어려움을 해결하며 자기실현을 이룰 수 있도록 돕는 접근인 것으로 이해할 수 있었다. 대표적인 성인놀이치료 기법인 모래놀이치료는 내담자가 온전한 자기 자신이 될 수 있는 개성화 과정으로 성인 내담자를 이끈다. 모래놀이치료는 개인상담뿐 아니라 커플(부부) 및 집단 상담의 방식으로도 효과적이기 때문에 가족 영역에서의 어려움을 경험하는 성인기에 더욱 적합한 치료적 접근으로 제시될 수 있다. 놀이는 연령의 구분 없이 인간 모두에게 필요한 필수적 활동이다. 아동·청소년기와 마찬가지로 성인기에 이루어지는 놀이는 인간의 자기 치유적 힘을 활성화하며 있는 그대로의 자기 자신이 될 수 있도록 촉진하는 치유과정이 된다.

활동해 봅시다

1. 우리 가족의 가계도를 만들어 봅시다.

 – 피겨가 없는 경우 그림, 다양한 매체를 활용하여 콜라주 기법으로 나타낼 수 있다.
 – 비대면으로 하는 경우 인터넷에서 원하는 이미지를 활용하여 꾸밀 수 있다.

참고문헌

권미선(2010). 모와 애착이 결핍된 아동의 모래놀이치료에서 보이는 공통된 의미 고찰과 자아존중감 및 상호작용 변화에 관하여. 통합치료연구, 2(2), 49-71.

권숙희, 김영자, 문길남, 김인순, 박금자, 박춘화, 정향미(1996). 중년 여성의 갱년기 증상과 우울에 관한 연구. 여성건강간호학회지, 2(2), 235-245.

김광웅, 유미숙, 유재령(2004). 놀이치료학. 서울: 학지사.

김보애(2003). 모래놀이치료의 이론과 실제. 서울: 학지사.

김보애(2001). 한국의 아동학대 대처방안. 한 · 일 아동학대 세미나 자료집.

김보애(2004). 피학대 청소년의 모래놀이치료 사례연구. 놀이치료연구, 8(1), 37-55.

박영화, 고재홍(2005). 부부의 자존감, 의사소통 방식, 및 갈등대처행동과 결혼만족도간의 관계: 자기효과와 상대방효과. 한국심리학회지: 사회 및 성격, 19(1), 65-83.

이권해, 이해혁, 문원실, 김상엽, 이석민, 이명환, 김진수, 구도형, 이효환(1998). 폐경기 전후 여성의 임상적 특징에 관한 연구. *Obstetrics & Gynecology Science, 41*(8), 2201-2206.

이부영(2013). 인간과 상징. 서울: 집문당.

장재윤, 신현균, 김은정, 신희천, 하재룡, 장해미(2004). 대학 4학년생의 구직 행태에서의 성차. 한국심리학회지: 일반, 23(2), 145-165.

정옥분(2004). 전생애발달의 이론. 서울: 학지사.

정옥분(2005). 청년심리학. 서울: 학지사.

최혜원, 김현우, 백기청, 이경규, 박진완(1998). 중년여성의 폐경에 대한 태도 및 폐경기 증상. 신경정신의학, 37(6), 1146-1157.

통계청(2021). 2020년 12월 및 연간 고용동향. 2021. 1. 13.에 인출. from http://kostat.go.kr/prtal/korea/kor_nw/1/1/index.board

한국노동연구원(2008). 고령화연구패널조사. 세종: 한국노동연구원.

Albert, S. C. (2015). Sandplay therapy with couples within the framework of analytical psychology. *Journal of Analytical Psychology, 60*(1), 32-53.

Asthana, S. Bhasin, S., Butler, R. N., Fillit, H., Finkelstein, J., Harman, S. M., Holstein, L., Korenman, S. G., Matsumoto, A. M., Morley, J. E., & Tsitouras, P. (2004). Masculine vitality: Pros and cons of testosterone in treating the andropause. *Journals of Gerontology, 59*, 461-465.

Boik, B. L., & Goodwin, E. A. (2012). 모래놀이치료: 심리치료사를 위한 지침서. (이진숙, 심희옥, 한유진 역). 서울: 학지사. (원전은 2000에 출간).

Conway, P., Boeckel, J., Shuster, L., & Wages, J. (2010). Grandparent caregivers' use of resources and services, level of burden, and factors that mediate their relationships.

Journal of Intergenerational Relationships, 8(2), 128-144.

De Domenico, G. S. (1989). *Experiential training level 1: Workbook. Vision Quest Into Reality*, Clemens (Ed.). A workbook used in sand trayworld play training.

Erikson, E. H. (1968). *Identity: Youth, and crisis*. NY: Norton.

Frey, D. (2015). Play therapy interventions with adults. *Play therapy: A comprehensive guide to theory and practice*, 452-464.

Frey, D. E. (1994). The use of play therapy with adults. Wiley series on personality processes. *Handbook of Play Therapy, 2*, 189-205.

Grubbs, G. (1995). A comparative analysis of the sandplay process ofsexually abused and nonclinical children. *The Arts in Psychotherapy, 22*(5), 429-446.

Hall, C. M. (1991). *The Bowen family theory and its uses*. NJ: Aronson.

Havighurst, R. J. (1952). *Developmental tasks and education*. NY: McKay.

Havighurst, R. J. (1972). *Developmental tasks and education* (3rd ed.). NY: McKay.

Hewison, D. (2003). Searching for the facts in the clinical setting with couples. *Journal of Analytical Psychology, 48*(3), 341-354.

Hochwarter, W. A., Ferris, G. R., Perrewé, P. L., Witt, L. A., & Kiewitz, C. (2001). A note on the nonlinearity of the age ⌐job ⌐satisfaction relationship. *Journal of Applied Social Psychology, 31*(6), 1223-1237.

Holland, J. L. (1992). *Making Vocational Choices: A Theory of Vocational Personalities and Work Environments* (2nd ed.). FL: Psychological Assessment Resources.

Homeyer, L. E., & Sweeney, D. S. (2011). *Sandtray therapy: A practical manual* (2nd ed.). NY: Routledge.

Jacques, E. (1967). The mid-life crisis. In R. Owen (Ed.), *Middle age*. London: BBC.

Jung, C. G. (1966). *Psychology and religion*. NY: the Vail-Ballou Press.

Landreth, G. L. (2012). *Play therapy: The art of the relationship*. NY: Routledge.

Leder, S., Grinstead, L. N., & Torres, E. (2007). Grandparents raising grandchildren: Stressors, social support, and health outcomes. *Journal of Family Nursing, 13*(3), 333-352.

Levinson, D. J., Darrow, C. N, Klein, E. B. & Levinson, M. (1978). *Seasons of a Man's Life*. NY: Random House.

Lewis, R. A., & Lin, L. W. (1996). Adults and their midlife parents. *A lifetime of Relationships*, 364-382.

Mitchell, R. R., & Friedman, H. S. (2003). Using sandplay in therapy with adults. *Play Therapy with Adults*, 195-232.

Morse C. (1980). The middle life women and the menopausal syndrome. *The Australian Nurses Journal, 9*(8), 37-48.

Musil, C. M., Gordon, N. L., Warner, C. B., Zauszniewski, J. A., Standing, T., & Wykle, M. (2011). Grandmothers and caregiving to grandchildren: Continuity, change, and outcomes over 24 months. *The Gerontologist, 51*(1), 86-100.

O'Connor, K. J., Schaefer, C. E., Braverman, L. D. (2018). 놀이치료 핸드북. (강민정, 김귀남, 송영혜 역). 서울: 시그마프레스. (원전은 2015에 출간).

Orbuch, T. L., House, J. S., Mero, R. P., & Webster, P. S. (1996). Marital quality over the life course. *Social Psychology Quarterly*, 162-171.

Pineo, P. C. (1961). Disenchantment in the later years of marriage. *Marriage and family Living*, 23, 3-11.

Pynoos, R. S., & Nader, K. (1988). Psychological first aid and treatment approach to children exposed to community violence: Research implications. *Journal of Traumatic Stress, 1*(4), 445-473.

Schaefer, C. E. (2011). *Foundations of play therapy*. NJ: John Wiley & Sons.

Schaefer, C. E. (2011). 성인을 위한 놀이치료. (백지연 역). 서울: 북스힐. (원전은 2003에 출간).

Shapiro, M. K. (1988). *Second childhood: Hypno-play therapy with age-regressed adults*. NY: W. W. Norton.

Shelby, J. S., & Tredinnick, M. G. (1995). Crisis intervention with survivors of natural disaster: Lessons from Hurricane Andrew. *Journal of Counseling & Development, 73*(5), 491-497.

Signell, K., & Bradway, K. (1995). Some answers to Skamania questions. *Journal of Sandplay Therapy, 5*(1), 16-35.

Stevens-Long, J., & Michaud, G. (2002). Theory in adult development. *Handbook of adult development* (pp. 3-22). MA: Springer.

Stevens-Long, J. (1979). *Adult Life: Developmental Processes*, CA: Mayfield Publishing Co.

Sweeney, D. S., & Homeyer, L. E. (2009). 집단놀이치료 핸드북. (유미숙, 유재령, 우주영, 전정미 역). 서울: 시그마프레스. (원전은 1999에 출간).

The Education Center (1995). *Centerpoint* (2nd ed.). St. Louis: Author.

Vaillant, G. (1977). *Adaptation to Life*. Boston, MA: Little, Brown and Co.

Warr, P. (1994). Age and employment. In H. C. Triandis, M. D. Dunnette, & L. M. Hough (Eds.), *Handbook of industrial and organizational psychology* (pp. 485-550). Consulting Psychologists Press.

Weinrib, E. L. (2004). *Images of the self: The sandplay therapy process*. Cloverdale, CA: Temenos press.

Weintraub, W., & Aronson, H. (1968). A survey of patients in classical psychoanalysis:

Some vital statistics. *Journal of Nervous and Mental Disease, 146*(2), 98–102.

Whitbourne, S. K. (2001). The physical aging process in midlife: Interactions with psychological and sociocultural factors. In M. E. Lachman (Ed.), *Wiley series on adulthood and aging. Handbook of midlife development* (pp. 109–155). NJ: John Wiley & Sons.

Willson. J. R., & Carrington. E. R. (1987). *Obstetrics and gynecology* (8th ed.). Saint Louis: The C.V. Mosby Co.

Yeh, H. C., Lorenz, F. O., Wickrama, K. A. S., Conger, R. D., & Elder Jr, G. H. (2006). Relationships among sexual satisfaction, marital quality, and marital instability at midlife. *Journal of family psychology, 20*(2), 339.

제16장

노인놀이치료

수명 연장으로 길어진 노후의 삶을 위하여 신체적 · 심리적 건강의 중요성이 강조되고 있다. 노인의 삶의 질에 대한 기대 욕구가 증가하는 시점에서 노인에게 행복하고 의미 있는 삶을 살 수 있도록 돕는 것은 매우 중요하다. 인간이 즐거움을 경험하는 요소인 놀이는 '삶의 본질은 자유로운 놀이'로 보는 관점에서 볼 때 전생애에 거쳐 지속된다. 그러나 어린 시절에 즐기던 놀이의 본질을 잊어 가면서 성인은 점차 놀이는 어른이 할 수 없는 것으로 여기기도 한다. 그러면서 놀이의 즐거움이라는 요소는 사행성 오락이나 유흥과 같이 쾌락을 추구하는 것으로 변질되기도 한다. 인생에서 다양한 희로애락을 경험하고 자아를 통합하는 노인에게 인간의 삶에서 중요한 요인인 '놀이'의 본질은 다시 깨닫고 경험하도록 하는 것은 유익한 접근이 될 것이다. 이 장에서는 노인의 주요 발달과업 및 문제에 대하여 이해하고, 노인에게 적용할 수 있는 놀이치료에 대하여 살펴보고자 한다.

1. 노년기 주요 발달과업과 문제

노인은 사전적으로 '늙은 사람' 혹은 '나이가 많은 사람'을 말하며 일반적으로 노인은 65세 이상(「노인복지법」)으로 정의한다. 그러나 노년기는 시작되는 연령에 대한 기준은 있으나 끝나는 시기에 대한 연령 기준은 없으며, 노인의 기능도 개인의 건강과 사회활동 등 다양한 변수에 의해 다르게 나타난다. 최근 유엔(2015)에서는 80세 이상을 노년으로 분류하기도 하였다. 이처럼 노인 인구가 많아지고 건강한 삶을 사는 노인이 증가하고 있는 시점에서 기존 연구나 문헌들이 통상적으로 75세를 기준으로 노인전기(65~75세)와 노인후기(75세 이상)로 구분해 오던 것에 대한 인식의 변화가 필요한 시점이다. 노인의 기능은 개인적 특성과 여러 환경적인 상황에 따라 크게 차이가 날 수 있으므로 연령 기준은 법이나 제도 등을 위한 기본 준거로 삼으며, 노인에게 제공하는 서비스는 노인의 기능 수준에 초점을 두고 접근하는 방식이 바람직하다. 따라서 여기에서는 노인의 일반적 발달 특성과 기능 수준에 따른 특성 및 발달과업을 살펴보고, 노인이 주로 경험하는 문제에 대하여 살펴보고자 한다.

1) 노년기 주요 발달 과업

노년기는 인생의 마지막 시기로 노인은 자신에 대한 절망과 혐오, 자율성의 감소, 죽음의 두려움에 직면하며 자아통합 대 절망의 위기를 마주하게 된다. 자아통합은 지내온 삶을 회고하고 정리함으로써 인생의 경험과 의미를 온전히 수용하고 통합하는 것이다. 그러나 이 시기에 경험하는 절망감은 불가피한 것으로, 노인은 신체적 · 정신적 노화로 인해 자신에 대한 불만과 상실감이 높아지고, 직업에서의 은퇴와 친구나 배우자의 죽음 등으로 실망과 무력감이 증가한다(한성열, 2000). 이러한 절망감을 이겨 내고 삶의 연륜과 지혜를 통하여 더 높은 차원의 인생에 대한 철학으로 자아통합감을 이루어 나가게 되며, 자기 인생에 대한 만족감과 충만함을 느끼게 되며 타인의 삶을 존중하게 된다.

(1) 자아통합

에릭슨(Erickson)은 인간발달 과정에서 마지막 단계인 노년기에 발달시켜야 하는 긍정적 성격 특성은 자아통합(egointegrity)이라고 설명하였다. 노인은 죽음을 앞둔 삶의 마지막 단계에서 지혜를 얻고 인생관을 완성하여 자아통합을 이루게 되거나, 또는 자아통합을 이루지 못한 채 절망을 하게 된다.

자아통합은 노인이 자신의 인생을 만족스럽고 의미 있게 살았음을 인정하고 앞으로 다가올 죽음에 대해서도 겸허하게 수용하는 태도이다. 노년기 이전에 발달단계에서 해결하지 못한 과업이나 위기가 남아 있으면 자아통합과정이 실패하여 이로 인해 자신의 삶에 대한 후회와 무상함으로 인해 절망하게 될 수 있다. 따라서 노인이 자신의 삶을 뒤돌아보고 현재에 적응하며 과거와 현재의 삶을 연결지어 통합하는 것은 매우 중요하다.

(2) 노인의 신체적·심리적 특성

노인은 '노화(老化)'로 인하여 신체적·심리적·사회적 변화로 인한 특유의 특징이 나타난다. 이러한 노화에 적응하는 것은 노인의 주요한 발달과업이다. 노화는 모든 생물에게 일어나는 자연스러운 변화의 과정으로 인간에게 노화란 연령의 증가와 함께 신체 기능이 쇠퇴하는 과정이다. 그러나 노화는 개인적 특성과 여러 환경적인 상황에 개인에 따라 차이가 있을 수 있다. 노인에게는 노화로 인한 여러 가지 신체적 변화가 나타나게 되는데, 신체의 외부와 내부 안에서 동시에 진행된다.

신체 외적인 변화 중 노화를 감지할 수 있는 것은 외모의 변화인데, 이로 인해 노인에게 가장 거부감을 느끼게 한다. 또한 기초 물질 양의 감소와 신경섬유의 밀도 증가로, 영양분이 통과되는 것을 방해하여 연결 부분의 표면이 닳고 관절과 관계된 질병이 발생하게 된다. 근육의 수축 속도나 힘이 감소하여, 근육의 지탱능력도 감소하게 된다. 수의근의 수축이 약해지고, 뼈의 밀도가 낮아지며, 척추가 굽어 압축되고 등과 목 등이 구부러지며 쇠약한 모습이 징후로 나타나기 시작한다.

모든 감각기관이 전반적으로 저하되어 시각은 예민성이 감소하고 시야가 좁아지며, 원시가 진행되게 된다. 노인성 난청이 나타나 소리의 주파수, 목소리 구별의 감수성, 높이 판별, 청각자극 복합성의 지각 등 문제가 발생하며, 전체적인 청각기능이 떨어지게 된다. 후각과 미각 능력은 시각이나 청각에 비해 상대적으로 노화가 덜 나타나는 되는데, 기본적인 미각인 신맛, 단맛, 쓴맛, 짠맛의 구별 능력은 80세에 이르러서 감소하게 된다. 촉각의 변화는 중년기부터 시작되어 노년기에는 더욱 심하게 저하되게 된다. 피부 감각이 둔감해지고 체온 조절의 효율성이 감소하게 되며, 신체 내부적인 균형의 유지가 어렵게 된다.

신체 내적인 변화는 침, 소화효소, 위액 분비가 감소하여 소화 기능이 떨어지고, 섭취한 음식물이 소화기관에 오래 머무르게 되어 변비에 걸리는 경우가 많다. 기초 대사량이 감소하면서 정상 이하로 낮아질 경우, 순발력 떨어져 기동력을 발휘하기 어렵다. 폐의 용적이 감소하면서 호흡 기능이 감퇴하고, 이로 인해 호흡기 질환의 감염이 빈번하게 발생한다. 혈액순환은 둔화되어 심장박동이 느리고 불규칙해지면서 혈관 세포 내에 지방질이 축적되고, 혈관의 벽이 두꺼워지고 딱딱하게 굳어지게 되어 혈액순환을 방해하는 동맥경화증이 발생할 수 있다. 몸에 필요한 최소한의 수면 시간은 크게 변화가 없지만, 노인은 수면에 질이 떨어져 자주 깨어 푹 자지 못해서 낮에는 졸게 된다. 이러한 현상은 개인의 인지적 활동과 정서에 좋지 않은 영향을 미치게 된다.

이처럼 노화로 인하여 노인은 불가피하게 신체 및 감각 기능의 저하를 경험하게 된다. 노화는 자연적인 현상이지만 개인 및 환경 등에 따라 속도가 다르게 나타나므로 신체기능과 감각을 활성화할 수 있는 다양한 프로그램이 필요하다.

심리적인 노화는 환경이나 개인의 적응으로, 다른 영역에 비하여 비교적 연령과 관련이 적은 부분이다. 노년기 행동의 변화는 단순히 연령 증가에서 오는 것뿐만 아니라 연령 증가에 따른 감각 및 지각 과정 변화의 결과로도 올 수 있다. 노인은 이러한 신체적인 약화, 은퇴로 인한 빈곤, 사회와 심리적인 고립과 소외의 경험으로 적응능력이 역시 저하되게 되고 결국 욕구 불만이 생기고, 이에 따라 노인 특유의 성향이 생성되기도 한다. 노인 특유 성향이란 내향적인 성향, 과거에 대한 회상, 수동성, 조심성, 경직성, 우울 경향, 의존성이 증가되고 유산을 남기려는 경향, 친숙한 사물에 대한 애착 등을 말한다. 노인은 심리적 특성에 의한 다음과 같은 심리적인 욕구를 갖게 된다.

- 경제적·정신적으로 안정감을 가지길 원한다.
- 무언가 할 수 있음을 증명하기 위해 새로운 것을 배우고 싶어 한다.
- 자녀 및 친구들과 정서적·감정적인 유대 관계를 가지길 원한다.
- 건강하게 더 오래 살기를 원한다.
- 자신들의 존재와 가치를 인정받고 싶어 한다.

(3) 노인의 사회적 관계

현대 사회에서 노인이 지닌 삶의 지혜와 경험의 유용성을 크게 감소되며, 그 역할을 발휘할 고유한 영역이 점차 축소되고 있다. 전통 사회에서의 노인의 오랜 경험과 지식을 기반으로 수행할 고유한 사회적 역할이 있었고, 그 권위가 인정되었다. 역할이란 개인이 사회와 관계를 맺을 수 있는 주요한 수단이며, 역할을 통하여 사회에 참여하고 가치를 인정받으며 자아정체감을 유지하는 기반이 된다. 따라서 사회적 역할의 감소는 노인에게 심리적·정서적으로 많은 영향을 미치게 된다.

노인은 정년퇴직으로 사회적 역할인 직업을 상실하고 그로 인해 부수적인 사회적 역할 또한 축소되어 사회 활동의 반경이 감소한다. 지속적으로 일할 수 있는 나이인데도 불구하고 정년퇴직으로 직업인으로서의 역할 지위가 상실되는데, 이러한 직업의 상실은 가정의 생계를 유지하고 경제적 공급자로서의 지위도 상실하여, 이로 인한 집안어른으로서의 역할 및 지위, 영향력이 약화된다. 또한 배우자의 사망으로 인한 아내 또는 남편으로서의 역할상실, 자녀의 성장으로 독립하거나 출가할 때 겪는 부모로서의 역할상실 등 가정 내 역할상실도 동반되며, 반면에 조부모로서 역할의 획득 외에 새로운 역할획득이나 대체할 역할은 부족하여 적응상의 어려움을 겪게 된다.

우리 사회에서 노인문제로 빈곤, 질병, 고독, 역할상실이 노인의 4고(苦)로 거론되는데, 이 4가지 노인 문제는 서로 밀접하게 관련되어 있다. 노동 현장에서의 이탈은 역할상실로 이어지고, 역할의 상실은 빈곤과 질병 및 고독을 수반한다(홍숙자, 2010). 노인은 수명연장 및 퇴직으로 많은 여가 시간을 갖게 되면서 자신을 무위적으로 인식하고 상실감 더하는 요인이 되고 있다. 이러한 노인의 사회적 특성들은 곧, 노인에게 심리적 고통의 원인으로 작용하게 된다. 따라서 노인의 여가 시간을 즐겁고 생산적으로 활용할 수 있도록 돕는 것은 노인의 심리사회적 적응에 중요한 부분이다.

(4) 전기·후기 노년기 단계별 특성

많은 연구자가 노인집단을 75세를 기준으로 상대적으로 젊고 건강하며 능동적인 생활이 가능한 노인을 전기노인(young-old)으로, 신체적으로 불편함이 있어 의존적인 측면이 많이 있는 노인을 후기노인(old-old)로 구분하여 연구한다(Neugarten, 1995).

우선 전기노인의 더 젊고 비교적 건강하며 자주적인 집단으로 가장 주요한 심리적 어려움은 은퇴로 인한 사회적 역할 축소와 고독과 소외경험 그로 인해 자긍심이 낮아지는 것이다. 반면, 후기노인은 신체적 정신적 기능 저하 및 손상으로 인하여 심리적인 좌절을 경험하고 건강이나 생활에서 의존성이 증가한다. 경제적 어려움, 신체적 건강 악화, 삶의 심각한 사건 경험 등으로 전기노인에 비해 적응의 어려움을 겪기 때문에 일상생활에 대한 수발 및 심리적인 좌절에 대한 정서적 지지가 필요하다. 전기·후기 노인의 각각의 특성을 이해하는 것은 노인의 심리적인 어려움을 해결하고 삶의 만족도를 증가시키기 위한 접근방식을 고려하는 데 중요할 수 있다. 이처럼 노인의 발달과 문제는 연령과 기능에 따라 다르므로 여기서는 노인전기와 노인후기의 특성에 대하여 살펴보고, 노년기 기능에 따른 놀이 프로그램을 살펴본다.

2) 노년기의 주요 문제

노년기의 문제는 노인이 되면서 경험하는 육체적·경제적·사회적·정서적 문제 등에 기인한다. 우선, 노화로 인하여 신체 및 인지 기능이 저하됨에 따라 만성질환이나 치매와 같은 노인성 질환에 걸릴 가능성이 있다. 그리고 경제 문제는 정년퇴직으로 경제적 수입이 감소하지만 노후 준비가 제대로 되어 있지 못한 경우 발생한다. 또한 우울의 정서적인 문제가 발생할 수 있는데, 이는 건강과 직장 퇴직 등으로 사람들과의 만남이 줄어들고, 사회적 기술과 대처능력이 떨어지면서 경험할 가능성이 높다. 마지막으로, 노인은 노화로 인하여 경제적·사회적으로 고립되면서 무력감과 좌절감을 경험하게 된다. 그래서 자기 자신과 자신의 미래에 대해 그리고 주변 환경에 대해 부정적인 생각 또는 사고를 가지게 되면서 자살을 생각하는 문제가 있다. 여기서는 노인의 우울과 자살의 문제와 치매에 대해 살펴본다.

(1) 노인의 우울

① 노인 우울의 개념

우울은 지속적으로 슬픔, 절망, 공허함을 느끼거나 두통, 식욕감퇴, 수면부족, 신경질적 행동과 같은 증상을 수반하는 불안정한 상태이다. 노인은 신체적·심리적 및 사회적 관계의 변화로 인하여 삶의 질과 만족도가 낮아질 수 있는데 이에 적응하지 못하고 정신적으로 고통을 경험하게 되면서 우울해지기 쉽다.

노인의 우울은 노년기에 흔히 경험할 수 있는 정신건강 문제이지만 노화로 인해서만 우울이 발생 되는 것은 아니다. 노년기에는 신체적인 기능의 쇠퇴와 노인성 질환으로 인하여 사회활동 참여가 제한되는 경우가 많아진다. 또한 주변 환경의 변화로 인해 노인이 경험하는 소외감과 박탈감으로 심리적인 측면에서 정신기능이 약화 되면서 불안정한 감정이 우울 증상으로 나타날 수 있다(윤진, 1999). 이처럼 노년기에 발생하는 우울은 외부적 환경 요인과 내부적 환경 요인을 복합적으로 포함하고 있다.

② 노인 우울의 실태

우리나라 노인의 우울증상 비율은 전체 13.5%이며 남자 노인은 10.9%, 여자 노인은 15.5%로 나타났다. 연령별로는 연령이 높을수록 유병률이 높게 나타났는데, 65~69세가 8.4%인 반면에 85세 이상은 24%로 가장 높게 나타났다. 결혼 상태별로 보면, 배우자가 없는 노인의 유병률은 19%로 배우자가 있는 노인(10.7%)보다 더 높으며, 가구 형태별로는 독거노인이 18.7%로 노인부부(10.4%)나 자녀동거(16.8)보다 높았다. 교육수준별로는 무학이 23.5%로 가장 높으며 고등학교 졸업이 7.2%로 낮다. 취업상태별로는 미취업(16.7%)이 취업(7.8%)에 비하여 더 높고, 소득수준이 낮을수록(중위소득 50% 미만에서 17%), 기능에 제한(41.8%)이 있을수록 유병률이 더 높았다(보건복지부, 2020).

(2) 노인 자살

① 노인 자살의 개념

자살은 '자발적이고 의도적으로 자신의 생명을 끊는 행위'를 말한다. 자살과 관련된 연구들은 자살의 개념에 자살로 인한 결과론적 상태뿐만 아니라 자살을 시도하는 행위까지도 포함한다. 일반적으로 비교적 단기간에 걸쳐 의지적 행동으로 자신의 목숨을 끊는 죽음이나 행위 또는 자발적·의도적으로 자신의 생명을 끊는 행위, 즉 자살은 죽음이라는 최종 결과 외에도 자살 생각·충동·의도, 계획, 시도 등도 함께 고려된다. 이처럼 노인의 자살을 자살 생각·충동·의도, 계획, 시도 등이 포함되는 개념으로 볼 수 있다(이인정, 2011).

② 노인 자살의 실태 및 특성

우리나라의 노인 자살률은 OECD 국가 가운데 가장 높다. OECD 회원국의 평균 자살률과 비교하면, 60대가 36.9명으로 OECD 평균의 2.2배, 70대 62.5명, 80대는 83.7명으로 OECD 평균보다 각각 3.4배, 3.7배 높다(중앙자살예방센터, 2019). 우리나라의 노인 자살은 매우 심각한 수준의 사회문제로서 노인 자살을 예방하려는 노력이 필요하다. 그러나 우리나라는 자살에 대한 편견을 가지고 있어 자살을 논하는 것을 기피하는 문화로 인하여 노인 자살 문제에 대한 관심과 노력이 부족하다(권혁남, 2012).

노인 자살은 다른 연령대와는 차이를 보이는 몇 가지 특징을 가진다.

첫째, 노인의 자살은 젊은 성인에 비하여 실행률이 3~5배 높고(정경희 외, 2017), 오랫동안 심사숙고를 한 후에 결정하므로 자살로 이어질 확률이 매우 높다(박희숙 외, 2016).

둘째, 노인의 자살은 주변에 도움을 요청하거나 알리는 경우가 드물기 때문에 예측하기 어렵다(배진희, 엄기욱, 2009). 노인은 자살 예방에 대한 관련 정보가 부족하여 각종 정신건강 서비스를 받으러 가지 못하거나, 자살 의도에 대해 다른 사람들과 이야기하는 것을 꺼리기 때문에 그들에게 도움을 줄 수 있는 개입을 진행하기 어렵다(임병우 외, 2015).

셋째, 노인은 문제 상황의 원인을 자신의 탓으로 돌리므로 자살로 문제를 끝내는 것으로 해결하려 한다.

(3) 노인 치매

① 노인 치매의 개념

치매는 여러 가지 원인으로 생겨나는 뇌의 손상이 원인이 되는 하나의 질환으로 대개 만성적이고 진행형인 질병으로 나타나며, 기억력, 사고력, 지남력, 이해력, 계산능력, 학습 능력, 언어 및 판단력 등에 복합적으로 문제가 일어나는 고도의 뇌피질 기능의 다발성 장애이다(WHO, 1997). 치매로 인하여 정상적인 생활을 하던 사람이 인지, 정서 및 성격 장애를 보이면서 일상생활과 사회생활에서 어려움을 발생

한다. 이러한 문제는 치매 노인 자신뿐만 아니라 이들을 돌보는 부양자와 사회에
도 부담을 주게 된다. 특히 치매 환자들이 보이는 인격 변화, 망상, 불안, 우울 등의
행동 심리 증상은 간병하는 사람들을 고통스럽게 하기도 한다(대한치매학회, 2013).
중앙치매센터(2020)에 따르면, 우리나라 65세 이상 노인 중 치매노인은 약 9.8%인
66만 명 정도이며, 향후 치매 환자 수는 빠르게 증가할 것으로 예상되고 있다.

　나이가 들면 누구나 기억력이 어느 정도는 떨어지기 때문에 치매에 걸리지 않았
을까 걱정하여 불안하고 두려워하는 감정을 경험할 수 있는데, 치매의 경우 한 번
발병하게 되면 본래의 상태를 회복하지 못하는 비가역성 질환이기 때문에 나이가
들어감에 따라 치매를 두려워하고 부정적으로 인식하게 된다. 신체적 노화에 따라
외부의 자극과 정보를 처리하는 신경계 활동 속도가 감소하여 환경 변화에 즉각적
으로 대처하지 못하며, 경직성이 증가하고, 불안감이 높아지며, 역할상실에서 오는
경제적 의존성과 신체기능 약화, 중추신경조직 퇴화로 인한 신체적 · 정신적 의존
성, 배우자 사망 등으로 인해 주변 사람들에게 의존하려는 경향이 증가한다. 노인
의 성격은 내향성 및 수동성의 증가, 조심성 및 경직성의 증가, 우울증 경향의 증가
등을 보인다.

　과거에 대한 회상의 증가, 친숙한 사물에 대한 애착심, 성 역할에 대한 지각의 변
화, 의존성의 증가, 유산을 남기려는 경향, 시간 전망의 변화 등의 특성들이 나타난
다. 노인의 심리적 · 정서적 특성과 행동양식은 자신이 겪어 온 개인적 경험과 사
건, 문화적 · 사회적 변화 등의 산물이므로 다양한 개인차가 나타날 수 있다.

　② 치매의 예방 및 관리

　치매는 연령 증가가 주요한 위험요인인 대표적인 퇴행성 질환으로, 임상 증상이
발현되기 몇 년 전부터 뇌에 병리적 현상이 시작된다. 치매는 진단을 받기까지 병
리과정의 변화가 수년이 걸리므로(Morris et al., 2001) 증상이 발현되기 전 단계에서
증상을 늦추거나 억제하는 치료가 매우 중요하다. 노인의 인지기능에는 신경계의
재조직화를 통해 다각적 방향으로 변화하는 신경가소성(neuroplasticity)이 존재한
다. 이는 적절한 개입을 통해 노인의 뇌 기능을 활성화하고 인지기능을 증진할 수
있음을 의미한다(Miller et al., 2001). 치매 관리의 궁극적 목표는 치매 노인에게 적
합한 중재를 통하여 기능의 저하를 막거나 늦추는 것이다.

이처럼 생애 후반에 경험하는 불가피한 변화로 인하여 노인들은 다양한 문제를 경험하게 되는 만큼 노인의 인지적·신체적·심리적 특성과 문제를 고려한 치유에 대한 관심과 논의가 필요하다.

2. 노인을 위한 놀이치료

인간은 전생에 걸쳐 자신의 생명을 유지하고 적절히 발달하기 위해서, 그리고 스트레스에서 벗어나 신체와 정신작용을 이완시키는 작업이 필요한데, 실제로 놀이가 그 역할을 한다(이순형, 2009). 노인은 계속해서 심리적 안정과 즐거움을 통해 인간이 건강하고 행복한 삶을 살아가는 데 놀이가 심리적 안녕을 유도할 수 있는 유용한 매체로 활용될 필요성이 커지고 있다(방은령, 2009). 노인놀이치료는 노인의 노화로 인한 신체적·심리적 불균형 상태를 놀이의 즐거움과 창조적 힘과 같은 치료적 요인을 적용하여 긍정적인 방향으로 개선시키는 데 도움이 될 수 있다.

1) 노인놀이치료

노인의 노화 및 사회적 역할 변화로 인해 발생하는 신체적·심리적 문제를 해결하는 데 놀이의 치료적 요인을 적용하는 것은 매우 유용할 것이다. 노인의 인지 및 신체적 쇠퇴를 예방하기 위하여 놀이를 통해 다양한 감각과 신체를 활성화하는 것이 도움이 될 수 있다. 놀이는 노인의 감각을 활성화하고 시각과 소근육의 협응을 유지하는 데 도움을 주며 타인과의 놀이를 통해 자연스럽게 사회적 상호작용을 할 수 있다. 이러한 놀이 과정에서 자아 인식이 확장되며 정서적 문제를 감소시키고 원만한 사회적 관계를 맺을 수 있게 된다. 이처럼 감각을 자극하는 놀이 활동은 신체적·심리적 발달에 영향을 주어 노인에게서도 균형과 지남력이 좋아지는 데 도움이 될 수 있다.

치료대상과 치료목표에 따라 차이가 있을 수 있지만 노인놀이치료는 노인이 직면한 문제를 예방하여 다음의 내용과 같이 노인의 삶의 질을 향상시키는 데 도움이 될 것이다.

첫째, 노인의 신체적 건강을 유지하고 개선하는 데 도움이 된다. 몸을 움직이는 것은 신체를 단련시켜 노화 예방에 도움이 되며 놀이가 가진 즐거움의 요소는 노인에게 활력과 생기를 준다.

둘째, 노인의 정신건강 향상에 도움이 된다. 놀이를 하는 동안 엔도르핀이 방출되며 긴장이 완화되어 노인이 경험하는 고통과 스트레스가 감소하는 데 도움이 된다. 놀이를 하는 동안 경험하는 즐거움과 행복감은 노인의 느끼는 외로움과 우울을 극복하는 데 역할을 하여 노인 스스로 이러한 감정을 조절하는 경험을 하게 된다. 이를 통해 자아존중감을 높이는 효과를 가져올 수 있다. 또한 노인은 놀이를 하면서 억제된 감정을 표출하고 정서적인 정화를 경험하게 된다. 특히 놀이의 기본적인 요소인 즐거움을 통해 삶에 대한 긍정적인 태도를 갖는 데 도움이 될 수 있다. 특히 노인들의 정신기능 중 가장 문제가 되는 기억력을 자극하고 활성화할 수 있다. 놀이는 자연스럽게 회상을 경험하고 실행하며 기억력을 유지하고 복원하는 데 효과적이다. 놀이에서 기초적인 지각활동을 하게 되어 인지기능의 회복과 집중력 향상의 치료적인 역할을 한다.

셋째, 대인관계 능력이 향상되는데 도움이 된다. 집단놀이를 통해 사회적 관계를 경험하고 자연스럽게 사회적 기술을 발전시킬 수 있다. 노인들은 은퇴와 사회적 고립으로 외로움과 고립감을 느끼며 사회적으로 위축된 특성을 보인다. 이러한 노인들에게 놀이를 통해 집단생활에서 자신을 표현하고 개방할 수 있는 기회를 갖게 해 준다. 더불어 타인을 수용하고 환경을 이해하는 기회를 제공한다. 놀이에서 타인과의 상호작용에 기초한 활동들은 사람들과의 관계 회복과 책임감 등의 태도를 증진시킨다. 이미 현실에서 감소한 다양한 사회적 역할을 놀이를 통해 의미 있는 역할에 대한 욕구를 만족시킨다. 이에 따라 협동심과 공동체 의식을 높이고, 사회적 관계의 축소로 인해 상실한 대인관계를 회복할 수 있다.

넷째, 창조성을 회복하는 데 도움이 될 수 있다. 놀이의 주요한 치료적 요인인 창조성은 노인에게 창조적인 기회를 제공한다. 놀이를 통해 새로운 기술과 방법에 흥미를 가지며 습득된 기술과 방법을 활용할 수 있게 된다. 노인놀이치료의 프로그램은 노인에게 체험의 기회를 제공하여 그들의 잠재력을 일깨우고 창조성을 개발하는 데 도움이 된다. 노인이 경험하지 못했거나 잊고 있던 창조성을 경험하고 주체적인 존재감을 갖도록 해 준다. 이는 노인의 자아존중감이나 자기효능감과 같이 개인의 자아발달에 영향을 주며 이로 인해 타인과의 사회적 관계에도 도움이 될 수 있다. 뿐만 아니라 놀이에서 경험한 것을 자신의 일상에도 적용하여 활동할 수 있게 한다.

다섯째, 현실 생활에 적응력을 향상시킨다. 놀이의 반복적인 활동을 통해 건강한 일상생활을 유지하고 적응하는데 도움을 준다. 또한 놀이에서의 새로운 역할에 대해 의미를 부여함으로써 현실에서는 축소된 사회적 역할에 대한 욕구를 만족시킬 수 있다. 이러한 만족감은 현실 생활에 대한 적응력을 강화할 수 있다. 더불어 놀이에서 나타나는 사회적 역할의 연습 과정을 통해 일상생활에서 필요한 활동이나 동작에 익숙해짐으로서 사회적으로 다른 활동이나 서비스를 이용하거나 실행할 수 있는 촉매제가 될 수 있다.

여섯째, 건전한 취미 활동이 개발될 수 있다. 놀이의 다양한 활동을 통해 노인 스스로 인식하지 못했던 자신의 능력이나 특기를 발견할 수 있다. 놀이에서 경험하는 다양한 매체와 활동들은 현실의 삶에서 경험하기 어려웠던 새로운 세계를 경험하게 해 준다. 이를 통해 노인이 즐겁고 행복감을 느끼는 활동을 알게 되어 이를 취미 활동으로 연계할 수 있다. 이처럼 새로운 취미를 발견하는 것은 자기존중감을 향상시키고 흥미를 회복시킴으로써 개인의 가치를 증진시키는 데도 도움이 된다.

2) 노인놀이치료의 적용

여기서는 노인놀이치료의 프로그램을 노인의 기능 수준에 따라 구분하여 살펴보고자 한다. 우선, 인기기능에 제한이 없고 특별한 신체적 · 심리적 문제를 호소하지 않으나 노화 및 노년기의 발달과업에 적응해야 하는 '예방적 차원'의 프로그램, 그리고 만성적인 질병이나 인지기능의 제한이 있는 노인을 대상으로 하는 '치료와 재활 차원'으로 구분하여 설명하고자 한다.

(1) 예방적 차원의 '창의적 노인놀이치료'

인간은 나이가 듦에 따라 자연스럽게 노화가 진행되고 노인은 신체적 약화와 질병 혹은 다른 문제들을 경험할 수밖에 없다. 그러나 노화로 인하여 모든 노인이 우울증에 빠지는 것은 아니며, 인간의 다른 발달단계와 같이 노년기의 발달위기를 현명하게 넘겨 '자아통합'이라는 발달과업을 이루도록 하는 것은 매우 중요하다. 노화는 자신의 의지로 쇠퇴하는 것이 아니므로 노인 스스로 무기력하게 느끼기 쉽다. 그러나 노인은 그동안 살아 온 삶의 연륜과 지혜라는 무형의 자산을 통해 노년기에도 성장과 발전의 가능성이 있다는 것을 깨달을 수 있도록 도울 필요가 있다. 최근 유엔에서는 수명 연장으로 인해 노인을 80세 이상으로 규정하기도 하였다. 실제로 기존의 성인기 발달과업이었던 '생산성'이 65세 이상의 젊은 노인에게도 해당되어 새로운 분야로 재취업하거나 봉사 및 취미 활동 등 노인 스스로 능동적인 사회 참여와 독립적 생활을 추구하여 현실 상황에 대처하고 있다. 변화하는 시대와 사회 구조에 적합한 생산적인 노인들의 시대인 '창의적 노년기'가 새롭게 열리게 된 것이다. 노인에게도 창의적인 사고와 새로운 시도가 기대되는 시대적 요구에 맞춰 노인의 기능을 활성화하는 예방적 개입은 매우 유용한 만큼 여기에 해당하는 것이 '창의적 노인놀이치료'이다.

(2) 치료적 차원의 '행복한 노인놀이치료'

노년기는 앞서 살펴본 바와 같이 생물학적 노화로 인하여 신체 및 인지 기능의 저하와 그에 따른 만성적인 질병이 동반된다. 노후의 삶이 질병이나 인지적 상실로 인해 저하되어 불행한 삶이라는 인식을 갖기 않도록 하기 위하여 현재 진행되는 질병이나 인지적 저하를 경감하거나 회복하는 치료와 재활 차원에서는 '행복한 노인'을 목적으로 한 놀이치료 프로그램이 적합하다.

이에 해당하는 노인은 기억력 및 인지기능 문제로 심리적으로 저조한 기분을 경험하며, 사회적으로 적합한 역할을 상실하고 일상의 활동이 줄어들어 신체적·정신적 기능의 저하를 보이게 되어 무력감을 가지고 전반적인 삶의 질을 떨어지게 된다. 만성적 불쾌감, 심리적 불안감과 우울감 등이 나타나며, 그중 가장 많은 것이 우울 증상으로 보고되고 있으며, 초조·배회·자발성 저하 등의 행동장애나 지각·사고·정서 등의 심리행동증상을 보일 가능성이 있다. 이러한 성격변화, 판단장애, 추상적 사고장애 등이 점차적으로 수반되며 직업, 일상적 사회활동, 대인관계에 문제를 일으키게 될 수 있으며, 더욱 악화되는 경우 기억력의 감소 현상이 뚜렷이 나타나고, 시간이 경과됨에 따라 자신의 정체감에 혼란을 지니게 되고, 좌절·분노·기쁨 등의 감정을 느끼지만 표현하는 능력을 잃어버릴 수 있다. 따라서 현재 기능이 약화로 인해 경험하는 불쾌 정서가 감소하도록 행복감을 경험하게 하면서 질병이나 기능의 문제가 발전하는 속도를 줄이는 데 중점을 두도록 하는 것이 '행복한 노인놀이치료'의 주된 목적이다.

3) 노인놀이치료의 실제

(1) 신체 및 감각을 활용한 놀이치료

신체활동이나 오감을 깨우는 작업을 통하여 뇌의 활동을 활발하게 하여 뇌의 기능을 활성화시키게 되는데, 특히 뇌는 몸의 감각 자극을 통해서만 변화시킬 수 있다. 다감각 활동이 가능한 놀이치료는 시각과 소근육의 협응을 도와 신체감각 발달에 도움을 주며 감각기능을 활성화시키고, 다양한 감각 자극은 사고를 유발하고 사고과정을 거쳐 인식이나 감정이 형성되도록 할 수 있다. 놀이는 자발적인 것이기 때문에 놀이치료를 통해 노인이 주체가 되는 활동을 경험하고 노인에게 심리적·정서적으로 활기를 줄 수 있다. 과거·현재·미래 시간의 흐름을 느끼며 노인의 삶에서 의미를 탐색하고 자아를 통합할 수 있는 기회를 제공할 수 있다. 특히 노인 집단놀이치료의 경우, 놀이활동을 통해 관계를 확장시켜 관계의 탄력성을 키워 줄 수 있다. 놀이 속에서 다양한 매체와 방법으로 의사소통을 하면서 자연스럽게 상호작용하게 된다. 이로서 원만한 대인관계를 형성할 수 있는 기회가 마련되며, 타인과의 관계를 통해 자아인식 확장에도 도움이 될 수 있다.

① 신체 및 감각을 활용한 '창의적 노인놀이치료'

노인에게 있어서 신체 활동은 노화되어 가는 신체의 저하를 막고, 소외감·우울·죽음에 대한 불안 등을 감소시키며, 삶을 윤택하게 하여 자아통합과 자기성장을 가져올 수 있다. 또한 개인과 단체와의 상호작용을 통하여 사회적인 감각을 회복·향상시키고, 단체 내에서의 움직임을 통한 지지·수용·긍정의 피드백을 경험할 수 있게 한다. 노년기에 나타나는 체력의 저하를 완전히 예방할 수는 없지만 적절한 신체활동을 규칙적으로 하는 것은 체력 저하의 속도를 늦추고 체력을 증진에 도움이 되므로 적절한 신체놀이는 노인에게 매우 유익하다.

〈표 16-1〉 '창의적 노인놀이치료' 신체놀이 프로그램 예시

- 풍선 떨어뜨리지 않고 치기
  - 목표: 즐거운 놀이활동을 통해 신체를 조율하고 타인과 협력하는 능력 향상 및 긍정적 자기감 증진할 수 있다.
  - 방법: 풍선을 제시하고 도구(라켓, 보자기 등)나 손을 사용하여 떨어뜨리지 않고 오래 치는 팀이 승리한다.

- 목표물을 정하고 풍선을 치면서 도달해 보도록 할 수 있다.
- 개인치료의 경우 혼자서 치는 횟수를 세어 볼 수 있다.

• 신문지 놀이
  - 목표: 놀이를 통해 즐거움을 경험하고 상호작용 증진할 수 있다.
  - 방법: 신문지를 펼쳐 들고 격파하는 것처럼 주먹으로 뚫어 보도록 한다. 힘의 세기에 따라 매수를 조절한다.
  - 펀치로 찢어진 신문지를 뭉쳐서 공처럼 만들어 눈싸움을 하듯 던져 보도록 하거나, 목표물을 만들어 골인해 보도록 한다.
  - 또는 신문지를 더 잘게 찢어 낙엽이나 (아주 잘게 찢은 경우) 눈송이를 연상할 수 있도록 한다.
  - 낙엽이나 눈송이처럼 날려 보거나 서로에게 뿌려주거나 덮어 주어 아늑한 느낌을 경험할 수 있도록 한다.

② 신체 및 감각을 활용한 '행복한 노인놀이치료'

치료적 차원인 '행복한 노인놀이치료'의 대상 노인들은 새로운 것을 배우는 것이 어려우며 기분과 행동이 순간적으로 자주 변해서 집중이나 활동을 지속하는 것이 힘들 수 있다. 또한 수동적인 생활 패턴 및 기능의 저하로 자발적인 활동이 어렵기 때문에 새로운 방법보다는 이미 학습한 것을 기억하고 회상해서 수행하도록 하는 접근이 좋다. 새롭게 익힐 필요 없이 익숙하며 놀이방법과 절차가 간단하고 과거 재미있게 경험했던 놀이가 적합할 것이다.

이러한 관점에서 노인들이 어렸을 때 경험했던 전통놀이는 '행복한 노인놀이치료' 대상에게 매우 적합하다고 할 수 있다. 전통놀이는 새롭게 배울 필요가 없이 익숙하며 흥미롭고 재미있기 때문에 노인에게 접근이 유리하다. 전통은 과거의 추억을 회상하며 정서적으로 안정감을 주는 동시에 그 시절로 돌아가는 듯한 향수를 자극하여 놀이의 몰입도를 높일 수 있다. 전통놀이의 종류와 방법이 매우 다양한데, 대상자의 기능 수준에 적합한 전통놀이를 선정하는 것이 바람직하다. 예를 들면, 규칙이나 말을 이동하는 전략을 사용하는 것이 승패에 중요한 요인이 되는 윷놀이를 수행하는 것이 어렵다면, 몸을 사용하여 간단하게 또는 함께 움직이는 놀이를 제안하는 것이 바람직하다. 대부분의 전통놀이는 둘 또는 여럿이 함께하는 것이며 신체 접촉이 포함되어 있다. 타인과의 즐거운 신체 접촉은 정서적 안정감에 도움이 되며, 함께하는 놀이를 통해 상호작용이 증가하여 대인관계 향상 및 신체적 기능 활성화에 도움이 될 수 있다.

〈표 16-2〉 '행복한 노인놀이치료' 전통놀이 프로그램 예시

- 쌀보리: 마주앉아 술래가 손을 입모양으로 벌리고 '쌀, 보리'를 외쳐가며 넣었다 빼는 놀이. 쌀과 보리가 아닌 다른 명칭으로 변형하여 활동이 가능하다.
- 다리셈: 노래하며 다리를 접는 놀이
- 여우야 여우야: 술래를 정하여 음률에 맞춘 추임을 넣고 잡는 놀이
- 무궁화꽃이 피었습니다: 술래를 정하여 전지과 멈춤을 반복하며 잡고 잡히는 놀이
- 우리집에 왜 왔니: 상대 팀의 팀원을 선택하여 데려오는 놀이

또한 '행복한 놀이치료' 대상 노인이 생활하는 주변 활동과의 상호 교류를 활용한 생활놀이는 노인의 적응에 유용하다. 일상생활에서 노인은 자신의 문제를 해결할 수 있다. 노인들이 거주하며 생활하는 노인 요양원, 노인 주간보호소, 단기보호소, 노인병원 등의 노인시설에서 일상생활의 활동을 놀이에 적용하여 그들에게 맞는 활동으로 조절해 나가는 것이 생활영역의 놀이이다. 일상의 생활영역에서 노인에게 주어질 수 있는 가능한 활동의 종류로는 산책이나 원예와 같은 정원 일을 비롯하여 청소, 세탁물 개기, 식사 돕기, 종이 자르기, 글자 쓰는 사무 등의 다양한 생활활동이 있다. 또한 새나 짐승 등의 애완동물을 돌보는 것도 포함될 수 있다.

생활영역의 활동들은 자신의 가치를 인정하지 못하며 무력감을 호소하는 노인에게 일상생활에서 자신을 되찾는 계기가 된다. 게임이나 집단놀이를 좋아하지 않는 노인들 중에 생활영역의 활동에 관심을 갖는 경우가 있다. 특별하거나 어려운 작업이 아닌 자신이 할 수 있는 일을 하는 것이다. 일상생활 중에 자신이 할 수 있는 일을 찾아 타인에게 도움을 줄 수 있다면, 자신을 쓸모 있는 존재라고 느끼며 생활에 활력을 가질 수 있다.

생활영역의 놀이치료는 현실과 접촉하며 일상 생활동작을 유지하는 동안 자연스럽게 신체를 움직여 건강을 도모할 수 있다. 또한 생활 속에서 역할 경험을 통해 자기 평가를 높이고 적당한 긴장감을 가지며 즐거운 시간을 보낼 수 있다는 장점이 있다. 단, 역할을 맡길 때는 노인이 무엇이든 잘하는 것을 골라야 하며, 같은 동작을 여러 번 반복해서 익숙하게 하고, 역할을 맡기기 전에 무엇을 해야 하는지 명확하게 전달해야 한다. 노인의 역할이 정해지면 생활 속에 정착되도록 주의 깊게 살피고 지속적인 관심을 기울여야 한다. 잘 못할 때에는 표시가 나지 않게 도와주어야 하며, 노인이 도움을 줄 때마다 고마움을 충분히 표시하는 것이 중요하다.

〈표 16-3〉 '행복한 노인놀이치료' 생활놀이 프로그램 예시

〈송편 빚기 놀이〉

• 목표
  - 한가위를 기억하며 정서적 안정과 만족감을 갖는다.
  - 송편을 만들며 소근육 기능을 향상시키고 상호 교류한다.
  - 노래를 반복하여 따라 부름으로써 리듬감과 언어표현 능력을 향상한다.

• 재료
  - 추석과 관련된 사진 자료(한복, 송편, 보름달 등), 송편 빚을 재료(쌀가루 반죽, 송편 소, 솔잎), 노래 CD(〈강강술래〉, 〈달타령〉, 〈쾌지나칭칭나네〉 등)
  - 송편재료나 또는 대신하여 점토를 활용할 수 있음

• 방법
  - 한가위 이야기를 나눈다.
    · 추석의 날짜를 기억해 본다.
    · 융판 자료(추석과 관련된 그림)를 이용해 추석의 풍습과 각자의 추억을 이야기 나누기 한다.
    · 추석에 먹는 음식을 이야기해 본다.

  - 송편을 만든다.
    · 송편 만드는 순서를 이야기해 본다.
    · 직접 송편을 만들어 본다.
    · 추석에 관한 배경음악을 들려준다(〈강강술월래〉, 〈달타령〉 등 민요).

  - 〈강강수월래〉 또는 〈쾌지나칭칭나네〉를 불러본다(전통놀이로의 확장이 가능함).
    · 송편을 찌는 동안 한가위에 관련된 민요를 불러 본다.
    · 간단한 노랫말을 지어 부르거나 이름을 부르고 후렴 부분을 다 같이 따라 부른다.

출처: 신혜원(2008).

(2) 음악 및 동작을 활용한 노인놀이치료

과거의 우리 민족은 즐거운 날에 '사물놀이'를 하며 어린아이부터 노인까지 모두 함께 돌며 음악에 맞추어 박수를 치고 덩실덩실 춤을 추면서 한바탕 놀이를 하였다. 악기를 연주하는 사람도 춤을 추는 사람도 박수를 치며 그 광경을 즐기는 사람 모두 흥겹게 놀이를 하는 것이다. 이처럼 인간의 삶에서 음악과 동작은 중요한 놀이 방법 중 하나이다.

아이들의 경우 어떠한 음악에 맞춰 율동(일정한 규칙을 따라 주기적으로 움직임)을 하며 즐거워한다. 노인들도 동작은 음악에 맞추어 움직이는 것으로 걷거나 손, 어

깨, 다리 등 신체 각 부위의 움직임이 자연스럽게 이루어진다. 노인들은 노래를 부르거나 악기 연주 또는 동작을 하면서 심장과 혈액순환, 호흡과 폐에도 영향을 주어 신체를 활성화할 뿐만 아니라 노래를 함께 부르며 같은 동작을 하면서 집단원들과 공감대를 형성하며 정서적 지지를 주고받을 수 있다. 또한 즐거운 노래를 부르거나 몸을 흔들면서 심리적 정화를 경험하거나 자연스럽게 자기를 표현해보는 경험을 통해 자신의 몸과 마음에 대한 인식을 할 수 있다.

노인놀이치료에서 음악과 동작은 정신건강과 신체건강을 회복하고 유지시킬 수 있다. 음악과 동작을 활용한 노인놀이치료는 음악이라는 안전한 구조 안에서 다양한 동작을 적용하여 노인의 인지, 정서, 사회, 행동 등 전반적인 영역에 걸쳐 도움을 주어 그들의 삶의 질을 향상시키는 데 도움을 줄 수 있다. 놀이치료사는 치료적 환경에서 노인의 긍정적인 변화를 돕기 위하여 음악과 동작을 단계적으로 활용할 수 있다. 이를 통해 노인이 자신과 주변의 세계를 깊이 있게 이해하게 되어 사회에 잘 적응할 수 있도록 하며 신체와 정신을 통합하고 정신적·신체적 퇴행을 지연시키고 예방할 수 있다.

① 음악과 동작을 활용한 '창의적 노인놀이치료'

예방적 차원의 '창의적 놀이치료'에서 노인은 악기를 연주하거나 춤과 동작을 익히고 다른 노인들과 함께하는 경험을 할 수 있다. 옆 사람과 함께 음악에 맞춰 춤을 추거나 새로 악기를 연주할 때 노인은 소속감을 느끼고 새로운 역할을 수행하는 경험을 하게 된다. 누군가와 함께 동작을 해 보고 자연스럽게 신체 접촉을 하는 것은 노인의 외로움이나 고립에 대한 두려움을 감소시켜 주고 무력감을 해소하는 데 도움을 줄 수 있다.

음악과 동작을 활용한 놀이는 노인의 신체적 정서적인 결함을 긍정적인 방향으로 변화시켜서 바람직한 삶으로 개선시키도록 도와주는 역할을 한다. 단순히 음악을 감상하는 것뿐만 아니라 노래를 부르고 악기를 연주하는 적극적인 놀이활동에 참여할 수 있다. 또한 음악에 맞춰 몸을 흔드는 것뿐 아니라 함께 춤을 추거나 동작을 익혀 군무를 완성할 수도 있다. 이처럼 새로운 것을 배운다는 것은 노인에게 활력을 제공해 준다. 동시에 노인들이 새로운 악기와 노래, 동작을 따라하거나 창의적으로 동작을 만들어 보는 경험을 통해 창조성을 경험할 수 있게 한다.

음악과 동작을 활용한 노인놀이치료는 예술적 감상과 표현을 통해 감정의 정화와 이완도 함께 일어난다. 노인에게 예술적 놀이는 과거의 좋은 기억을 되살려 주고 현재의 고통을 감소시켜 정신적인 회복에 도움이 될 수 있다. 노래를 부르면서 쌓여 있던 감정을 밖으로 표현하고 우울한 마음을 해소하여 기분을 전환하는 데 도움이 된다.

음악과 동작은 노인들의 건강하고 성공적인 여가활동에도 기초가 될 수 있다. 음악이나 춤과 동작을 접하여 노래, 연주, 작곡, 작사, 춤과 같은 다양한 활동을 하는 것은 노화로 인한 신체적·정신적 불균형을 조절하고 노인 스스로 자기 정체성을 확립할 수 있다. 자신의 여가 시간을 의미 있게 보내면서 다양한 활동을 하며 사회참여를 하는 것은 노년기의 삶을 아름답고 건강하게 가꾸어 갈 수 있게 한다.

② 음악과 동작을 활용한 '행복한 노인놀이치료'

치료적 차원의 '행복한 노인놀이치료'에서 노인의 신체적·정신적 건강을 유지하고 회복하기 위하여 음악과 동작을 활용할 수 있다. 고령 노인의 정신건강과 신체건강을 복원하기 위하여 음악에 맞추어 박수를 치며 몸을 흔들고 어깨를 들썩이거나, 흥겨운 전통가요나 민요의 노래 가락에 덩실덩실 춤을 추는 것은 심리적 억압과 갈등을 표출하도록 도울 뿐만 아니라 경직된 근육을 이완시켜 신체의 운동성을 회복하는 데 도움이 된다.

'행복한 놀이치료'의 음악과 동작은 격렬하게 움직이거나 노래를 잘 부르는 것에 목적을 두지 않고 스트레칭이나 자세교정에 도움이 되는 활동으로 구성해도 무방하다. 신체의 말초 부위 부터 천천히 움직여 보는 것은 경직된 관절을 부드럽게 해 주고 근육의 유연성과 힘을 기르는 데 도움이 된다. 또한 노래를 부르거나 몸을 펼치는 동작은 흉부를 확장시키는 데 도움을 주어 폐활량을 늘리고 호흡기와 순환기의 활동을 개선시켜준다. 이를 통해 노인은 몸이 가벼워짐을 느끼고 긍정적인 기분을 경험할 수 있다.

음악과 함께 단순한 동작을 시도해보는 것은 거동이 불편한 노인의 치료에도 도움이 될 수 있다. 춤 동작을 해내지 못하더라도 다른 사람이 춤추는 모습을 보며 몸을 흔들거나 어깨를 들썩이고 박수를 치는 것만으로도 좋은 자극이 된다. '행복한 노인놀이치료'에서 노화로 인하여 신체기능과 지각의 상실을 경험하는 노인들에게 음악과 동작을 활용하는 것은 활력과 생기를 북돋아 주는 데 도움이 된다.

(3) 미술을 활용한 노인놀이치료

노인놀이치료에서 미술활동은 노인들로 하여금 지난 삶의 오래된 섬세한 기억과 더불어 내면적 기억을 끌어내는 힘이 있다. 유년 시절 그림을 그렸던 경험이 회상되거나 그러한 경험이 거의 없더라도 미술 작업에서 노인들은 수많은 기억이 자연스럽게 재연될 수 있다. 이러한 과정에서 자연스럽게 다양한 감정을 느끼고 현재에 감사하며 치유의 경험을 할 수 있다.

노인놀이치료에서 미술은 질병을 앓고 있는 노인뿐만 아니라 노화로 인하여 활동의 제한과 감각 능력의 쇠퇴, 외로움과 소외감 등을 겪는 노인들에게도 이러한 상태를 경감시키는 데 도움이 된다. 이처럼 노인놀이치료에서 미술은 노인의 신체적·정신적 문제를 완화되는 데 유익한 자료가 될 수 있다.

① 미술을 활용한 '창의적 노인놀이치료'

노인놀이치료에서 미술은 즐거움을 느끼며 과거의 아름다웠던 시절을 회상하면서 현재도 행복한 삶을 살시 원하는 심리적 특성을 바탕으로 한다. 미술작품을 만들거나 작품을 감상하는 활동을 하면서 노인들은 창조성을 경험하게 된다. 노인이 자신의 가치를 깨닫고 삶의 의미와 목적을 찾음으로서 자아를 통합하여 이후의 삶도 적극적으로 살아갈 수 있는 계기를 마련해 줄 수 있다. 노인 스스로 미술놀이에 주체적으로 참여함으로서 잠재되어 있던 창조성을 개발하고 실현하면서 삶을 균형 있고 조화롭게 유지하는 힘을 키우는 데 도움이 될 수 있다. 또한 다양한 재료와 매체를 이용한 작업으로 뇌 활성을 유도하여 노인의 심리적 문제나 건강문제로 인해 일상생활에서 나타나는 부적응을 완화하고, 노인성 질환으로 인한 신체적·생리적 기능의 문제에 도움이 되어 노인의 이후의 삶의 질을 개선하는데 긍정적인 영향을 줄 수 있다.

또한 미술활동을 집단놀이치료에서 활용하는 경우 노인은 노년기의 고독과 소외 등에 대한 심리적 위안처를 찾을 수 있다. 동시에 해결되지 않은 갈등의 문제 해결을 위해 새로운 각도에서 새로운 방법을 시도해 볼 수 있으며, 함께 작업하면서 나의 의견을 조절하고 타인의 의견을 수용하는 법을 배울 수 있다.

따라서 노인놀이치료에서 미술활동은 삶을 회상하거나 일상생활에서의 긍정적 경험을 할 수 있는 것이어야 한다. 주변 세계와의 연결고리로서의 역할과 남은 삶에 대한 긍정적 인식들이 미술작업을 통하여 재구성되어야 한다. 이를 통해 노인의 주된 호소인 외로움, 질병과 죽음 대한 공포 등에서 벗어나 정서적 활기와 심리적 안정감을 가질 수 있는 하는 주제와 기법들을 적용할 필요가 있다.

② 미술을 활용한 '행복한 노인놀이치료'

고령의 노인은 노화로 인한 변화로 심리적, 사회적 어려움이나 위기에 직면하게 될 수 있다. 그러나 자신이 경험하는 문제를 언어로 원활하게 표현하는 것이 제한적인 상태에 놓이게 되는 경우도 있다. 그러한 경우 다양한 방식으로 자신의 감정이나 생각을 표현하는 경험이 필요하다. 노인놀이치료에서 미술은 의사의 표현과 소통의 또 다른 수단이 되며 노인 스스로 자신을 표현하는 예술 활동으로서의 가치가 있다. 미술활동을 통해 인간에게 잠재되어있는 창의성과 욕구를 이끌어 내어 표현하는 것은 미술 작업을 했던 경험 유무나 미술에 대한 재능 여부와는 상관없이 노인 누구나 비언어적이고 시각적인 방법으로 자신을 표현할 수 있다.

또한 미술 매체들을 만지고 느끼고 보면서 완성해가는 작업을 통해 오감이 자극되는 것은 노인의 뇌의 활성화에도 도움이 된다. 선을 긋고 색을 칠하면서 그리는 활동과 오리고 붙이며 깎는 등 만드는 활동을 통해 소근육 및 시각과 지각이 촉진되어 신체 재활에도 도움이 될 수 있다.

신체 기능의 쇠퇴가 많이 진행된 노인을 대상으로 하는 미술활동은 과정이 단순하고 시간의 소요가 적은 것이 적합하다. 또한 과거에 경험해 보았던 익숙한 것이 좋으며 작은 노력에도 완성도가 높은 활동이 효과적이다. 이러한 미술활동을 통해 노인들이 거부감 없이 편안한 마음으로 몰입할 수 있게 되고 자신이 만든 작품에 만족감을 느낄 수 있어야 한다. 완성된 작품을 감상하는 과정은 노인으로 하여금 자기효능감을 느낄 수 있도록 해준다. 동시에 주변 사람들과 함께 작품에 대해 이야기 나누며 칭찬이나 인정과 같은 정서적 지지를 받으면서 타인과 의사소통할 수 있다.

3) 노인놀이치료사(신혜원, 2008)

(1) 노인놀이치료사의 역할

노인놀이치료사의 역할규정은 노인놀이치료사가 수행하여야 할 역할행동, 그들에게 기대하는 행동 등을 의미한다. 노인놀이치료에서 모든 놀이는 노인놀이치료사가 함께하기 때문에 효과적인 놀이를 위해서 치료사는 다양한 역할을 담당해야 한다.

첫째, 치료사는 놀이환경을 제공하는 자여야 한다. 여러 장치를 사용해 분위기를 형성하고, 놀이를 적극적으로 활용해 참여를 유도할 수 있는 연출가가 되어야 한다. 노인의 질병과 장애를 예방하거나 감소시킬 수 있는 기법들을 선택하고, 놀이 도구의 재료와 매체 선택에 있어서도 노인의 신체적 상태나 안전 등을 고려하여야 한다. 무엇보다 노인이 안정적으로 즐기며 놀이할 수 있는 환경을 만드는 것이 중요하다. 치료사는 스스로 놀이를 즐기며 참여하는 놀이자의 역할을 하여야 한다. 노인과 함께 작업해 그림을 완성해내는 조력자로서, 공을 서로 주고받는 짝으로서, 손을 잡고 춤을 추는 파트너가 되기도 해야 한다. 노인의 활동을 칭찬하며 격려하는 지원자인 동시에 참여자이기도 하다. 치료사가 놀이에 참여하여 노인과의 신뢰감을 형성할 수 있으며, 놀이의 내용을 풍부하게 할 수도 있다.

둘째, 치료사는 노인과 끊임없이 상호작용해야 한다. 상호작용을 통해 신뢰관계를 형성할 수 있도록 분위기를 만들어 주어야 한다. 노인에게 가르치는 일과 함께 정서적인 지지와 보호하는 역할을 하면서 안내자로서의 역할을 할 수 있다. 치료사는 노인이 자신의 생각을 자신의 말로 표현하고, 서로 의견을 적절한 말로 이끌어 내고 소통할 수 있도록 안내해야 한다. 또한 생활 속에서의 여러 가지 문제들도 놀이를 통해 감정을 조절할 수 있도록 도와주어야 한다.

셋째, 치료사는 놀이의 계획과 지원의 역할을 하기도 한다. 구조화된 놀이활동의 계획·조직·평가에 이르는 일련의 과정을 수행한다. 치료사의 적절한 준비와 개입전략은 궁극적으로 놀이활동에 노인의 참여를 격려하고 확장시켜 준다. 치료사는 노인의 놀이를 관찰하여 삶의 활력을 촉진할 수 있는 전략을 개발하여야 한다. 또한 노인의 개인적 특성과 상태 등을 고려하여 프로그램을 계획하고 적용할 수 있어야 한다. 치료사는 노인의 독창성을 촉진하여 개입을 최소화하도록 하면서, 때로는 노인의 놀이에 적극 참여해야 한다. 따라서 노인에게 무엇인가를 지시하고 가르치는 역할을 하여 놀이의 방해자가 되지 않도록 주의할 필요가 있다.

넷째, 치료사는 평가자의 역할로서 특별히 노인성 질환을 앓고 있는 노인이나 병중에 있는 노인에게 가르치고 돌보는 책임 외에, 노인의 상태를 평가하고 그 평가 자료를 가지고 보호자나 기관의 행정가들과 의견 교환을 할 수 있다. 노인의 행동을 잘 이해하고 지켜본 치료사의 적합한 평가는 노인의 치료나 돌봄 과정에서 새로운 계획을 수립할 때 귀한 자료로 활용될 수 있다. 놀이 중에 볼 수 있는 노인의 신체적 특성도 중요한 관찰 자료가 되어 노인의 개인차를 인정한 새로운 프로그램의 계획을 가능하게 한다.

(2) 노인놀이치료사의 주의사항

노인을 위한 놀이치료는 고령자의 심신의 상태와 욕구, 생물학적인 차이에 따라 치료하는 데 있어서 세심한 주의와 배려가 있어야 한다. 노인에게 놀이의 치료로서의 효과를 높이고 지속적인 참여도를 높이기 위해서는 다음과 같은 주의가 필요하다.

- 노인의 신체 인지 정서 상태에 따라 폭넓고 다양한 프로그램을 제공해야 한다.
- 참여하고 있는 노인 모두가 안전하게 받아들여지고, 남들이 자신을 좋아한다는 느낌을 받을 수 있는 우호적 분위기를 창조해야 한다.
- 노인의 특수한 취약점을 언제나 고려하여 활동을 계획하고 실현한다.
- 놀이의 즐거움과 재미, 동료애를 느끼도록 밝고 환한 분위기를 만들어야 한다.
- 노인이 집중력과 기억력, 시력, 청력이 감퇴된 것에 유의한다.
- 가능한 눈높이를 맞추어서 차근차근하고 친절한 태도로 이해하는 입장에서 지도한다.
- 노인은 집중력이 떨어지고 피로하기 쉬우므로 시간 배분과 활동량을 조절한다.
- 노화로 인한 활동의 장애가 있기 때문에 자신의 무능력을 느낄 수 있는 게임은 삼가도록 한다.
- 놀이치료 시 서두르지 않으며 노인 스스로 해결할 수 있도록 도와준다.
- 무엇보다 놀이를 통해 노인이 자신의 가치를 인정받고 있다고 느낄 수 있게 한다.
- 노인의 흥미를 유발시키는 것이 놀이의 출발이다.

3. 노인놀이치료 사례

[내담자 정보]

65세 남성 내담자로 일을 하다가 신체를 다쳐서 하던 일을 더 이상 할 수 없게 되었으며, 새로운 일을 시작하기 위해 어떻게 해야 할지 막막하다고 호소하였다. 예전에 뉴스에 보도될 정도로 큰 사고로 한 명 있던 형이 사망하여 현재는 가족 없이 혼자 지내고 있어 외로워서 애완견을 기르고 있다. 집 근처의 보육원에 있는 아이에게 담 넘어로 간식을 사 주면서 정이 들어 입양을 생각해 본 적이 있으나, 당시에는 미혼 남성의 입양이 어려워서 포기하고 혼자 지내고 있다.

[놀이과정]

치료 초기 내담자의 심리상태를 이해하기 위하여 그림 그리는 것을 제안하자, "어릴 때 형편이 어려워 학교를 제대로 다니지 못했는데, 여기서 이것(크레파스)을 잡으려니 어색하고 무엇을 해야 할지 모르겠다."며 어색해하였다. 음악을 들으면서 흰도화지에 구슬로 물감을 묻혀 흔들어 난화를 만들어 자유연상을 해 보는 과정에서 어떠한 이미지도 찾아내기 어려워하며 정서와 사고가 억압된 모습을 보였다.

치료 종결 시점에 "나는 나를 동물에 비유하면 소같다. 여기 와서 처음에 그린 소는 나를 매일 소처럼 일만 한다고 생각했다. 그런데 지금은 해질녘에 들판에 한가롭게 누워 있는 듬직한 소의 느낌이다. 소는 성실하지 않은가? 나는 미련한 게 아니라 성실한 사람이다. 앞으로 걱정되지만 새로운 일자리를 찾아서 지금처럼 성실하게 하면 될 것 같다."와 같은 반응을 보였다.

내담자 스스로를 억압하고 일만 하던 사람으로 생각하던 것에서 치료과정을 통해 점차 정서적으로 이완되었으며, 자신의 감정을 적절히 나타내고 자신의 강점을 받아들이고 새로운 삶에 대한 의지를 보였다.

정리해 봅시다

시간의 흐름으로 늙어 감에 대한 두려움은 죽음과도 관련되어 있어 노화와 관련된 신체적·심리적 문제를 다루는 것은 매우 중요하다. 노인놀이치료는 노인의 노화 및 그와 관련된 문제를 완화하는 데 효과적인 개입일 수 있다. 그러나 놀이는 아동의 것이라는 기존의 편견으로 인해 노인에게 놀이치료를 체계적으로 적용하는 연구와 시도가 미흡하다. 놀이는 본질적으로 즐거운 활동이므로 노인의 경험하는 상실감이나 우울감 등을 다루고 노화로 인해 쇠약해진 신체 및 인지 기능을 활성화하는 데 도움이 될 수 있다.

이 장에서는 노인을 단순히 연령으로 구분하여 접근하는 것이 아닌 그 기능에 따라 새로운 사회적 역할을 기대하고 시도하는 '창의적 노인놀이치료' 대상과 질병의 진전을 늦추고 정서적 안정을 추구하는 '행복한 노인놀이치료' 대상으로 구분하여 접근하고자 시도하였다. 놀이치료사는 노인의 발달특성 및 문제를 이해하고 그들에게 적합한 프로그램을 제공할 필요가 있다.

'노인이 되면 아이가 된다.'는 말을 부정적인 의미로 해석할 것이 아니라 노인이 되면 우리가 잃어버렸던 삶의 순수성과 즐거움을 다시 찾아 진정한 통합의 길로 나아가야 한다는 뜻으로도 해석할 수 있을 것이다.

활동해 봅시다

1. 노인 체험 도구를 준비하여 치료 대상자가 되었다고 생각하고 치료 상황을 시연해 보시오. 체험 도구를 마련하기 어렵다면 도수가 맞지 않는 뿌연 안경을 써 보고, 모래주머니, 붕대 등을 준비하여 관절에 묶어 활동해 본 후 소감을 나누어 봅시다.

2. 늙어감에 대하여 이야기를 나누어 봅시다.

참고문헌

권혁남(2012). 고령화 시대 노인 자살에 관한 윤리적 분석. 생명윤리, 12(2), 1-20.

대한치매학회(2013). 치매임상적 접근. 서울: 아카데미아.

박희숙, 장원태, 오정희(2016). NCS 노인복지론. 경기: 공동체.

방은령(2009). 놀이의 의미와 치료 및 성장을 위한 활용. 한국놀이치료학회지, 12(4), 1-18.

배진희, 엄기욱(2009). 노인의 자살 시도에 영향을 미치는 요인. 한국노년학, 29(4), 1427-1444.

신민주(2020). 노인놀이치료. 서울: 학지사.

신혜원(2008). 노인놀이치료. 경기: 공동체.

신혜원(2009). 노인놀이치료의 통합적 콘텐츠 개발에 관한 연구. 고려대학교대학원 박사학위논문.

윤진(1995). 성인·노인 심리학, 부산: 중앙적성출판사.

이순형(2009). 호모루덴스의 전생애 관점에서 본 놀이의 기능과 의미 변화. 한국인간발달학회 학술심포지엄 자료집, 3-15.

이윤경, 김세진, 황남희, 임정미, 주보혜, 남궁은하, 이선희, 정경희, 강은나, 김경래(2020). 2020년도 노인실태조사. 보건복지부, 한국보건사회연구원.

이인정(2011). 노인의 우울과 자살 생각의 관계에 대한 위기사건 사회적 지지의 조절 효과. 보건사회연구, 31(4), 34-62.

임병우, 김은주, 임중철, 주경희(2015). 노인복지론. 경기: 공동체.

정경희, 오영희, 이윤경, 오미애, 강은나, 김경래, 황남희, 김세진, 이선희, 이석구, 홍송이(2017). 2017년도 노인실태조사. 한국보건사회연구원.

중앙자살예방센터(2019). 2019 자살예방백서.

최연희(2001). 노년전기와 후기 노인의 건강증진행위 생활만족도 및 자아존중감의 차이. 지역사회간호학회지, 12(2).

한성열(2000). 에릭슨·스키너·로저스의 노년기의 의미와 즐거움. 서울: 학지사.

홍숙자(2010). 노년학개론. 서울: 하우.

Miller, E. K., & Cohen, J. D. (2001). An integrative theory of prefrontal cortex function. *Annu Rev Neurosci. 24*, 167-202.

Morris, J. C., Storandt, M., Miller, J., McKeel, D., Price, J., Rubin, E., & Berg, L. (2001). Mild cognitive impairment represents early stage Alzheimer's disease. *Archives of Neurology, 58*, 1705-1706.

Neugarten, D. A. (1995). *The meaning of age.* Chicago, IL:University of Chicago Press.

Peltzer, K., & Nancy, P. M. (2013). Depression and Associated Factors in Older Adults in

South Africa. *Global Health Action*, 6, 1-9.

Schaefer, C. E., & Reid, S. E.(2002). *Game Play: Therapeutic Use of Childhood Games* (2nd Ed.), NJ: Wiley& Sons.

찾아보기

인명

ㄱ
공윤정 111
김광웅 110
김인수 157

ㅂ
박한샘 111

ㅎ
홍강의 229

A
Ainsworth, M. D. S. 300
Axline, V. 49, 60, 319

B
Brody, V. 51, 298

E
Ellen, F. 47
Ellis 52

Erikson, E. 230, 294, 313, 338

F
Freud, S. 44, 45, 230

G
Ginott, H. 50, 164
Ginsberg, B. G. 61
Greenberg, R. 185
Greenspan, S. I 219
Guerney, L. 51

H
Hambridge, G. 48
Hugh-Hellmuth, H. 44

J
Jennings, S. 58

K
Kalff, D. M. 47

내용

저자 소개

✎ 한유진(Han Youjin) / 1, 15장
　서울대학교 대학원 아동가족학 박사
　현　명지대학교 아동학과 교수

✎ 서주현(Suh Joo-Hyun) / 2장
　서울대학교 대학원 아동가족학 박사
　현　상명대학교 가족복지학과 교수

✎ 전숙영(Jeon Sook-young) / 3, 7장
　한양대학교 대학원 가정관리학(아동가족 전공) 박사
　현　나사렛대학교 아동학과 교수

✎ 배희분(Bae Heeboon) / 4장
　서울대학교 대학원 아동가족학 박사
　현　상명대학교 아동청소년상담학과 교수

✎ 노남숙(Roh Namsook) / 5장
　명지대학교 대학원 아동학(아동가족심리치료 전공) 박사
　현　명지대학교 통합치료대학원 아동심리치료학과 교수

✎ 김세영(Kim Seyoung) / 6장
　명지대학교 대학원 아동학(아동가족심리치료 전공) 박사
　현　백석대학교 상담대학원 교수

✎ 임나영(Lim Nayoung) / 8장
　고려대학교 대학원 심리학(임상 및 상담심리학 전공) 박사
　현　가천대학교 특수상담치료학과 교수

✎ 천연미(Cheon YuenMi) / 9장
　　서울대학교 대학원 아동가족학 박사
　　현　명지대학교 아동학과 교수

✎ 김리진(Kim Leejin) / 10장
　　고려대학교 대학원 아동학 박사
　　현　전북대학교 아동학과 교수

✎ 오종은(Oh Jongeun) / 11장
　　숙명여자대학교 대학원 아동복지학(아동심리치료 전공) 박사
　　현　한국예술상담협동조합 마음아뜰리에 대표

✎ 양선영(Yang Sunyoung) / 12, 13장
　　명지대학교 대학원 아동학(아동가족심리치료 전공) 박사
　　현　마음in 심리상담연구소 소장

✎ 최지경(Choi Jikyung) / 14, 16장
　　명지대학교 대학원 아동학(아동가족심리치료 전공) 박사
　　현　마음in 심리발달센터 소장

전생애 놀이치료

Play Therapy Across the Life Span

2021년 10월 15일 1판 1쇄 인쇄
2021년 10월 25일 1판 1쇄 발행

지은이 • 한유진 · 서주현 · 전숙영 · 배희분 · 노남숙 · 김세영
　　　　임나영 · 천연미 · 김리진 · 오종은 · 양선영 · 최지경
펴낸이 • 김진환
펴낸곳 • (주) **학지사**
　　　　04031 서울특별시 마포구 양화로 15길 20 마인드월드빌딩
대표전화 • 02)330-5114　　　팩스 • 02)324-2345
등록번호 • 제313-2006-000265호

홈페이지 • http://www.hakjisa.co.kr
페이스북 • https://www.facebook.com/hakjisabook

ISBN 978-89-997-2529-6 93180

정가 23,000원

저자와의 협약으로 인지는 생략합니다.
파본은 구입처에서 교환해 드립니다.

출판 · 교육 · 미디어기업 **학지사**

간호보건의학출판 **학지사메디컬** www.hakjisamd.co.kr
심리검사연구소 **인싸이트** www.inpsyt.co.kr
학술논문서비스 **뉴논문** www.newnonmun.com
교육연수원 **카운피아** www.counpia.com